カント全集

13

批判期論集

岩波書店

Meno Haas による銅版画(1799 年)

総目次

凡　例

一、本書カント全集13巻『批判期論集』には、次のAからSまでの一九の著作・論文をほぼ発表年次順（Cは例外）に収める。

A＝ランベルト往復書簡集の公告　*Anzeige des Lambert'schen Briefwechsels*, 1782.

B＝医師たちへの告示　*Nachricht an Ärzte*, 1782.

C＝七つの公開声明　*Öffentliche Erklärungen*, 1790–1801.

D＝シュルツ著『宗教の区別なき万人のための人倫論試論』についての論評　*Rezension von Schultz's Versuch einer Anleitung zur Sittenlehre für alle Menschen ohne Unterschied der Religion, 1. Teil*, 1783.

E＝偽版の違法性について　*Von der Unrechtmäßigkeit des Büchernachdrucks*, 1785.

F＝G・フーフェラント著『自然法の原則にかんする試論』についての論評　*Rezension von Gottlieb Hufeland's Versuch über den Grundsatz des Naturrechts*, 1786.

G＝L・H・ヤーコプの『メンデルスゾーンの「暁」の検討』に対する二、三の覚え書き　*Einige Bemerkungen zu Ludwig Heinrich Jakob's Prüfung der Mendelssohn'schen Morgenstunden*, 1786.

H＝思考の方向を定めるとはどういうことか　*Was heißt: sich im Denken orientieren?*, 1786.

I＝純粋理性批判の無用論　*Über eine Entdeckung, nach der alle neue Kritik der reinen Vernunft durch eine ältere entbehrlich gemacht werden soll*, 1790.

J＝弁神論の哲学的試みの失敗　*Über das Mißlingen aller philosophischen Versuche in der Theodizee*, 1791.

K＝哲学における最近の高慢な口調　*Von einem neuerdings erhobenen vornehmen Ton in der Philosophie*, 1796.

L＝誤解から生じた数学論争の解消　*Ausgleichung eines auf Mißverstand beruhenden mathematischen Streits*, 1796.

M＝魂の器官について　*Über das Organ der Seele*, 1796.

N＝哲学における永遠平和条約の締結が間近いことの告示　*Verkündigung des nahen Abschlusses eines Traktats zum ewigen Frieden in der Philosophie*, 1796.

O＝人間愛からの嘘　*Über ein vermeintes Recht aus Menschenliebe zu lügen*, 1797.

P＝出版稼業について　*Über die Buchmacherei*, 1798.

Q＝R・B・ヤッハマン著『カントの宗教哲学の検討』への序文　*Vorrede zu Reinhold Bernhard Jachmanns Prüfung der Kantischen Religionsphilosophie*, 1800.

R＝Ch・G・ミールケ編『リトアニア語＝ドイツ語辞典』へのあとがき　*Nachschrift zu Christian Gottlieb Mielckes Littauisch-deutschem und deutsch-littauischem Wörterbuch*, 1800.

S＝形而上学の進歩にかんする懸賞論文　*Preisschrift über die Fortschritte der Metaphysik*, 1804.

二、翻訳にあたっては、次のアカデミー版カント全集(以下A版と略称)第八巻(論文A、B、DからLまで、NからRまで)、第一二巻(論文C、M)、第二〇巻(論文S)を底本とした。

A版　*Kant's gesammelte Schriften.* Herausgegeben von der Königlich Preußischen Akademie der Wissenschaften, Band VIII, Berlin 1912; Band XII, Berlin und Leipzig 1922; Band XX, Berlin 1942.

また、左の全集・論集各版の本文をも適宜参照し、A版との主な異同については巻末の校訂注に注記した。なお、本巻本文に対応する各版の頁数を欄外に示した。

カッシーラー版カント全集(C版)　*Immanuel Kants Werke.* Herausgegeben von Ernst Cassirer.

Band IV, 1913/1922.＝論文DからHまで

Band VI, 1914/1923.＝論文IからNまで

Band VIII, 1922.＝論文C、Q、R、S

フォアレンダー版カント全集(V版)　*Immanuel Kant: Sämtliche Werke.* Herausgegeben von Karl Vorländer. Band V, 2. Abteilung (Philosophische Bibliothek, Band 46 b), 2. Aufl. 1921.＝論文H

Band V, 3. Abteilung (Philosophische Bibliothek, Band 46 c), 2. Aufl. 1921.＝論文I、S

Band V, 4. Abteilung (Philosophische Bibliothek, Band 46 d), 2. Aufl. 1921.＝論文K、L、N

Band VI, 1. Abteilung (Philosophische Bibliothek, Band 47^{I}), 1913.＝論文D、E、F、O、P

Band VI, 2. Abteilung (Philosophische Bibliothek, Band 47^{II}), 1922.＝論文G、J

Band VIII, 1. Abteilung (Philosophische Bibliothek, Band 50), 1922. = 論文C、M、Q、R
ツェーベ編、哲学文庫版(Z版)　Immanuel Kant, *Geographische und andere naturwissenschaftliche Schriften*. Herausgegeben von Jürgen Zehbe (Philosophische Bibliothek, Band 298), 1985. = 論文A、B
ヴァイシェーデル編、ズーアカンプ文庫版一二巻本カント全集(W版)　*Immanuel Kant: Werkausgabe in zwölf Bänden*. Herausgegeben von Wilhelm Weischedel.
Band V (Suhrkamp Taschenbuch Wissenschaft 188), 1968. = 論文G、H、I
Band VI (Suhrkamp Taschenbuch Wissenschaft 189), 1968. = 論文K、L、N、S
Band VIII (Suhrkamp Taschenbuch Wissenschaft 190), 1968. = 論文O
Band XI (Suhrkamp Taschenbuch Wissenschaft 192), 1968. = 論文J、M
Band XII (Suhrkamp Taschenbuch Wissenschaft 193), 1968. = 論文D、F

三、本文中の〔　〕は訳者による補足である。ただし、［　］はカントによる。また(原注)は、カント自身の付した脚注であり、論文ごとの括弧つきのアラビア数字は訳注を、＊印は校訂注を表わしている。

四、原注は段落の後に挿入し、訳注および校訂注は巻末にまとめた。

五、カントの原文の隔字体(ゲシュペルト)の部分には傍点(丶)を付し、ボールド体による部分は太字で示した。

六、巻末には、人名および主要な事項を収録する索引を付した。

ランベルト往復書簡集の公告

谷田信一訳

Anzeige
des
Lambert'schen Briefwechsels.
(1782)

ランベルト往復書簡集の公告

A版 第8巻　　1-4頁
Z版(PhB 298)　141-142頁

お知らせ

有名なランベルトが残した著述を予約注文を受けて編集出版するというヨハン・ベルヌーイ氏[1]の企画については以前に本紙[2]で予告されましたが、その企画をベルヌーイ氏は実績ある学者にふさわしい細心さを持ちながら非常に迅速に進め、すでに早くも(一七八一年一二月には)ランベルトの往復書簡集[3]の第一巻がベルリンで出版されています。

二度目のお知らせでベルヌーイ氏は次のように告知しています。すなわち、この往復書簡集の第一巻に続いて、哲学的および論理学的論文集[4]の第一巻が、そしてそのあとに往復書簡集の第二巻がおそらく一七八三年三月末ごろには出版されるでしょうが、そのときまではその三巻全部に対しての一ドゥカーテンの前払い価格だけを受けつけます、と。そしてこの期限のあとに、それに続く三つの巻、すなわち、哲学的論文集の第二巻および往復書簡集の第三・四巻に対して、やはり同額〔一ドゥカーテン〕の前払い金の支払いが受けつけられることになります。しかし、ベルヌーイ氏という編集者は立派な仕事能力と信頼性とを備えているので、前払い金支払者たちがなんらの疑念を持つこともありえませんから、われわれの考えるところでは、購入希望者は(もしいくらかより多くの金額を一度に手放しても不都合がないのであれば)ただちに六巻全部に対して二ドゥカーテンを前払いするなら、そのほうが手間がはぶけて便利でしょう。

われわれが手にしている往復書簡集の第一巻から、すでにわれわれは、それに続く諸巻でランベルトというその

A3
Z141

偉大な人物の非常に広範な精神と彼の卓越した有能さからどれほどのことを期待してよいかは、十分にわかるのです。すべての学問における欠陥を探り当て、それを補完するための計画や試みを見事に考え出す彼の洞察力、この時代の拙劣化した趣味(とりわけ、前の世紀には学識と発明において輝かしい光を放っていたのに、いまはつまらない洒落をもてあそんだり、古くなったり少なくとも外国製でしかなかったりする産物のたんなるコピーに堕してしまっている民族における)を改変しようとする彼の意図は、有益で根本的な学問を拡張しようという学者たちの消滅しかけている熱意を新たにまた呼び起こし、彼らにランベルトが始めたことを成就しようという気を起こさせるために、おそらく他のどんなものよりも有効に働くでしょう。そのランベルトが始めたこととは、つまり、蔓延する蒙昧さに対して一致団結して対抗し、これまでまだ欠陥のあったいくつかの方法を改良したりすることなどによって、諸学問における根本的厳密性を再び進展させるための連帯を確立することなのです。

さてこの機会に、もうひとつお知らせがあります。ベルヌーイによる、短編旅行記およびその他の地誌や人間知の拡張に役立つ諸報告の集成、銅版画付き(5)のうち、二年目の最初の巻である第五巻がちょうど印刷されおわったところですが、一年目の四つの巻を一ドゥカーテンの価格で買うことができるのは、同時にさらに三月の半ばまでにそれに続く四つの巻に対しても一ドゥカーテンの前払い金を支払う人に限られます。

ヴァーグナー書店およびデンゲル書店は、来月すなわち三月の半ばまで今述べた両方の著作群に対しての前払い金を受けつけ、それらの著作をできるだけすみやかに購入希望者にお届けするでしょう。

医師たちへの告示

谷田信一訳

Nachricht an Ärzte.
(1782)

医師たちへの告示

A版 第8巻 5-8頁
Z版(PhB 298) 143-146頁

7　医師たちへの告示

医師たちへの告示

われわれのところでつい最近おさまったばかりの奇妙で不思議な流行病は、その症状やそれに対して効果のある薬剤に関しては、なるほどほんらい医者の研究対象でしかありません。しかし、数多くの国々を股にかけてその病気が広がり移動していったことは、この奇妙な現象をもっぱら自然地理学者の観点から眺める者にも驚きと研究を呼び起こすのです。この点からすれば、空気の性質によってではなくたんなる伝染によって広がっていくように見えるこの病気の進行経過をできるかぎり詳しく追究することを、私が広い意味で医者たちに要求するとしても、自分とは関係のない仕事への干渉とみなされることはないでしょう。ヨーロッパが船や隊商によって世界のすべての地域とのあいだにつくってきた結びつきが、多くの病気を全世界じゅうに広まらせるのです。そしてまた、かなりの程度に信じられている説によれば、中国へのロシアの陸上交易によって極東の何種類かの有害な虫がロシアの地へと持ち込まれたということであり、おそらくそれらが時とともにさらに広がっていったのかもしれません。公表された報告によれば、われわれの流行病はペテルブルクに端を発し、そこからバルト海沿岸づたいに、途中の場所を跳び越えることなくだんだんと進んでいき、そしてついにわれわれのケーニヒスベルクにやってきて、さらには、西プロイセンやダンツィヒを経由して西進していきました。これは、ラッセルが叙述しているアレッポのペストの場合(1)とほとんど同じです。ただし、われわれの今度の流行病は、その害の程度からいえば、後者の恐ろしい疫病とは比較になりませんけれども。ペテルブルクからの手紙(2)によって、その流行病はわれわれのあいだでインフルエン

A6
Z143

ザという名前で知られるようになりましたが、それは一七七五年にロンドンで流行したのと同じ病気のように見えるのであり、そして、当時のロンドンからの手紙はそれを同じようにインフルエンザと呼んでいたのでした。しかし、両方の流行病を専門家が比較することができるように、私はここに、有名な(いまや故人となられた)フォザーギル(3)博士の報告の翻訳を、それがある友人(4)から私に送られてきたままの形で、付け加えておきます。

I・カント

Z144

『紳士雑誌』一七七六年二月号より(5)

ロンドンで観察された流行病についての記述。

先月のはじめに私は多くの家で、ほとんどすべての召使が病気になっていて、鼻すすり、咳、喉の痛み、その他さまざまな発作的症状がある、という話を聞いた。――そして一週間経つと、そのような訴えはもっと一般的になった。その病気にかかっていない召使はほとんどいなかった。とくに、いちばん多く外出しなければならない男性の召使たちや、多くの女性の召使たちも、そしてまた高い身分にある人々も、その病気にかかった。子供たちでさえ、その病気にまったくかからないわけではなかった。その病気はそれまではなるがままにまかされていたり、あるいは、せいぜい風邪用のふつうの家庭薬が用いられていたが、しかし、ついにその病気は学部〔医学部〕の注意を呼び起こした。そして、ほとんど三週間のあいだ、すべての医者はその病気と取り組んだ。私が診察したたいていの患者は、目眩ないしはちょっとした頭痛、喉がれ、全身とくに四肢における寒気、にとらえられていた(それもしばしば、すぐさまそれに気づくほど突然に)。――それに続いてまもなく咳が出るようにな

A7

り、鼻すすり、涙目、悪心《おしん》、ひんぱんな排尿衝動、そして、いくらかの人々は下痢もおこした。——多かれ少なかれ高い熱。動悸。そしてそのあとにまもなく、胸痛やすべての手足の痛みが続いた。ただ、程度はいろいろだったが。——多くの人々は、これらの症状が出ているあいだもなお自分の仕事を行うことができた。しかし、自分の部屋にずっととどまっていなければならない人もいたし、ベッドに寝たままでいなければならない人も少なくなかった。——舌はつねに湿っており、皮膚が異常に熱かったり乾燥していたりすることはめったになかった。脈拍はたいてい十全であり、速く、そのような皮膚の状態から推測されるよりも強かった。——多くの人は下痢をした。自然的に排泄される大便はつねに黒ないし暗黄色であり、下剤によって排便した人でもたいていは同じ色だった。——二—三日すると、病気は弱まって咳だけになるが、この咳は非常に長く残って、夜になると患者に非常に不快な思いをさせたのであった。朝方になると一般にややはげしく発汗した。最初ははげしく鼻や喉から汁がたれ、そして、そのあと一—二晩は黒い胆汁っぽいはげしい自然的排便があり、多量の濃い色の排尿をし、ひとりでに多量の汗が出たような人は——最も回復が早かった。

多くの場合に、脈拍の状態と咳のはげしさという理由からいくらかの瀉血をする必要があった。その血は概してねばねばしており、濃黄色の漿液に浮いている黄色い獣脂からできた平らなケーキに似ているように見えた。——痂《かさぶた》が茶碗に似た形をしていることは、真性の熱病の際にはふつうに見られるのであるが、こんどの病気ではそういうケースはほとんどなかった。

暖かい飲み物、体液を薄めるような飲み物、体を冷やすような飲み物や、おだやかな発汗剤や、くりかえし何度もおだやかな下剤を与えることによって、その他の点では健康な人の場合には、その病気はまもなく快癒した。

ときには、くりかえし瀉血をすることが必要な場合もあった。ときには、いつまでもずっと長く残った咳に対して、アオハンミョウが用いられて効果があった。必要な下剤による排便措置を行ったのちには、鎮痛薬が一般に効果があった。

多くの症例では、その病気は終わり近くになると断続的な発熱の様相を呈した。キナ皮を用いても、その熱は必ずしも下がらなかった。胆汁性の病気のときにしばしば起こるのと同じような諸症状は、このキナ皮という薬剤を用いると、ときにはさらに悪くなることもあった。しかし、何らかのおだやかな下剤を少量用いると、通例その症状は完全に取り除かれた。

その病気に注意を払わず、病気になってもあちこち歩き回ったりしていた多くの人々は、しばしば新たな風邪をひいた。これによって極めて危険な高熱が引き起こされ、そうして何人かの人々がはげしく苦しんで死亡したのである。

喘息持ちの老人たちも、例外なく、その病気で非常に苦しんだ。肺炎のような高熱がしだいに生じ、しばしば患者の死で幕を閉じた。死を免れた人の場合でも病気の経過は非常に長くかかり、治療は困難をともなった。――また、発作的症状なしにこの病気から解放された人はほとんどいなかったし、他の持病を持っている多くの人々の場合には、この病気のせいで持病が悪化した。――さらにまた、咳と下痢によって多くの幼い子供たちの死も引き起こされた。

しかしながら、これほど多くの人々がこれほど短期間のうちにそれにかかったにもかかわらず、これほど死者の数が少なかった流行病は、おそらくこの町でいままでに一度もなかったであろう。――流行病の原因を決定するための試みは一般に根本的厳密性より憶測のほうを多く含んでいるのだけれども、しかし、私の目にとまったいくつかの事実に言及しておくことは無駄なことではないだろう。——おそらく、私以上に記録しておくべき観察をした人々がほかにもいるだろうが。

私が滞在していた地方(チェシャー)(6)では、この夏の大部分のあいだ、空気は、これまで私が経験したなかで最も一様で気温の変化にとぼしかった。二箇月のあいだに、(華氏の)寒暖計の水銀柱はいちどは六八度〔摂氏二〇度〕まで上がり、いちどは五六度〔摂氏約一三・三度〕にまで下がった。六週間のあいだ昼も夜も気温は六〇度〔摂氏約一五・六度〕から六六度〔摂氏約一八・九度〕のあいだでしか変化しなかった。——気圧計もまた、ほとんど変化がなかった。——その期間において天気は、湿気が多いという主たる傾向を持ちながらも、非常に変わりやすかった。そして、六週間のあいだほとんど毎日雨が降ったが、しかし、全体としては異常な量の雨は降らなかった。雨が降ると雨は地中にしみ込み、土はやわらかくドロドロになった。——けれども、川が増水したり氾濫したりすることはめったになかった。——

この期間のあいだに、馬や犬も病気になった。しかもとくに、だいじに飼われていたものほど、そうであった。馬ははげしい咳をし、高い熱をだし、食欲をなくしたのであり、快癒するまでには長い時間を要した。それによって多くの馬が死んだということは私は聞いていないが、しかし、犬がかなり多く死亡した。——最近の流行病についてのこの小さな報告をこの町〔ロンドン〕の学部〔医学部〕の方々は、より熟達した考究に活用していただきたいものである。そして、もし彼らの所見が私のこの叙述と一致しない場合には、どうか彼らの観察結果を公表してもらいたい。なぜなら、この病気の件はまだ記憶に新しいので、この病気のできるだけ正確な情報が後代の人々に残されることが望まれるからである。——

この報告が手元に届いた地方在住の医者の方々は、どうか、この流行病が自分の近辺で見られるようになった時期がいつだったかということと、それが私のこの報告と、症状においてであれ治療法においてであれ、どんな点で一致しないかということについて、告知していただきたい。そうすれば、その方々はそのことによって、同一の善い目的に貢献することになるのだ。たとえひとりの医者がどれほど勤勉に自分の職務にベストを尽くしたとしても、ひとつの学部〔医学部〕全体の所見を結集すれば、必ずや、そうした個人の所見をはるかにしのぐものになるにちがいないのである。——

ロンドン、一七七五年一二月六日

署名　ジョン・フォザーギル

七つの公開声明

北尾宏之訳

Öffentliche Erklärungen.
(1790-1801)

公開声明

A版 第12巻 357-372頁
C版 第8巻 509-516頁
V版 第8巻I 299-308頁

目次

A359 C511 V301

一　告知

一七九〇年［五月？］(1)

今年の復活祭見本市のライプツィヒ・カタログ(2)には、このさき発行されることになっている数々の書物のひとつとして、『注解つきI・カント小品集』というものが出ている。編者や発行者(3)の名前はない。これを思いついた者が考えを改めて、もしもそのようなものを発行するなら、注を付け加えることもあわせて、それを著者自身に任せてくれるように私は望む。それらの小品を書き終えて以降、そうしたテーマについて著者の理解には変化が生じており、その変化に関係するであろうような注を付け加えさせてもらいたいのである。とはいえ、編者が施した注や、原著がなくても編者が随意に示すことができるような注をいじるようなことはしない。もしこの作業をさせてもらえないなら、真正の版が不法の版と衝突するということになり、どう見ても後者が損をすることになるであろう。

I・カント

二　訂正

一七九二年七月三一日(4)

『すべての啓示に対する批判の試み』を著したのは、昨年短期間ケーニヒスベルクにやってきた、ラウズィッツ(5)生まれで、今は西プロイセンのクロッコウでクロッコウ伯爵(6)宅の家庭教師をしている神学ポスト候補者のフィヒテ氏である(7)。このことは、それを出版したハルトゥング氏がケーニヒスベルクで発行した今年の復活祭見本市カタロ

V302 A360 グを見れば、自分の目で確かめることができる。さらに言うと、有能な人物の手によるこの著作に対しては、私は書いたものを通じても口述を通じてもほんの少しさえ関与していない。このことは、『一般文芸新聞』八二号の広告欄が示唆しているとおりである。それゆえ、私は、この声明によって、この著作の栄誉を、当然それを受けるにふさわしい者にそっくりそのまま引きわたすことが義務であると考える。

ケーニヒスベルク　一七九二年七月三一日

I・カント

三　書籍商諸氏へ

一七九三年六月六日(8)

C512 ノイヴィートの印刷業者ハウプト氏は、『ベルリン月報』を荒らし回って、そのなかから私の論文七つを選んで『I・カント小品集』というタイトルの一巻本にし、さきのライプツィヒ復活祭見本市にもっていこうとしていた。これは勝手な取得であるから、たしかに彼は本年一月八日付の書簡において、すでにあらかじめ自分を厳しく責めている。しかし、それにもかかわらず、許しが得られることを期待して、その実行をやめはしなかった。――さらに、もう一つ公表しておかなければならないことがある。オーストリアのまた別の書籍商(9)は、私の最も初期の、最も重要でなく、もはや現在の考え方とは一致しないようなものまで含めて、私の全著作を一括して出版し、大きく出ようともくろんでいる。――書籍出版業の仕事についてよりよい考えをもつ方々の抵抗によって、こうした不当行為がおしとどめられられてほしいというのがやはり私の願いである。だが、たとえそれがかなわなかったとしても、それでも十分な配慮がなされるのであるならば、このような許可のないもくろみを挫折させるためだけであるにせよ、こうした出版を選択も修正も注釈もふくめてやはり私が自分でやってしまおうなどという気を起こさなくてすむにちがいないのだが。

ケーニヒスベルク　一七九三年六月六日

I・カント

四　フォン・ヒッペル[10]が著作者であることを求めての声明

一七九六年一二月六日[11]

『結婚について』と『上り調子の人生行路』という匿名著作[12]は、今は亡きフォン・ヒッペルの作であるのだが、私がこの著作の著者なのではないかという間違った要求が、まずフレミング修士氏によって、そしてそれに続いて『一般文芸広告新聞』一七九六年三〇号三二七―三二八頁を通じて、公の場でなされたので[13]、私は、ここに、「私はこの著作の著者ではない。単著者でもなければ、彼との共著者でもない」と宣言する。

では、この著作に関して盗作などということを想定するにはおよばず、それでいて、彼の作であるこの著作のなかの多くの箇所が、ずっとのちになって『純粋理性批判』に続く私の諸著作において、まだ彼の存命中に私自身の考えとして披露されうるようになった箇所と一字一句一致するという事態が発生したのは、いったいどうしてなのか。その事情は、今は亡きこの人物の名誉を傷つけたり私の権利を切り詰めたりするような仮説を立てなくても、十分に理解されうることである。

V 303

A 361

これらは、しだいしだいに、断片的に、私の聴講者たちのノートへと書き記されていったものである。私の側から言うと、これらは一つの体系へと向かう展望をもっていた。私は、それを頭の中にはもっていたのだが、仕上げることができたのは一七七〇年から一七八〇年までの時期になってようやくのことだった。――これらのノートには、たとえば私の論理学や道徳、自然法など、そしてとりわけ人間学の講義ノートとして、教師が自由に講演する場合にはよく起こることだが、かなり欠損したかたちで筆記された断片が［含まれており、］それが、今は亡きこの人物の手に入り、さらに彼によって探し求められたのである。なぜならそれは、このノートの多くの部分には、無味乾燥な学問のほかに、通俗的な事柄もたくさん含まれていたからであって、それをこの利発な人物は自分のユーモラスな著作に混ぜ入れることができたし、そしてまた、熟慮をへた事柄を付け加えることによって、機知に富んだ料理にいっそう切れのよい味わいを与えることをねらったのかもしれないのである。

ところで、講義において公に売りに出された商品として独り立ちしたものは、講義をとおして得たものだからといってその作り手に問い合わせることなどするにはおよばず、誰でも利用することができる。そういうわけだから、決して特に哲学に携わっていたわけでもない私の友人は、自分が入手したあの素材を、いわば自分の読者たちの口に合うようなスパイスとして利用してよかったのであり、それを隣人の庭から取ってきたのか、それともインドから取ってきたのか、はたまた自分の庭から取ってきたのかというような釈明などするにはおよばないのである。――以上のことからすれば、いったいなぜ、このわが親友が、親密なつきあいをしているにもかかわらず、あの本における自分の著述について、ひとことも語ろうとしなかったのか、そして他方、私自身は、いったいなぜ、ありきたりの心遣いから、彼をこの話題へと引き入れたくなかったのか、これも明らかである。こうして、なぞは解消

C 513　V 304

された、誰でもそれを自分の著作とする資格が与えられるのである。

ケーニヒスベルク　一七九六年一二月六日

イマヌエル・カント

五　シュレットヴァイン[14]との著作上の争いにおける声明*

一七九七年五月二九日[15]

ヨハン・アウグスト・シュレットヴァイン氏は、一七九七年五月一一日グライフシュヴァルデ付の手紙の中で、自分と批判哲学について往復書簡をかわすよう私に要求しているのだが、その手紙は文の調子が奇異でおかしな感じがする手紙であり、折があれば世間に伝えられてしかるべきである[16]。彼は、その往復書簡のために、批判哲学のいくつもの点について、すでにさまざまな手紙を用意しているらしく、しかもその手紙では「自分は、あなたの哲学体系全体を、それがあなた自身のものであるかぎりにおいて、理論的部分でも実践的部分でも、全面的にくつがえすことができると考えている」と明言している。哲学を愛好する人たちなら誰でも、そのような試みがなされるのを見れば、快く、またうれしく思うだろう。しかし、これを実行する方法に関しては、すなわち、私と批判哲学についての往復書簡(手書きによるのであれ印刷物によるのであれ)をかわすことを通じてそれを実行するということに関しては、私は彼に対して手短に、そんなことからは何も生まれてこないと応じなければならない。というのも、異議申し立てと応答とによって何とか聞くに耐える程度の成果をあげるためだけでも何年ものあいだ継続しなければならないのに、そんなことを七四歳にもなる者に要求するのは馬鹿げたことだからである。(この年では、

C 514　V 305　A 367　A 362

おそらくは、荷造りにとりかかることsarcinas colligereが一番気にかかることなのである。）――ところで、（彼に対してはすでにこの声明を手紙[17]で送っておいたにもかかわらず、）なぜ私がこれを公にするのかというと、それは、問題のあの手紙が公開をもくろんで書かれていることが明らかであり、そしてそれゆえ、おそらくあのたくらみは口伝えで広まるであろう以上、もしこの声明を公にしなければ、このような論争に興味をもつ人々に対して、満たされることのない期待で気をもたせることになるだろうからである。しかし、シュレットヴァイン氏は、私の哲学体系をくつがえすというもくろみを、それゆえまた（彼は盟友をあてにしているように思われるので）おそらく群れをなして激しく殺到するというもくろみを、これが困難だからといって断念することはおそらくないであろうし、それに、私がこの声明を出したあとでは私個人を最大の論敵とすることができなくなるので、彼は、賢明にもこれを予期して、「論敵たちのうちで、誰が、あなたの著作を、少なくともその要点を、**あなたが理解してもらいたいと思っているとおりに**本当に理解しているか」と問い合わせてきている。――これに対して、私は、ためらうことなく「それは、当地における高潔なる宮廷説教師にして数学正教授であるシュルツ氏[18]である」と答えた。彼には批判的体系について『……の吟味』というタイトルの著作[19]があるが、これを調べてみさえすれば、この件に関してはシュレットヴァイン氏にとって十分である。

　ただし、私はここでその条件として、私が彼（宮廷説教師氏）のことばを、そこに存するいわゆる精神にしたがって用いているのではなく、その字義どおりに用いていると受け取ってもらうよう要求する（なぜなら、いわゆる精神にしたがうということになると、自分の好きなことをその中に持ち込むことができるから）。他の人々が同じ表現にどのような概念を結びつけるのがよいと思うとしても、そんなことは私には関係のないことであるし、私と折り合いのついているこの学識人にも関係はない。しかし、この書物の連関のなかでの表現の使い方から判断するならば、彼がそれに結びつけている意味を取りちがえることなどありえない。——争いにおいては攻撃する側にとって敵がいないわけにはいかないのであるから、こうしていまや、ともかくも争いを始めることは可能である。

ケーニヒスベルク　一七九七年五月二九日

I・カント

A370
C515

六　フィヒテの知識学にかんする声明

一七九九年八月七日[20]

一七九九年一月一一日付の『エルランゲン文芸新聞』第八号には、ブーレ[21]の『超越論哲学の構想[22]』の書評が掲載されているが、そこにおいて評者は、読者という名のもとで、私に対してことさらに改まった要求を発している[23]。この要求に対して、私は今ここに「私はフィヒテの知識学を全然もちこたえることのできない体系だとみなす」と宣言する[24]。その理由は以下のとおりである。すなわち、純粋な知識学とは単なる論理学以上のものでも以下のものでもなく、単なる論理学というのは、その原理からして、認識の実質へ昇っていくなどという思い上がりを犯すことはなく、むしろ純粋な論理学として、認識の内容を捨象するのであって、そうした学から実在的な対象を拾い出してくるなどというのは、成果のない仕事であり、それゆえ一度も試みられたことのない仕事でもある。他方もしも超越論哲学にかかわってくるのだとするならば、なによりもまず形而上学へと踏み越えられねばならない。ところが、フィヒテの原理に従う形而上学に関していえば、私はこれに共感したいという気分にはなく、彼へのある返書[25]において、そんな実りのない末端の屁理屈(apices)などやめて、自分の素晴らしい文才に磨きをかけたらどうかと忠告したぐらいである。じっさい、彼の文才は、『純粋理性批判』において適用すれば成果をあげることができるほどのものなのである。もっとも、彼からは「自分はやはりスコラ哲学的な些事へのこだわりを捨てることはないだろう」という宣言を付して丁重な拒絶が帰ってきたのだが[26]。したがって、私がフィヒテ哲学の精神を正真正銘の批判主義とみなすかどうかという問いには、彼自身によって答えが与えられているのであって、それに価値ありとするか価値なしとするかという見解を述べる必要は私にはない。ここで論じているのは、判定される客体のほうではなく、判定する主体のほうだからである。ここでは、あの哲学への一切の興味を断ち切りさえすればじゅうぶんなのである。

ここで、もうひとつ述べておかなければならないことがある。それは、私には超越論哲学の体系そのものを提供しようというつもりなどなく、私が提供するつもりだったのは超越論哲学のための予備学だけだなどと勝手に言われているけれども、そんなことは私には理解できないということである。そのような意図が私に思い浮かんだことは一度たりともありえなかった。なぜなら、私は、『純粋理性批判』において、純粋哲学は欠けるところのない一つの全体であり、そのことこそが純粋哲学が真理であることを最もよく表しているのだと自賛しておいたからである[27]。――最後にもうひとつ、評者は『批判』が感性について文言のうえで教えていることを字句どおりに受け取ることはできないのであって、カントの字句はアリストテレスの字句と同様に精神を殺してしまうので、『批判』を理解しようとする者は、まず先にしかるべき(ベック[28]やフィヒテの)立場をおさえておかなければならない」と主張しているが[29]、この主張に対しては、私はここにおいて、「『批判』はもちろん字句どおりに理解されねばならず、しかも、このような抽象的な探究にとってじゅうぶんなだけ陶冶されているような普通の悟性の立脚点からのみ考察されねばならない」と宣言する。

イタリアのことわざに、「神よ、われわれをただわれわれの友人たちからのみ守りたまえ。敵に対しては、自分で警戒するつもりだから」[30]とある。すなわち、友人と言われる人たちのなかには、お人よしで好意的ではあるのだが、しかしわれわれの意図を後押しする手段を選択する際に逆の態度をとってしまう(間の抜けた)人もいれば、他方、欺瞞的で腹黒く、われわれの破滅をめざしているくせに、それでもやはりその際に好意的なことばを用いる(aliud lingua promptum, aliud pectore inclusum gerere 口に出して言うことと腹の中に抱いていることとが別である)[31]ので、そうした人や彼らの仕掛けた罠にはいくら用心しても用心しすぎることがないというような、そんな人もいるのである。しかし、それにもかかわらず、批判哲学は、理論的見地でも道徳的実践的見地でも、理性の満足へと向かう傾向をとどまるところなくもっているのであって、その傾向によって、次のことに確信を感じるにちがいない。すなわち、批判哲学に対しては、いかなる学説変更も修正も別のかたちの体系もさしせまっているわけではなく、むしろ批判の体系は、じゅうぶんに保証された基礎にもとづいており、永久に不動であり、将来のすべての時代においても人類の最高目的のために不可欠である、と。

一七九九年八月七日

イマヌエル・カント

七　フォルマー(32)のもとで不当に出版された『イマヌエル・カントの自然地理学』にかんする読者への報告

一八〇一年五月二九日(33)

書籍商のフォルマーは、前回の見本市で、私の名をつけて、彼が自分で言うところの講義ノートからの『自然地理学』を編集発行した。しかし、私はそれを内容のうえでも形式のうえでも私のものだとは認めない。私が私の自然地理学の正当な編集を委ねたのは、リンク(34)教授博士氏である。

同時に、上記のフォルマーは、イェッシェ(35)修士氏によって編集発行された『論理学』が私のものではなく、しかも私の承認なしに出版されたものだと言い立てているが、これに対して、私はここに真っ向から異議を唱える。他方、私は、『論理学』であれ『道徳学』であれ他の著作であれ、上記のフォルマーが編集発行しようとしているものは何であれ、私の著作であると認めることはできない。なぜなら、私の著作はすでにイェッシェ修士氏とリンク博士氏に委ねたのであるから。

ケーニヒスベルク　一八〇一年五月二九日

イマヌエル・カント

A372

シュルツ著『宗教の区別なき万人のための人倫論試論』についての論評

福谷　茂　訳

Rezension von Schulz's
Versuch einer Anleitung zur Sittenlehre
für alle Menschen ohne Unterschied der Religion.
1. Teil.
(1783)

シュルツ著『宗教の区別なき万人のための人倫論試論』
第1部についての論評

A版	第8巻		9-14頁
C版	第4巻		141-147頁
V版	第6巻I		179-186頁
W版	第12巻		771-778頁

『宗教の区別なき万人のための人倫論試論　付論　死刑論』 A10 V181 W773

第一部、ベルリン一七八三年、シュタールバウム刊

この第一部は新しい道徳体系のための序論として、人間が諸存在の階梯において占める位置、人間の感覚的、思考的および意志による活動的本性、自由と必然性、生命と死と来世についてあらかじめ心理学的な諸原則を明るみに出すことだけを意図している。本書は、率直さによって、またそれにもまして、多くの非常に目立つパラドックスの内からもなおかつ輝き出てくる独創的な著者の善き狙いによって、すべての読者にこのような前提の上に立つ人倫論はどのようなものとなるのだろうか、一刻も早く見たいという期待を呼び起こすことは間違いない。 C143

書評者はまず第一に著者の思考の歩みを手短にたどり、結論として全体に対する判断を付け加えることにしよう。

開巻まもなく生命力の概念がすべての被造物に無差別に関係する大拡張を受ける、つまり、単にある被造物の内に存してその本性に属する一切の諸力の総括とのみされるのだ。ここから次に全存在の連続律が帰結される。連続律では巨大な階梯の上であらゆる存在は自己の上にも下にも隣人を持つが、ただしそれはすべての被造物の類は被造物がその類のメンバーである限りは超えることのできない限界の内にあるという仕方においてである。したがって、本来は生命を持たぬものは存在しない。ただより小さな生命が存在するだけであり、それぞれの類は生命力の度合いによってだけ異なるのである。物体と区別された魂は空想の産物に過ぎない。崇高なセラフィムも樹木も両 V182
方とも人工的な機械である。魂の本性については以上である。

同じような階梯的連関があらゆる認識において存する。誤謬と真理は種を異にしているのではなく、あたかもより小なるものがより大なるものに対するがごとき関係であって、絶対的な誤謬は存在せず、すべての認識はそれが人間において生じた時点では、その人物にとって真である。訂正とはそれに先立っては欠如していた諸表象を付加することに過ぎず、かつての真理はやがて単に認識が進展するだけで誤謬に転化するだろう。われわれの認識は天使の認識に比べたらまったくの誤謬である。理性は誤謬を犯すことができない。すべての力にはその使命があらかじめ指定されているのだ。理性の自己自身による有罪判決は理性が判断するときに起こるのではなく、あとになって、理性がすでに他の地点にいて、より多くの知見を獲得したときに起こるのである。私は子供が間違うと言ってはならず、子供は将来わかるようになるほどはいまのところまだ十分にわかっていない、それはより小なる判断なのだ、と言わねばならない。それゆえ知恵と愚昧、知と無知は賞賛にも非難にも値しない。それらは単に自然が順を追って進展するということだと見るべきであって、それに関して私は自由ではないのだ。——意志に関してはすべての傾向性と衝動は唯一のもの、つまり自己愛の内に含まれており、それに関してすべての人間は自分独自の気質を持っているが、それはしかしながら普遍的気質から決して乖離することができない。自己愛は常にあらゆる感覚の集合によって規定されているが、より混濁した感覚かより判明な感覚かのどちらかがそこで最大に関与している。それゆえ自由意志は存在せず、意志は必然性の厳密な法則に従っている。自己愛が判明な表象によってではなく、単に感覚によって規定されるとき、それは自由でない行為と呼ばれる。すべての後悔は空しいものであり、不合理である。なぜならば、犯罪者は自己の行為をその過去の気質からではなく現在の気質から判定するが、その気質はもちろん当時起こっていたならば、行為を妨げていただろうからであり、ここから、それは行為を妨げたはずであるという想定をするのは間違いなのである。それは過去においては実際は存在しなかったのであるから。したがって後悔は、あたかも未来においてはより善く行為することができるかのような誤解された表象に過ぎず、実際にはこの場合、自然は改善の目的以外の意図を持っていないのである。いかにして神が罪を創造しうるのかという難問の解決。徳と悪徳は本質的には別ものではない。(したがってここも再び他では受け入れられている種的相違が度合いの差に転化している。) 悪徳抜きの徳は成立しえないのであり、悪徳はより善くなるための(したがって、一段上に登るための)ただの機会原因に過ぎない。人間は徳と呼ぶものに関して、それなしでは人間の福祉が不可能であるもの、つまり、一般的徳以外のものについては協調することができない。しかし、一般的徳から乖離することは人間にとって絶対的に不可能であり、それから乖離した者は、悪徳を犯すのではなく、正気を失っているのである。一般的悪徳を犯す人間は自己愛に反して行為することになり、それは不可能である。それゆえに、一般的徳の道はきわめて平坦で、きわめてまっすぐで、道の両側とも垣根で囲われているので、すべての人間は絶対的にその上にとどまらねばならない。ここで各人の間の相違を生むのは各人の個別的気質にほかならない。もし彼らが立場を入れ替えるならば、各人は同じように行為するだろうからだ。道徳的に善いとか悪いとかは単に完全性の度合いがより高いかより低いかということを意味するに過ぎない。人間を天使に比べれば、また天使を神に比べれば、悪徳を持っている。それゆえ、自由は存在しない以上は、すべての復讐刑は不正であり、とりわけ死刑は不正である。そのかわりに、弁償と改善以外のなにものも刑法の狙いとしてはならず、決して単なる警告を刑法の狙いとしてはならないのである。有益な行為のゆえに賞賛を与えることは人間知の不足を示している。人間がそのために規定されており、引き付けられているのは、放火殺人犯が家屋に火をつけるのと同じくらい当然であるからだ。賞賛は創始者と他の者を同じような善行へと鼓舞する狙いを持っているに過ぎない。

このような必然論を著者は至福説と名付け、この説によって道徳哲学ははじめてその固有の価値を獲得すると主張する。その際著者は時に次のように述べている。すなわち、犯罪において神と和解を遂げることをたやすく描き出す若干の教師が要求されねばならない、と。ここでわれわれは著者の善意を見逃すことはできない。著者は単に懺悔するだけで実りのない後悔は、それ自体がどれほど和解的なものと感じられるとしても取り除かれ、そのかわりによりよい人生のための固い決意が導き入れられることを望んでいる。著者は、すべての被造物が完全性と永遠の幸福へと、道こそさまざまであれ前進することによって神の知恵と善意を擁護することを、宗教を口先の信仰から行為へと復帰させることを、最後に市民的刑罰をもより人間的なものにし、個別的および全体的福利のためにより有益なものとすることを試みている。信仰深さ同様洞察によっても高く尊敬されているイギリスの神学者プリーストリが著者と一致して主張したこと[1]、否、さらに大胆に表明したこと、また、今やすでにこの国の幾人かの宗教家が、才能こそプリーストリに遥かに及ばないとしても躊躇なく受け売りをしていることを熟知している者にとっては、著者の思弁的な主張の大胆さでさえもまたそれほど恐ろしいものとは見えないだろう。例えば、ごく最近エーラース教授[2]が意志の自由に関して与えた概念、つまり自己のそのつどの観念状態に従って行為する思考存在の能力という類のものである。

にもかかわらず、とらわれのない、またとりわけこの種の思弁に十分になれた読者なら誰でも以下の点に気付かないわけにはいかない。すなわち、この書において最も高貴な、あらゆる道徳に影響する強力な原理である普遍的宿命論は、人間の一切の行為を単なる人形芝居にするゆえに、義務の概念を完全に廃棄すること、これに反して、実践法則を自然法則から区別する当為あるいは命法はわれわれを理念の上でも自然の連鎖の完全な外に置くこと、ところがこれはわれわれの意志を自由とは考えないことには不可能かつ不合理であり、むしろ、その場合われわれに残されているのは、神が自然原因を媒介にしてわれわれの内で決意として働かせるものを待ち受け観察することだけであって、われわれが創始者として自発的になすことができまたなすべきであることではないこと、ところがここからは一切の常識の影響を廃絶する最も粗雑な夢想が発生してこなければならないのであるが、常識の権利こそ著者が守るために苦心した当のものであること、以上のような事柄である。――自由の実践的概念は実際には、形而上学者たちに完全に任せられている思弁的概念とはまったく没交渉である。なぜならば、私が今行為しなければならない状況が私に対してどこから根源的に生じてきたのかということは、私にとってどうでもよいことでありうる。私が問うのは、ただ私が今なすべきことだけであり、自由は必然的な実践的前提であって、そのもとでのみ私が理性の命令を有効なものとみなしうる理念であるからだ。最も頑固な懐疑論者でも、行為に際しては普遍的に欺瞞的な仮象についてのあらゆる懐疑も雲散霧消しなければならないことを認めている。同じように最も断固とした宿命論者も単なる思弁に従事している限りは宿命論者であるが、にもかかわらず、知恵と義務が問題になってくるとたちどころに、あたかも自分が自由であるかのように常に行為し、そしてこの理念は実際にそれと一致した行動を生み出しもするのであり、単独でも行動をもたらすことができるのである。人間を完全に捨て去ることは困難である。著者は、万人の行為を、他人にどれほど嫌悪すべきものに思えるにしても、その者の個別的な気質という根拠に基づいて正当化したあとで、一三七頁で「私は、私をこの世においてまた永遠に幸福にするすべてを、絶対的に例外なくすべてを、もし君が他人の立場にあったとして他人ほど嫌悪すべき行為をしなかったならば、失うこ

A 14　C 147　W777　V 185

とを望む(不遜な表現である)」と述べている。しかしながら、著者自身の主張に従っても、ある時点での最大の確信も、別の時点で認識がさらに進展したならばかつての真理がのちには誤謬となることを防ぐことができないのだから、この極めて思いきった断言はいったいどうなるのだろうか。しかし彼は自分自身では認めたくないにしても、心の奥では、次のことを前提しているのである。すなわち、悟性は常に妥当する客観的諸根拠に従って自己の判断を規定する能力を所有しており、時とともに変化しうる単に主観的な規定原因のメカニズムに服従しているのではないことを。それゆえ、彼は常にそれなしでは理性が存在しない思考の自由を受け入れているのである。同じように彼は、もし彼が疑いもなく正しい彼の人生において義務の永遠の法則に従って行為し、彼の本能と傾向性の戯れでないことを望むならば、それなしでは道徳が存在しない行為における意志の自由を前提しなければならない、同じ時に自分自身ではこの自由を否定するとしても。そうしないことには彼は自己の実践的原則と思弁的原則を一致させることができないから。しかし、これは誰も成功しなかったとしても、実際には失われるものは多くはないのである。

偽版の違法性について

円谷裕二訳

Von der
Unrechtmäßigkeit
des
Büchernachdrucks.
(1785)

偽版の違法性について

A版 第8巻　77- 87頁
C版 第4巻　211-222頁
V版 第6巻 I　187-198頁

目次

書物の出版を、書物(著者から原稿として所有者の手に渡ったものであろうと、あるいは既存の出版者から原稿の印刷物として所有者の手に渡ったものであろうと)に対する所有権の行使と見なす人たちは、しかもそれにもかかわらず、著者であれあるいは著者の委託を受けた出版者であれ、これらの人のある種の権利を留保して、偽版を出すことを禁じるまでに権利の行使を制限しようとする人たちは、――それによって決して目的を達することはできない。というのも、自分の思想に対する著者の所有権は(そのような権利は外的な法に従って生じるものだと認められているが)、たとえ偽版であっても著者に残されているからである。しかし書物の買い手の所有権をそのように制限することに対して(原注)、買い手が明確な同意を与えることは正当な形では決して生じないのであるから、いわんや単に想定されたにすぎない同意によって買い手が拘束されることはなおのことありえないであろう。 A79 C213 V189

(原注)　もし出版者の故意によってか、それともまた不注意によって、出版者が売りに出した書物が偽版に利用されたとしても、彼は、すべての人を、出版物の購入に際して他人の委託財産の横領で告訴するという約定で拘束しようとするであろうか。このことに同意する人はいないであろう。なぜならば、もしそうなれば彼は調査したり責任を追及したりするなどして非常に面倒なことに身をさらすことになってしまうからである。つまり出版が出版者にとってやっかいなことになるからである。

しかしながら私は、出版を、出版者自身の名前で商品を取引することとして*ではなく、別の人すなわち著者の名前で業務を遂行することだと見なし、それによって偽版の違法性を容易にかつ明瞭に証明できる理由があると信じる。私の論証は出版者の権利を証明する理性推理のうちに含まれており、またそのことから、偽版者の要求を論駁するに至るもう一つの理性推理が帰結してくる。

一　偽版者に対する出版者の権利の演繹

他人の名前で他人の業務を営みながらしかもその他人の意志に反してそれを営む者は、そのことから自分にもたらされるすべての利益をその他人やその代理人に譲渡し、またそのことからその他人やその代理人に生じるすべての損害をも補償する義務がある。

ところで偽版者とは、他人(著者)の業務をそのように行う者である。それゆえ、彼はこの他人やその代理人(出版者)に対して以上のことをする義務がある。

大前提の証明

業務の侵害者は他人の名前で不法な行為をしているので、この業務から生じる利益に対していかなる要求権をもたない。業務の侵害者がその名前で業務を遂行している当の相手、もしくはその相手が業務を委託した他の代理人こそが、自分の所有物から得られる成果としての利益を自分のものとする権利を所有する。さらにこの業務の侵害者は他人の業務への不当な介入によって所有者の権利を侵害しているので、彼は必然的にすべての損害をも補償しなければならない。このことは疑いもなく自然法の基本概念のうちに存することである。

A 80　C 214
V 190

小前提の証明

小前提の第一の要点は、出版者は出版を通じて他人の業務を営んでいるということである。——ここで肝心なことはもっぱら、著者の労作としての、書物ないし著作というもの一般の概念、および出版者一般(彼が代理委任権をもとうがもつまいが)の概念である。すなわち、書物というものは、間接的に、すなわち他人を介してであれ、著者が読者と取引する商品であり、それゆえある種の権利の留保の有無にかかわらず譲渡することのできる商品なのかどうか、それともむしろ、書物とは、単に著者の能力の行使(opera 業務)にすぎないために、著者は、その行使を他人に許可する(concedere)ことはできるけれども、決して譲渡する(alienare)ことのできないものなのであろうか。さらには、出版者は、自分の業務を自分の名前で営むのであろうか、それとも他人の名前で他人の業務を営むのであろうか。

著作としての書物の中で著者は読者に語る。また著作を印刷した人は、書物を介して語るのであるが、それは自分自ら語るのではなく、まったく著者の名前で語るのである。彼は語るものとして著者を公に紹介し、ただ著者の言葉を読者に伝える仲介をするだけである。草稿としてであれ印刷物としてであれ、著者の語る書物が誰のものであろうと、この書物を自分のために使用したり、これでもって取引をしたりすることは、それの所有者が自分自身の名前でかつ任意に行うことのできる業務である。しかしながら、誰かに公に語らせること、つまり彼の言葉そのものを読者に伝えることは、彼の名前で語りいわば読者に次のように言うことを意味する。「私を通して著者は君たちにあれこれのことを文字を通して吹き込んだり教えたりする。私は何らの責任もなく、また私は、著者が自ら選択し私を通して公に語るという自由にさえ責任がない。私は君たちに伝える仲介者にすぎない」。このことは、疑いもなく、われわれがただ他人の名前でできる業務であって、決して(出版者としての)自分自身の名前でできる業務ではない。たしかに、出版者は自分自身の名前で、著者の言葉を読者に伝達するための無言の道具を作り出すのであるが、しかし彼は、著者の言葉を印刷によって読者にもたらすということ、したがって彼は、彼を通して著者が読者に語る人物として自分を示すということ、このことを、出版者はただ他人の名前においてだけなしうるのである。(原注)

(原注)　書物というのは、たとえば何らかの観念や出来事の象徴的表象を伝達する絵画のように、思想内容を伝達するだけではなく、言葉というものを読者に伝達する道具である。その際に最も本質的なことは、書物によって伝達されるのは、事物ではなく、業務 opera、すなわち言葉であり、しかも文字による言葉だということである。書物が無言の道具だと呼ばれることによって、私は書物を、たとえばメガホンとかさらには他人の口さえもがそうであるように、音声によって言葉を伝達するものから区別する。

小前提の第二の要点は、偽版者は、所有者の一切の許可なしに(著者の)業務を引き受けるのみならず、それを著者の意志に反してまでも引き受けるということである。というのも、偽版者は、出版のために著者自身によって代理委託された他人の業務に対して干渉するという理由のゆえにのみ偽版者なのであるから、問題は、著者がさらに別の人に同一の権能を付与してそれに同意を与えることが可能かどうかということだからである。しかしながら以下のことが明らかである。すなわちこの場合には両者のおのおのが、つまり最初の出版者〔別の人〕と後から無理やり出版をする者(偽版者)のどちらもが、まったく同一の読者すべてに対して著者の業務を遂行するがゆえに、一方

V 192　　C 216

の作業は他方の作業を無用にし、双方ともに無効にされるにちがいないということであり、したがって、出版者以外のさらに別の人に著者の作品の出版を許可するという条件のもとで著者が出版者と契約することは不可能だということであり、その結果、著者は(偽版者としての)いかなる別の人にも出版の許可を与える権限はなく、それゆえ、このような許可が偽版者によって前提されてよいのだということなどは決してありえなかったということである。かくして、偽版とは、所有者の意志の同意にまったく反するにもかかわらず、所有者の名前で企てられる業務だということになる。

＊　＊　＊

以上の理由からしてまた、損害を被るのが著者ではなく、著者から代理委託された出版者だということが帰結する。というのも、著者は、読者にかかわる自分の業務の処理のために自分の権利を出版者に委ねたのであり、しかも全面的にかつ他の手段による処分という留保なしに委ねたのであるから、出版者だけがこの業務遂行の権利所有者であり、したがって偽版者がその権利を侵害するのは出版者に対してであって、著者に対してではない。

＊　＊　＊

しかしながら、このような業務は〔出版者以外の〕他人によっても寸分違わずに同じように遂行されうるのであるから、その権利は、——もしそれについて特に何らの協定もないならば、それ自身としては、譲渡できないもの(jus personalissimum 最も人格的な権利)と見なされるべきではなく、それゆえ、出版者は自分の版権を他人にも引き渡す権能をもつことになる。なぜならば彼は代理権の所有者だからである。そしてまたこのことに関して著者は同意しなければならないので、この業務を間接的に引き受ける人は、偽版者なのではなく、合法的に代理委任された出版者、すなわち著者に委任された出版者が自分の代理権を譲渡した相手なのである。

C 217

二　偽版者が出版者に申し立てる権利に対する論駁

V 193

出版者が著者の作品を読者に譲渡することによって、つまり読者が有する書物の所有権に依拠することによって、所有権のどんな勝手な行使に対しても、したがって偽版に対しても、たとえそれが出版者にとっていかに不愉快なものであろうとも、出版者が（それゆえまた出版者に代理権を与えた著者が）、それに同意したということがおのずから帰結するのかどうかという問題に答えることが依然として残っている。というのも、おそらく出版者は、利潤に釣られて、明確な契約によって買い手を偽版から遠ざけようともせず、またもし万が一損害が生じた場合にはそれに対して自分が責任を負うつもりで業務を引き受けていたからであり、またもし〔買い手との間に〕このような契約を交わせば出版者の業務がうまく運ばなかったであろうからである。――ところで、書物の所有権が偽版の権利を許すわけではないことを、私は以下の理性推理によって証明しよう。

A 83

〔大前提〕　ある他人に対する人格的肯定的権利は、物件の所有権のみからは決して演繹されることができない。

〔小前提〕　ところで、出版の権利は人格的肯定的権利である。

〔結論〕　したがって、出版の権利は、物件（書物）の所有権のみからは決して演繹されることができない。

大前提の証明

なるほど、物件の所有権には、当の物件を恣意的に利用して私を妨害しようとするすべての人に対抗するための否定的権利が結びついている。しかしながら、ある人格に何かをしてもらったり、彼がそのように私に奉仕すべきだということを彼に要求するという、人格に対する肯定的権利は、物件の所有権のみからは帰結すべくもない。たしかに、この肯定的権利を、特別な取り決めによって、私が誰かの所有物を獲得する際の契約に追加してもらうことはできよう。たとえばそれは、私がある商品を買う場合、その品物に切手を貼って売り手にある場所に郵送してもらう、というような場合である。しかしながらその際に、私のために何かをなすべきだという、人格に対する権利は、私の購入した物件に対する単なる所有権から帰結するのではなく、特別に交わす契約から帰結するのである。

小前提の証明

ある人が自分自身の名前で勝手に処分できるものに関しては、彼がその物件に対する権利をもっている。しかしある人がただ他人の名前でのみ遂行できるような業務を行う場合には、その当の他人があたかもその業務を自分自身で行ったかのように、そのある人はその業務に対して義務を負っているのである。（Quod quis facit per alium, ipse fecisse putandus est. ある人がある別の人を通じて行うことは、〔その別の人ではなく〕自分自身が行ったことと見なされるべきである。）それゆえ、他人の名前で業務を行うことに対する私の権利は、人格的肯定的権利である。つまりその権利は、業務をさせた著者を強制して著者に保証させる権利であり、すなわち著者が私にさせたり私を介して義務を負ったりするすべてのことに対して、著者に責任をもたせる権利である。ところで、出版は、著者の名前で読者に(印刷によって)話しかけることであり、したがって他人の名前でなされる業務である。それゆえ、出版の権利は、ある人格〔著者〕に対する出版者の権利である。すなわちその権利は、著者の所有物の恣意的な行使に際して著者から自己〔出版者〕を守る権利であるだけではなく、また著者を強制して、出版者が著者の名前で*行うある種の業務を、著者自身の業務だと著者に認めさせ、その業務の責任を負わせる権利であり、――したがって、人格的肯定的権利なのである。

A84

＊　＊　＊

出版者が印刷に付する原本は*、著者の作品(opus)であるが、出版者がそれを原稿のままであれ印刷物としてであれ、買い入れた後では、まったく出版者のものとなり、それによって彼は、自分の望むことや彼自身の名前でなされうることのすべてをすることができる。というのも、このことは物件に対する完全な権利の要求、すなわち所有権の要求だからである。しかし出版者が他人の(すなわち著者の)名前でしかなすことのできない所有権の行使は、この他人が原本の所有者〔出版者〕を介して営む業務(opera)であるから、そのためには、所有権のほかにさらに〔著者との〕特別な契約が必要である。

C219

ところで書物の出版は、他人の(すなわち著者の)名前でのみなすことの許される業務である(出版者は、自分〔出版者〕を介して読者に語りかけるものとして著者を引き合いに出す)。それゆえ書物の出版の権利は、〔出版者のもつ〕原本の所有権に付随している諸権利の一つではありえず、著者との特別な契約によってのみ合法的なものとな

V195

りうるにすぎない。著者とのそのような契約なしに（あるいは、著者がすでに元の出版者とは別の人にこの権利を許可した場合には、この人との契約なしに）出版する人は、偽版者である。それゆえ偽版者は、元の出版者に損害を与えることになるために、出版者のすべての損失を補償しなければならない。

一般的な注意

出版者が出版者としての業務を遂行するのは、単に自分自身の名前においてだけではなく、他者[原注]（すなわち著者）の名前においてであり、しかも著者の同意なしには何も遂行しえないのだということは、一般に認められているように、出版者の業務に付随するある種の責務から確証されることである。もしも著者が原稿を印刷のために出版者に譲渡し、出版者がそれの責任を負うことになった後で、著者が死亡したならば、出版者には、自分の所有物として原稿を差し押さえてしまう自由などはない。むしろ、相続人がいない場合には、読者が、出版者に強制的に出版させたり、あるいは出版を申し出る別の人に原稿を譲渡させる権利をもっている。というのも、それはかつて著者が出版者を介して読者に対して営もうとした業務だったからであり、出版者はそのための代理人として自ら申し出たのであるからである。読者は〔出版者との〕著者のこの約束を知る必要もなければ、その約束を受け入れる必要もない。読者が出版者に対して（何かを遂行すべきだという）この権利を得るのは法律を通してのみである。というのも、読者に関わる著者の業務のために原稿を利用できるという条件の下でのみ、出版者はその原稿を所有しているからである。著者の死亡によって著者に対する責務がなくなったとしても、読者に対するこのような責務が残っているのである。この場合に根底に置かれるのは、原稿に対する読者の権利ではなく、著者の業務に対する読者の権

V196　C220　A85

利である。もし出版者が著者の作品を彼の死後に毀損したり歪めたりして出版するとか、あるいは需要に必要な部数を欠いたまま出版する場合には、読者は、出版者を強制して出版の正確さを増大させたりあるいは増刷をさせたり、またそうでない場合には、ほかのやり方で出版を配慮するという権能をもっている。もしも出版者の権利が、彼が著者と読者の間に立って著者の名前において行う業務から導出されないとするならば、以上のことすべてが成立しえなくなるであろう。

(原注)　出版者がまた同時に著者である場合でも、両者の業務は異なっている。彼は、自分が学者の資格で著述したものを、商人の資格で出版するのである。しかしながら、われわれとしてはこのような場合を度外視して、探求をもっぱら出版者が同時に著者ではない場合にのみ制限してよいであろう。というのも、後にこの推論を前者の場合に広げてみることは容易だからである。 A84 C219 V195

おそらく人は出版者のこのような責務を認めるであろうが、他方、この責務には、それに基づく権利が対応していなければならない。すなわちその権利とは、この責務を遂行できるために必要なすべてのことに対する権利である。すなわち、出版者のこの業務が他の人と競合するならば、実際のところその遂行が彼には不可能になるがゆえに、出版者は版権を独占的に行使する、という権利である。 A85 C220 V196

それに対して、物件としての技術作品は、人が合法的に獲得したその物件の見本に従いながら、模倣されたり模造されたりすることができるし、またそれの複製を公然と商うことができるのであり、その際、原作の制作者の同意や、あるいは原作者が自分の理念を表現するために用いた職人たちの同意は必要がない。誰かが描いた模様であるとか、他人を介して銅板に彫らせたりあるいは石材や金属や石膏を使って仕上げさせたりした模様などは、これ A86

らの作品を購入する人によって複製されたり模造されたりまったく公然と取引されたりすることができる。このことは、誰かが自分の物件について自分自身の名前で行うすべてのことに関して他人の同意を必要としないのと同様である。リッペルトの『印章指輪の収集』[1]は、それを理解するすべての所有者によって模倣されたり、売却のために陳列されたりすることができるが、その際、それの作者が自分の業務への干渉だとして不平を言うことはできない。というのも、それは、一つの〔技術〕作品であり(作品 opus であって他人の業務 opera alterius ではない)[*]、それを所有する人なら誰もがそれを、製作者の名を挙げることなどせずに売却したり、したがってまた模倣したり、さらには自分の所有物として自分自身の名前で公の取引に使うことができるからである。しかしながら、他人の著作はある人格の言葉(opera 業務)である。これを出版する人は、ただこの他人の名前においてだけ読者に語りかけることができるのであり、著者が彼を介して(impensis bibliopolae 本屋の費用で)[*]読者にしかじかの言葉を語るにすぎないのだとしか自分からは言えないのである。というのも、自分自身の申し出に関することや読者の問い合わせに応じるときには他人の言葉であるはずのものを、自分の名前で語るのは、矛盾しているからである。それゆえ、他人の技術作品は公の取引のために模倣することが許されるけれども、委託された出版者をあらかじめもっている書物には偽版が許されないという理由は、前者が作品(opera)[2]であり、後者が働き(operae)であり、このうち前者は、自分自身だけで現存する事物としてその現存在を有することができるけれども、後者は、一つの人格においてしかその現存在を有しえない、という点に存している。したがって、後者はもっぱら著者の人格に属しているのである。[原注] そして著者は、すべての他人を介してつねに自らで語るという点において、すなわち誰一人として彼(創作者)の名前でしか同じ言葉を読者に語ることが許されないという点において、譲渡できない権利(jus personalissi-

A87
mum 最も人格的な権利)をもっている。もし人が他人の書物を変更して(短縮したり、追加したり、改作したりして)、そのことを今後は原作の著者の名前で発行するとするならば、それは不正をなすことになるであろうが、しかしながら、その際に、発行者が自分の名前で行う改作は、偽版ではなく、それゆえ禁じられていない。というのも、この場合には、別の著者が自分の出版者を介して、以前の著者とは別の業務を営んでいるからであり、それゆえ、読者にかかわる以前の著者の業務を侵害することにはならないからである。
C222 V198
出版者は、以前の著者を、彼を介して語るものとして紹介するのではなく、別の著者を紹介するのである。別の言語への翻訳もまた、偽版とは見なしえない。というのも、翻訳とは、たとえ思想内容がまったく同一であるとしても、著者と同一の言葉ではないからである。

A86 C221 V197
(原注)　書物の著者と所有者はともに、同様な権利をもってこの同一のものについて、それは私の本である！と言うことができるのだが、しかしながらその場合には異なった意味において言われているのである。著者はその本を、著作物ないし言葉だと見なしているが、所有者はそれを、単に所有者や読者に対する言葉の伝達のための無言の道具、すなわち書物だと見なしている。しかし著者のこの権利は、物件に対する権利、すなわち書物に対する権利ではなく(というのも所有者はこの書物を著者の目の前で焼却できるからである)、彼自身の人格における生得的権利である。すなわち、他人が彼の同意なしに、彼を読者に向かって語らせることができないようにする権利である。とはいえ、著者はそのような同意をすでに他人に独占的に与えてしまっているがゆえに、その同意が前提になることはまったくありえないのであるが。

A87 C222 V198
もし書物の出版一般についてのこのような理念が根底に置かれて、それが、十分に理解され、しかも(私は可能なことだと思っているのだが)ローマの法律学に必要なあの優雅さをもって論じられているとするならば、偽版者に対する訴えは、そのためにさしあたり新たな法律を求める必要もなくして、十分に裁判にかけることができるであろう。

G・フーフェラント著『自然法の原則にかんする試論』についての論評

円谷裕二訳

Rezension
von
Gottlieb Hufeland's
Versuch über den Grundsatz des
Naturrechts.
(1786)

ゴットリープ・フーフェラント著『自然法の原則にかんする試論』についての論評

A版 第8巻　125-130頁
C版 第4巻　343-348頁
V版 第6巻I　171-176頁
W版 第12巻　807-812頁

哲学および両法学の博士ゴットリープ・フーフェラント[1]著『自然法の原則にかんする試論――ならびに付論』。
G・J・ゲッシェン、ライプツィヒ、一七八五年。*

A127 C345 V173 W809

実践哲学を構成する学問のように、その対象が純粋理性概念によって考えられなければならない学問においては、第一の根本概念や原則にまで立ち戻ることは賞賛すべき企てであるが、しかしそのことのみならず、これらに達するだけでは、個別的に生じる事例にとってまだ十分に証明されない許容性と客観的実在性が、これらの概念や原則に容易に欠如しうるがゆえに、それら〔概念や原則〕の源泉を理性能力自身のうちに探求することもまた、賞賛すべき企てである。フーフェラント氏は、上記の著作において自然法に関してこの企てを引き受けた。彼は一〇の章の中で、自然法の対象、法の概念の展開、および法の原則の必然的性質を叙述し、さらに法についての諸種の体系とそれら体系の吟味を、しかも前者の諸体系を歴史的に詳細に、後者の吟味を批判的正確さをもって、叙述している。そこには、グロティウス[2]、ホッブズ[3]、プーフェンドルフ[4]、トマジウス[5]、ハインリヒ・フォン・コクツェーイ[6]およびザムエル・フォン・コクツェーイ[7]、ヴォルフ[8]、グンドリング[9]、バイアー[10]、トロイアー[11]、ケーラー[12]、クラプロート[13]、シュマウス[14]、アッヘンヴァル[15]、ズルツァー[16]、フェーダー[17]、エーベルハルト[18]、プラートナー[19]、メンデルスゾーン[20]、ガルヴェ[21]、ヘプナー[22]、ウルリヒ[23]、ツェルナー[24]、ハーマン[25]、ゼレ[26]、フラット[27]、シュレットヴァイン[28]の諸原則が見いだされ、誰か一人が欠けていることに気づくのは容易ではないであろう。このことは、従来この分野で起こったすべてを全体として概観し、それを一般的に吟味してみようとする人にとっては、快い安心となる。彼はこのような諸原則間の差異の原因を探求し、その後で自然法の形式的条件を確立し、彼自身が考え出した理論において自然法の原則を導出し、自然法における責務をより詳しく規定し、そうしてそこから引き出される帰結によってこの著作を完成させている。この著作の付論では、上記の概念や原則についてのさらなるいくつかの特殊な適用が付け加えられている。

　題材がこれほど多様な場合には、個々の論点にわたって批評するのは目的にふさわしくないとともに冗長にもなりがちであろう。それゆえに、この著作を特徴づけている独自の体系構築の原則を第八章から取り出して、それの源泉および役割を紹介批評すれば十分であろう。すなわち、著者によれば、あらゆる客観を顧慮せずに単に自由意志の形式だけを規定する諸原理は、実践的法則としては、それゆえそれらの諸原理から責務を導出するためには、十分ではない。したがって彼は、これらの形式的諸規則のために、質料を、すなわち客観を求めるのであるが、事物の本性が理性的存在者に命ずる最高の目的としてのこの客観は、要請として想定されうるものであり、それを彼は、理性的存在者の完全性において定立している。それゆえ最高の実践的原則は、感情をもつあらゆる存在者の完全性を、とりわけ理性的存在者の完全性を、――それゆえにまた、汝自身の完全性を、促進せよ、というものである。こうしてこのことから、他人における、――(他人がその原因となるかぎりにおいては)ことさら汝自身における、完全性の減少を阻止せよ、という命題が生じてくる。後者は、明らかに自分のうちに、抵抗を、したがって強制を含んでいる。

　ところで、わが著者の体系にとって特徴的なことは、彼があらゆる自然法とあらゆる権能の根拠を、先行的な自然的責務のうちに求め、そして人間は、(上記の原則の最後の部分によれば)自分がそのように責務づけられているがゆえに、他人を強制する権能をもっているという点に存する。彼の信じるところでは、強制の権能はこれ以外の方法では説明のしようがない。ところで、たとえ彼が自然的な法の全学問を責務に基づかせているとはいえ、彼は、そのことを、われわれの権利＝法[29]を満足させるべき*他者の責務のことだと理解してはいけないと警告している。（ホッブズはすでに、われわれの要求に強制が伴う場合には、この強制に従うべきだという他者の責務はもはや考えられえないと述べている。[30]）ここから彼は、責務の理論は自然法においては余計なものであり、しばしば誤解を招くかもしれないと結論している。この点で評者は喜んで著者に賛成する。というのも、ここでの問題はもっぱら、法の一般的原則に矛盾することなしに、私がどのような条件下で強制を行うことができるのかということだからである。他人が同一の原則に従って受動的に振舞おうが、それとも反応してこようが、そんなことは、すべてが自然状態において考察されるかぎりは、当人の問題として探求されるべきことである。というのも、公民的状態においては、一方の側に対して権利＝法を認める判決には、つねに相手方の責務が対応しているからである。また自然法におけるこのような見解には、倫理問題の混入によって本来の法的根拠を混乱させないという大きな効用がある。しかしながら、強制する権能がさらに、自然自身によってわれわれに課せられている責務を徹頭徹尾根拠としなければならないという点が、評者には明白ではないように思われる。特にそう思われるのは、この根拠がかの帰結に必要なものより以上のことを含んでいるからである。というのも、この根拠から帰結するのは次のようなことだと思われるからである。すなわち、人は自分の権利＝法について強制が認められるものならどんなものでも放棄することができないということである。なぜならば、強制のこのような承認は、われわれには議論の余地のある完全性を、徹底的に、したがって場合によっては暴力を用いてでも獲得する、という内的責務に基づいているからである。

さらには次のようにも思われる。すなわち、ここで考えられている強制の尺度によれば、日常生活のごくありふれた場合にさえも、私があるものについての権利＝法をもっているかどうかを判定することが非常に技巧的にならざるをえないために、最も熟練した悟性にとっても、自分の権利＝法がどこまで及ぶのかを確実に決定することが、不可能ではないにしても、絶えざる困惑に陥るということである。――補償の権利＝法について著者は、その権利＝法が単なる自然状態*においては強制の権利＝法としては生じることはない、と主張する。しかし著者は、彼が補償の権利＝法を断念するのは、その権利＝法が証明されえないと思うからにすぎないことを告白している。自然状態においてはまた、裁判官が見いだされないために、著者はいかなる帰責をも認めていない。――付論において、著者は適用に関する二、三の指示をしている。そこにおいて彼は、原初の取得について、契約による取得について、国法および国際法について論じており、最後に、自然法と実定法の間隙を埋めることのできるような、新たに必要な学問を提案している。この著作には、斬新でかつ洞察鋭くして同時に真なる多くのことが含まれており、また、自然法の諸命題における真理の基準の発見や、自然法に固有な地盤の限界規定について、それらを準備し教導するようなことが至るところに含まれているということを、誰しも否定することができない。だから評者は、著者が将来も講義において自分の原則を継続的に用いることを大いに期待している。というのも、この種の実験は、単なる概念に基づくいかなる種類の認識においてよりも、単なる理性に基づく法についての問題においてこそ、より必要なことであり、しかもその際同時に*、そのような法についての問題においてこそ実行可能でもあるからである。しかしながら、自分がしばしば調べなければならない全体系の提示する多くの諸帰結に照らしながら、自分が想定した原理を吟味する機会をもっている人ほど、このような試みを多種多様にかつより詳細に行うことのできる人はい

V176　W812
C348

ない。評者がまさに同一の対象について作成した特別な体系に基づく著作に対して、非難を浴びせるのは適切ではないであろう。評者に許されることはただ、提示された命題相互の一致や、それらの命題と評者が著者の認めたものだと見なしうる諸真理との一致を、吟味することだけであり、それ以上に及ぶことはない。それゆえ、われわれが付け加えることができることと言えば、ただ、目下のこの著作は帰結において多くのことが期待できるような、著者の生き生きとした探求精神を証明しているということ、および、この哲学とともに他の哲学においても、注意深く諸原理の誤りを正していくという同様の論議が、今の時代の趣味に合致し、またおそらくは時代の使命にも合致しており、それゆえ一般的に称揚されるべきことだということだけである。

A 130

L・H・ヤーコプの『メンデルスゾーンの「暁」の検討』に対する二、三の覚え書き

円谷裕二訳

Einige Bemerkungen
zu
Ludwig Heinrich Jakob's
Prüfung
der
Mendelssohn'schen Morgenstunden.
(1786)

ルードヴィヒ・ハインリヒ・ヤーコプ(1)の『メンデルスゾーンの「暁」の検討』に対する二、三の覚え書き

A版 第8巻 149-155頁
C版 第4巻 479-485頁
V版 第6巻II 125-131頁
W版 第5巻 285-291頁

メンデルスゾーンが自ら最後に出版した著作[2]を読んで、そこにおいて純粋理性のすべての命題のうちで最も重要な命題の論証的証明法に関して、この果敢な哲学者が少しも衰えぬ確信を抱いていることに気づくならば、批判が細心の注意を払ってこの〔純粋理性という〕能力に設定した狭い限界はたぶん無根拠で疑わしいものだと見なし、さらには、そのような〔メンデルスゾーンの〕企ての可能性に向けられる非難がすべて〔彼の〕偉業によって論駁されるものだと見なしたいという思いに駆られるであろう。ところでたしかに、人間理性に不可欠で好ましい事柄が、いずれにせよ憶測に基づいていて、その憶測をある人が正式の証明だと見なすかもしれないということは、少なくともこの事柄にとっては不都合なことではないように思われる。というのも、どのような途を辿ろうとも、上述の最も重要な命題なしには理性がこの事柄自身を十分に満足させることができないために、最終的にはこの命題に帰着せざるをえないからである。しかしながらこの場合、このようにして辿られる途に関して重大な疑惑が生じてくる。というのも、洞察*を通して、感性的なものの限界を拡張する能力が純粋理性の思弁的使用にいったん認められてしまうと、純粋理性を感性的対象にだけ*制限することがもはや不可能になるからである。すなわち、この場合に純粋理性は、あらゆる狂信に対して広い領域が開かれることに気づくだけではあきたらず、さらに、詭弁を弄して（宗教が必要とするような概念を求めて）最高存在者の可能性までをも決定し——この実例はスピノザのうちに見いだされるが、さらにはわれわれの時代にも見いだされるのだが——、それによって、純粋理性は、独断論を打ち立てることができると自慢するほどの大胆さをもって、上述の命題を僭越な独断論によってくつがえすことができると

A151
C481
V127
W287

信じるのである。ところが、そうする代わりに、超感性的なものに関しては、厳正な批判が独断論からその翼をもぎ取る場合には、このような信仰は、理論的には論駁できないにしても実践的には十分に基礎づけられた前提において完全に保証されうるようになる。それゆえ、たとえその僭越が善意から出たものだと思われようとも、このような僭越に対する論駁は、事柄自身にとっては、不都合であるどころか、むしろきわめて必要なことであり、それどころか絶対に不可欠なことなのである。 V128

ところで、このような論駁をこの作品の著者〔ヤーコプ〕が引き受けてくれた。彼は、聡明さと通俗性の才を証しているこの*作品の小さな見本を私に示してくれたので、私は喜んでこの著作に従いながら、この主題にかかわる二、三の考察をすることにしよう。

『暁』の中で賢明なメンデルスゾーンは、純粋理性の自己自身との争いをこの能力の完全な批判によって解決するという厄介な仕事を免れるために、おそらくは怠惰な裁判官が通常用いがちな二つの芸当を利用している。すなわちそれは、この争いを示談にするか、それとも、法廷にはまったくふさわしくないものとして却下するかのどちらかだという芸当である。

第一の格率は、〔『暁』の〕第一版二一四頁にある。すなわち、「あなたがたがご存じのように、哲学の学派の争いはすべて、単に言葉のうえでの争いとして説明できるか、それとも、少なくとも言葉のうえでの争いにその起源を由来せしめることができる、と私はとかく考えがちである」。この格率を彼はほとんどすべての論争に関わる著作全体の箇所にわたって利用している。これに対して、私はまったく反対の意見をもっており、とりわけ哲学において長い間争われてきた問題において*その根底にあるのは、言葉のうえでの争いではなく、つねに事柄に関する真な

A152
C482
W288

る争いであった、と主張しよう。というのも、たとえ各言語において二、三の言葉がいくつかの異なった意味で使用されているとしても、初めは同一の言葉の使用が一致していなかった人々もその誤解に気づき、その意味の代わりに別の意味を用いるようになるまでには、それほど長い時間を要するはずがないからである。それゆえ、結局のところ、真の同音異義語もなければ真の同義語も存在しないのである。メンデルスゾーンは、意志の規定における自由と自然必然性[3]についての昔からの争いを、単なる言葉の争い(『ベルリン月報』一七八三年七月号)に還元しようとしたのであるが、それというのも、ねばならない müssen* という言葉が二つの異なった意味で(一部は単に客観的意味で、一部は主観的意味で)用いられているからだというわけである。しかしながら、(ヒュームの言によれば[4])それはあたかもメンデルスゾーンが大洋の裂け目をわら箒を使って塞ごうとするようなものである。というのも、哲学者は、誤解を招きやすいこのような表現をずっと以前に捨て去り、論点を、世界における出来事(そこにはわれわれの恣意的行為も属している)が先行する作用因の系列において規定されているのかどうかというように、より一般的に表現される定式に変えてきたからである。こうなると、これはもはや言葉の争いではなく、独断的形而上学によっては解決されえない重要な争いとなるのである。この狡猾な男は、上述の芸当を彼の『暁』のほとんど至るところで利用しているのだが、そこでは問題の解決のための前進はどう見ても望めない。しかしながら次のことに留意しなければならない。すなわち、彼は至るところでことばの矛盾対立 Logomachie を考えだそうと細工することによって、かえって、彼自身がことばの作為 Logodädalie に陥り、その哲学が不都合きわまりないものに遭遇するはずだということである。

第二の格率が目指しているのは、ある段階(この段階はまだ最高の段階からはほど遠い)において一見合法的な仕方で純粋理性の探求を阻止することによって、要するに質問者の口を封じ込めてしまうことである。『暁』の一一六頁では次のように言われている。「ある物がどのような作用を及ぼしたりあるいはどのような作用を被ったりするのか、と私が君たちに言う場合、その物が何であるのか！*ということはもはや問われていない。君たちがある物についてどのように理解しなければならないのか、と私が君たちに言う場合、この物それ自体がそれ自身において何であるのかというさらなる問いは、*それ以上何らの意味をもたない」等々。しかしながら、*（『自然科学*の形而上学的原理』において示したように(5)）以下のことを私が洞察する場合には、すなわち、われわれが物的自然について認識するのは空間だけであるということ（空間は、存在するものではまったくなく、相互に外的なさまざまな場所のための条件であり、したがって単なる外的関係のための条件であるということ）、および、空間さえもがその物においてある（すなわちその物自身が延長している）ということのほかには、空間における物は、運動（場所の変化つまり単なる関係の変化）以外のいかなるほかの作用を認識させるものでもなく、したがって運動力や可動性（外的諸関係の変化）以外のいかなるほかの力や受動的性質を認識させるものでもないということであるが、これらのことを私が洞察する場合には、メンデルスゾーンやほかのすべての人たちは*彼らの立場に立って次のように私に対して言うかもしれない。すなわち、もし、私がある物について知るのはただ、外的諸関係においてある何ものかの中に外的諸関係さえもがあり、この外的諸関係はその何ものかにおいてまたその何ものかを介して別の関係に変わりうるということだけであるならば、したがってそのための根拠（運動力）は外的諸関係のうちに存するにすぎないのだとするならば、ある物をそれが何であるのかという観点から認識できると私が思えるのであろうか、と私に言うかもしれない。一言で言うならば、私が何かと別の何かとの関係しか知らない場合に、何らかの内的な物が私

C 484　V 130　W 290

に与えられることもなければ与えられうることもなしに、私がその何かについての外的諸関係だけを同じように知ることができるのかどうか、*と私に言うかもしれない。すなわち、その場合には、私が物自体の概念をもっと言いうるのかどうか、さらには、これらすべての関係において主体である物はそれ自体においてそもそも何であるのか*という問いは本当に正当な問いなのかどうか、と私に言うかもしれない。まさに以上のことは、われわれの心についての経験概念においてもまた、十分に証示されうることであるが、この経験概念は内的感官の単なる現象を含んでいるにすぎず、まだ主観それ自身の一定の概念を含んではいないのである。しかしながらこの問題は私をあまりにも広範な領域に連れていくことになろう。 A154

もちろん、もしもわれわれが実際に物それ自体の性質であるはずの物の作用を知っている*とするならば、これらの性質以外になおも物は自体的に何であるのか、とさらに問うてはいけないであろう。*というのもこの場合には、物とはこれらの性質によって与えられている当のものだからである。ところで人は私にこのような性質や作用力について述べよと要求するであろう。というのもそれによって、これらを単なる現象から区別し、またこれらを介して物自体を、単なる現象から区別できるようになるからである。このことは、もうすでにしかも君たち自身によってなされたことだ、と私は答えておこう。

君たちが最高の知性としての神の概念をどのようにして作ったのかを、ぜひ考えてみたまえ。君たちは神の概念において純粋に真なる実在性を考えている、すなわち、(一般にそう見なされるように)単に否定に対立するものだけではなく、ことさら現象における実在性(realitas phaenomenon)をも考えている。このような現象における実在性はすべて、感官を通してわれわれに与えられ、それゆえにこそ(まったく適切な表現とは言えないが)現われと

W291
V131

しての実在性 realitas apparens と呼ばれなければならない。ところでこれらすべての実在性(悟性、意志、至福、力等々)は、度に関しては減少するが、種類(性質)に関してはつねに同一のものであり、そうして君たちは物それ自体の性質を得て、それを神以外の他の物にも適用することができる。君たちが考えうるのはこれらの性質だけであり、残りのすべてはただ現象における実在性(感官の対象としての物の性質)にすぎず、この実在性によって、君たちはそれ自体としてあるがままの物を考えることはない。われわれがあらゆる実在性を最初に神の概念に還元し、そしてそこにおいて実在性の概念が生じるのだが、そうして初めて、それら実在性を物自体としての他の物にも適用しなければならないのだということによってしか、われわれが物自体の概念を適切に規定できないのは、たしかに奇妙に見える。しかしながら、このことがもっぱら、あらゆる感性的なものと現象を、悟性によって事物それ自体に属するものとして考察されうるものから区別する手段である。——それゆえ、われわれがいつも事物の経験だ C485
けから得るようなすべての知識に関して、その客観がそもそも物それ自体として何であるのかという問いを、まったく無意味な問いだと見なすことはできない。

形而上学の問題は今やこのような状況にあり、その争いを解決するための調書*は判決へ向けてもうほとんどでき A155
あがっている。それゆえこの問題が最終的に解決されることを体験しようとするならば、あとはただ判決においての少しの忍耐と公平さを必要とするだけである。

ケーニヒスベルク　一七八六年八月四日

イマヌエル・カント

思考の方向を定めるとはどういうことか

円谷裕二訳

Was heißt: sich im Denken orientieren? (1786)

思考の方向を定めるとはどういうことか

A版 第8巻 131-147頁
C版 第4巻 349-366頁
V版 第5巻II 145-163頁
W版 第5巻 265-283頁

われわれが概念をどれほど高いところに求めて、それによって概念を感性からどれほど遠く引き離そうとも、概念にはなお形象的な表象がつきまとうものだが、このような形象的表象の本来の使命は、それがなければ経験から導出されなくなるような概念を経験的使用に役立てることにある。それというのも、何らかの直観(直観は結局は常に何らかの可能的経験の実例でなければならないのだが)が概念の根底になければ、どうして概念に意味と意義を与えようとする*のであろうか。この具象的な悟性作用から、後にそれの形象のうちに混じっているものを、つまり最初は感官の偶然的知覚を、次には純粋な感性的直観一般を取り去るならば、純粋悟性概念が残るのであるが、この悟性概念は今や拡張されて思惟一般の規則を含むことになる。一般論理学もこうして生じたのである。ところがわれわれの悟性や理性の経験的使用にはもしかしたらそのほかに、思考のためのいくらかの発見的な方法も隠されていて、かの経験からこの方法を慎重に引き出すことができれば、発見的方法は、抽象的思考においてさえ哲学を豊かにする幾多の有益な格率をもたらすことであろう。

私の知るかぎりでは、故メンデルスゾーンはその生涯の最後の諸著作(『暁』[1]一六四―六五頁と『レッシングの友人たちへの書簡』[2]三三頁と六七頁)においてのみこのような原則を明確に告白している。その原則とは、理性の思弁的使用(彼は理性のこの思弁的使用を、さらには超感性的対象の認識に関しても、しかもその論証の明証性に達しうるほどに大いに信頼していたのだが)において、彼が共通感覚(『暁』)とか健全な理性とか素朴な人間悟性(『レッシングの友人たちへの書簡』)などと呼んでいた然るべき導出手段を介して、**方向を定める**のに必要な格率のこと

A133
C351
V147
W267

である。この告白によって、神学の問題における思弁的理性の力に対する彼の有益な見解が台無しにされてしまう A134 V148 C352 W268 (実際にこのことは避けられなかったのだが)ばかりでなく、思弁的理性の能力を思弁とは反対の仕方で用いる曖昧さを残していたために、普通の健全な理性までをも狂信の原則と化し、理性をまったく廃絶してしまう危険にさらすのであるが、はたして誰がこのようなことを考えるはずがあろうか。しかしながら、このことが実際に、メンデルスゾーンとヤコービの論争[3]から、とくに『結果』(原注)[4]の鋭敏な著者による意義少なからぬ結論から、起こったのである。もっとも私は有益な見解を台無しにしてしまうような思考様式に、双方が与しようと意図していたとは思わない。むしろ、後者の企ては、論敵が見せる隙を彼の弱点として利用する場合の単なる自衛手段として十分に正当化される対人論証 argumentum ad hominem だと思う。ところで、私は次のことを示したいと思う。メンデルスゾーンが方向を定めるために必要と感じて称揚したのは、実のところは、純粋に理性だけだということであり、いわゆる秘密の真理感覚、すなわち信仰の名のもとに理性にそぐわない伝統や啓示が接木される無節操な直観などではなく、彼が確固としてかつ正当な熱意をもって主張したように、本来の純粋な人間理性だけだということである。とはいえもちろんこの場合には、理性の思弁的能力の高い要求は、ことに(論証を通して)尊大なだけの理性の威信は、失われるにちがいなく、こうして思弁的であるかぎりの理性に残されるのは、ただ、矛盾を孕む一般的な理性概念を純化するという仕事と、健全な理性の格率に対して理性自身が加える詭弁的な攻撃を防ぐということだけであるにちがいない。――このように拡張されかつ厳密に規定された方向を定めるという概念は、超感性的対象の認 V149 W269 識を論じる場合の健全な理性の格率を明確に示すのに役立ちうるのである。

(原注)　ヤコービ『スピノザの教説についての書簡』ブレスラウ、一七八五年。 V148 W268

ヤコービ『スピノザの教説についての書簡に関するメンデルスゾーンの非難に抗して』ライプツィヒ、一七八六年。
『ある篤志家によって批判的に吟味された、ヤコービとメンデルスゾーンの哲学の結果』ライプツィヒ、一七八六年。

方向を定めるとは、この言葉の元来の意味からすれば、一つの与えられた方角から(われわれは地平を四つの方角に区別するのだが)他の方角、とくに東方を見いだすことを意味する。ところで、空にある太陽を見ながら今が正午であることを知っている場合には、私は南、西、北、東を見いだすことができる。このために私に必要なのはとりわけ、自分自身の主観における区別の感情、つまり左手と右手の区別の感情である。私はそれを感情と呼ぶが、それというのも、右手と左手の両側は直観において外的に看取できるいかなる区別をも示さないからである。一つの円を描く場合に、諸対象のもつ何らかの違いは必要でないにしても、やはり右から左への運動とその逆方向の運動を区別することによって、諸対象の位置の違いをアプリオリに規定するというこの能力がなければ、私は西を地平の南の点の右側にするのか左側にするのかがわからなくなり、そのために北と東を回ってふたたび南に至ることによって円周を終えることも知らないだろう。かくして私は空にある客観的所与のすべてにもかかわらず、地理学的にはただ主観的な区別根拠に基づいて方向を定めているのである。ある日奇蹟が起こって、すべての星座の方向が以前東にあったものが今や西になり、しかしその他の点ではすべて同一の形態を維持したままであり、また相互の位置も同一のままであるとするならば、星のきらめく次の夜には人間の目はいかなる変化にも気づかないであろうし、天文学者でさえも、見ているものだけに注意を払い、同時に感じるものに注意を払わないならば、どうしても方向を誤らざるをえないであろう。しかしながらこの時に、自然に具わっていてしかも度重なる訓練によって慣らされてきた、右手と左手の感情による区別の能力が、ごく自然に彼の助けとなるのである。つまり彼は北極星を見ただけで変化が起こったことに気づくばかりでなく、その変化にもかかわらず方向を定めることができるであろう。

ところで、私は方向を定めるというこの地理学的手続きの概念を拡張して、それをある与えられた空間一般の中で、つまり単に数学的に、方向を定めることとして理解することができる。熟知している部屋の中では暗闇でも私は、位置を記憶しているたった一つの対象に触れさえすれば方向を定められる。ここで私に役立つのは明らかに主観的な区別根拠によって状態を規定する能力にほかならない。というのも、位置を見いださなければならない客観は私にはまったく見えないからである。もしも誰かが私をからかって、対象をすべて相互に同じ秩序のままで以前は右にあったものを左に置き移したとするならば、あらゆる壁が以前とまったく同じ部屋の中で私は自分がどこにいるのかがわからないであろう。しかしそれでも右側と左側という私の両側の区別の感情だけで、ただちに私は方向を定めるだろう。夜間にはどの家も区別できないけれども、以前から私がよく熟知している通りを歩きながら適切な方向をとらなければならない場合に生じているのも、まさにこのことである。

最後に、私はこの地理学的概念をもっと拡張することができる。というのもこの概念は、単に空間においてつまり数学的に方向を定める能力においてのみならず、一般的には思考において、つまり論理的に方向を定める能力においてこそその本質があるからである。たとえ理性が、よく知られた(経験の)対象から出発して経験のあらゆる限界を超えて自分を拡張しようとしても、直観の客観がまったく見いだされずにただ直観のための空間だけが見いだされるような場合に、このような理性の使用を導くのが純粋理性の仕事だということは、類推をはたらかせれば容易に推測できることであろう。その場合に理性は、もはや認識の客観的根拠に従うことが不可能になり、もっぱら自分自身の判断能力の規定における主観的区別根拠に従うことによって、自分の判断をある一定の格率の下にもた

V 150 W270　C 354　A 136

らすことができるだけである。(原注) その際になお残っている主観的手段とは、理性に固有な**必要**の感情にほかならない。
一定の判断を下すために必要なだけのものを知らない場合には、敢えて判断を下そうとしなければ人はどんな誤り V151 W271
からも安全なままでいられる。したがってたしかに無知はそれ自身、われわれの認識の制限の原因ではあるが、し
かし決して誤りの原因ではない。ところが何かについて一定の判断を下そうが下すまいがどちらでもよいというこ
とではないような場合には、つまり実際上の必要から、そしてたぶん理性自身に固有な必要からしても判断をしな
ければならず、それにもかかわらず判断に必要な材料の知が欠如していて制限されている場合には、判断を下すた
めに従わなければならないような格率が必要になる。というのも理性はなんとしても満足を求めるものだからであ
る。それゆえ客観についての直観が存在せず、またわれわれの拡張された概念にふさわしい対象を描出して、その
概念の実在的可能性を確かなものとするような客観的な同種のものが存在しないことがあらかじめ既にわかってい C355
る場合には、われわれに残されているのはただ次のことだけであろう。すなわち、まず最初に、われわれがそれで
もってあらゆる可能的経験を踏み越えようとするその概念が、矛盾を含んでいないかどうかを十分に調べることで
あり、次に、その対象と経験の諸対象との関係を少なくとも純粋悟性概念の下にもたらすことである。もっともこ
のことは、決してその対象を感性化することにはならないにしても、少なくとも超感性的なものをわれわれの理性 A137
の経験的使用に役立つものとして考えることにはなる。なぜならば、このような見通しがなければ、上記のような
概念をまったく使用することができず、われわれは思考する代わりに夢想にふけることになるからである。

(原注)　それゆえ思考一般において方向を定めるとは、理性の客観的原理が及ばない場合に、理性の主観的原理に従う信憑において規定されることを意味する。 A136 C354 V150 W270

A137 C355 V151 W271

しかしながらこのことによっては、つまり単なる概念によっては、この対象の現存およびこの対象と世界（可能的経験のあらゆる対象の総括）との現実的な結びつきについてはいまだ何も成し遂げられていない。ところが今や理性の必要の権利が登場してくる。この権利とは、客観的根拠によっては理性がどうしても知ることが許されないようなものを前提し、かつ想定するという主観的根拠の権利であり、したがって計りがたくわれわれには深い夜に閉ざされた超感性的なものの空間の中で、ただ理性自身の必要から思考において方向を定める主観的根拠の権利である。

V152 W272

多くの超感性的なものが考えられるが（というのは、感官の対象が可能性の全分野を覆うわけではないから）、それにもかかわらず理性は自己をそれらのものにまで拡張する必要を感じないし、ましてやそれらの現存在を想定する必要を少しも感じない。理性は感官に明示される世界の中の原因（あるいは少なくとも感官にそのように明示されるのと同じ種類の原因）のうちに十分な仕事を見いだすのであるから、それのために純粋で精神的な自然的存在者の影響を必要としない*し、それどころかそのような存在者の想定は、かえって理性の使用に不利益をもたらすであろう。なぜならば、われわれはそのような存在者が活動する時に従うかもしれない法則については何も知らないけれども、前者つまり感官の対象については、多くのことを知っているし、またより多くのことを経験する期待を少なくとももつことができ、そのためにそのような自然的存在者の前提は逆に、理性の使用にとって損害を及ぼすことになるからである。それゆえそのようなものを探求したり、その種の妄想をもてあそぶことは、何らの〔理性の〕必要性でもなく、むしろ狂信に堕する単なる好奇心にすぎない。

C356

最上の知性にして同時に最高善である第一の根源的存在者の概念については、事情はまったく別である。というのも、われわれの理性はすべての被制約者の概念の根底に、したがって他のすべての諸事物の(原注)概念の根底に、無制約者の概念をおく必要をすでに感じているから [C357]
であるが、しかしそればかりではなく、この必要は、この無制約者の現存在を前提することにも関わるからである。 [A138 V153 W273]
このような前提がなければ、われわれの理性は、世界の諸事物の現存の偶然性について、また少なくとも至るところで見いだす驚くべき*ほどの(大規模なものの場合よりは小規模なものの場合の方がずっとわれわれには身近であるために、なおのこと驚くべきほどの)合目的性と秩序について、何らの満足のいく根拠も与えることができないであろう。悟性的創造者を想定しなければ、合目的性について理解しうるいかなる根拠も与えられなくなり、まったくの不合理に陥ってしまうであろう。第一の*悟性的原因がなければ、そのような合目的性の不可能性がたとえ証明できなくなるとしても(というのもその場合には、われわれはこの主張に関する十分な客観的根拠をもつことになり、主観的根拠を引き合いに出す必要がなくなるからである)、洞察のこのような欠陥に際しても、与えられた [A139 V154]
現象を説明するために理性が自分に理解できるものを前提する必要があるという点において、悟性的原因を想定する十分な主観的根拠が依然として残っている。さもなければ理性が概念だけでも結びつけることのできるすべての [W274]
ものが、この必要を満たさないことになってしまうからである。

(原注)　すべての事物の可能性のために理性は、実在性を与えられたものとして前提する必要があり、また理性は、事物に付 [A137 C356 V152 W272]
随する否定性による事物の差異を単に制限と見なすので、理性は、唯一の可能性すなわち無制約的存在者という可能性を根源的なものとして根底におかざるをえず、他方、あらゆる他のものを派生的なものと見なさざるをえない。あらゆる事物の汎通的可能性さえもがあらゆる現存全体のうちに見いだされなければならず、少なくとも汎通的規定の原則はこのような仕方でのみ、可能的なものを理性の現実的なものから区別することができるのであるから、われわれは、最も実在的な(最高
の)存在者の現存在をすべての可能性の根底におく必然性という主観的根拠を、すなわちわれわれの理性自身の必要性とい [A138]

うものを見いだす。ところで、デカルト的な神の現存在の証明が生じたのは、理性使用のために(理性使用は根本的には常に経験的使用にすぎない)何かを前提しなければならないという主観的根拠が、客観的根拠として――したがって必要が洞察として――見なされることによってであった。尊敬すべきメンデルスゾーンが『暁』で行ったすべての証明も、デカルトの証明と事情は同じである。彼の証明は論証のために何らの貢献も果たしていない。しかしそうであるからといって、彼の証明がまったく無用だということにはならない。というのも、われわれの理性使用の主観的条件をこのようにきわめて鋭く展開したことが、われわれの能力の使用を完全に認識することにとってどれほどすばらしい機縁となっているかは、それらの展開がそのための絶えざる模範となるかぎり、わざわざ言い立てる必要がないほどだからである。そうであるからこそ、われわれに客観的根拠が欠如しているにもかかわらず判断を下さざるをえない場合には、理性使用の主観的根拠に基づく信憑が依然として大変重要となるのである。ただし、ともに独断化に関わった論敵〔ヤコービ〕に対して、われわれの欠点としてその論敵が利用できるような弱点を不必要に提供しないために、必要に迫られた前提にすぎないものを自由な洞察だなどと僭称しない方がよいであろう。メンデルスゾーンはおそらくや、超感性的なものの分野における純粋理性の独断化が哲学的狂信へ通じる一本道だということ、そしてまさに当の理性能力の批判だけがこの害悪を徹底的に防ぐことができるのだということには思い及ばなかった。なるほどスコラ的方法(たとえばメンデルスゾーンも勧めているヴォルフ的方法)は、あらゆる概念を定義によって規定し、あらゆる歩みを原則によって正当化しなければならないがゆえに、その方法を訓練することによって上述の不正が実際に一時的には防げるとしても、しかしながら完全に阻止することはできない。なぜならば、メンデルスゾーンの告白によれば、あの超感性的なものの分野でいったん十分な成功を収めた理性に対して、まさに同じ分野においてそれ以上進むことを禁じることが、どのような権利をもってわれわれにできるのであろうか。またその場合に理性が踏みとどまらなければならない限界などどこにあるのであろうか。 V153 W273 C357

ところで理性の必要には、第一に理論的使用と第二に実践的使用の二つを認めることができる。第一の必要については上述したばかりであるが、それは制約されたものにすぎないことがわかるであろう。すなわちすべての偶然 A139 V154 W274

的なものの第一原因について、とりわけ現実に世界の内にある諸目的の秩序における偶然的なものの第一原因について判断しようとする場合に、われわれは神の現存を想定しなければならない。実践的使用における理性の必要ははるかに重要である。なぜならばそれは無制約的なものであり、神の現存を前提するように強要されるのは、われわれが単に判断しようとする場合だけではなく、判断しなければならないからである。というのも、理性の純粋な実践的使用の核心は道徳的諸法則の指令にあるからである。道徳的諸法則はすべて、自由によってのみ可能である限りでの、世界の内で可能な最高善*という理念に、すなわち人倫性に通じている。他方でまた、道徳的諸法則は、人間的自由に関わるものに通じているだけではなく、自然に関わるものにも、つまり人倫性に比例して分け与えられる限りでの最大の幸福に関わるものにも通じている。今や理性は、そのような依存的な最高善、およびその最高善のための非依存的な最高善である最上の知性とを想定する必要がある。しかもこの想定が必要なのは、道徳的諸法則の拘束的な威信や道徳的諸法則を遵守するための動機を最高善から導出するためではなく(というのも道徳的諸法則の動因がそれ自身で必当然的に確実な法則とは別のものから導出される場合には、道徳的諸法則の道徳的価値がなくなってしまうからである)、ただ、最高善の概念に客観的実在性を与えるためである。すなわち道徳性に分かちがたく随伴する理念のようなものがどこにも存在しない場合に、全人倫性とともに最高善が単なる理想にすぎないものだと見なされないようにするためである。

それゆえにメンデルスゾーンが(それについての知識をもたずに)思弁的思考において方向を定めたのは、認識からではなく理性の必要を感じた(原注)からなのである。そしてこの導出手段は、理性の客観的原理の原則つまり洞察の原則ではなく、理性がただ制限されているために理性に許される使用の、単に主観的原理(格率)つまり必要の帰結命題であり、その手段だけで最高存在者の現存在についての判断の全規定根拠をなしている。とはいえこの対象についての思弁的試みにおいて方向を定めることは、この存在者についての単に偶然的な使用である。それにもかかわらず、メンデルスゾーンが論証という途によってこの手段だけですべてを成し遂げるほどの能力を思弁に認めたという点において、彼は明らかに誤っていた。前者の手段[5]の必然性が生じうるのは、後者[5]の不十分性が完全に承認された場合に限られる。もしも彼がもっと長生きして、以前に慣れ親しんだ思考様式を学問の状態の変化に応じて容易に変えるほどの、青春時代に比較的特有な精神の柔軟性を発揮できたとすれば、彼はついには彼の明敏さによってこのような告白に及んだはずであろう。しかしそれにもかかわらず、次のことだけは彼の功績として残っている。すなわち理性が自分の諸命題の選択に際して、洞察によって導かれようが、あるいは単なる必要や理性自身の有用性の格率によって導かれようが、判断が許される場合の究極の試金石を、ここでの場合であれどの場合であれ、彼が理性のうちにだけ求めようと固執したことである。彼は後者の使用における理性を普通の人間理性と呼んだ。というのも、この理性には常に自分自身の関心がまず最初に眼前にあるからであり、この場合にこの関心を忘れて知識が必要であろうがなかろうが、単に知識の拡張のために客観的観点から概念を無益にも観察することは、すでに自然の軌道を外れているにちがいないからである。

(原注)　理性は感情をもたない。理性は自分のこの欠点を洞察して認識衝動によって必要の感情を生ぜしめる。このことは、いかなる道徳的諸法則をも引き起こさない道徳感情と同様な事情にある。というのも道徳的諸法則はまったく理性から生じるからである。道徳感情は、生き生きとした自由な意志が規定根拠を必要とする際に、道徳的諸法則によって、したがって理性によって引き起こされたり生ぜしめられたりするのである。

C359　V156　A139 C358 V155 W274　A140 W275

しかしながらいま問題になっている健全な理性の陳述という表現は、依然として曖昧であり、その表現は、メンデルスゾーンでさえ誤解していたように、理性の洞察に基づく判断だと見なされたり、あるいは『結果』の著者が解していたように理性の霊感に基づく判断だと見なされたりする。それゆえ、この判定の源泉に対しては別の名称を与える必要があり、それには**理性信仰**という名称ほどふさわしいものはない。どんな信仰も、たとえ歴史的信仰でさえも、理性的でなければならないが(というのも真理の究極の試金石は常に理性であるから)、理性信仰とは純粋理性に含まれている所与以外のいかなる所与にも基礎をおかない信仰のことである。ところで、すべての信仰は主観的には十分な信憑であるが、客観的には意識にとって不十分な信憑であり、したがって信仰は知識に対立する。他方、意識にとって不十分な根拠に基づきながらも、いくらかの客観的根拠に基づいて何かが信憑され、したがって単に私念される場合に、この私見は同種の根拠を漸次補充することによって、ついには知識になることができる。(6) それに対して、信憑の根拠がその性質上まったく客観的に妥当するものではない場合に、信仰は、理性をどのように使用しても知識になることはできない。たとえば、数通の書簡によってある偉大な人物の死が報告されているときに、もしその土地の当局が彼の死や埋葬や遺言などを伝えるならば、彼の死についての歴史的信仰は知識になることができる。それゆえ、たとえばローマという町が世界に存在するということがただ目撃証言を根拠にして歴史的に信憑されて信仰されることと、ローマに行ったことのない人がローマという町が存在することを私は信仰すると語るだけでなく、そのことを私は知っていると語りうることとは、まったく同じことになる。それに対して、純粋な理性信仰は、どんな自然の理性的所与や経験によっても決して知識に変わることはありえない。なぜならば、この場合の信憑の根拠は単に主観的なものであり、理性の必然的な必要であるにすぎないからであり(そしてわれ

C 359 V 156 W 276　A 141　C 360

われが人間であるかぎりいつまでもこのままであろう)、最高存在者の現存在はただ前提されるだけであって論証されることがないからである。理性が自己を満足させるための理論的使用にとっての理性の必要は、純粋な理性的仮説であり、信憑の主観的根拠に基づいて十分であるような意見にほかならないであろう。というのも、与えられた結果を説明するためには、このような根拠のほかには何も期待できないにもかかわらず、理性は説明根拠を必要とするからである。それに対して、実践的見地における理性使用の必要に基づく理性信仰は、理性の要請と呼んでよいであろう。要請とは、確実性の点であらゆる論理的要求を満足させるような洞察ではないが、この信憑は(もし人間においてあらゆるものが道徳的にのみ善とされている場合に)種類の点では知識とはまったく区別されるにしても、程度の点では何ら知識に劣るものではないからである。(原注)(7)

(原注)　信仰の堅固さには信仰の不変性の意識が含まれている。ところで私は、神は存在するという命題を誰も私に対して論駁することができないことを十分に確信できる。というのも、このような反駁の洞察を人はどこからもってこようとするのだろうか。したがって理性信仰の場合には、歴史的信仰とは事情が異なる。歴史的信仰の場合には依然として反証例が見つかる可能性があり、問題になっている事柄についての知識が増えたときには、自分の意見を変える余地が常に残されていなければならない。*

それゆえ純粋な理性信仰は、思弁的思索家が超感性的対象の分野を歩む理性の遍歴の途上で、方向を定めるための道標であり羅針盤であるとともに、それは、普通の、しかし(道徳的に)健全な理性をもった人間が理論的見地と実践的見地において、自分の使命の全目的に完全に適合しながら自分の道を予描できるための道標であり羅針盤である。こうして理性信仰はまた、ほかのすべての信仰の根底に、いやそれどころかあらゆる啓示さえもの根底にお

A142　V157 W277

かれなければならないものなのである。

神の概念や、さらには神の現存在の確信でさえもが、ただ理性のうちにのみ見いだされて、理性からのみ発することができるものであって、それらが最初にわれわれのうちに生じるのは、霊感とか非常に強大な権威の伝える報告によってではない。私の知る限りでの自然が私にまったく与えることのできないような直接的直観が、たとえ私に与えられたとしても、それでも神の概念が基準として役立つにちがいない。たとえこの*現象が神性の特徴に要求されるすべてのもの*と一致するとしても、やはりそうであるにちがいない。いかにして何らかの現象が、いつもただ思考されるだけで直観されえないものを、性質の点からだけでも描出することが可能であるのかということを私がまったく洞察しないとしても、少なくとも次のことは大いに明らかなことである。すなわち、私に現象し、また内的であれ外的であれ私の感情に働きかけるようなものが、神であるのかどうかを判断するだけのためにも、私は、そのものを神の理性概念とともに保持して、しかも神の理性概念がそのものに適合するかどうかではなく、単に現象が理性概念に矛盾しないかどうかということを、理性概念に即して吟味しなければならない。まったく同様に、神がそれを通して私に直接的に発見されるようなすべてのもののうちには、神の理性概念に矛盾するようなものは何も見いだされないとしても、このような現象、直観、直接的啓示、あるいは描出などは、人がこれらをほかになんと名づけようとも、これらは、ある存在者の現存在を決して証明することはないであろう。この存在者の概念は(もしこの概念が不正確に規定されたり、この概念にあらゆる可能な狂気が混入されたりすべきではないとするならば)、すべての被造物から区別されるために、大きさの点では無限性を要求し、この存在者の概念にはいかなる経験や直観も適合せず、したがってまたこの存在者の現存在を曖昧さなく証明することも決してできない。それゆえいかなる人も最高存在者の現存在を、何らかの直観によって最初に確信することはできない。それゆえに、理性信仰が先行しなければならないのであり、またその場合にはいずれにせよ、何らかの現象や開陳によって、われわれに語りかけたり自己を描出したりするものを、われわれが神性と見なしてよいものかどうかという研究への端緒が与えられうるとともに、それらの現象や開陳が、私の見るところでは、あの理性信仰を確証することができるであろう。

　したがって、もし神の現存在や来世のような超感性的対象に関わる事柄において、最初に語るという理性に属する権利が理性に拒まれるならば、あらゆる狂信や迷信に対して、いやそれどころか無神論に対してさえも、門戸が広く開かれてしまう。それにしてもヤコービとメンデルスゾーンの論争においては、すべてがこのような転倒に向けられているように思われる。その際にその転倒が単に(思弁の強さを思い違いした)理性の洞察と知識の転倒なのか、それとも、理性信仰の転倒にまでも及んで、それによって逆に誰もが思いのままに作り上げることのできる別の信仰の樹立に向けられているのかどうかということは、私には正確にわからない。人が、スピノザ的な神概念を、理性のすべての原則と一致する(原注)唯一の概念であるが、しかしまたそれは非難されるべき概念だとして提示されているのだと見る限りは、おおよそ後者の結論に行きつくはずである。なぜならば、たとえわれわれが神と考えなければならないある存在者の可能性すらも、思弁的理性自身には洞察できないのだということを認めることが、理性信仰とまったく十分に調和することだとしても、しかしながら、理性がある対象の不可能性さえをも洞察し、それにもかかわらずその対象の現実性を別の源泉から認識できるということは、いかなる信仰とも一致せず、またある現存在のいかなる信憑とも決して一致しうることではないからである。

C363　A144 V160 W280　C362 V159 W279

A143 C362 V159 W279

（原注）　上述の学者たちが、(8)『純粋理性批判』のうちにどうしてスピノザ主義への支持を見いだしえたのかはまったく理解しがたい。批判は超感性的対象の認識に向かう翼を独断論から完全に切り取ってしまうが、スピノザ主義は、この認識に関して独断的であり、そのうえ証明の厳密さにおいて数学者と張り合っている。批判が証明しているのは純粋悟性概念の表は純粋思考の実質的なもののすべてを含まなければならないということである。スピノザ主義は、自ら思考する思想について語るが、つまり、同時にそれ自体で主体として存在する偶有性について語るが、このようなものは人間悟性のうちには見いだされず、またその中に取り込むこともできない概念である。批判が示しているのは、この概念には矛盾はないが、しかし矛盾がないということは、自分によって思考される存在者の可能性を主張することではまったくない、ということである（もちろんこの場合、必要ならば、この存在者の可能性を想定することが許されてはいるのであるが）。ところが、スピノザ主義はこの存在者の不可能性*を洞察すると僭称するのであるが、この存在者の理念は、まったくの純粋悟性概念から成り立っており、この悟性概念からは感性のすべての条件だけが分離されて、それゆえそこにはまったく矛盾が見いだされえず、したがってすべての限界を超え出るこのような僭越を、スピノザ主義は何ものによっても支えることができないのである。まさにこのためにスピノザ主義はただちに狂信と化するのである。それに対して、あらゆる狂信を根こそぎにするには純粋理性能力のあの限界規定のみが唯一確実な手段である。――同様に、ある別の学者は(9)『純粋理性批判』のうちに懐疑を見いだすが、しかし『純粋理性批判』はまさにわれわれのアプリオリな認識の範囲に関して確実で規定的なものを確立することを目ざしているのである。A144 そしてそのことは批判的探求のなかの「弁証論」も同様であり、その探求は、あらゆる点で独断論に陥る純粋理性自身を巻き込む不可避の弁証論を解決し、それを永久に根絶することに向かっている。自分自身の妄想が至るところで昔の著者たちのうちにも見いだされると思ったために、自分を折衷主義者と称した新プラトン主義者たちは、もし彼らがあらかじめそのような妄想を持ち込んでいたとするならば、まさに同じように振舞っていたことになる。それゆえそのかぎりでは、この世には何も新しいものは生じていないことになる。

C363 V160 W280

精神的な能力と広い心術をもった人たちよ。私は君たちの才能を尊敬し、君たちの人間的感情を愛する。しかしながら君たちは、君たちがなしていることが何であり、また理性を目ざしての君たちの攻撃がどこに向かおうとするのかをしっかりと熟慮したことがあるのだろうか。疑いもなく君たちは、思考の自由が病めることなく維持されることを欲している。なぜならば、思考の自由なくしては君たちの天才の自由な羽ばたきもすぐに止んでしまうだろうから。われわれは以下において、君たちが始めたようなやり方が広まっていったときに、思考の自由からどんなことが自然に生じなければならないのかを見てみたいと思う。

第一に、思考の自由は、市民的強制と対立する。たしかに人の言うように、話したり書いたりする自由は、上部の権力によって奪われることがあっても、思考の自由はそれによって奪われることは決してないかもしれない。しかしながらわれわれが、他人に自分の思想を伝達しまた他人が彼らの思想をわれわれに伝達するというようにして、いわば他人と共同して考えることがなければ、われわれはどれだけのことを、どれほどの正しさをもって考えるであろうか！　それゆえ人はたぶん次のように言うことができるであろう。自分の思想を公に伝達する自由を人間から奪い去るような外的権力は、思考の自由をも人間から奪ってしまうのだ、と。思考の自由は、あらゆる市民的足枷にもかかわらず、なおもわれわれに残されている唯一の宝であり、この宝によってのみ、このような状態のすべての害悪に抗してなおも策を講じることができるのである。

第二に、思考の自由は、良心の強制がそれに対立するという意味にも理解される。その際、宗教問題におけるような外的権力がまったくない場合でも、市民は、他人の後見人を気取ったりするものであり、そのうえ市民は、自ら探求するという冒険への不安を抱きながらも、定められた信条に基づいて論議を交わすということをせずに、心情への最初の印象に従うことによって、理性のあらゆる吟味を追放しようとする。

第三に、思考における自由はまた、理性が自分自身に課する法則以外のいかなる法則にも服従しないことを意味

V 161
W 281
A 145

する。そしてこの反対が、理性の**無法則的な使用**という格率である(これによって天才が空想するように、法則に制約されることなくより遠くを見渡すためである)。当然ながらその結果は次のごとくである。すなわち、理性が自分自身に課する法則に服従しようとしない場合には、他人が理性に課する法則の桎梏に身を屈しなければならないということである。というのも何らの法則もなければ、まったく何ものも活動できず、それどころか極端な無意味でさえももはや活動できなくなるからである。こうして、ここで解明された思考における無法則性(理性の制約から逃れること)からの避けがたい帰結は次のようなものである。すなわち、思考の自由がこれによって最終的に失われてしまうということ、しかもその責任が不運などにあるのではなく正真正銘の慢心にこそあるがゆえに、思考の自由が言葉の本来の意味において逸せられてしまうということである。

ことの成り行きはほぼ次のようになろう。まず最初に天才は、理性がかつて彼を導いてくれた糸を断ち切ることによって、大胆な羽ばたきを大いに楽しむ。それからまもなく天才は、権威に満ちた命令と大いなる期待によって他の人々をも魅了し、遅鈍で無器用な理性によって汚らしく飾りつけられていた王座に、いままさに自らを据えつけてしまうように見える。しかしながらそこでも天才は、依然として理性の言葉を用いている。その際には最上の立法的理性の妥当性をもたない格率が想定されているのであるが、その格率を、われわれのような普通の人間は**狂信**と呼ぶが、恵み深いかの自然の寵児はそれを啓発と呼ぶのである。理性のみがすべてに妥当する仕方で命令できるがゆえに、いまやそれぞれの天才が自分の霊感に従うことになり、こうしてやがては自然の寵児たちの間に言葉の混乱が生じざるをえなくなる。そしてついには、内的な霊感から外的証言を介して確証された事実*が生じ、また最初のうちは厳選されていた伝統からは時がたつにつれて強制的な原典が、一言で言えば、事実に対する理性の全き服従つまり**迷信**が、生じてこざるをえない。なぜならば迷信は、少なくとも法則的な形式をとることによって固定化されるからである。

それにもかかわらず、人間理性は依然として自由を求めて努力するものなので、人間理性がこのような束縛をいったん断ち切り、長い間使い慣れてこなかった自由をようやく使用する段になると、その最初の使用は、誤用に陥り、人間理性はすべての制約から独立しているのだという不遜な信頼へと堕落するにちがいない。つまり客観的諸原理と独断的確信による正当化だけを想定し、ほかのすべてのものを大胆にも否認するというような、思弁的理性の独裁という信念に堕落するにちがいない。ところで理性自身の必要からの理性の独立(理性信仰の断念)という格率は、**無信仰**と呼ばれるが、それは歴史的無信仰のことではない。それというのも、われわれは歴史的無信仰を目的をもったものとしては考えず、したがって責任をもちうるものとしても決して考えることができないからである(なぜならばすべての人は、十分に確証されている事実であれば、欲すると否とにかかわらず、その事実を数学的論証と同様に信じなければならないからである)。それゆえかの格率は理性的無信仰のことであり、人間の誤った心情状態である。というのもこの心情状態は、まず最初に、心へ及ぼす動機のすべての力を道徳的諸法則から奪い、さらに時がたつにつれて、あらゆる威厳までをも道徳的諸法則から奪い去り、かくして**無神論的思想**と名づけられる思考様式を、つまりいかなる義務をももはや認識しないという原則を生ぜしめるからである。ここに至って、いまや市民的業務が極端な無秩序に陥らないようにするために、当局が干渉してくるのである。最も巧妙でしかも最も強圧的な手段こそが、当局にとってはまさに最良の手段であるがゆえに、当局は、思考の自由をすっかり廃棄してしまい、これを他の任務と同様に国家の法規に服従させることになる。こうして思考における自由は、それが理性の法則からまったく独立に行使されるときには、ついには自己崩壊してしまう。

人類の友でありまた人類にとって最も神聖なものの友よ。事実であれ理性的根拠であれ、慎重にかつ誠実に吟味した結果、君たちにとって最も信ずるに値すると思われるものを取り上げよ。ただし、理性をこの世の最高の善とするようなものを、つまり真理の究極的な試金石(原注)であるという特権を、理性に拒んではならない。もし拒むとすれば、君たちは、この自由に値するものではなくなり、またこの自由を確実に失うだろうし、さらには、合法則的にかつそれによってまた合目的的に、自由をこの世の最善のために使用しようと思っている罪のないほかの人たちにまでも、この不幸を背負わせることになるであろう。

(原注)　自分で考えることは、真理の最上の試金石を自分自身の中に(つまり自分自身の理性の中に)求めることである。そして常に自分で考えるという格率が**啓蒙**である。ところで人が啓蒙を知識のうえでの啓蒙だと思い込んでいるかぎり、そのようなものは啓蒙には含まれない。なぜならば啓蒙とはむしろ、認識能力の使用においては否定的な原則であり、知識に非常に恵まれている人ほど、時として知識の使用においてまったく啓蒙されていないからである。自分自身の理性を用いるということが意味している当のことは、人がどんなことを想定しようとも、想定する際の根拠とか想定から帰結する規則が、自分の理性使用の普遍的原則として十分に可能だと自分でわかっているかどうかを自分自身に問うということである。誰しもがこのような吟味を自分自身に試みることができる。彼がたとえ迷信や狂信を客観的根拠によって論駁するほどの知識をもちあわせていないとしても、このような吟味をすればただちに、それらが消え失せるのがわかるであろう。というのも彼は、理性の自己維持という格率だけを使用するからである。それだから教育によって啓蒙を個々の主観のうちに根づかせることは非常にたやすいことである。ただし早いうちから若い人たちの頭脳をこの反省に慣れさせることを始めなければならない。ところが、ある時代を啓蒙するには非常に時間がかかる。なぜならば、教育方法をある時は禁じたりある時は困難にしたりするような多くの外的障害が生じてくるからである。

V163 W283 A147 C366

V163 A146 C365 V162

A147

純粋理性批判の無用論

福谷　茂　訳

Über eine Entdeckung,
nach der
alle neue Kritik der reinen Vernunft
durch eine ältere
entbehrlich gemacht werden soll,

von

Immanuel Kant.

(1790)

純粋理性のすべての新しい批判は，
古い批判によって無用とされるべきである
という発見について

イマヌエル・カント

A版	第8巻	185-251頁
C版	第6巻	1-71頁
V版	第5巻III	1-78頁
W版	第5巻	293-373頁

目次

エーベルハルト氏は「ライプニッツ哲学は最近の哲学に負けず劣らず理性批判を含んでいて、しかも認識能力の正確な分析に基づいた独断論をもたらし、したがって、現今の理性批判の正しい点をすべて含んだ上に、それに付け加えて、悟性の領域の基礎づけられた拡大というそれ以上のものをも含んでいる」(『哲学雑誌』第一巻二八九頁による)という発見をした。とはいえ、それならばなぜ今まで長らくあの大人物の哲学とその娘であるヴォルフ哲学においてこの点を見逃してしまうなどということが起こったのか、氏は説明しない。しかし、いかに多くの新しいと思われた発見が、どこを見ればよいのか教えてもらったあとになってみれば、いまや有能な解釈者たちによって、古人のうちに極めてはっきりと見られるのではないだろうか。

しかしながら、もしより古い批判がその帰結として新しい批判とは正反対なものを含んでさえいなければ、新しさの主張がうまくゆかなかったとしても放置してよいかもしれない。なぜならば、その場合には、エーベルハルト氏も自分自身の論証が不十分であるということを恐れて賢明にも(ときに二九八頁のように言葉の意味をねじまげてさえ)使用している尊崇に訴える論証 argumentum ad verecundiam(ロックが呼ぶところの[1])は後者〔新しい批判〕の受容のための一大障害となるからである。しかし、純粋理性命題を書物(書物はしかしそれ自体が著者と同様にわれわれもまた近くにいる源泉からしか汲み出されえない)で論駁するのは好ましくないことである。どれほど明敏であるとしてもエーベルハルト氏は、このたびは正しく見てはいない。そのうえ氏はときどき(三八一頁および三九三頁脚注のように)ライプニッツのために何も保証しないかのように語っている。それゆえ最善の策は次の

A187
C3
V3
W297

ようなものだろう。すなわち、われわれはこの偉大な人物を関与させずにおき、エーベルハルト氏がライプニッツ V4 の名に帰して『純粋理性批判』に対する防御に使用している諸命題を氏自身の主張とみなそう。なぜならば、そうしないことには、氏が別人の名で加える一撃がわれわれに的中し、いかに正当であれわれわれが行う反撃は偉大な人物に当たり、これはこの偉人の崇拝者たちの憎悪を招くという困った状況に陥るだろうからである。 C4

　われわれがこの論争でまず見なければならない点は、法律家が訴訟を指揮する場合に倣って言えば、形式面である。この点についてエーベルハルト氏は二五五頁で次のように説明している。すなわち、「この雑誌が採用してい A188 W298 る方針に従うならば、前後に歩みあらゆる方向に曲がるために、われわれは日々の旅を好きなように中断したり再開したりすることが完全に許されている」と。——ところで、一冊の雑誌のさまざまな部門とセクションがさまざまな材料をふくむことは十分に認められよう(この雑誌でも論理的真理に関する論文のすぐあとに髭の歴史への寄与が続き、さらにそのあとには詩が続くように)。しかし、同一の部門で性質の異なる材料がごちゃまぜにされたり、最後部と最前部とが、また、最下部と最上部が入れ替わったりするならば、とりわけここでそうであるように二つの体系の対質が問題である場合には、エーベルハルト氏が雑誌の個性を持ち出して正当化することは困難であろう(その場合それはがらくた倉庫になってしまうだろう)。実際氏はそのように判断するどころではないのである。

　諸命題のこの表向きは底意のない並列は実際にはきわめて計画的に仕組まれている。その目的は、読者に、真理の試金石が明らかにされる前に、したがって読者が試金石を所有する前に、厳密な証明を必要とする諸命題をあらかじめ受け入れさせ、あとから選ばれる試金石の妥当性を、本来あるべきようにそれ自身の性質からではなく、それをテストする諸命題(それがテストである諸命題ではなく)によって証明することである。これは作為的なヒュステロン・プロテロン ὕστερον πρότερον〔前後転倒〕であって、われわれのアプリオリな認識の諸原理と、一切の経験に先立つ、対象に関するその妥当性の根拠、したがって(退屈で困難な労苦として)その客観的実在性の演繹の探求をうまく免れ、可能であるなら、ペン先で『純粋理性批判』を絶滅し、同時に純粋理性の無制限な独断論の場所を作ることを助けることを意図している。なぜならば、周知のように純粋悟性の批判はこの探求から開始されるのであり、すなわち、いかにしてアプリオリな総合命題は可能であるか、という一般的問いの解決を目的としているのであり、そのために必要な一切の諸制約の労力の要る解明のあとでのみ、批判は決定的な結論、すなわち、どのような概念に対してもその客観的実在性はそれに対応した直観(われわれに対しては常に感性的である)において姿を現わしうる限り以外には保証されえないこと、したがって、感性の限界を超えては、それゆえにまた、可能的経験を超えては、絶対に認識はないこと、つまり、空虚でないことが確かである概念はありえないことに到達するのである。――雑誌はこの命題をその反対命題の証明、つまり感官の対象を超えた認識の拡張が存在することの証明でもって反駁することから始まり、いかにしてこの種の命題がアプリオリな総合命題によって可能であるかの探求で終わる。

それゆえ本来、エーベルハルトの雑誌の第一巻のプロットは二幕からなる。第一幕では、非感性的なものについてのわれわれの概念の客観的実在性を明らかにすることが狙いとされており、第二幕ではいかにしてアプリオリな総合命題が可能であるかの課題が解決される。なぜならば、氏がすでに一六三頁から一六六頁にかけて述べるように充足根拠律に関することでは、氏は根拠の概念の実在性をこれらの総合的原則において明らかにすることを目指している。しかし充足根拠律は三一六頁での著者自身の説明に従えば総合的原則の可能性についてはじめて何かが

V5　W299　C5　A189

明らかにされることが目指されている総合的および分析的判断に関するセクションにもまた属する。その他すべて
の、このセクションに先行したりあるいはこのセクションの内部であちこちで言われている事柄は、将来の証明へ
の暗示、より早く行われた証明への訴え、ライプニッツその他の主張からの引用、表現の攻撃、頻繁な意味の歪曲、 V6
その他から成り立っている。これはまさしくクインティリアーヌスが聴衆を騙すために議論に関して与えているア
ドヴァイスに従っている。すなわち、「もしこれらの議論が長さのゆえの力を持たないとしても、数のゆえに力を W300
持つであろう。――一つ一つ見るとこれらの議論はトリヴィアルで、平凡である。しかし、合わせた力は強い。そ
れは雷の圧倒的な力は持たないかもしれないが、全体としては霰の破壊力を持つだろう」[(2)]と。これは付録としてだ
け考察されるに値することなのである。順序を知らない著者とかかわらねばならないことはありがたくないことで
あり、浅薄なあるいは虚偽の命題をこっそりと忍び込ませるために混乱をわざと作り出す著者とかかわることはさ
らにありがたくないことである。

第一章　対応した感性的直観が与えられえない概念の客観的実在性について――エーベルハルト説

エーベルハルト氏は一五七―一五八頁でその重要性にふさわしい荘厳さをもってこの企てへと歩みを進める。すなわち氏はあるひとつの学(形而上学)に関する長大な、あらゆるえこひいきから自由な、努力について語る。この学を氏は、そこから必要とあらば相当の部分を捨てることができ、しかも常にさらにかなりの部分が残っているひとつの国と見なしている。また、存在論という争われることのない豊穣な野が約束する花や果実について語る。(原注)そして争いの的である宇宙論に関しても手を引っ込めはしないようにはげます。なぜならば、氏は「われわれは常にその拡張を推し進めることができるのであり、われわれは常に、これら真理の超越論的妥当性(これはここではそれら概念の客観的実在性という意味を持たされている)とまず第一にかかわることなしに、これを新しい真理で豊かにすることを試みることができる」と言うからである。そして氏は「このようにして数学者でさえも全学問をその対象の実在性について一言も触れずに記述を終えるのである」と付け加える。氏は「そのことは、注目すべき一例によって、ここで私が引き合いに出す必要がないほど適切で教訓豊かである一例によって、証明することができる」と言うことによって、読者が正しく注意することを意図している。なるほど確かに教訓豊かではある。なぜならば、理解していない諸科学からの証明根拠や、単に報告をしているだけの他の著名人の発言を呼び出してはならないという警告としてこれほど適切なものは、これを理解していないことを予期すべきだから、決して与えられえ

A190 C6 V7　W301　V8　C7　A191

ないからである。なぜならば、エーベルハルト氏は、アポロニウス(3)の円錐曲線論に関してボレッリ(4)のまねをした判断によってほど、自分自身と今宣言されたばかりの意図に対して強力に反駁することはできないであろうからである。

(原注)　ところがこれこそがまさに、その概念と原理が物一般の認識への主張として争われ、可能的経験の対象という非常に狭められた領野に制限された。所有権 titulum possessionis をめぐる問いにかかわるまいとすることは、論争の真の急所を裁判官の目から隠そうという策略をここで暴露している。 A190 C6 V7 W300

A191 C7 V8 W301 アポロニウスはまず円錐の概念を構成する。つまり、彼は円錐の概念をアプリオリに直観において描出する(これは幾何学者がその概念の客観的実在性をまず明らかにする最初の行為である)。彼は円錐を一定の規則に則って、例えば、円錐の底面 conus rectus をその頂点で垂直に切断する三角形の一つの辺に平行に切断し、アプリオリな直観において、先の切断によってこの円錐の表面にできた曲線の諸性質を証明し、表面の縦線がパラメータとの間に持つ比例関係の概念を生み出す。この概念は、つまり(この場合は)放物線の概念はそれによって直観においてアプリオリに与えられ、したがって、その客観的実在性は、すなわちその性質を持った事物が存在しうるという可能性は、対応する直観をそれに対して裏付けるという仕方以外には証明されない。―― W302 〔ところが〕エーベルハルト氏が証明したいのは次のことである。われわれは認識を、もしかするとそれがまったく空虚で何の対象をも持つことができない概念にかかわっているのではないかという点にはあらかじめ立ち入ることなく、安心して拡大し、新たな真理で豊かにすることができることであり(これは、健全な人間理性とは正面から対立する主張だ)、氏はこの考え V9 の確証のために数学者たちに結びつくのである。これほど不運な呼びかけはありえないだろう。――しかし不運は氏がアポロニウスそのものを知らず、古代の幾何学者たちの方法について省察したボレッリを理解しなかったことから発したのである。ボレッリは円錐曲線(円を除く)の概念の機械学的構成について語り、次のように述べている。すなわち、数学者たちは後者〔機械学的構成〕について考察することなくして前者〔円錐曲線〕の諸性質について教える、と。これはなるほど正しいが、しかし些細な注釈である。 C8 なぜならば、理論の指図に従って放物線を描くという指示は、技術者に対してだけのことであり、幾何学者に対することではないからである。(原注) エーベルハルト氏は自分自身がボレッリの注釈から引用し特筆しさえした個所からこの点について学ぶことができるであろう。 A192 W303 そこには次のように言われているのだ。 V10 すなわち、「対象は、それを構成する仕方が前提されていないときにも、その諸性質が知られるように、定義されていると想定してよい」Subjectum enim *definitum* assumi potest, ut affectiones variae de eo demonstrentur, licet praemissa non sit ars subjectum ipsum efformandum delineandi. と。しかしボレッリの真意が、幾何学者たちが何よりもこの機械学的構成からそのような線の可能性の証明を、したがってその客観的実在性を期待したというものだと口実にすることはきわめて不合理であろう。近代人に対してはむしろ次のような非難を行うことができるだろう。すなわち、彼らは曲線の性質をその定義からその対象の可能性について確証を持たないままに演繹する(なぜならば、彼らは対象の可能性については同時に、純粋な単に図式的な構成によって完全に自覚しており、必要なときには、それに従って機械学的構成をも実行するからである)という点ではなくて、 C9 彼らがそのような線(例えば$ax=y^2$という公式による放物線)を恣意的に考え、古代の幾何学者の例のようにまずもってそれを円錐の切断で与えられるものとして持ち出すことをしない点である。これは、幾何学のエレガンスという、これあってこそ、きわめて豊かに発見をもたらした分析的方法のゆえに古代人の総合的方法を完全に軽視してはならない、としばしば助言されてきた当のものには、よりふさわしいであろう。 A192 A191 C8 V9 W302

(原注)　概念の構成という表現は『純粋理性批判』が多岐にわたって論じ、これによって数学における理性の使用を哲学におけるそれとはじめて正確に区別したものであるが、これを誤解から守るためには次のことが役に立つだろう。一般的な意味では、概念をそれに対応した直観の(自発的な)産出によって描出することはすべて構成と言いうる。アプリオリな概念に従って単なる想像力によってこれが行われる場合は純粋構成という(数学者がその論証のすべてに際して根底に置かねばならない類のもの。したがって、数学者は棒で砂に描く円がどれほど不規則になろうとも、まるで最高の芸術家が銅板画に描いたかのように、円一般の性質を完璧に証明できるのである)。これに対し、もしなんらかの種類の物質において実行されるならば、経験的構成と呼ばれるだろう。前者はまた図式的構成とも言われ、後者は技術的構成とも言われる。後者の、不当な名称を与えられた構成(なぜならば、それは学にではなく技術に属し、道具によって実行されるから)はコンパスと定規による幾何学的構成か、例えば円の周りに別の円錐曲線を作図するというような、ほかの道具を必要とする機械学的構成かである。

このように数学者の例ではなく、砂からロープを編むことができる技術者の例に従って、エーベルハルト氏は次 C9 V10 W303
のような仕方で仕事に取り掛かる。

氏はすでに雑誌の第一部において、矛盾律と充足根拠律だとされている認識の形式の原理を、認識の質料(氏に A193
拠れば、表象と延長)――その原理を氏は表象と延長を構成している単純者のうちに置く――から区別した。今や氏は誰も氏と矛盾律の超越論的妥当性を争わないので、まず充足根拠律を、またそれによって充足根拠律の概念の客観的実在性を、第二に、単純者の概念の実在性をも、『純粋理性批判』の要求するように対応する直観によって V11 W304
証明する必要なしに、明らかにすることを試みるのである。なぜならば、真であるものに関してはまずもってそれが果たして可能であるのかはを問う必要はないからであり、その限り論理学は「存在から能力への推論は有効である」ab esse ad posse valet consequentia という原理を形而上学と共有して持つ、あるいはむしろ、形而上学にこの原理を貸し与えるからである。――この分類に従ってわれわれは次にわれわれの吟味を分類したいと思う。

A　充足根拠律の概念の客観的実在性の証明――エーベルハルト説

まず次のことがしっかりと注意されねばならない。すなわち、エーベルハルト氏は充足根拠律を単に認識の形式的原理に数え入れようとするが、そのあとで一六〇頁では、「この原理は超越論的妥当性を持つのか」(そもそも超越論的原理であるのか)を、確かに『純粋理性批判』によって呼び起こされた問いと見なしている。エーベルハルト氏は認識の論理的(形式的)原理と超越論的(実質的)原理の違いがわかっていないのか、または、よりありそうなことであるが、これは、問いがかかわっていることのかわりに、誰も問うてはいない別のことを押し込む氏一流の技巧的な言いまわしである。

すべての命題は根拠を持たねばならないというのは認識の論理的(形式的)原理であって、矛盾律と並べられてはならず、逆に矛盾律に従属している。(原注) すべての物は根拠を持たねばならないというのは超越論的(実質的)原理であり、誰もこの原理を矛盾律から(そしてそもそも感性的直観との関係抜きに、単なる概念から)いまだかつて証明してはおらず、のみならず証明されないのである。明瞭に十分に、また『純粋理性批判』において数えきれないほど、超越論的原理は客観とそれらの可能性に関してなにごとかをアプリオリに規定しなければならないということ、したがって、論理的諸原理が行うのとは違って(それらが客観の可能性にかかわるすべてを完全に捨象することで)、判断の形式的諸制約だけにかかわるのではないということは述べられている。しかしエーベルハルト氏は一六三頁で氏の命題を、万物は根拠を持つという公式で貫徹しようとしており、氏が(その個所で氏によって持ち出されている実例から見て取れるように)実際には実質的なものである因果律を矛盾律を媒介として忍び込ませようとする C11 ことによって、氏は万物という語を用い、すべての物と言うことを避けている、そうしたならば、それが形式的論理的原理ではなく、論理学においてすでに(矛盾律に基づくすべての原理がそうであるように)その位置を持ちうる認識の実質的超越論的原理であることがあまりに目立ちすぎるから。

(原注)『純粋理性批判』は蓋然的判断と実然的判断との違いを注意している。実然的判断は命題である。命題を語によって表現された判断と定義する論理学者は正当ではない。なぜならば、われわれは命題としては表現しない判断に対しても思考 W305 A194 A193 C10 V11 W304 の中で語を用いなければならないからである。物体が単純であるならば、それは変化しないという条件命題においては二つの判断の関係が言われているのであり、この二つはいずれもが命題ではなく、前者(antecedens 前件)からの後者(consequens 後件)の帰結が命題を構成するのである。いくつかの物体は単純であるという判断は矛盾しているかもしれないが、 V12 とはいえ、それから帰結することを見るために、主張としてつまり命題として発せられる場合には、十分に立てられうるのである。すべての物体は可分的であるという実然的判断は単なる蓋然的命題以上のことを述べており(すべての物体は可分的であるだろう、といったケースを考えよ)、命題の一般的論理的原理つまりすべての命題は根拠づけられていなければならない(単に可能的な判断であってはならない)という原理に従っている。これは矛盾律から帰結することである。この原理に従わなければ命題ではないのだから。

氏はこの超越論的原理をまさしく矛盾律から証明することを要求することを、しかしながら、十分な省察なしで C11 行うわけではなく、読者からは隠しておこうとする意図を持っている。氏は根拠の概念(氏においては気づかないうちに因果性の概念にもなっている)を一切の物一般に妥当するようにしようとする、つまり、その客観的実在性を、それを感官の対象にだけ制限することなく証明しようとし、また、この概念は実在性がはじめて証明されうる A195 W306

直観をも必要とするという『純粋理性批判』が付加した制約からまぬがれようとする。ところで矛盾律は感性の対象であって、それに可能的直観が帰属するかどうかにはかかわりなく、客観を顧慮することなく思考一般に妥当するゆえに、われわれが考えうるすべてあらゆる物に一般的に妥当する原理であることは明らかである。だからこの原理をクリアしえないものは明らかに無である(決して思考ではない)。それゆえ氏が根拠の概念の客観的実在性を感性的直観の対象への限定に結合することなくして導入することを狙うのなら、思考一般に妥当する原理を、根拠の概念をそのもとに従えるために使用しなければならなかった。そして根拠の概念は実際には論理的意義だけを持っているにすぎないのに、その際には実在根拠(それゆえに因果律の根拠)を確かに自己のもとに含んでいるかのように見えるように提示しなければならなかった。しかし氏は読者に対して、最も凡庸な判断力においてさえも氏が想定する権利を持つ以上のナイーブさを当て込んだのである。

しかしながら、悪巧みにおいてはありがちなことなのだが、エーベルハルト氏は自分自身の策に巻き込まれてしまった。最初、氏は全形而上学を二つの蝶番に掛けた。すなわち、矛盾律と充足根拠律である。そして氏はライプニッツ(つまり、氏がライプニッツを解釈するその仕方に従って)の帰結として、第一のものを第二のものによって形而上学のために補強しなければならないと述べることによって、徹頭徹尾この自分の主張に固執する。ところが氏は一六三頁では「充足根拠律の一般的真理はこれ(矛盾律)からのみ論証されうる」と述べ、これを氏はただちに大胆にも引き受けるのである。そうするとしかし全形而上学は再びただ一つの蝶番に掛けられていることになる。さきには二つでなくてはならなかったのに。なぜならば、なんらの新しい適用条件を付加しない、その一般性の全体における単一の原理からの帰結は、なんら前者の欠陥を補う新しい原理ではないからである。

しかしエーベルハルト氏が充足根拠律のこの証明(それとともに、実際には矛盾律以外のなにものをも必要としない原因の概念の客観的実在性)を提示する前に、一六一頁から一六二頁で分類の一定の豪華さによって、詳しく言うと、再び氏の方法を数学者の方法と比較することによって、読者の期待を張り詰めさせる。この比較は常に氏にとって不運なものである。エウクレイデス自身が「その公理のうちになおまだ証明が必要であるのに、証明抜きに述べられているものを有している」と見られている。次に氏は数学者について語る際に付け加える。「われわれが氏の公理のうちのひとつを否定するや否や、もちろんそれに従属しているすべての定理も崩壊する。しかしこれは極めて稀なケースであるので、氏はそれが氏の叙述の混乱のない軽快さと氏の体系の美しい関係を犠牲にしなければならないとは信じなかった。哲学はもっと丁寧でなければならない。」それゆえ確かに今では、前から詩的自由 licentia poetica があったように、幾何学的自由 licentia geometrica も存在する。丁寧な哲学(ちょうど上で言われたように、証明において)は、数学的に証明可能な命題を公理として提示する場合、エウクレイデスからの実例を引き合いに出すほど丁寧であったことであろう。なぜならば、単に哲学的に(概念から)証明されうること、たとえば全体は部分より大きいことの証明は、その方法が絶対的な厳密を課せられるならば、数学には属さないからである。

続いて約束された証明が出てくる。証明が長々しくないことは善いことである。ますますその簡潔性が目立つからである。それゆえわれわれは証明の全体を引くことにしよう。「万物はその根拠を持つか、または万物がその根拠を持つのではないか、である。後者の場合、その根拠がなんら存在しないものが可能であり、思考可能でありうることになるだろう。――ところで二つの相対立するもののうちの一つは充足根拠なしには存在しうるならば、二つの相対立するもののうちの他方もまた充足根拠なしにありうる。たとえば、一定量の空気が東へ移動し、したがって東で空気が熱せられずまた希薄にならないのに風が東に向かって吹きうるならば、この一定量の空気は東に向かってと同じように西に向かってもまた移動しうるだろう。それゆえ同じ空気が同時に二つの対立する方向に向かって移動しうることになる。つまり、東と西に向かって、したがって、東に向かいかつ東に向かわず、移動しうることになる。つまり、ものが同時にありかつないことが可能であることになるが、これは矛盾であり不可能である。」

哲学者が徹底性への配慮によって数学者よりもさらに丁寧であることを示そうとするこの証明は、論理学においてこのように証明してはならないという一例となりうる証明が持つべきあらゆる性質を具備している。——なぜならば第一に、証明されるべき命題が二義的に立てられていて、万物という語が、どのようなことについてのものでもありうるすべての判断でも、すべての事物でも意味しうるので、論理的原則としても超越論的原則としても構成しうるからである。第一の意味に取られるならば(すべての命題は根拠を持つとなるから)、これは一般的に真であるのみならず、直接的に矛盾律から推論されもする。しかし、万物のもとですべてのものが理解されるなら、まったく別の証明法を要求する。

第二に、この証明には統一性が欠けている。この証明は二つの証明から成り立っている。第一のそれはよく知られたバウムガルテンの証明[5]であって、いまやこの証明に拠りどころを求めるものは誰もいないだろうし、この証明は各自が付加しなければならない結論(これは自己矛盾である)が欠如していることを除くならば、私がダッシュを入れた箇所で完全に終わっているのである。この証明にじかに続いているのは別の証明であって、この証明は〈ところで〉という言葉で、最初の証明の結論にたどり着くために推論の連鎖の単なる継続として述べられているのであるが、〈ところで〉という語を脱落させさえするならば、それ自体で存立する証明を構成するのである。ところで、なにものかが根拠なしに存在するという命題において矛盾を見出すためには、この命題そのものに直接に矛盾を見出した第一の証明以上のものが必要である。それゆえ、これに反して矛盾をでっちあげるために氏は、その場合、この事物の反対もまた根拠を欠くであろうという命題を付加しなければならない。したがってバウムガルテンの証明とはまったく違った形で遂行されており、しかもバウムガルテンの証明の一部たらんとしているのである。

第三に、エーベルハルト氏が一六四頁で氏の証明に与えようと考えた新しい言いまわしはきわめて不運なものである。なぜならば、この証明がすすむ推論は四つの点に立脚している。――推論形式にすると、それは次のようになる。

根拠なしに東に吹く風は(そのかわりに)同じく根拠なしに西に吹くこともまたできるだろう。

ところで(充足根拠律の敵が主張するように)風は根拠なしに東に吹く。

したがって、風は同時に東と西に吹きうる(これは矛盾である)。私が大前提においてそのかわりにという語を挿入したのが完全に正当であることは明瞭である。なぜならば、この限定を念頭に置かなければ、大前提を受け入れられる者はいないからである。サイコロ投げである一定額を賭けて勝ったとしても、その者に賭博をしないように忠告した者はなお次のように言うことができるだろう。すなわち、氏ははずれ目を出して同じ額を失うこともまったく同じようにありえたのだ、と。しかし、当たり目のかわりにであり、当たり目とはずれ目とを同時にではないのである。木材から神を刻み出す芸術家は同じように(そのかわりに)ベンチをそれから作り出すこともできた。しかしここから、氏が両方を同時にそれから作りえたということは帰結しないのである。

第四に、この命題そのものが、元のままの無制約な一般性では、事物について妥当させようとするならば、明らかに虚偽である。なぜならば、この命題によれば無制約的なるものは絶対的に存在しないことになるからであるが、この窮地から、根源的存在はその現存在の根拠を持っているが、その根拠は根源的存在そのもののうちにあるのだと言って逃れようとするのは、矛盾である。なぜならば、事物の現存在の根拠は、現実的根拠としてこの事物とは区別されねばならないのであり、したがって事物は必然的に他の事物に依存しているものと考えられねばならないからである。ある命題に関してなら、その真理性の根拠(論理的根拠)を自己のうちに持つと言うことは、主語概念は述語概念とは別のものであり、述語の根拠を含みうるのであるから、十分に可能である。これに反して、事物の現存在についてこの事物そのもの以外の根拠を認めないと私が言う場合、その意味はその事物がそれ以上の現実的根拠を持たないということなのである。

したがってエーベルハルト氏は、氏が因果の概念に関してもたらそうとしたことをひとつも実現しなかった。すなわち、このカテゴリーとおそらくはそれとともに他のカテゴリーをも、その事物の認識に対するその妥当性と使用を経験の対象に限定せずに、物一般に妥当するものとすることであり、この目的のために矛盾律という至高の原理を無駄に使用したことである。『純粋理性批判』の主張は常に確固としている。すなわち、どのようなカテゴリーも、われわれ人間にとっては常に感性的なものである直観が対応して与えられえなければ、なんらの認識も含まず、生み出すこともできない。したがって、物の理論的認識に関するその使用によっても一切の可能的経験の限界を超えて到達することはできないのである。

W310　C15　V17

B　経験的対象における〈単純なもの〉の概念の客観的実在性の証明——エーベルハルト説

先にエーベルハルト氏は感官の対象にも適用されうる悟性概念(因果性の悟性概念)について、感官の対象に限定 A199
されることなく、物一般に妥当することができ、それゆえ少なくともひとつのカテゴリーの、すなわち因果のそれ
の客観的実在性を直観の制約から独立して証明することを僭称した。今や氏は一六九頁から一七三頁にかけて一歩 W311
を進め、まったく感官の対象たりえないことが認められるもの、つまり〈単純なもの〉の概念に客観的実在性を確保
しようとするのであり、こうして氏によって称賛される合理的心理学および神学の豊かな領野への通路を開こうと
するのである。これらこそ批判のメドゥーサの頭が氏をそらそうとしたものであった。一六九頁から一七〇頁にか
けての氏の論証は次のようなものである。

「具体的(原注)時間すなわちわれわれが知覚する時間は(われわれがそのうちで知覚する時間とこそ言うべきであるが)、 C16 V18
われわれの表象の継起にほかならない。なぜならば運動における継起もまた表象の継起へと還元されるからである。 A200 W312
したがって具体的時間は合成されたものであり、その単純な要素は表象である。有限的なものはすべて絶えざる流
動の中にあるのだから(どこからして氏はこのことをアプリオリに、現象に関してだけではなくすべての有限的な
ものに関して言えることを知るのだろうか)、この要素は決して知覚されず、内的感官は要素を分離して知覚する V19 C17
ことができない。要素は常に先行し後続するものとして知覚されるのである。さらに有限的なものの変化の流れは
すべて連続的な(この語は氏自身によって強調されている)切れ目のない流れであるから、知覚可能などの時間部分

も最小のもの、つまり完全に単純な部分ではない。したがって具体的時間の単純な要素は感性の領域の完全な外部にある。――ところで悟性は非形象的な〈単純なもの〉という、それなしでは感性の形象が時間に関しても不可能になるものを発見することを通して感性の領域を超越するのである。したがって氏は時間の形象には何よりもまず客観的なるものが属しており、この不可分な要素的表象が同時に有限的精神の限界の中にある主観的諸根拠とともに感性に対して具体的時間の形象を与えることを認識している。なぜならば、この限界のゆえに諸表象は同時的であることはできず、まさにこの限界ゆえに形象において区別されえないのであるからである。」一七一頁では空間に関して次のように述べられている。すなわち「直観のいまひとつの形式、つまり空間が時間と多面的に同質的であることは、空間の分析において時間の分析と共通している一切を繰り返す手間を省いてくれる。――すなわち、空間がそれから構成されて同時に現に存在している合成体の第一の要素は時間の要素と同じく単純であって感性の領域外にある。それは悟性的存在であり、非形象的であり、どのような感性的形式のもとでも直観されえない。にもかかわらずそれは真の対象である。これらの点すべてを空間の要素は時間の要素と共有している」。

(原注)　一七〇頁の抽象的時間という表現は、ここに現れる具体的時間という表現と対比をなしているが、まったく不当であり、たとえこの誤用が最近の論理学者たちによってさえ権威づけられているとしても、とりわけ最高度の論理的精密性が必要な場所では、認められるべきではない。われわれは共通的な徴表としてある概念を抽象するのではなく、ある概念の使用においてその概念のもとに含まれている差異を捨象するのである。化学者だけが、液体を単独化するために他の物質のうちから取り出すのであるから、なにものかを抽象するという資格を持っている。哲学者は概念の特定の使用において、顧慮しようと考えないものを捨象するのである。教育規則を計画するものは、抽象的児童と具体的児童というような区別に触れることなく、単に児童という概念を抽象的に in abstracto でも、あるいは市民の児童という概念(in concreto 具体的)でも、

W313
C16 A199
V18 C15
V17
W311

ベースに置いてそうすることができるのである。抽象的、具体的という区別は概念の使用にかかわるのであり、概念そのものにはかかわらない。このスコラ的な精密性をなおざりにすると、しばしば対象についての判断を誤ることがある。私が、抽象的時間ないし抽象的空間がこれこれの性質を持つと言う場合、あたかも時間と空間が、赤い色がバラや辰砂と同じように感官の対象においてまず与えられ、そこから純粋に論理的に抽出されるかのように見える。しかし私が、時間と空間を抽象的に、つまり、一切の経験的制約に先立って考察するならこれこれの性質が認められると言うならば、少なくともこれらが経験から独立にも(アプリオリに)認識可能であると見なすことをオープンにしたままにとどめている。これは時間が経験から単に抽象された概念に過ぎないと見る場合には、オープンではない。前者の場合に私は一切の経験的なものを捨象することで経験的に規定された時間と空間とは区別された、純粋時間と純粋空間について、アプリオリな原則を通じて判断すること、少なくとも判断しようと試みることができる。これはこれらの概念そのものを(ひとが言うように)経験からのみ抽象した(上の赤い色の例のように)後者の場合には、禁止されているのである。――したがって見せかけの知で詳しい吟味を喜んで逃れようとするものは、見せかけの知の紛れ込みを気づかないようにすることができる表現の背後に身を隠すのである。

A200

エーベルハルト氏は氏の意図のために証明を選ぶにあたって特に幸運な論理的明確性を持ってはいないとはいえ、確かにいつも成熟した反省と熟練を示している。そして氏が、容易に気づきうる原因から氏の意図を発見しないとしても、そのプランを白日のもとに曝すことは困難ではなく、またそれを判定するために余計なことではない。氏は単純な存在の概念の純粋な悟性存在としての客観的実在性を証明することを意図しており、感官の対象であるものの要素においてそれを求めている。しかしこれは見かけ上思慮を欠き、氏の意図と背馳する計画である。しかしながら氏はこうする十分な根拠を持った。仮に氏が普通命題が証明されるように、合成体の根源は必然的に〈単純なもの〉の内に求められねばならないという証明を一般に純粋に概念から遂行しようとしたならば、われわれは氏のこの権利を認めることだろう。しかし同時に以下のことを付言するだろう。すなわち、これが妥当するのはわれわれ

A201　C17　V19　W313

C18　V20

われが何の認識をも持つことができない物自体そのものを思考しようとする場合、われわれの観念に関してであって、われわれが唯一認識できる客観である感官の対象(現象)に関してでは絶対にない、したがって、この概念の客観的実在性はまったく証明されないということである。だから氏は氏の意志に反してさえ、その悟性的存在を感官の対象のうちに求めねばならなかった。いったいどうすることでこれは可能となったのか。氏は非感性的なものの概念に対して、読者にはきちんと注意しない言いまわしで、単に『純粋理性批判』のみならず誰もが普通その語と結び付けているのとは違う意味を与えねばならなかったのである。あるときは非感性的なものとは感性的表象においてもはや意識的には感覚されないが、悟性はたしかにその存在を認識する、物体の小部分であるとか一つ一つ分離してはっきりと表象できないわれわれの表象能力の諸規定であるとかのようであり、またあるときは(特にこの小部分が正確に〈単純なもの〉として考えられるべき場合に)どんな形象も不可能である非形象的なものだとか、一七一頁にいうどんな感性的形式(つまり、形象)のもとでも表象されえないものであるかのようでもある。——もしおよそ著作家に対して概念の偽造(不用意のせいでも起こりうる取り違えではなく)を正当に非難するときがあるとすれば、まさに今のこの場合である。なぜならば、非感性的なものとは、『純粋理性批判』のいたるところで、そもそもまったく、どんな最小の部分に関してもまた感性的直観のうちには含まれえないもののことのみであることが述べられており、それについてなんらの形象(形象とは一定の関係にある多様を、したがって一つの形態を自己のうちに含んだ直観を意味する)も与えられないからといって、それを感官の客観に押し込むのは未熟な読者を意図的に惑わすことである。この(きわめて行儀よいとは言えない)欺瞞が未熟な読者において功を奏したならば、氏は悟性が単に観念のうちでだけ存在する事物において考える本来的に〈単純なもの〉は読者にとって(矛盾に気づくことなく)感官の対象に対して割り当てられ、それによってこの概念の客観的実在性が直観において示されたと考えるのである。――ではこの証明をより詳しく吟味してみようではないか。

この証明は二つの申し立てに基づいている。すなわち、第一に具体的時間と具体的空間は単純な要素から成立していること、第二にそれにもかかわらずこれら要素はまったく感性的なものではなく、悟性的存在であること、の二点である。これら二つの申し立ては二つとも誤謬である。第一点は数学と矛盾するゆえに、第二点は自己自身と矛盾しているゆえにである。

第一の誤謬に関しては、われわれは簡単に済ますことができる。エーベルハルト氏は数学者たちと特別の親しい関係を結んでいるようには見えないが(氏はしばしば数学者を引き合いに出しているにもかかわらず)、氏はカイル[6]がその著『真の物理学への序説』*introductio in veram physicam* で直線を切断して無限に多くの他を導いた証明をわかりやすいものと考え、それに基づいて、直線の単純要素は、任意の二点を通る直線は一つしかありえないという幾何学の原理からいって存在しえないこと、を理解するだろう。この証明法はさらに多様なヴァリエーションが可能であり、同時に、点の直線上の運動を根底に置くならば、時間の単純な部分を受け入れるのが不可能であるという証明を包摂している。――ところでここでわれわれは具体的時間と具体的空間は、数学がその抽象的空間(および時間)に関して想像上の存在として証明することに服従してはいないといって逃げ道を求めることはできない。なぜならば、この仕方では物理学はきわめて多くの場合で(例えば物体の落下の法則において)幾何学の必当然的な理論に厳密に従っても誤謬に陥らないないように用心しなければならないだけではなく、すべての空間的事物とすべての時間的変化が空間ないし時間の一つの部分を占めるや否や、まさにそれらがその内に場所を占める空間および時間が分割されているのと同じだけの事物および変化に分割されることも、同じく必当然的に証明することができるからである。この場合に感じられるパラドックス（すべての合成体の究極のベースとして〈単純なもの〉を置くことを必要とする理性がそれゆえに数学が感性的直観において証明することと背馳する）を取り除くために、空間と時間が単なる思考上の存在であり、想像力の産物であることを認めることができるし、また認めなければならない。といってもこれは空間と時間が想像力によって創作されたというのではなく、空間と時間がすべての合成体と創作のベースになければならないということなのである。空間と時間はわれわれの感性の本質的形式であり、またそもそもわれわれに対して対象が与えられ、その一般的制約が必然的に同時に現象としての感官の一切の客観の可能性のアプリオリな諸制約であり、それゆえこれらと合致しなければならない直観の受容性の本質的形式であるからだ。このようにして〈単純なもの〉は時間継起においても空間においても絶対に不可能であり、たまさかライプニッツが氏の単純存在についての理論をあたかも物質が単純存在から合成されていると考えているかのように解釈することもできるように表現したとしても、ライプニッツの表現と整合化できる限りにおいて、あたかも氏が〈単純なもの〉を物質の部分ではなく、すべての感性的なものを完全に超越したわれわれにとってまったく認識不可能な、物質とわれわれが呼ぶ現象の根拠（現象を構成する物質が合成体であるならば、これもまた〈単純なもの〉であるかもしれない）を考えていると理解するほうがライプニッツに対して公平であろう。あるいは、もし整合化することができないのならば、われわれはライプニッツ自身の発言を捨てるほかはないだろう。なぜならばライプニッツは、他人の研究の自由を尊重しなければならない最初の偉人でもまた最後の偉人でもないであろうからである。

第二の誤謬は余りにも明々白々の矛盾に関わるのでエーベルハルト氏は必然的に気づいたに違いないのに、氏は

W316　C 20　A 203

それを隠すためにできるだけのことをして糊塗している。すなわち、経験的直観の全体は感性の領域の内部にあるが、その直観の単純な要素は完全な外部にあるということである。氏は、〈単純なもの〉を空間と時間における直観の根拠として付け加えて理屈を捏ねる(こうすると氏は『純粋理性批判』に余りに接近し過ぎることになっただろう)のではなく、感性的直観そのものの要素的表象において(明晰な意識を欠くとはいえ)見出し、要素的表象の合成体が感性的存在であり、しかしその諸部分は感性の対象ではなく悟性的存在でなければならないと要求するのである。「具体的時間(および具体的空間も同様に)の要素もこの直観するものを欠いてはいない」と氏は一七〇頁で述べている。しかしながら「それはどのような感性的形式のもとでも直観されえない」(一七一頁)というのである。

なによりも、いったい何がエーベルハルト氏をこのように例がないほどの、誰の目にもつじつまが合わない混乱へと動かしたのだろうか。氏自身が、概念にはそれに対応した直観を与えることなしにはその概念の客観的実在性はまったく確立されないことを承知している。今や氏は客観的実在性を、ここでは単純な存在の概念が一例であるような特定の理性概念に対して確保しようとしたのである。詳しく言うと、これは客観にはならず、(『純粋理性批判』が主張するように)それについてはどんな認識も絶対に不可能であり、この場合、その可能性のために先の超感性的客観が考えられた直観は単なる現象に関して妥当するに違いないが、これを氏は『純粋理性批判』にもかかわらず認めようとはしない。だから氏は感性的直観を感性的ではない諸部分から合成しなければならなかったが、これは明白な矛盾である。(原注)

(原注)　われわれはここで、氏がいま感性を表象の単なる混濁に還元しようとしたのではなく、同時に客観が感官に与えられる(二九九頁)ことに基づけようとしていることをよく注意しなければならない。氏はあたかもそれが氏にとって有利なこと

W317　A204 C21　V23

であるかのように考える。一七〇頁で氏は時間の表象を感性のうちに数えた。時間の単純な諸部分が有限的精神の限界のゆえに区別されえないからである(したがって時間の表象は混濁している)。あとになって(二九九頁)氏はこの概念をいくぶん狭くしようとする。それによって根拠のある批判を回避することができるようにするためであり、単純な存在を悟性的存在として証明しようとするためにのみ、氏にとってまさに最も不利な条件を付け加えるのである。その結果、氏のもともとの主張には矛盾が持ち込まれたのである。

ではエーベルハルト氏はどのようにしてこの困難から逃れるのだろうか。そのための手段は言葉の単なるもてあそびであり、これは曖昧性のゆえに当面食い止めることができると考えられているのである。感覚可能でない部分は完全に感性の領域の外部にある。ところが感覚可能でないとは、一つ一つ分離して感覚することができないということであり、これこそが事物においてもわれわれの表象においても〈単純なもの〉である。感官の表象ないしその対象から悟性的存在を作り出そうとする第二の語は、非形象的〈単純なもの〉である。この表現は氏には最も気に入ったようである。なぜならば、氏は後続部においてこの表現を最も頻繁に使用しているからである。感覚可能ではなくしかも感覚可能なものの部分であること、このことは氏自身にとってさえあまりに矛盾が目立ちすぎるので、非感性的なものの概念を感性的直観において用いることはできなかったのである。

ここで感覚可能でない部分とは経験的直観の一部分、すなわちわれわれがその表象を意識していない部分を意味している。エーベルハルト氏は言葉から外に出ようとしない。なぜならば、それについて究極的な解明を与えようとしたならば、氏においては感性とは直観の多様の混濁した表象状態にすぎないことを認めざるをえないことになるが、このような『純粋理性批判』の嘘から氏は逃れようとするからである。これに反してもし感覚可能という語が本来の意味で使われるならば、どのような感官の対象の単純な部分も感覚可能ではないなら、全体である前者自身もまたまったく感覚されえないし、また逆に、なにものかが感官と感覚の対象であるなら、それに表象の明晰性が欠けているとしても、あらゆる単純な部分も感官と感覚の対象でなければならないことは明らかであり、ある全体の部分諸表象のこの不分明性は、悟性が、にもかかわらずそれがそれ自体とその直観のうちに含まれていなければならないことを了解する限り、それを感性の領域を超えた仕方に移したり、悟性的存在にすることはできないことは明らかである。物体の色粒子を構成するニュートンの微粒子[7]をどんな顕微鏡も発見することができていないが、悟性はそれが現実に存在することのみならず、意識されないとはいえ実際にわれわれの経験的直観において表象されてもいることを認識(あるいは推測)する。だからといってそれをまったく感覚できないものであり、あまつさえ悟性存在だということは、ニュートンの弟子たちの誰にも念頭に浮かばなかった。ところで非常に微小な部分と完全に単純な部分の違いは微小化の度合い以外にはない。全体が感官の対象であるというのなら、すべての部分も必然的に感官の対象でなくてはならないのである。

しかし、単純な部分に関してそれ自体がある形象の、つまり感性的直観の部分であるとはいえ形象が生まれないことはそれを超感性的なものの領域に高めることはできない。単純な存在はつねに(『純粋理性批判』が説くように)感性的なものの限界を超えて高められて考えられており、その概念にはどのような形象も、つまりどんな直観も対応して与えられえないのである。しかし、その場合、われわれはそれを感性的なものの部分として数えることもまたできないのである。しかし(数学上のあらゆる証明に反して)そのように考えるならば、それからはそれには何の形象も対応しないということが帰結するのであり、その表象がなんらかの超感性的なものであるということはまったく帰結しない。なぜならば、それは単純な感覚であって、それゆえに感性の要素であり、悟性はそれによって感性を超えて上昇しないことはそれを合成して考えた場合と同じだからである。なぜならば、後者〔合成〕の概念とは前者〔単純〕が単なるその否定に過ぎないものであり、悟性概念であることは同じであるからだ。感性の上に超越するのはただ〈単純なもの〉を感性的直観およびその対象から完全に追放し、〈数学の説くところの〉物質の無限可分性によって微小な世界への眺望を開き、ならびに感性的な合成体のその種の内的説明根拠の不十分性〔〈単純なもの〉が完全に欠如しているので、その分割は完全性を欠いている〉から感性的直観の全領域の外部にあるそれ〔〈単純なもの〉〕へと推論される場合のみであるだろう。この〈単純なもの〉はこうして感性的直観の一部分ではなく、われわれには知られない純粋に理念のうちにのみ見出される直観の根拠だと考えられる。しかしこの場合、もちろんこの超感性的な〈単純なもの〉に関してはいささかの認識をも持つことができないというエーベルハルト氏がなんとしても認めない告白が不可避であっただろう。

実際にはこの告白を避けるために提出された証明においては奇妙な二義性が支配している。「あらゆる有限的な事物の変化の流れは絶え間ない中断のない流れである。——どんな感覚可能な部分も最小ないし完全に単純ではない」といわれる箇所で、あたかもそれを数学者が命令したかのように述べられているのである。ところがそのすぐあとではまさに同じ変化のなかに単純な部分があって、それは感覚可能ではないから悟性のみが認識するのである。もしそれが仮にもそこにあるならば、先の流れの連続律 lex continui は誤りであり、流れは離散的にあるのであり、エーベルハルト氏が誤って表現しているように感覚されない、つまり、意識的に知覚されないということは、純粋に経験的な感官的直観に部分として属するというその特殊な性質をまったく廃棄しないのである。いったいエーベルハルト氏は連続性について確かな概念を持っているのであろうか。

一言でいおう。『純粋理性批判』は概念にはそれに対応する直観を与えることなしにはその客観的実在性は明ら W320
かにならないと主張した。エーベルハルト氏は反対のことを証明しようとして、悪名高い誤謬、つまり悟性は時間
および空間における直観の対象としての事物において〈単純なもの〉を認識するということを引き合いに出している。
われわれは氏のためにこれを承認しようと思う。しかしそれならば氏は『純粋理性批判』の要請を反駁したのでは C24
なく、氏なりの仕方で満たしているのである。なぜならば、『純粋理性批判』はたしかに概念に対して対応した直
観が与えられるように客観的実在性を直観に即して証明させるべきだと要求するだけなのであって、これこそは A207
『純粋理性批判』が要求し、氏が反駁しようとしたことであるからである。

もしエーベルハルト氏が、『純粋理性批判』が行った対象の感性的なものと非感性的なものの区別の意味をまっ
たく何も分かってはいないということに関して、あるいは氏が好むなら、誤解したことに関して反駁の余地がない
証明を生み出していなければ、私はこれほど明瞭な事柄に長くとどまることはなかったであろう。

C　感性的なものから非感性的なものへと上昇する方法 V27

――エーベルハルト説

既述の証明、特に最後の証明からエーベルハルト氏が引き出す帰結は二六二頁によると次のものである。「それゆえに空間と時間が同時に主観的かつ客観的な根拠を持つという真理は――完全に必当然的に証明されるであろう。空間と時間の究極的な客観的根拠は物自体であることが証明されるであろう。」ところで『純粋理性批判』の読者なら誰でも知っているように、これはまさに私の主張にほかならないから、エーベルハルト氏は氏の必当然的証明

(それがどの程度必当然的かは上述から見て取ることができる)によって『純粋理性批判』に抗して何も主張したのではないのである。しかし、この客観的根拠すなわち物自体は空間と時間のうちに求められるべきではなく、『純粋理性批判』が空間と時間の感性外的ないし超感性的基体(ヌーメノン)と呼ぶものの内に求められるべきであること、これが私の主張であって、エーベルハルト氏はこの反対を証明しようとしたのだが、ここでも決して推論の結論において正しい言葉をもって終えようとはしていない。

二五八頁の第三段落および第四段落において、エーベルハルト氏は「空間と時間は主観的根拠のほかに客観的根拠を持ち、この客観的根拠は現象ではなく、真の認識可能な事物である」、また二五九頁では、「その究極的根拠は物自体である」と述べているが、これらすべてを『純粋理性批判』は文字通りまた繰り返し同じことを主張している。いつも自分の利益になることなら非常に鋭敏に感知するエーベルハルト氏が、このたびは不利なことには気づかないということがどうして起こったのだろうか。われわれはここで、ある事柄を人に見られたくないから自分も見ないという利口な人間を相手にしているのである。氏はもともと、現象ではなく物自体であると言いたい氏の客観的根拠なるものが現象の単なる部分(単純な部分)にすぎないことを読者に気づかれないように望んでいたのだ。なぜならば、そのような説明の通用しないことはただちに発見されたであろうからである。氏はそれゆえ根拠という語を用いている。部分は確かに合成体の可能性の根拠ではあるから。そして氏は『純粋理性批判』と同じ言葉を持ち出す。つまり、現象ではないところの、究極的根拠という言葉を持ち出すのである。もし氏が正直にそれ自体は現象ではない現象の諸部分について、その諸部分が非感性的である感性的なものについて語ったならば、矛盾は(単純な部分という前提を認めたとしても)目立ったであろう。このようにして根拠という語はこれらすべてを覆い隠すのである。なぜならば、不注意な読者は根拠というと『純粋理性批判』の意図する直観とはまったく異なるものを理解して、感官の対象に即して悟性そのものによる超感性的なものの認識の能力が証明されたと思い込むからである。

この錯覚の評価において何より大事なのは、読者が、エーベルハルト式の空間および時間の演繹について、また感官的認識一般について、われわれが述べたことを肝に銘ずることである。氏によればものはその表象が、氏自身の表現によれば、感覚可能でない、つまり直観において意識を伴って知覚されるのではない諸部分を含むかぎりにおいて感官的認識であり、その客観は現象である。それは、悟性が、氏によればその固有の部分だとされる現象の第一諸根拠を見ぬき発見するやいなやただちに感性的であることをやめ、対象はもはや現象ではなく、物自体そのものとして認識される、つまり、それは今やヌーメノンなのである。したがってフェノメノン〔現象〕としての物とその根底にあるヌーメノンの表象との間の違いは、はるか遠くから見た人間の集合と一人一人を数えることができるほど近づいて見たそれとの違いに過ぎない。ただ氏は、われわれはそれにそんなに近づくことはできないのだと主張するが、それは事柄そのものの違いではなく、ここでは種類の上では常に同一であるわれわれの知覚能力の度合いに過ぎない。もしこれが本当に『純粋理性批判』が感性論においてあれほど苦労をして現象としての物の認識とそれが物自体そのものとしてあるのに即しての概念との間に設けた違いであるならば、この区別は単なる児戯であっただろうし、それを詳しく論駁したところでそれ以上の名声には値しないことであっただろう。ところで『純粋理性批判』は(多くの実例のうちのひとつだけを挙げるとすると)、外的感官の全対象の総括としての物体界においていたるところに合成体は存在するものの、〈単純なもの〉はそのなかには何ひとつ見出されないことを示してい

る。同時に『純粋理性批判』は、仮に理性が諸実体からなる合成体を物自体として（われわれの感官の特定の性状
にかかわらせずに）考えるならば、それを絶対的に単純な実体からなるものとして考えねばならないことも証明し
ている。空間における対象の直観が必然的に伴っているものに従うならば、理性はそのうちにあるいかなる〈単純
なもの〉をも考えることはできないし、考えてはならない。ここから帰結するのは、われわれの感官が無限に鋭敏 W323
化されたとしても、〈単純なもの〉に少しだけでも近づくことは完全に不可能なままでありつづけねばならないし、
それは感性のうちにはまったく存在しないのだからましてや最終的に突き当たることなどありえないということで
ある。その場合の逃げ道は、物体はまったく物自体そのものではなく、われわれが物体的事物という名前を与える
その感官的表象も、物自体そのものとしてはじめて〈単純なもの〉（原注）を含みうるが、われわれにはまったく認識不可能 C27 V30
に終るものの現象であることを承認するほかはない。というのは、〈単純なもの〉がそのもとでのみわれわれに与え
られる直観は〈単純なもの〉にそれ自体として帰属する諸性質ではなく、われわれの感性の主観的制約だけを示し、 A210
その制約のもとでだけわれわれはそれに関して直観的表象を持つことができるのだから。――それゆえ『純粋理性
批判』によれば、現象の内部にあるものは悟性が現象をどこまでもその部分へと分割し、それを感官の知覚がもは W324
や明晰には到達できない諸部分の現実性を証明する限り、それ自体がふたたび現象なのである。しかしエーベルハ
ルト氏によれば、そのとたんに〈単純なもの〉は現象であることをやめ、事象そのものとなるのだ。

（原注）　客観を〈単純なもの〉として表象することは、理性にとって不可避な否定的な概念である。〈単純なもの〉だけがその可 A209 C26 V29 W323
能性が常に制約されたものであるあらゆる合成体（単に形式ではなく、物としての）に対する無制約的なものを含むからだ。
したがってこの概念は認識を拡大するものではなく、それを感官の対象（これはすべて合成を含んでいる）から区別しようと

いう限りでの、単なるなにものかを指しているのみである。ところで私が、合成体の可能性の根底にあるもの、したがってそれだけは合成されたものではないものとして考えられねばならぬものは、ヌーメノン(なぜならば、それは感性的なもののうちには見出されないから)であると言う場合、それで現象としての物体の根底には純粋な悟性的存在と同じだけの単純な存在の集合体が存すると言っているのではなく、現象の根底に基体としてある超感性的なものが物自体としてやはり合成されているのか、それとも単純であるのか、は誰も少しも知らないということを言っているのである。そして感官の対象は単なる現象としてその根底にはなんらかの非感性的なものを置かねばならないという理論を、これの意味することは物質の超感性的基体は、物質そのものを分割するのと同じようにそのモナドに関しても分割されねばならないということだと想像したり、他人に想像させようとしたりするのは、それの完全な誤解である。なぜならば、実際その場合、モナス(これは合成体のそれ自体はもはや制約されていない制約の理念に過ぎない)を空間のうちに移し入れていることになるだろうが、そうするとモナスはヌーメノンではなくなってそれ自体が再び合成体になるからである。

読者にとっては、エーベルハルト氏が自ら反駁しようとする『純粋理性批判』が与えた感性的なものの概念のこれほどつかみやすい誤解を喜んでおかしたり、これほど浅薄で形而上学ではまったく使い道のない表象方法の単なる論理的形式としての感性的存在と悟性的存在の区別という概念さえも立てねばならなかったことは信じられないことに見えるだろうから、われわれは氏が考えていることに関して氏自身に説明してもらおう。

エーベルハルト氏は二七一頁から二七二頁にかけて誰もかつて疑ったことのないことを証明するために多大な不必要な労力を費やしたあとで、かたわらでは自然なことだが、批判的観念論に関して、一つ一つ経験の対象に即してのみ証明されうる概念の客観的実在性が、しかし争う余地なく一般的にも、つまり、一般に事物に関してもまた証明可能であり、そのような概念は客観的実在性を欠いてはいない(とはいえ、この実在性が経験の対象たりえない事物の概念に関しても証明されるという推論は間違っているが)ということを見逃しうることにも当惑するもの

V30 C27　A210　W324　C28

だから、氏は次のように論を進めるのである。「私はここで一つの実例を利用しよう。この使用の適切性は相当後 V31
になってからはじめて納得することであろう。現在の状態の人間の感官と想像力は千角形について正確な形象を形
成することができない。つまり、千角形と九九九角形とを区別できるような形象を形成できない。しかし、ある図
形が千角形であることを私が知るやいなや、私の悟性はそれに別の述語を帰属させることができる等々。それゆえ
悟性が、物自体について想像力がなんらその形象を作ることができない、あるいは物自体の個体性に属するすべて A211 W325
の規定を知らないからといって、否定することも肯定することもできないということを、いかにして証明できるの
だろうか。」続いて二九一頁から二九二頁にかけて、氏は『純粋理性批判』が行う感性の論理的意味と超越論的意
味の区別について次のように説明している。「悟性の対象は非形象的であり、感性の対象はこれに対し形象的対象
である。」そのうえでライプニッツ哲学(原注)から永遠性という実例を引いている。永遠性についてわれわれは形象を持
つことができないが、悟性の理念なら十分持つことができるのである。また同時に上述のような千角形を例に引き、
それについて「現在の状態の人間の感官と想像力は千角形と九九九角形とを区別する正確な形象を作ることができ
ない」と述べるのである。

(原注)　読者はエーベルハルト氏がライプニッツ説に基づいて推論することをすべてライプニッツに帰さないほうがよいだろう。ライプニッツはロックの経験論を反駁したかったのだ。この意図にとってはそのような数学の実例は、数学的認識が経験的に得られた概念がなしうるよりもはるかに及ぶところが広いことを証明し、それを通じてロックに対抗して数学的認識のアプリオリな起源を守るためにはまったく適切なものであった。対象がそれによって単なる感性的直観の客観であることをやめること、また、根底に別の種類の存在が存すると前提することが、ライプニッツの念頭にあったと主張することはまったくできない。

まったくもっともらしさを欠いていて人を騙すことはできないから『純粋理性批判』の意図的な誤解とは言わないが、問題になっている問いに完全に無知であることの証明としては、ここでエーベルハルト氏が与えているもの以上を望むことはできないだろう。氏によれば五角形はいまだ感性的存在であるが、千角形はすでに純粋な悟性的存在であり、非感性的なもの(あるいは氏の表現では、非形象的なもの)である。私は九角形はすでに感性的なものから超感性的なものへの道の半ばに出ているのではないかと危ぶむものである。なぜならば、辺の数を指で数えられない場合、見渡しただけでは角の数を決定することはできないからである。問題は、何の対応した直観も与えられえないものについて認識を得ることを望みうるか、ということだった。これは『純粋理性批判』によって感官の対象とはなりえないものに関しては否定された。われわれは概念の客観的実在性のためには常に直観を必要とするが、われわれの直観は数学において与えられる直観さえ、単に感性的であるからだ。エーベルハルト氏はこれに反してこの問いへ肯定的に答え、不運なことには――すべてを常に直観において論証する数学者を引き合いに出す。あたかも、数学者は概念に対して正確に対応した直観を想像力において与えることなしに、その対象に悟性によってさまざまな述語をらくらくと帰属させることができ、対象を先の制約なしでも認識することができるといわんばかりなのである。アルキメデスが九十六角形を円に外接させ、また同じ図形を円に内接させて、どれだけ円が前者より小さく後者より大きいかを証明しようとするとき、氏は上述の正多角形の概念の根底に直観を置いたのだろうか、置かなかったのだろうか。氏は不可避的にそれを根底に置いたのである。しかし、それは実際に多角形を描いた(これは不必要で無意味な要求であろう)からではなく、概念の構成〔作図〕の規則を知っていたゆえにであり、したがって正多角形の大きさを客観そのものの大きさにまで好きなように規定し、そしてそれゆえ、これを概念に従って直観において与える能力を知っており、そしてそれゆえに規則の実在性そのものと、それとともにこの概念そのものを想像力の使用に対して証明するからである。氏にモナドからいかに一つの全体が合成されうるのかという課題が与えられたならば、氏はそのような理性的存在を空間のうちに求めるべきでないことを知っているので、そ V33 れは超感性的存在であって、単に思考の中だけにあって決して直観のうちには現れることができないゆえに、それ C30 について語ることはできないということを理解したことであろう。——しかしエーベルハルト氏は後者〔理性的存在〕が、われわれの感官の鋭敏性の度合いにとってあまりに小さすぎるか、与えられた直観的表象の多数が想像力とその把握能力の現状の度合いに対してあまりに大きいかのいずれかである限りにおいて、われわれがそれに関し W327 て悟性によって多くを認識することができるとされる非感性的対象と取られることを望んでいる。この点に関してわれわれは氏とは議論しないことにしよう。このような非感性的なものの概念は『純粋理性批判』がそれについて述べることとは似ても似つかぬものであり、表現自体がすでに矛盾を伴っているので、追随者を持つことはまずあるまい。

以上からはっきりとわかるのは、エーベルハルト氏があらゆる認識の素材を感官に求めているということであり、この点氏は間違ったことをしていない。氏はしかしまたこの素材を超感性的なものの認識のために細工することを意図している。そこへと渡りつくための橋として充足根拠律が氏の役に立つ。氏は充足根拠律を無制限な一般性に A213 おいて受け入れるだけでなく、氏が喜んで認めようとしているように感性的なものと知性的なものとのまったく別の区別を必要とする場合には、定式化の点で慎重にも因果律とも区別する。それによって氏固有の目的が邪魔されるかもしれないからだ。(原注)しかしこの橋は十分なものではない。なぜならば、どんな感官的表象の材料を用いても彼 V34

岸に家を建てることはできないからである。ところが氏は(あらゆる人間と同じく)他の材料が欠けているので、こ C31
の材料を使うのだ。しかし〈単純なもの〉、つまり氏が先には感官的表象の部分として発見したと信じたものを氏は、感官的表象の内部に単なる知覚によっては発見されないので材料のうちに持ちこんで論証することに腐心したこと W328
を通してこの汚名から洗い清め、純化するのである。ところでしかしこの部分表象(〈単純なもの〉)が氏の見方によれば感官の対象としての質料においてたしかに現実的であるとしても、その論証にもかかわらず、まったく感官の対象ではありえない(そのような対象の同質的部分ですらない)存在のことが考えられているならば、感官の対象においてのみ証明された概念の実在性をどのようにして確保するのか、という小さな難点は常に残っている。なぜならば、〈単純なもの〉に対してそれが物質の部分たりうるすべての性質を具備していると認めたとしても、可能なものといいうるためにはまだなにものかが残存しているかどうかは不確実であるからである。したがって、先の論証によって仮に氏が物質の部分としての、それゆえもっぱら感官的直観と一なるそれ自体として可能な経験に属する客観としての、〈単純なもの〉の客観的実在性を証明したとしても、すべての対象に対してはもちろん、超感性的対 A214
象に対しても、可能的経験の外部において証明したわけではない。これこそはまさに問われていたことであった。

(原注)　すべての物はその根拠を持つという命題、言いかえると、すべてのものは帰結として存在する、つまり、その規定に A213 C30 V33 W327
関して他のものに依存しているという命題は、空間と時間のうちにある現象としてのすべての物には例外なく当てはまるが、物自体そのものにはまったく当てはまらない。ところがエーベルハルト氏はもともと物自体のためにこそこの命題にあのような一般性を与えたのである。しかしそれを因果律として、すべての存在するものは原因を持つ、つまり、結果としてだけ存在すると一般的に表現することは、氏の用にとってはますます役に立たなかったであろう。氏はもはや他の原因に依存していない根源的存在の概念の実在性を証明することを意図していたからだ。このようにして、好きなように言いぬけること V34

ができる表現の背後に身を潜める以外にはなくなることが理解されよう。例えば氏は二五九頁で氏が根拠という語を感覚とは区別されたものを考えているとわれわれが騙されて信ずるような使い方をしている。ところが氏がここで意味しているのは、われわれが論理的意味においても十分に全体の可能性の根拠と呼び習わしている部分感覚のことに過ぎないのである。

ところで二六三頁から三〇六頁にかけて続き、上述の確証に役立てられている事柄はすべて、容易に予測できる A 214 C 31 W 328
ように、『純粋理性批判』の命題の歪曲にほかならず、とりわけ思考の形式にのみ関係する(何の対象をも考慮に入れることがない)論理的命題を超越論的命題(これは悟性が思考の形式を完全に純粋に、かつ自己自身以外に源泉を必要とせずに、事物をアプリオリに認識するために先の論理的形式を使用する仕方である)と誤解しすりかえることだけが見出される。前者に属することは多々あるが、二七〇頁で『純粋理性批判』の推論を三段論法形式に翻訳
したものが属する。氏によれば、私は次のように推論していると言うのである。すなわち「現象でない表象はすべ V 35
て感性的直観の形式を欠いている(『純粋理性批判』では一度も現れない不適切な表現だが、そのままにしておく)。――物自体に関する表象はすべて現象ではない表象である(これもまた『純粋理性批判』の用法に反して表現されている。『純粋理性批判』では、それらの表象は現象ではない事物についての表象である、と言う)。――それゆえ
それは絶対的に空虚である」と。ここには四個の主要概念があって、私は「それゆえ、これらの表象は感性的直観 W 329 C 32
の形式を欠いている」と推論すべきであった、と氏は言うのである。

ところで最後の命題は『純粋理性批判』からのみ引き出すことができる結論であり、第一の命題はエーベルハルト氏が勝手に付加したものに過ぎない。しかし、『純粋理性批判』によれば、それに続いて以下のような三段論法があり、それによってしかし最後には先の結論が現れるのである。すなわち、感性的直観の形式を欠く表象は一切

の直観を欠いている(われわれの直観はすべて感性的なのだから)。——ところで物自体についての表象は〔それを〕欠いている等々。——それゆえそれは一切の直観を欠いている。そして最後に、一切の直観を欠く表象(概念としてのそれに対していかなる対応した直観も与えられえない表象)は絶対的に空虚である(その客観の認識を欠く)。——ところで現象ではない事物の表象は一切の直観を欠いている。——それゆえ、それは(認識に関しては)絶対的に空虚である。

ここでわれわれはエーベルハルト氏に何を疑えばよいのだろうか。洞察か、それとも誠実性か。

『純粋理性批判』の真義がまったくわかっていないこと、また氏が『純粋理性批判』の代わりによりよい体系のために措定することができると氏が表明していることが根拠を持たないこと、以上についてはここではいくつかの証拠だけが与えられうる。なぜならば、エーベルハルト氏の決意強固な戦友でさえも、氏の非難と反対主張のモメントを整合的な連関にもたらす仕事には疲れてしまうだろうからである。

氏は二七五頁において「誰が(何が)感性にその素材すなわち感覚を与えるのか」という問いを出した後で、二七六頁で氏は「われわれは望むほうを選ぶことができる。——かくしてわれわれは物自体に達するのである」と述べて、『純粋理性批判』を否定したと信じている。ところでこれこそが『純粋理性批判』の変わることなき主張なのである。ただ、『純粋理性批判』は感性的表象の素材の根拠をふたたびそれ自体感官の対象としての物に置くのではなく、その根底にあり、われわれがそれについては何の認識も持ちえない超感性的なものに置くというだけである。『純粋理性批判』は、物自体としての対象は経験的直観に素材を与える(物自体としての対象は表象能力を感性に即して規定する根拠を含む)が、それ自体は経験的直観の素材ではないのである、と言う。

A215　V36　W330　C33

すぐに続いて悟性はどのようにして先の素材(それはどこから与えられてもよい)を加工するのか、という問いが提出されている。『純粋理性批判』は超越論的論理学において、これは感性的(純粋および経験的)直観がカテゴリーに包摂されることによって生ずることを証明した。カテゴリーの物一般についての概念は完全に純粋悟性にアプリオリに根拠づけられていなければならないのである。これに反してエーベルハルト氏は二七六頁から二七九頁にかけて、次のように述べて氏の体系を白日のもとに現わす。すなわち、「われわれは感官を通じて感覚したか、または、われわれ自身の心において意識しているものから抽象したものについてでなければ、一般概念を持つことはできない」と。この個別的なものからの抽象を氏は同一の段落の中で正確に規定しているのである。これは悟性の最初の活動なのである。第二の活動は二七九頁で、先の純化された素材から再び概念が合成されることにある。抽象を媒介にして悟性は(感官の表象から)カテゴリーにまで達し、そこと事物の本質的要素から事物の属性へと昇るのである。それゆえ二七八頁では「悟性はかくして理性の助けを得て、新しい合成概念を獲得する。ちょうど悟性自体が抽象によってますます一般的かつますます単純なものへと上昇し、ついには可能なものと根拠づけられたものの概念にいたるように」等々と言われている。

この上昇(もし悟性の経験的使用における経験的なものからの抽象に過ぎぬことが、その場合、知性的なもの、すなわちわれわれ自身が悟性の自然的性状に従ってあらかじめアプリオリに投げ入れたもの、つまりカテゴリーが残存するから、上昇と言えるならばであるが)は、単に論理的である。つまり、その使用が常に可能的経験の広がりの内部だけにとどまっている一般性の高い規則〔への上昇〕である。この規則は、カテゴリーに対して対応する感性的直観が与えられている可能的経験における悟性使用から抽象されるのだから。——真の実在的な上昇つまりそもそも感官的なものとは別の類の存在や、最完全存在へすらの上昇が与えられうるためには、われわれが知的直観と名付けた別の種類の直観が(認識に属して感性的でないものは他の名前と意味を持つことができないから)必要とされるだろう。この種の直観においてはわれわれはもはやカテゴリーを必要としないばかりではなく、カテゴリー C34 もまたそのような性状の悟性においてはまったく何の使用をも持たないであろう。誰がわれわれにその種の直観的悟性を与えるのだろうか、あるいは、われわれのうちにそれが隠されているとしても、それをわれわれに親しませるのだろうか。

しかしここでもまたエーベルハルト氏は名案を知っている。なぜならば「二八〇頁ないし二八一頁によると、感性的ではない(しかし悟性の直観でもない)直観――空間と時間における感性的直観とは別の直観が存在する」からである。――「具体的時間の第一要素と具体的空間の第一要素はもはや現象(感性的直観の客観)ではない。」それゆえ、それらは真の物であり、物自体である。二九九頁で氏はこの非感性的直観を感性的直観と区別して、非感性的直観とはなにものかが「感官によって非判明にあるいは混濁して表象される」のであり、二九五頁で悟性を「判明な認識の能力」と定義しようとしているのである。――それゆえ氏の非感性的直観と感性的直観の相違は、具体的空間および時間の単純な部分は感性的直観においては混濁して、非感性的直観においては判明に表象される点に存する。自然にこの仕方で単純な存在の概念の客観的実在性に関する『純粋理性批判』の要求は、それに対応する V38 (単に非感性的な)直観が与えられることによって満たされる。

ところがこれはますます深間にはまりこむ上昇だった。なぜならば、先の単純な存在が直観そのもののうちに巧 A217 W332 妙に持ちこまれたとしても、その表象は経験的直観に含まれた部分として証明されるのであるだろうし、その場合も直観は全体としてそうであるのと同じまま、つまり感性的であるままであろうからである。表象の意識は表象の特殊的な性状には何の相違も生まない。意識はすべての表象と結合されうるのだから。経験的直観の意識を知覚という。先の単純な部分と称されるものが知覚されないということは、たとえわれわれの感官およびそれと同時に想 C35 像力が鋭敏化されて感官の直観の多様を意識を伴って把握することができ、さらにまたこの表象の判明性(原注)のゆえに感官的直観において非感性的なものを知覚するほどまでに拡大されるにしても、その感官的直観としての性状にい A218 ささかの相違をも生むものではないのである。——ここでおそらく読者は次のような疑問を抱くのではないだろう V39 か。すなわち、エーベルハルト氏は感性の領域の上への上昇(一六九頁)において、常に非感性的なものという表現を用いて、むしろ超感性的なものという表現を用いないのはなぜか、という疑問である。しかしながら、これは十分計画的に行われているのである。なぜならば、後者の表現を使うと、氏がそれをまさに感性的であるから感性的 C36 W333 直観から選び出すことができないということがあまりにもはっきりとするからである。ところが非感性的という表現は単に欠乏(たとえば、感官の対象の表象におけるなにものかの意識の欠如)を示すに過ぎず、読者はただちにそれによって他の種類の現実的対象の表象がその手に渡ることが狙われているとは悟らないのである。同じことが、われわれがあとで語ろうと考えている一般的物(物の一般的述語ではなくて)という表現に関しても言える。この表現で読者は別種の存在を理解しなければならないと信ずるのである。あるいは、非同一的(総合的というかわりに)判断という表現も同じ事情である。読者に不良品を重要なものとして買わせるための、あいまいな表現の選択には、多大の技術が属するのである。

(原注)　なぜならば、直観における判明性もまた存在し、したがって一般的物ばかりではなく個々の物の表象においても判明 A217 C35 V38 W332

性が存在するからである(二九五頁)。この判明性は美感的判明性と言われうるのであって、概念による論理的判明性とはま
ったく別である(たとえば、ニューギニアの未開人がはじめて家を見て、家のすべての部分を判別できるほど近づいても、
家についていささかも概念を持たない場合)が、もちろん、論理学教科書には含まれえないのである。それゆえに、悟性が
概念による認識能力だと説明する『純粋理性批判』の定義の代わりに氏が要求するように判明な認識の能力がこの目的のた
めに想定することはまったく許されないことである。しかしとりわけ前者の定義が、それによると悟性が根源的にはそこか
らだけ生じてくる概念(カテゴリー)の超越論的能力としてもまた特徴づけられるゆえに、唯一の適切な定義である。これに
反して後者は、常に感官の表象に対しても、純粋に明晰な表象と諸徴表の分離によって、判明性と一般性を生み出す単なる W333
論理的能力を指し示すのである。ところがエーベルハルト氏が心を砕くのは、氏の定義の根底に二義的な徴表を置いて最も
重要な批判的探求を回避することである。この目的に属するのが一般的物の認識(二九五頁とその他の個所)という表現であ
る。この表現はまったく廃れたスコラ哲学の表現であり、唯名論者と実在論者の論争を再燃しかねないものだが、多くの形 V39
而上学教科書には載っているとはいえ絶対に超越論哲学のうちにはなく、もっぱら論理学に属するのである。というのも、
それが物の性状の区別ではなく、概念が一般的に使われているか、個物に適用されているかという、概念の使用上の区別の
みを指し示すからである。しかしながら確かにこの表現は、非形象的という表現と並んで、それによってあたかも特別の種
類の客観が、たとえば単純な要素が考えられているかのように一瞬読者を引き止めるという役を果たすのである。

このようにしてエーベルハルト氏がライプニッツ－ヴォルフの感性概念を直観に対して正しく解釈して、それが A218 C36
単に感性における表象の多様の混濁性においてのみ成立するが、この感性はしかし物自体そのものを表象しており、
その判明な認識はしかし悟性(悟性は直観における単純な部分を認識する)に依存しているとするならば、間違いな
く『純粋理性批判』はこの哲学に対してなんら誣いるのでも偽って罪を負わせたのでもない。ただ残っているのは、
『純粋理性批判』は、後者が感性(受容性という特別の能力として)を特徴づけるために採ったこの立場は不当であ V40 W334
ると言う権利を持つかどうか、という点だけである。(原注) 三〇三頁で氏はライプニッツ哲学に対して『純粋理性批判』 C37

で帰せられた感性概念の意味を確証して、混濁した表象としての現象の主観的根拠を、あらゆる徴表(感官的直観の部分表象)を区別することができない無能力のせいにする。また、三七七頁で氏は『純粋理性批判』がこの点を見なかったと難詰して、それは主観の限界のゆえに起こると述べている。直観の論理的形式のこのような主観的根拠以外に、現象は客観的根拠をも持つということは『純粋理性批判』そのものが主張することであり、この点で『純粋理性批判』はライプニッツに反対しないだろう。しかしこの客観的な根拠(単純な要素)が部分として現象そのもののなかに存在し、混濁性のゆえにのみそのものとして知覚されないものの、そこに存在することを論証することができるのであり、それは感性的でしかも単に感性的ではなく、後者の原因のゆえに知的直観と名付けようとまで意図されるならば、これは明白な矛盾であり、ライプニッツの感性概念および現象概念はそのようなものとは解釈されえない。そしてエーベルハルト氏はライプニッツの考えについてまったく間違った解釈を与えたのであるか、もしくはこの解釈はきっぱりと捨てられねばならない。二つに一つである。すなわち、直観は客観に関していうと、完全に知的である、つまりわれわれは物をそれがそのものとしてあるままに直観し、そのゆえに感性というものはもっぱらそのような多くを包括する直観とは不可分である混濁性としてのみあるのか、それとも、直観は知的ではなく、直観ということでわれわれはそれ自体そのものとしてはわれわれには知られない客観によって触発される仕方だけを理解し、しかも感性は混濁性としてではなく、むしろその直観は常に最高度の判明性を持つことができ、そこに単純な部分が含まれている限りにおいて、それはその明晰な弁別にもたらすことができるが、にもかかわらずいささかも単なる現象以上のものを含まないのか、である。同一の感性概念において両者を一緒に考えることはできない。それゆえ、エーベルハルト氏がライプニッツに帰している感性概念は、悟性認識と単に論理的形式(混濁性)の点でだけ区別され、内容的には物自体の純正な悟性の表象を含むのか、それとも、この感性概念は超越論的につまり源泉および内容に関しても、それが客観自体の性状をまったく含まず、主観が触発される仕方だけ C38 A220 を含み、その他の点ではそれは好きなだけ明晰でありうるのだから、区別されるのかである。後者の場合は『純粋理性批判』の主張であって、それは感性を与えられた直観の含む表象の混濁性にだけ置くことなしには、前者の考えと対立させることはできないのである。

(原注)　エーベルハルト氏はこのような類の非難(氏はその上にさらに虚偽の表現を押し込んでいる)の不遜さに対して二九八頁で興味深い仕方で抗議し、むきになっている。A218 C36 V40 W334 どんな人物でもキケロがまともなラテン語を書かなかったと非難しようという気になったら、スキオッピウス(8)(よく知られた熱狂的な文法家)のような人はその人物をかなり手荒く、しかし正当に分際をわきまえさせることだろう。なぜならば、何がまともなラテン語であるかをわれわれはキケロ(およびその同時代人)からのみ学ぶことができるからである。しかし誰かがプラトンないしライプニッツの哲学の誤謬を見出したと信じた場合は、ライプニッツにさえ非難すべきなにものかがあるということを怒るのは滑稽である。A219 なぜならば、哲学的に正しいことはライプニッツから学ぶことはできないし学ぶべきでもなく、誰からも同じ距離にある試金石は人間の常識であって、哲学には古典的著作家というようなものはないからである。

われわれは、感性がアプリオリに一般的原理に従って規定することができる形式をもった特定の直観の仕方である A220 C38 V41 W335 という理論と感性が物自体そのものの単に経験的な把握としての直観であり、表象の不判明性によってだけで知的直観(感性的直観として)とは区別されると考える感性の理論の間の無限の相違を、エーベルハルト氏が氏の意に V42 反して行っているほどうまく述べることはできない。表象能力の無能力、無力、限界(エーベルハルト氏自身が用 W336 いているとおりの表現)からわれわれは何の認識の拡張、何の客観の肯定的な規定も導き出すことはできない。与えられた原理はそれ自体が肯定的なものでなくてはならない。それはそのような諸命題の基体を構成するが、しかしもちろん単に主観的であり、これが現象にだけ妥当する限りにおいてのみ客観に妥当する。もしわれわれがエーベルハルト氏に氏の感性的直観の対象の単純な部分を贈り、氏が諸部分の結合を氏の根拠律に従ってあたう限り最善の仕方で理解できるようにするということを承認するとしても、氏はどのようにしてまたどのような推論によって、空間の表象、つまり空間は完全な空間として三次元を持ち、その三個の限界のうち二つはいまだ空間であり、第三のものはすべての限界の限界である点であることを、モナドの概念から、また力によるその結合から導き出すつもりなのだろうか。あるいは内的感官の客観に関しては、いかにして氏はこの根底にある制約つまり時間を一次元にしか持たない量として、単純な部分から構成された、氏の考えでは感官は分離状態においてではないがとにかく知覚し、これに反して悟性は思考して付加する連続量として(空間もやはりそうであるように)、理屈で取り出すつもりなのだろうか、また、限界と非判明性としたがって単なる欠乏からあらゆる学のなかでも最もアプリオリに拡張しつつあるもの(幾何学と一般自然学)の制約を含んでいる肯定的な認識を導き出すつもりなのだろうか。氏はこれらの性質すべてを虚偽であり、単に捏造されたものと見なす(これは氏が受け入れているかの単純な部分とまさしく矛盾する)か、もしくは、その客観的実在性を物自体のうちにではなく、現象としての物のうちに求めるべきなのである。つまり、その表象の形式(感性的直観の客観として)を主観とその与えられた対象の直接的表象を受け入れることができる受容性において求めることで、その形式が今やアプリオリに(対象が与えられるに先立って)そのもとでのみ感官に対して客観が現れうる制約の多様な認識の可能性を理解可能にするのである。これと三七七頁でエーベルハルト氏が述べていることを比べてみるとよい。すなわち「現象において主観的根拠であるものをカ

W337
V43
A221　C39

ント氏は規定していない。――それは主観の限界である」と(これが氏の規定である)。読んで比較されんことを。

私が「感性的直観の形式とは多様が時間および空間の形象にされる認識能力の限界をいうのか、それとも、これら形象そのもの一般をいうのか」という点に関してエーベルハルト氏は不確かである(三九一頁)。――「自己自身は、その根拠においてではなく、根源的に創造されたと考えるものは、オカルト的性質 qualitatem occultam を考えているのである。しかし氏が上に挙げた二つの説明のうちのどちらかを受け入れるならば、氏の理論は全体としてかまたは部分的にライプニッツの理論のうちに含まれているのである。」三七八頁において氏は現象の形式に関して「それは、[と、氏は言うのだが]柔らかくも粗くもありうる」という注意を要求している。氏自身に対してこの段落で後者のトーンを受け入れることがとりわけ気に入っている。私は前者にとどまろう。これは自分の側に圧倒的な根拠のあるものにふさわしいのである。

『純粋理性批判』は神によって植え付けられたないしは生得的な表象を絶対に認めない。直観に属そうが悟性概念に属そうが、すべての表象を獲得されたものと見なす。しかしなおまた根源的獲得(自然法学者が表現するように)というものも存在し、したがって、先行してはまったく存在しなかった獲得、ゆえにいかなる事象もこの行為に先立っては存在しなかった獲得が存在する。その種のものとしては、『純粋理性批判』が主張するように、まず空間と時間における物の形式があり、第二に概念における多様の総合的統一がある。なぜならば、われわれの認識能力は二つのどちらをもそれ自体そのものとして与えられている客観から取り出すのではなく、自己自身のうちからアプリオリに産出するからである。とはいえそれに対する根拠が主観のうちになければならず、その根拠が、上述の表象が他の形ではなくそのような形で生じること、その上になおいまだ与えられていない客観へと関係づけられうることを可能にするのである。少なくともこの根拠だけは生得的である。(エーベルハルト氏自身が認めているように、神によって植え付けられたという表現が正当化されるためには、神の現存在がすでに証明済みという前提がなければならないのだから、なにゆえに氏は一切の認識の第一根拠にかかわる批判で、生得的という古い表現ではなくこの表現を用いるのだろうか。)三九〇頁でエーベルハルト氏は「一般的な、いまだ未規定な空間と時間の形象の根拠と、それに伴って魂が創造された」と述べるが、次の頁ではふたたび私が直観の形式(直観のあらゆる形式の根拠と言わねばならないかもしれない)で、認識能力の限界あるいはかの形象そのものを理解しているのか、疑わしいとしているのである。いかにして氏が前者を単に疑わしく推測することしかできなかったかは、氏自身が先の感性の説明方式を『純粋理性批判』に対抗して貫徹しようとすることを自覚しているに違いないのだから、理解することができない。しかし後者つまり私が時間と空間そのものの未規定な形象を理解しているかと疑っていることは、よく理解できることだが、是認することはできない。なぜならば、かつてどこで私がそのうちに形象がはじめて可能になる空間と時間の直観を、それ自体も形象だと呼んだだろうか(形象は常にそれが描出である概念を前提にしている。たとえば、三角形の概念に対する未規定な形象であり、それに対しては三辺の比率も角も与えられていない)。氏は欺瞞的なゲームを行って感性的のかわりに形象的という表現を用いて、形象が概念に常に随伴しているという考えを持ち込んだのだ。感性的直観の可能性の根拠は二つのうちのどちらでもない、つまり認識能力の限界でもなく、形象でもない。それは心の固有の純粋な受容性であって、心が(感覚において)なにものかによって触発されるならばその主観的性状に従って表象を得るのである。この第一の形式的根拠、たとえば空間直観の可能性の形式的根拠のみが生得的なのであり、空間表象そのものではない。なぜならば、認識能力をまず客観の表象へと規定する(これは常に一個の独立した行為である)ためには、常に印象が必要であるからである。このようにして空間と呼ぶ形式的直観が、根源的に獲得された表象(外的対象一般の形式の)として生まれる。それにもかかわらずその根拠は(純粋な受容性として)生得的なのであり、その獲得はこの形式に従っている物の特定の概念にはるかに先行する。これら概念を獲得することはすでに一般的超越論的悟性概念を前提しているゆえに派生的獲得 acquisitio derivativa であり、これらの概念もまた同じく生得的ではなく獲得されたものであるが(原注)、その獲得 acquisitio は空間のそれと同じく根源的 originaria であって、思考の自発性の主観的制約(統覚の統一との適合性)以外の生得的なものを前提としない。純粋感性的直観の可能性の根拠の意味に関して疑いを抱くのは、『純粋理性批判』を辞書の助けを得てなんとか見て回ったが、考え抜きはしなかった者しかありえない。

(原注)　ライプニッツが認識の特定の要素に生得的という語を用いたとき、どのような意味を考えているのかは、ここから判断されうる。一七七七年一〇月の『ドイツ・メルクーア』誌に出たヒスマンの論文(9)がこの判断を容易にすることができる。

エーベルハルト氏が『純粋理性批判』の最も明晰な命題すらもどれほど理解していないか、あるいは氏がどれほど故意に誤解しているかに関しては以下の実例が役立ちうるだろう。

『純粋理性批判』においては、実体のカテゴリーそのものは(他のすべてのカテゴリーと同じく)それに関して客観が規定されたものと思考される論理的機能以外のものを絶対に含んでおらず、そしてそれゆえ、われわれが感性的直観を基礎に置かない限りそれによってだけでは対象の認識は、最小限の(総合的)述語すら絶対に得られない、ということが述べられていた。この点から正当に、われわれはカテゴリーなしではまったく何も物について判断することができず、超感性的なものに関してはいかなる認識も絶対に不可能であること(ここでは常に理論的意味で考えられている)が帰結する。氏は三八四頁から三八五頁にかけてこのような実体の純粋カテゴリーの認識を感性的直観の助けなしにでも生み出すことができると述べている。すなわち、「それは偶有性を働かせる力である」と。ところでしかし確かに力はそれ自体がふたたびカテゴリー(あるいはカテゴリーの賓位語)にほかならない、つまり、原因のカテゴリーにほかならず、それについてはすでに主張したように、その客観的妥当性はその基礎にある感性的直観なしでは、実体の概念の場合と同じく証明されえないのである。ところで三八五頁で氏は実際にもこの証明を感性的(内的)直観における偶有性の描出のうえに、したがってまたその根拠としての力のうえに基礎づけている。なぜならば、氏は原因の概念を実際に時間における心の諸状態の継起に、相継いで生じてくる諸表象に、あるいはその度合いに関連づけているからである。それらの根拠は「あらゆる現在、過去、未来の変化に関して完全に規定された物のうちに」含まれており、「[氏は言うのだが]それゆえにこの物は力であり、それゆえに実体である」からである。『純粋理性批判』が要求するのも内的感性的直観における力の概念の描出(ついでに注意しておくが、これは氏が実在性を確保しようとしたいもの、つまり実体とはまったく別物である)(原注)以上ではなく、感官的存在としての実体の客観的実在性はこれによって確保されるのである。しかし、いま論じているのは、純粋カテゴリーとしての、つまり、感性的直観の対象への適用抜きでも、したがって超感性的なもの、つまり純粋な悟性的存在に関しても妥当する、力の概念に実在性を証明されうるかどうか、ということだった。その場合、時間制約に基づいているすべての意識は、したがってまた過去、現在、未来の継起のすべては、心の状態の変化の全連続律とともに消滅しなければならず、それによって偶有性が与えられるもの、そして力の概念の証拠として役立ちうるものが何も残らなくなるからである。こうして次に氏は要求に従って、人間の概念(そのうちにはすでに物体の概念が含まれて

C42　V46
A224
C43　V47
W341

いる)を除去し、同様にしてその現実的存在が時間において規定されている表象の概念を、したがって外的ならび
に内的直観の制約を含むもの一切を除去するならば(なぜならば、純粋カテゴリーとしての実体および原因の概念、
つまり常に超感性的なものの認識にも役立ちうるものの実在性を確保しようとするならば、氏はこうしなければな
らないから)、氏にとっては実体の概念において残るのは、その存在が他のものの単なる述語としてではなく、主 A225
語としてのみ考えられねばならない〈なにものか〉という概念だけである。原因の概念で氏に残るのは、現実的存在
においてあるものの他のあるものとの、前者が措定されれば今一つのものもまた規定されて必然的に措定される、
という関係の概念だけである。ところがこのようなふたつの概念から氏は、そのような性状を持つものの認識を絶
対に取り出すことができない。それどころか、そのような性状がそもそも可能であるのか、つまり、そのようなも
のが見出される事物が存在しうるのか、ということさえ決して認識することができない。今ここでは、アプリオリ
な実践的原理との関係で、(ヌーメノンとしての)物の概念が根底にあるならば、実体と原因のカテゴリーは理性の W342
純粋に実践的な規定に関する客観的実在性を持たないのかどうか、という問いが持ち出されてはならない。なぜな
らば、単に主語としてありえ、他のものの述語としてふたたびあることが必ずしもできないものの可能性、および V48
他のものの存在に関して根拠という関係を持つが、逆にそのものの帰結という関係を持たない性質の可能性は、そ
れらの理論的認識のためにはたしかにこれらの概念にまさに対応した直観によって証拠立てられるからである。こ
れらはそれなしでは客観的実在性が帰属させられず、それゆえにそのような客観の認識を生み出さないだろうから。
しかしながら、これらの概念が理性使用の構成的原理ではなく、統制的原理を引き渡すと考えられているならば C44
(ヌーメノンの理念の場合は常にそうであるように)、それらは、可能性を証明することができないものの概念の論

理的機能として、実践的見地からは不可欠な使用を理性に対して持つことができる。その場合、ヌーメノンの可能性の客観的根拠としてではなく、フェノメノンに関する(理性の理論的ならびに実践的使用の)主観的原理として妥当しているからである。――しかし、既述のように、ここではいまだ物の認識の構成的原理についてだけがテーマになり、また、私がカテゴリーを直観(われわれにおいては常に感性的である)によって証拠立てることなく、なんらかの客観に関してカテゴリーによってだけそれについて語ることで、エーベルハルト氏が考えるようにはたして認識を得ることができるか、ということだけがテーマになっているのである。しかしそれは氏が存在論の不毛の荒野の豊穣性をいかに言い立てようとも、実現することができないのである。

(原注)　まったく自然な、実体は力を持つという命題のかわりに、物(実体)は力であるという命題を持ち出すことは、あらゆ A224 C42 V46 W340
る存在論的概念に反し、その及ぶところ形而上学にとって極めて不都合な命題である。なぜならば、これによって実体の概念は、つまりある主語への内属という概念は根本から完全に消滅し、そのかわりに今度は原因に対する依存という概念が措定されるからである。これはまさしくスピノザが望んだ通りである。W341 スピノザは世界のすべての物が一般的に共通的原因としての根源的存在に依存していることを、この一般的に作用する力そのものを実体にし、まさにそれによって先の依存を後者への内属に変えたのである。実体は主語として偶有性(とその内属)に対して持つ関係以外になお結果に対する原因として自己自身に対する関係を持つ。しかし、前者は後者と同一ではない。力は偶有性の存在の根拠を含むものではない(なぜならばそれを含むのは実体だからだ)。そうではなくて、実体が偶有性の根拠を含む限りでの単なる実体の後者に対する関係の概念であり、この関係は内属の関係とは完全に別である。

第二章　アプリオリな総合判断はいかにして可能かという課題の解決——エーベルハルト説

A226
C45
V49
W343

一般的に見たこの課題はすべての形而上学的独断主義者が不可避的に挫折しなければならない、彼らができるだけ迂回しようとするつまずきの石である。そして私は今までのところすべてのケースに関してうまく行くように見えるこの課題の解決に取り組んだ『純粋理性批判』の敵対者にはお目にかかったことがないのである。エーベルハルト氏は氏の原理である矛盾律と充足根拠律(氏はこれを単に分析的命題として述べている)に依拠して、この課題に挑む。それがどのような成果を持ったか、われわれはまもなく見るだろう。

エーベルハルト氏は『純粋理性批判』が独断論と呼ぶものについて少しもわかっていないようである。それゆえ氏は二六二頁で氏が導入したい必当然的証明について語って、次のように付言する。「確信を持って物自体を認めるのが独断論者であるならば、われわれはコストがいくらしようが、独断論者と名乗る不名誉に従わねばならない。」そのあと二八九頁で氏は「ライプニッツ哲学はカント哲学同様に理性批判を含んでいる。なぜならばライプニッツ哲学は何が可能であるのかという認識能力の正確な分析を踏まえた独断論であるからだ」と言う。ところで、——もしライプニッツ哲学がこれを実際に行っているならば、ライプニッツ哲学はわれわれの『純粋理性批判』がこの語に常に与えているような意味での独断論はまったく含まない。

形而上学の独断論ということで『純粋理性批判』はまず認識能力そのものの批判を先行させないで、形而上学の諸原理を単にその成功のゆえに一般的に信用することと理解している。これに対して懐疑論というのは、批判を先行させずに、単にその主張の失敗のゆえに、純粋理性に対して持たれた一般的不信感である。(原注) これに反して形而上学に属する一切のかかわりの批判主義(遅滞の懐疑として)は、われわれの認識能力の本質的制約においてその可能性が見とおされない前には、形而上学上の総合命題一切に対して一般的に不信感を持つ格率である。 A 227　V 50　W 344　C 46

(原注)　アプリオリな原理の使用における成功は、それを経験に適用した場合の一般的確証である。なぜならば、その場合われわれは独断論者にその説くアプリオリな証明を承認してもよいくらいだからだ。しかし懐疑論を引き起こす使用における失敗は、もっぱらアプリオリな証明が要求されうるケースでのみ生じる。なぜなら、この場合経験は何も確証も反駁もできず、正反対を証明する同一強度のアプリオリな証明が、一般的人間理性のうちに含まれていることにおいてその失敗が成り立つからである。前者は経験の可能性の諸原則にほかならず、それらは〔『純粋理性批判』の〕分析論に含まれている。ところが、これは『純粋理性批判』があらかじめその本質を確定しておかなかったならば、単なる経験の対象をはるかに超えて当てはまる原則だと軽々しく受け取られてしまって、超感性的なものに関する独断論が発生するのである。後者は前者の場合のように悟性概念によって対象と係わるのではなく、経験のうちには与えられえない理念によって対象と係わる。ところが今度は、そのための原理がもっぱら経験的対象のために考えられたものなのだから、証明はこの場合必然的に矛盾せざるをえないのである。であるからして、限界決定をなしうる唯一のものである『純粋理性批判』に注意を払わないならば、単なる理性の理念によって思考されるあらゆるものに関する懐疑論ばかりではなく、ついには一切のアプリオリな認識に対する疑いさえ生ずるのであり、これは最終的には一般的な形而上学的懐疑論をもたらすのである。 A 226　C 45　A 227　C 46

したがって独断論に対する根拠のある批判から解放されるのは、二六二頁にあるように、形而上学的主張のいわゆる必当然的な証明に助けを求めることによっては果たされない。なぜならば、形而上学の誤謬はそこに何の目に見える誤りが見出されない場合にさえも(これは確かに上述のケースではないが)、形而上学においては当たり前であり、反対の証明は形而上学においてはしばしば決して明瞭さを欠くことはない仕方で現れてくるので、懐疑論者はその議論に対して特に何を持ち出すこともできない場合においてすらも、その懐疑 non liquet を間に差し挟むことが許されているのである。成熟した批判が前もってアプリオリな認識の可能性とその一般的制約を確実に示した場合にのみ、形而上学者はこれなしではあらゆる証明において常に盲目である独断論から自己を正当化することができるのであり、この種の判定のための『純粋理性批判』のカノンは「アプリオリな総合認識はいかにして可能か」という課題の一般的解決のうちに含まれている。この課題があらかじめ解決されていなかったから、あらゆる形而上学者たちは現在に至るまで盲目的な独断論ないし懐疑論という非難から自由ではなかった。だから彼らは今や別の勤めを果たすことで、いまだにこれほど大きな名声を当然過ぎる権利をもって所有したいのである。

エーベルハルト氏の考えは違う。氏は、あたかも超越論的弁証論できわめて多数の実例によって正当化された警告の声が独断論者たちに対して出されたのではないかのようにふるまい、アプリオリに総合的に判断するわれわれの能力の批判どころか、従来極めて論議の的となってきた総合的命題、つまり時間と空間およびそのなかの事物が単純な要素から成り立っているという命題を、証明されたものとして受け入れている。超感性的なものの理念によって感性的なものを規定する可能性に関して、なんら前もって批判的探求にゆだねることがない。しかしこの批判的探求は数学の矛盾によって氏に迫ったに違いないのに。そして氏は自身のやり方によって『純粋理性批判』が独断論と呼ぶものの最上の一例を与えている。これはあらゆる超越論哲学によって常に拒否され続けねばならないものであり、その意味は今や氏自身の例において氏に理解されやすいものとなることを希望する。

ところで、先の主要課題の解決に向かうまえに、まず『純粋理性批判』が分析判断との区別における総合判断でそもそも何を考えているか、第二に、経験的判断との区別においてアプリオリな判断としての総合判断という表現で何を言おうとしているか、を判明かつ正確に理解することがもちろん絶対的に必須である。――前者に関して『純粋理性批判』は望みうる限り判明にまた繰り返して叙述している。総合判断とは、その述語によって私が判断の主語に対して、述語を言い表す概念で考えられていること以上を帰属させる判断であり、後者は先の概念が含むことを超えて認識を増大させている。このようなことは分析判断では起こらないことである。分析判断はすでに与えられた概念で実際に考えられ含まれていたものを主語に属するものとして明晰に表象し言い表すだけである。――後者つまりアプリオリな判断と経験判断との違いは何か、ということはここでは何の困難も生み出さない。それは論理学で以前から知られておりまた名前が与えられていた区別であり、前者のように少なくとも新しい名前のもとで(エーベルハルト氏の望むように)現れたのではないから。しかし、エーベルハルト氏のためにここで次のことを注意しておくことは余計なことではないだろう。すなわち、ある命題によってアプリオリにある主語に帰属させられる述語はまさにそのことによって後者に必然的に属する(その概念と不可分である)として言い表されるのである。そのような述語は本質(概念の内的可能性)に属する(ad essentiam pertinentia エッセンティア(原注)にかかわる)述語とも呼ばれる。したがってアプリオリに妥当する命題はすべてこの種の述語を含んでいなければならない。その他の述語、つまり、(概念を損なうことなく)概念から切り離せる述語は、本質外的徴表(extraessentialia)と呼ばれる。前者は本質にその構成要素として(ut constitutiva 構成的に)属するか、またはそれに基づいて本質のうちに充足的に根拠づけられた(ut rationata ラティオを与えられた)ものとして属するか、のいずれかである。前者を本質的構成要素(essentialia)と呼び、これは同一概念内に含まれた他の述語から導出されうる述語をまったく

A229　C48　W346　V52

含まず、その全体が論理的本質(essentia)をなす。後者は属性(attributa)と呼ばれる。本質外的徴表は内的徴表(modus 様態)であるか、関係徴表(relatio 関係)であるかであり、アプリオリな命題においては述語の役割を果たすことができない。主語概念から切り離すことができ、したがって主語概念と必然的には結合されていないからである。——ところで明らかであるのは、アプリオリな総合命題のなんらかの規準を前もって与えておかないと、アプリオリな総合命題の述語は属性だと言うとしてもそれと分析命題の違いは決して明らかにならないことである。なぜならばそれが属性であると呼ばれることでは、それが本質から必然的な帰結として導出されうるということだけが言われるのであり、それが矛盾律に従って分析的にか、なんらかの他の原則に従って総合的にかということはまったく未規定だからである。したがってすべての物体は可分的であるという命題において述語は属性である。しかし、それは主語概念の本質的構成要素から、つまり延長から、必然的帰結として導出されうるからである。しかし、矛盾律に従って物体の概念に属すると表象される属性は、したがってまた命題そのものもまた、主語の属性を言い表していうにもかかわらず、分析的なのである。これに反して恒存性もまた実体の属性である。なぜならば、恒存性は実体の絶対的に必然的な述語であるが、実体の概念そのもののうちには含まれておらず、したがってどんな分析によっても実体の概念からは(矛盾律に従って)引き出されえないからである。そしてすべての実体は恒存的であるという命題は総合的命題である。それゆえある命題に関して、その述語は主語の属性であるという場合、その命題が分析的なのか総合的なのかは誰にもわからない。われわれは、それは総合的属性を含んでいる、つまり、必然的な属性(派生的とはいえ)、したがってアプリオリに認識可能な述語を総合的判断のうちに含んでいる、と付け加えねばならないのである。したがってエーベルハルト氏によれば、物について総合的属性を言い表す判断というのがアプリオリな総合判断の定義である。エーベルハルト氏は、可能であるならアプリオリな総合判断の固有性についてよりよく、より明確なことを述べるばかりか、その定義をもって同時にその可能性が判定されうる一般原理をも指し示すために、この同語反復に陥るのである。このようなことは『純粋理性批判』は多くの労苦に満ちた取り組みの後やっとなしえたのである。氏によれば、三一五頁では「分析判断とはその述語が主語の本質ないしその本質的構成要素のいくつかを言い表す判断であり」、三一六頁では「総合判断とはそれが必然的真理であるならば、述語として属性を持つ判断である」。属性という語で氏はアプリオリな判断としての総合判断を(その述語の必然性のゆえに)意味しているが、同時にまた、本質そのものではなく本質によって根拠づけられたもの rationata、ないしは、そのいくつかの構成要素を言い表すものとしての総合判断も意味しており、したがって充足根拠律を暗示してもいるのである。それらは充足根拠律を媒介としてのみ主語に関して述語づけうるのであるが、氏はこれによってこの根拠が単に論理的根拠でしかある必要がないこと、すなわち、述語がなるほど単に間接的にではあるが常に矛盾律に従って主語の概念から導出されるというだけのことを意味していることに、われわれが気付かないことを当てにしているのである。このことによって、総合命題は属性を言い表しているにもかかわらずなおかつ分析的でありうるのであり、総合命題であるという特徴を伴ってはいないのである。その属性が述語として機能している命題を後者に分類することが可能であるためにはそれが総合的属性でなければならないことを、このような限定が必然的であることは氏にもわかったはずであるにもかかわらず、氏は注意深くも口にしないように用心している。もしそうしないならば、同語反復があまりにはっきりと目につくであろうからだ。かくして氏は経験の浅いものにとっては新しくまた内容があるかのように見えるものを提示したのだが、その実は簡単に見破られる単なる煙幕に過ぎ

V54
W348
C50

ないのである。

（原注）　これらの語で定義が循環しているといういささかの外見をも回避するために、エッセンティアに ad essentiam という表現の代わりにここで同じ意味の内的可能性にかかわる ad internam possibilitatem pertinentia という表現を用いることができるだろう。 A229 C48 V52 W346

われわれは氏の充足根拠律が何を意味しようとするのか、今や理解する。氏はそれを（とりわけ氏がその際に引 A230 C50 V54 W348
く実例から判断すると）、根拠と帰結が実在的に相互に区別されていて、根拠と帰結を結びつける命題はこうして A231
総合命題であるから、氏はこれを実在的に理解しているとわれわれは信じなければならないような仕方で、上に述
べているのだ。決してそんなことはない。それどころかむしろ、氏は周到にもそのときにおいてすでに将来氏が使 W349
用する場合を予見していて、必要が生じるならば時には分析判断の原理としても読者に気付かれることなく使用す V55
ることができるような意味を与えうるように、それ（充足根拠律）をあいまいに表現していたのである。それなら、あらゆる物体は可分的であるという命題は、その述語が直接に概念に属するもの（本質的構成要素）つまり延長から分析によってやっと引き出されうるからといって、分析的ではなくなるのだろうか。ある概念において直接的に矛盾律に従って認識される述語に関して、同じく矛盾律に従ってこの概念から導き出される他の述語が帰結される場合、後者が矛盾律に従って導出される程度は前者より低いというのだろうか。

第一に、アプリオリな総合命題を主語の属性を述語として持つ命題によって説明する希望は、もしこれに、それは総合的であると付け加えて言って明瞭な同語反復をおかさない限り、破壊される。第二に、充足根拠律はもしそれが特別の原理を与えようとするなら、それが概念の総合的結合を正当化する限りにおいてだけ、超越論哲学にお

いて許容されるという限界が置かれるのである。この点を三一七頁での著者の喜びに満ちた宣言と比較してもよいだろう。すなわち、「したがってわれわれはすでに判断を分析的と総合的に区別することを、のみならずその限界設定という最も鋭い申し立て(前者は単にエッセンティアリアのみに、後者はもっぱら属性にかかわる)とともに、最も豊かで最も明瞭な分類根拠(これは先に氏が自慢した存在論の豊穣な領野を指す)から導き出したのであろう。しかも、その分類が分類根拠を完全に尽くしているという完璧な確実性を伴って」。

しかしながら、エーベルハルト氏はこのように勝利宣言をしているにもかかわらず、いまだ勝利を確信しているのではないように見える。なぜならば、三一八頁で氏はヴォルフとバウムガルテンが、『純粋理性批判』が別の名のもとに正道に載せているものを、とっくに認識しており他の名前のもとではあるがはっきりと指示していることを完全に明らかなこととして承認した後で、すぐさま氏は総合判断において私が何を述語として考えているかが不確実になり、たちどころに判断において現れうる諸述語の区別と分類という砂ぼこりが巻き起こされ、それによって論じられている事態がもはや見えなくなってしまうからである。そしてこれらすべては、私が総合判断を、とりわけアプリオリなそれを分析判断との区別のために私が実際に行ったのとは違う仕方で定義すべきであったということを証明するためなのである。ここで論じられているのは、その種の判断がいかにして可能であるかという問いについての私の解決法ではいまだなく、私が何を理解しているかということにすぎず、私がある種の述語を想定するならば、それは広すぎる(三一九頁)か、別の仕方の理解をすると、狭すぎる(三二〇頁)ということなのである。しかし、ある概念が定義からはじめて生じる場合、それが広すぎたり狭すぎたりすることは不可能であることは明らかである。なぜならば、その概念は定義が述べていることのそれ以上も以下も意味しないからである。定義に対

A 232　W 350　C 51
V 56

してわれわれが非難しうる唯一のことは、それがそれ自体として理解しえぬもの、したがって定義の用をまったく果たさないものを含んでいるということだけだろう。明晰であることを混濁させる大芸術家は、『純粋理性批判』が総合命題について与える定義について何も伝えない。総合命題とは、述語が主語概念において現実に考えられている以上の内容を含んでいる命題である。言い換えると、述語によって主語には含まれていない何ものかが主語概念に付加される命題である。分析命題とはこの判断の主語概念において考えられている内容と全く同じものを含む述語を持つ命題である。ところで前者の種類の命題の述語が、アプリオリな命題の場合、属性(判断の主語の)でもその他何であろうが、この規定は、エーベルハルト氏が実行したような教訓に富んだ仕方で主語に関して証明されたとしても、定義に現れる必要がないどころか現れてはならない。それはその種の判断による物の認識の可能性の演繹に属することであって、定義のあとではじめて現れねばならないのである。ところが氏は、定義が氏によるその種の判断の述語のより詳細な規定と称するものに適合しないから、広すぎるとか狭すぎるとか言って理解しないのである。

きわめて明瞭で単純な事態をできる限り混乱させるために、エーベルハルト氏はあらゆる手段を用いるが、それは氏の意図に対してはまったく反対の作用をおよぼす。

三〇八頁では次のように言われている。「全形而上学は、カント氏が主張するように、純粋な分析判断だけを含んでいる。」そしてこの推測の典拠として『プロレゴーメナ』三三頁(10)の個所を引用する。氏はこの言明を、あたかも私が形而上学一般について述べたかのように言い表している。ところがこの個所では、まったく従来の形而上学それに関してのみ、その命題が妥当な証明に基づいている限りで論じられているのである。なぜならば、形而上学それ自体に関しては『プロレゴーメナ』の三六頁で「本来的に形而上学的な判断はすべて総合的である[11]」と言われているからだ。しかし、従来の形而上学に関しても『プロレゴーメナ』で引用個所の直後に「それはまたわれわれが喜んで認容する総合的命題を述べているが、アプリオリには決して証明していない」と言われている。したがって、従来の形而上学がなんら総合命題を含んでいないのではなく(なぜなら多すぎるほど含んでいるからだ)、その総合命題のなかにはまったく正しい命題(つまり、一なる可能的経験の原理)さえ含んでいないというのではなく、ただ従来の形而上学がどれひとつをもアプリオリな根拠に基づいて証明していないということだけが引用された個所では主張されているのであり、このような私の主張を反駁するためにエーベルハルト氏はただひとつでもそのような必当然的に証明された命題を引き合いに出す必要があったのである。なぜならば、氏の雑誌の一六三頁から一六四頁にかけての氏の証明を伴った充足根拠律についての命題は私の主張を実際には反駁していないからである。同じように三一四頁においても「私は数学はアプリオリな総合判断を含む唯一の学であると主張した」という捏造が行われている。氏はこんなことを私がどこで言っているというのか、その個所を挙げていない。それどころか私が正反対のことをはっきり主張したことは、純粋自然学はいかにして可能かという超越論的主要課題の第二部(『プロレゴーメナ』七一頁から一二四頁[12])が氏に間違いようもなく明示するに違いないのである。ただし、氏がまったく反対のことを見ようと望むのでない限りである。三一八頁で氏は「数学の判断を除いて、経験判断だけが総合的である」という主張を私に帰属させている。だが『純粋理性批判』(第一版の一五八頁から二三五頁まで[13])は形而上学的原則、特に総合的原則の全体系の表象を提示し、それをアプリオリな証明で説明しているのである。私の主張は、これらの原則はそれにもかかわらず経験の可能性の原理に過ぎないということだった。氏はそこから「それらは経

C53
W352
V58

験判断に過ぎない」のであり、それゆえに、私が経験の根拠と呼ぶものをその帰結である、とするのである。このようにして『純粋理性批判』から氏の手に渡るものはすべてが、一瞬偽りの光を浴びるように変えられゆがめられるのである。

氏の反対主張の虜とならないための今一つの工夫は、氏が氏の主張をまったく一般的な表現で可能な限り抽象的に述べて、氏が何を言おうとしているのかが認識しうるような実例を引かないようにしているという点である。だから氏は三一八頁においてて属性を、アプリオリに認識されるかアポステリオリに認識されるかという観点で区分し、氏の見るところ私のいう総合判断とは「絶対的に必然的であるのではない真理および絶対的に必然的な真理のうちでも、必然的な述語がアポステリオリにのみ人間悟性によって認識されうる後者の種類の判断だけ」を意味すると言うのである。これに反して私には、これらの言葉で実際に氏が述べていることとはまったく別のことが言われようとしているのではないかと思われるのである。なぜならば、そのままではそこには明らかな矛盾があるからである。述語で、単にアポステリオリにしかし必然的なものとして認識されるものは、同様にまた三二一頁によれば「主語の本質から導出できない」種類の属性は、上にエーベルハルト氏が後者に関して与えている定義によれば、まったく思考不可能なものである。それでもそのもとで何かが理解され、エーベルハルト氏がこの少なくとも理解不能な区別に基づいて『純粋理性批判』が総合判断に関して与えている定義の有用性に反して導き出した非難に回答せねばならないのなら、氏はこの奇妙な種類の属性について少なくとも一つの実例を挙げねばならないだろう。しかし私は意味がわからない非難に反駁することはできないのである。氏はできる限り形而上学から例を引くことを避けており、代わりに可能な限り、数学からとった例に限定している。数学の例において氏はまったく氏の都合のよいように振舞っている。なぜならば氏は、従来の形而上学はそのアプリオリな総合命題を絶対に証明することができない(従来の形而上学はそのような命題を物自体そのものに妥当するものとして、その概念から証明しようとするからだ)という厳しい非難から逃れようとしており、常に実例を、命題を厳密な証明に基礎づけることが可能な数学から選ぶからである。数学の命題はアプリオリな直観を根底においているが、氏がわれわれに可能などんな直観も対応していない超感性的なものへと認識を拡張する一切の希望をあきらめ、それによって氏が稔りを約束する心理学と神学の領野を耕作しないままにしようと欲するのでないならば、このようなアプリオリな直観はすべてのアプリオリな総合命題の可能性の本質的制約として認めることはまったくできないのである。それゆえわれわれは氏の洞察や論争事項に解明を与えようという氏の意志に特別の賛意を表することができないとしても、少しの見かけ上の有利点をも逃さず利用する氏の賢さには敬意を払わねばならないのである。

しかし稀にエーベルハルト氏が形而上学から実例を引こうと思い立つならば、常にそれはうまく行かないのであり、特に、それが氏がその実例で実証しようとしたこととは正反対のことを証明するのである。上述において氏は、矛盾律以外に物の可能性の今一つの原理がなくてはならないということを証明しようとして、この原理は矛盾律から導出されねばならないと言っている。その通り氏は実際に矛盾律からその原理を導き出そうとしたのである。ところが氏は三一九頁で「すべての必然的なものは永遠であり、すべての必然的真理は永遠真理であるという命題はいかいにも総合的命題であるが、しかしアプリオリに認識されうる」と述べる。しかしこの命題は見かけ上分析的なのである。この例からもエーベルハルト氏が、氏が根本から知っていると主張する命題における区別に関して、どれほど転倒した概念をいつも持っているか、十分に見て取ることができるであろう。なぜならば氏は真理をその現存在が永遠であろうが一定時間だけ持続するのであろうが、特別の、時間のなかに実在しているものと見なそうとはしていないからである。すべての物体は延長していることは必然的であり、永遠に真であって、物体そのものが今存在していようがいまいが、短時間だろうが長時間だろうが、いつの時間でもだろうが、つまり永遠だろうがかまわないのである。この命題が言うことは、それは経験(経験はある一定の時点に起こらねばならない)には依存しておらず、それゆえどんな時間制約にも限定されていない、つまりアプリオリに真理として認識可能であるということだけであり、これはそれが必然的真理として認識可能であるという命題とまったく同一である。

三二五頁で引かれる実例でも事情は同じである。この場合ではわれわれは同時に氏が『純粋理性批判』の諸命題を引き合いに出す上での正確さを注意しなければならない。氏は「私はいかにして人が形而上学からすべての総合判断を剥奪したいのかわからない」と述べているのである。ところで『純粋理性批判』はこんなことをするどころか、反対に(先にすでに言われたように)真なる原則としてのそのような判断の全体的な、また事実完備した体系を記載している。ただ『純粋理性批判』は同時に、これら原則が総じて直観の多様の総合的統一(経験の可能性の制約としての)を言い表すにほかならず、それゆえもっぱら直観に与えられうる限りでの対象に適用可能であるということを示しただけである。続いて氏がアプリオリな総合命題に関して、ただしかし形而上学がそのような命題を証明するならばという用心深い制約をつけたうえで引き合いに出す形而上学的実例、すなわち「すべての有限的なものは可変的であり、無限的なものは不変的である」は両方ともが分析的である。なぜならば、相互に継起しうる諸規定を持つものは、実在的にはつまり現存在に関しては可変的であり、したがって時間のうち以外にはありようのないものは可変的であるからである。しかしこの制約は有限的なもの一般の概念(これらのすべてが実在性を持つわけではない)と必然的に結びついているのではなく、感性的直観の対象としてのものと結びついているに過ぎない。ところでエーベルハルト氏は氏の諸命題をアプリオリに、後者の制約から独立したものとして主張しようとするのであるから、すべての有限的なものはそのものとしては(つまり、その概念そのもののゆえに、したがってまたヌーメノンとしては)可変的であるという命題は誤りである。したがって、すべての有限的なものはそのものとしては可変的であるという命題はその概念の規定からしてのみ、それゆえ論理的に理解されねばならないだろう。というのはその場合、「可変的」という概念のもとで、自己の概念によっては汎通的には規定されていないもの、それゆえ多くの対立した仕方で規定可能なものが意味されているからである。そうすると、有限的なもの、つまり最実在的な存在以外のすべての存在は論理的には(われわれがそれについて構成しうる概念に関しては)可変的であるという命題は分析命題であるということになるだろう。なぜならば、私が有限的なものを、それがすべての実在性を持たないと考えようとも、また、有限的なものに関するこの概念によっては、どの実在性またどれぐらいの実在性をそれに属せしめるべきかは規定されていないと言おうとも、まったく同じことだからである。つまり、私はその概念にこれを属せしめたり別のものを属せしめたりできるのであり、その有限性の概念はそのままにしたうえで、その規定を多様に変更することができるのである。まさに同じこの仕方でつまり論理的に、無限的存在は不変的である。というのは無限的存在とはその概念のゆえに実在性以外のものを述語として持つことができず、したがってそれ自体によってすでに汎通的に(われわれがそれを真実に実在的であるか否かを確実に知る述語に関して理解された)規定されている存在であるとするならば、その概念をそのままにしてどのひとつの述語に代えて別の述語が措定されることもありえないのである。しかし同時に、この命題が単なる分析命題にすぎないことも明らかで

ある。つまり、これはその概念から矛盾律に従って展開されうる述語以外のどんな述語をも主語に帰属せしめるこ
とがない命題なのである。(原注) もしわれわれが概念の客観的実在性がわれわれには何の関係もないとして単なる概念遊 C57 A237 V62
戯をするならば、学のその種の欺瞞的な拡大を生み出すことは直観も必要とせずきわめて容易である。しかし客観
の認識を増大させることへと超え出るや否や、事情は一変するのである。そのような単に見かけ上のものに過ぎな
い拡大には、無限的存在(先のような形而上学的意味で取られるならば)はそれ自体が実在的に可変的ではない、つ
まり、その規定はそれにおいて時間的に継起しない(単なるヌーメノンとしてのその現存在は矛盾なしには時間的 W357
に考えられえないから)という命題も属する。この命題もまた、空間と時間をフェノメノンとしての物の形式的直
観の総合的原理として前提するならば、単なる分析命題に過ぎないのである。なぜならば、それは『純粋理性批
判』の「最実在的存在の概念は現象の概念ではない」という命題と同一であり、無限的存在の認識を総合命題とし
て拡大するどころか、それが最実在的存在から直観を剝奪することによって、その概念のあらゆる拡大を排除する
ものであるからである。――さらに、エーベルハルト氏が上述の命題を立てるときに「形而上学がそれを証明でき
るならば」という補足をつけておくほうが用心深いと考えたことを注意しなければならない。私は形而上学があた V63
かも総合命題を伴っているかのように見せかけるのをこととするこの命題の証明根拠をただちにそれと共に示して
おいた。この根拠こそは論理的本質(概念の)に関係づけられるならば、ある一定の意味を得る規定(不変性のそれ A238
のような)が、その後は実在的本質(客観の本性)に関してまったく別の意味で用いられる唯一可能なものである。
したがって読者は遷延策(これは結局、概念をも物だと取っている親愛なるバウムガルテンに終わるだろう)に乗せ
られることなく、該当個所そのものにおいて判断を下すことができる。

A 236 A 237 C 56 V 61 W 356

(原注)　単に論理学にのみ属するのに表現のあいまいさのゆえに形而上学に属するものとして入り込み、それゆえ分析的であるのに総合的であると取られる命題としては、「事物の本質は不変である、つまり、事物の概念に本質的に属するものに関してはその概念そのものを同時に解消するのでなくてはなにものも変更できない」というものもある。この命題はバウムガルテンの『形而上学』一三二節に、詳しく言うと可変的なものと不変なものという章に現れており、V 62 そこでは(まったく正しいことだが)変化が事物の規定の継起が実在すること(規定の継起)によって交互に、したがって時間における継起として定義されており、それによって感官の対象についてのわれわれの概念(とりわけ、時間における実在が論じられているのだから)を拡大する自然法則が述べられているかのような外観を呈している。それゆえ初心者はこれで何か相当なことを学んだかのように信じて、C 57 たとえば、シリコンは次第次第にアルミニウムに変貌することができるという若干の鉱物学者の所見を事物の本質は不変であると言うことで簡単かつ上手に拒否するのである。しかしながら、この形而上学的格言は内容のない同一命題であって、事物の現存在とその可能的ないしは不可能的変化となんら関係がない。それは全面的に論理学に属するのであり、どんな人間でもどっちみち否定しようなどと思いつくことがありえないこと、つまり、もし私が概念を同一の客観に関するものとして維持しようとするのなら、その概念において何も変更してはならない、言い換えると、その概念によって思考するものの反対をその概念に述語づけしてはならないということを、多少厳しい言い方で指令しているのである。

A 238 C 58 V 63 W 357

われわれはこのセクションの議論全体から、エーベルハルト氏はアプリオリな総合判断に関してまったく何もわかっていないか、あるいはもっとありそうなことであるが、読者が自分の手でつかむことができるものに関して疑念を抱くように意図的に読者を混乱させようとしているか、どちらかであることがわかる。氏が、厳密に見れば分析的であるのに、好んで総合的なものとして通用させようとしているただ二つの形而上学的実例は、すべての必然的真理は永遠的である(ここで氏は不変的であるという語を用いることもできたであろう)、および必然的存在は不変的である、というものである。W 358 氏に対して『純粋理性批判』が真正の総合的な実例を多数提出しているのにもかかわらず、このように例が貧困であることは容易に説明できる。その種の述語を、主語概念から発する主語の属性として証明しうるように判断と関係させることこそが氏の関心事だったのだ。ところがこれは述語が総合的である場合には成立しないので、氏はあるときは純粋に論理的な意味で主観の概念において、またあるときには実在的な意味で対象に関して、しかしそこに同一の意味を見出すと信じるという、すでに形而上学では習慣的にもてあそばれているもの、つまり、可変的なものと不変的なものという概念を捜し求めなければならなかったのである。この述語はこれの主語の実在を時間内に措定するならば確かにその属性と総合判断を与えるが、しかしそのときは感性的直観と物そのものを単に現象としてとはいえ前提しているのに、氏はそれを総合判断の制約として受け入れることに関心を示さなかったのである。不変的という述語を物(実在する物)に関して使用するかわりに、氏はそれを物の概念において用いる。この概念そのものはそれに対応する対象があっても、空虚な概念であってもよいが、不変性はもちろん必然的にある一定の概念に属する限り、すべての述語の属性であるからだ。――前に氏はすでに根拠律に関して同じ遊戯をしていた。われわれは、根拠律が物についてアプリオリになにごとかを規定する形而上学的命題であると考えるように仕向けられるが、実は根拠律は論理的命題であって、その意味することは、判断が命題となるためには、判断は単に可能的(蓋然的)としてだけではなく、同時に根拠づけられたものとして(分析的であっても総合的であっても事情は同じ)考えられねばならない、ということだけなのである。因果律という形而上学的命題は氏のそばにある。しかし氏はそれに触れないようにしている(なぜならば、後者に関して氏が引き合いに出す実例は、一切の総合判断の最高原理と称するものの一般性にはふさわしくないからである)。その原因は、氏が完全に分析的であって物のあらゆる性状を捨象した論理的規則を形而上学だけが関係を持つ自然原理として通用

W359　C59　A239　V64

させようと意図したからだった。

エーベルハルト氏は読者がこの瞞着をついには見破るのではないかと恐れたに違いなく、三三一頁のこのセクションの結論で「ある命題が分析的であるか総合的であるかは、その論理的真理の点から言えば、些細な論争である」と述べて、これから読者の注意を最終的に逸らせようとしている。しかしそれは無駄である。単なる人間的常識でさえ、この問題が明瞭に提示されさえするならば、踏みとどまるに違いない。私が与えられた概念を超えて自己の認識を拡大することができることは、常に成長して行く経験による日々の認識の増大が私に教えている。しかしながら、私が与えられた概念を超えて、経験ぬきにもまた認識を増大させることができる、つまりアプリオリに総合的に判断することができると言われ、さらに、このためにはこれらの概念を持つより以上のことが必然的に要求されると付け加えられるならば、また私が概念においてすでに考えている以上のことが本当に付加されるためにはそのための根拠がそれに属するのであるとするならば、氏が、物の概念のうちに含まれてはいないがその概念に属するものと私がアプリオリに考える、この〈より以上のもの〉こそ属性であることを考えさえすればよいのだから、概念のうちにある以上のことを言うためには概念を超えてさらに根拠を持たねばならない、という命題はそのような拡大のためにすでに十分である原則そのものだ、と私に言ったとしても、私は一笑に付すことであろう。なぜならば、私は私の概念に本質的に固有であるもの、私がすでに知っていたこと以外に、多くのまた必然的に属性として物に属するが、しかしその概念のうちには含まれないものを認識させる根拠とはいったい何であるのか知りたいものだと思うからである。今や私は、私の認識を経験によって拡大することは経験的(感官的)直観に基づいており、そこで私は自分の概念に対応する多くのものに出会ったが、またこの概念においては考えられていなかったさらに

A 240
W 360
V 65

多くのものを、概念と結合されたものとして認識することを見出した。だからもし導かれるならば私は、私の概念を超えたアプリオリな拡大が成立するべきであるなら、経験的直観の場合と同じように、ここではアプリオリな純粋直観が必要であるということを容易に理解する。ただ困るのはどこでそれを見出せばよいのか、またどのようにその可能性を説明すべきであるのか、ということだけである。今や私は『純粋理性批判』によって、空間と時間における一切の経験的なもの、あるいは現実的感覚可能的なものを除去し、それゆえにすべてのものをその経験的表象に関して絶滅することを指示され、〔その結果〕空間と時間は個別的存在のように残存することを見出す。空間と時間に関して直観は空間および時間の一切の概念とそのなかにおける事物に先行し、この根源的表象様式の性状において私は空間と時間を私の感性の単なる主観的(しかし積極的な)形式(単に感性による表象の判明性の欠如としてではなく)以外のものとしては考えてはならないのである。物自体そのものの形式として考えてはならず、したがって一切の感性的直観の客観として、したがって単なる現象として考えねばならないのである。こうして数学および自然学におけるアプリオリな総合的認識がいかにして可能かということが明らかになる。というのも、アプリオリな直観がこの拡大を可能にし、悟性が感性の客観を思考するために常に感性の多様に対して与えねばならない総合的統一が、この拡大を現実のものとするからである。それだけではなく、同時に悟性はそれ自体では直観することができないから、先のアプリオリな総合命題は感性的直観の限界を超えて追求されえないこともまたわかるのである。というのは、あらゆる概念はこの領野を超えると空虚であり、対応した対象を欠かねばならないからだ。というのは、このような認識に達するためには、私は感官の対象の認識のために必要であり、決して除去してはならない私の貯えの一部を除去するか、もしくは残ったものをもとの貯えでは決して結合されえないような仕方で結合し、なんら矛盾こそなければ、そもそもそれに対象が対応しているのか否かをまったく知ることができないような、つまり私にとって完全に空虚な概念を作り出すことを敢えてするか、どちらかしかないからなのである。

いまこそ読者は、ここで述べられたことをエーベルハルト氏が三一六頁で氏なりの総合判断の説明に際して自慢しているものと比べて自ら判断していただきたい。われわれ二人の誰が事実認識のかわりに、内容空虚な言葉のくずかごを公共社会に差し出しているのだろうか。

さらにまた三一六頁でも総合判断の特徴は「それは永遠真理においては主語の属性を、時間的真理においては偶然的性状ないし関係を述語として持つ」とされ、次にまた三一六頁において氏は三一七頁によるならば最も豊かで最も明瞭である概念の分類根拠を、『純粋理性批判』がそれに関して与えている概念、つまり、総合判断とはその原理が矛盾律ではない判断であるという概念と比較しているのである。「しかしそれならどちらなのだ」と苛立ったエーベルハルト氏は問いを発する。そして氏の発見(ライプニッツの著作から引き出したと称するもの)の名を挙げる。つまり、根拠律であり、分析判断がその周りを回転する矛盾律と並んで、人間悟性がその総合判断において運動する二番目の蝶番だというのである。

ところで私が、悟性批判の分析部門の要約として述べたばかりのことから、これが総合判断の定義から必然的に帰結する総合判断一般の原理を必要な詳細さを完璧に満たして叙述したこと、つまり、総合判断はその主語概念の根底に置かれた直観の制約のもとでのみ可能であることがわかるだろう。この制約は総合判断の場合は経験的直観であり、アプリオリな総合判断の場合はアプリオリな純粋直観である。この命題が、人間理性の使用の限界確定のためばかりでなく、われわれの感性の真の本性への洞察に関してどのような帰結を持つか(なぜならば、この命題

C 61
A 241
V 67
W 362

は空間および時間表象の演繹とは独立して証明されうるのであり、したがってその観念性はわれわれがそれをその内的性状から導き出す前にも証明のために利用できるのであるから)、これはどんな読者でも容易にわかるに違いない。

ところでこれをエーベルハルト流のアプリオリな総合命題の本性の定義が含んでいる原理なるものと比較してみるとよいだろう。「それは主語概念に関してその属性を表現する判断である」、つまり、必然的に、しかし単に帰結としてのみ主語概念に属するものであり、そのようなものとしてみるならば、なんらかの根拠に関係づけられねばならないのだから、その可能性は根拠律によって理解されるのである。ところで、この述語の根拠は矛盾律に従って主語のうちに求めるべきなのか(この場合、その判断は根拠律にもかかわらず、常に単に分析的であるのみだろう)、それとも矛盾律に従って主語概念から導出することは不可能であるのか、という問いが出ることは正当である。後者の場合、属性のみが総合的である。したがって属性という名も充足根拠律も総合判断を分析判断と区別することはできず、前者をアプリオリな判断と考えるならば、この命名でその判断の述語が必然的に主語概念の本質のうちになんらかの仕方で根拠づけられている、つまり属性である、ということだけしか言うことができない。単に矛盾律のゆえにではないのである。述語が果たしてどのようにして総合的属性として主語概念と結合するのかは、主語概念の分析によって引き出すことができないのだから、属性という概念および何かがその根拠であるという命題からは見抜くことができない。そしてエーベルハルト氏の定義はそのゆえにまったく空虚なのである。しかし『純粋理性批判』はこの可能性の根拠をはっきりと示している。すなわち、純粋な、主語概念の根底に置かれた直観が存在しなければならず、それにおいて、いやそれにおいてのみ、アプリオリな総合的述語をある概念と結合す

W363　V68　A242　C62

ることが可能なのである。

ここで決定的なのは、論理学がアプリオリな総合命題はいかにして可能かという問いに対して絶対に手引きを与えることができないことである。もし論理学が、概念の本質をなすものから、それによって十分に規定された総合的述語(その場合属性と呼ばれる)を導出せよと言おうとしても、われわれはそれ以前と同じ場所にいるに過ぎない。私の概念をもってその概念そのものを超えて行き、その概念のうちで考えられていること以上のことをそれについて言うことなど、どうすれば始められるのだろうか。この課題は、認識の制約を論理学が行っているように悟性の側からのみ検討しても、決して解決されないだろう。その際には感性、とりわけアプリオリな直観能力としての感性が共に考察されねばならないのであり、論理学が概念に関して行ういろいろな分類(論理学は当然ではあるが一切の客観を捨象するのだから)に慰めを見出そうと考えている者は労苦と労働を失うだろう。これに反してエーベルハルト氏はこの目的のために、また氏が属性の概念(およびこれらに排他的に属しているアプリオリな総合判断の原理、すなわち充足根拠律)から取り出す諸徴候に基づいて、論理学は超越論哲学における困難な問題の解決のためにきわめて内容豊富であり多くを約束すると判断し、三二二頁で氏は論理学のために新しい判断の分類表の輪郭を描きさえしている(しかし『純粋理性批判』の著者はこの表において自己に割り当てられた場所を拒絶する)。氏の機縁となったのは三二〇頁で持ち出されたヤーコプ・ベルヌーイの、[14] 新しいものだと称する判断分類である。この種の論理学的発見に対しては、あるとき学術雑誌であったように、「なんということか、またまた新しい温度計が発明されたとは」と言ってもよいだろう。なぜならば、区分上の二つの固定点すなわち水の凍点と沸点に満足しなければならない限りにおいて、両者から絶対温度への温度の関係を決定できない以上は、両点の間が八〇度に

C 63　A 243　V 69

区分されようが一〇〇度に区分されようが同じことだからである。われわれがそもそもいまだ主語の概念そのものから展開されえない属性(当然総合的である)がいかにして主語の必然的な述語となるに至るのかという点(三二二頁、Iの二)、あるいはそのようなものとして主語と共に受け入れられることだけでも可能なのかという点に関して一般的に教示されていない限りでは、ほとんどのケースで果たすことができない判断の可能性を同時に示すものと考えられているそのような体系的分類はすべて、まったく無用に記憶力に重荷を負わせることであり、論理学の新体系において位置を占めることは困難であろう。アプリオリな総合判断(エーベルハルト氏はこれを非常な矛盾だが非本質的判断と名付けている)という理念自体すらもまた絶対に論理学には属していないからだ。

最後にエーベルハルト氏およびその他の人々によって持ち出された主張、すなわち総合判断と分析判断の区分は新しいものではなく、前から周知のものである(おそらくは大して重要ではないからいい加減にしか論じられなかっただけ)という主張に関してもう一点付言しておく。真理に関心を抱く者にとって、とりわけある区分を少なくとも従来試みられなかったやり方で用いようとする場合には、それがすでに他人によって行われていたかどうかは大したことではないということはありうるし、学問においてあらゆる新しいものが間違いなく通常遭遇する運命は、それになんら反対することができない場合、少なくとも古人において昔から周知のことと見られることでもある。しかしながら、新しいものとして述べられた観察から、もしその観察がすでに前に行われていたのなら見逃されることが不可能であるほどの重要な帰結がただちに眼に飛び込んでくる場合には、先に行われた区分の正当性ないし重要性に関して、その区分の使用を妨げうる疑念が生じてくるに相違ないだろう。後者が疑いの余地のないものとして措定され、同時にこの帰結が自動的に迫る必然性もまたはっきりしたものであるならば、そのような区分はい

W364　C64　V70　A244

まだなされたことがなかったと最大限の蓋然性をもって考えることができるのである。

ところで、アプリオリな認識はいかにして可能かという問いは以前から、とりわけロックの時代から提起され、論じられてきている。分析と総合という区分が認識においてはっきりと注意されるならばすぐに、この一般的問いを「アプリオリな総合判断はいかにして可能か」という個別的な問いに限定するほど自然なことがあっただろうか。なぜならば、この問いが提出されるとすぐに誰にでも形而上学の成否がもっぱら後者の課題がいかにして解決されるかという仕方にかかっているという光が差すからである。われわれはこの唯一の課題に関して十分な情報を保有するまでは形而上学ですべての独断的方法を中止するのが安全であろう。『純粋理性批判』こそは形而上学の独断論的主張の最強のラッパすら対抗することができないスローガンとなるであろう。ところがこのことは起こっていないのだから、判断の上述のように区分することは決して十分には考察されなかったのだと判定せざるをえないのである。そしてこのことは、エーベルハルト氏のように判断の述語を単に本質についての属性と主語の本質的構成要素の属性という区別にして判定し、その上でこれを論理学に数え入れるならば、不可避なことだった。というのは、論理学というものは認識の可能性をその内容に関しては決して問題にせず、論弁的認識である限りでの認識の形式だけをもっぱら問題にするばかりであって、対象に関するアプリオリな認識の源泉を探求することはひたすら超越論哲学にゆだねなければならないからである。上述の区分は、分析判断と総合判断という表現に代えて同一判断と非同一判断というきわめて描く選ばれた表現を交換するならば、この洞察と限定的な有用性をも手に入れることはできないだろう。なぜならば、後者によっては表象のそのようなアプリオリな結合の可能性の特別の仕方に関してはなんらの情報も与えられていないからである。その代わりに、総合判断(分析判断と対語をなす)という表現はただちにおのずからアプリオリな総合一般を指示しており、自然な仕方でもはやまったく論理学的ではなくはっきりと超越論的である探求、すなわち、「客観一般の概念のための多様の純粋総合的統一（なんらかの直観における）を言い表すにほかならならず、一切の客観の認識の根底にアプリオリに存する概念（カテゴリー）が存在するかどうか」という探求の機縁を生み、また、これら概念が単に対象一般の思考にかかわるのだから、「そのような総合的認識に対してそれがいかにして与えられえねばならないか、つまりその直観の形式もまた同様にアプリオリに前提されるのではないか」という探求の機縁を生むに相違ないからである。というのは、この問題に向けられた注意はそれ自体では何の効用も持ちえない先述の論理学的区分を間違いなく超越論的課題へと変貌させるであろうから。

このようにして『純粋理性批判』が、はじめて完全に同一律ないし矛盾律にのみ基づいている判断とそれ以外の原理を必要とする判断の区別を総合判断と分析判断という名称で対比して明瞭ならしめるとき、それは単に言葉の遊びではなく事柄の認識を一歩進めるものである。なぜならば、私の述語を用いて主語を超え出ることを可能ならしめるためには与えられた概念以外に基体としてなにものかが付加されねばならないということは総合という表現によってはっきりと示されており、したがって研究は認識一般のための表象の総合の可能性に向けられるからである。この研究は認識の不可欠の制約として直観を、しかしアプリオリな認識に対しては純粋直観を不可欠の制約として承認することにすぐに帰結しなければならないのである。これは総合判断を非同一判断として説明することからは決して期待することができない導きである。というのもこれは非同一判断からは決して帰結しないからだ。この点を確認するためには、上述の区別が別の名称のもとにとはいえすでに完全に展開されて哲学の中でよく知られていたことだということを証明するために今まで引き合いに出されてきた実例を吟味するだけでよいだろう。第一の実例(私自身によってもあくまでも類似したものではあるが引き合いに出されている)はロック[15]によるものであり、ロックはそれを共存と関係の認識と名付けている。前者は経験判断に、後者は道徳的判断に現れる。しかしロックは判断における総合そのものを一般的に命名してはいない。というのも彼は同一命題とのこのような相違からいささかなりともアプリオリな純粋認識一般に対する一般的規則を引き出さなかったからである。ロイシュ[16]からの実例はまったく論理学に関するものであって、与えられた概念に判明性を付与する二通りの仕方を示すだけであり、客観に関する認識の拡大、特にアプリオリな認識の拡大には拘泥していない。クルージウス[17]から引いてこられた第三の実例は単に形而上学的な命題であって、矛盾律のみによっては証明されえない。このようにして誰もこの区別を一般的に理性一般の批判という目的のためには理解していなかった。なぜならば、もし理解されているならば、アプリオリな総合的認識の巨大な宝庫である数学が、上に実例として挙げられねばならないはずであるからである。しかし、数学と純粋哲学との著しい相違と、後者がアプリオリな総合命題に関して貧弱である(分析命題には十分に富んでいるのに)ことは、前者の可能性についての研究を不可避的に呼び起こさざるをえないのである。しかしながら、この区別が一般的にすでに目の前にあって、他のものにおいて発見されていることを意識しているのか否かは、各自の判断にゆだねられている。ただそのゆえをもって上述の研究を余計なものとせず、その目的をすでに以前に達成されたものとして等閑に付すことがないならば。

＊　＊　＊

上述来の解明をもって、単に再興されたに過ぎない古い形而上学の大きな約束を正当化する純粋理性批判〔エーベルハルト説〕に関しては一切決着がついたということにしてよかろう。以上において十分に明らかになったように、そのようなものがあったとしても、少なくともエーベルハルト氏はそれを目の当たりにし、理解し、あるいは、この哲学の必要に対して副次的な仕方ですら改善することなどできなかったのである。――今までさまざまな批評によって批判哲学の営みの進行を維持するべく尽力してくださった立派な方々は(どのような形式的な論争にもかかわらないという)私の決意のこのような唯一の例外を、それぞれの議論や哲学的見解の重要度がより低いと私に見えたからだとは解釈しないことであろう。ただこのたびは特徴的なものを伴っていてエーベルハルト氏に固有であり注意を喚起するに値すると見えるやり方を明らかにしただけである。その他の点では『純粋理性批判』は可能である場合にはその内的な堅固性によってそれ自体をこれからまっすぐに保っていくことだろう。『純粋理性批判』はいったん流布したならば、少なくとも現在まであったものよりはさらに堅固な純粋哲学の体系を生み出すことなしには消えることはないであろう。しかし仮にそのような場合を考えてみるならば、現在の事態の進行は十分に、今のところまだ批判の敵たちの間に支配している見かけ上の一致は、敵たちがそれぞれ批判のかわりにその場に据えたいと思っている原理に関しては相互に大違いであるので、単に隠された分裂にほかならないことを認識せしめるのである。したがって彼らが共通の敵に対する戦いを一時止めてそのかわりに前もってそれぞれが受け入れたく考えている原則について一致結束しようと申し合わせをするならば、それは面白いと同時に教えるところの多い芝居となることだろう。しかしそうしたところで彼らは橋を流れを横切ってではなく流れに沿って架けようとするものと同じく決して終わりに達することがないことであろう。

哲学している人々が不可視のもの、すなわち理性を唯一の主君として認めるために彼らの間で不可避的に支配している無政府状態においては、この落ち着きのない群衆を、統一点としてのなんらかの偉大な人物の周りに集めることが、いつでも緊急の必要事であった。しかしながらこれを理解することは、自分の理性を持ち合わせていないもの、理性を用いようという要求を持たぬもの、たとえこの両方を欠いていないとしても、あたかも自分の理性を他人の理性によって支えられて担っているかのようなふりをするものにとっては困難なことであり、持続的な国制を作り出すことを今まで妨げ、さらに相当の期間少なくともきわめて困難なことにしているのである。

C68
W369

　ライプニッツ氏の形而上学は何よりも三個の特徴を含んでいた。一、充足根拠律、とくに矛盾律が必然的真理の認識のためには不十分であることを示そうとする限りでの充足根拠律。二、モナド論。三、予定調和説。この三原理のゆえに彼はそれを理解しない敵たちから苦しめられたのだが、のみならず(偉大な知者とその価値ある称賛者がある機会に言っているように[18])彼の自称弟子たちと解釈者たちによっても誤解されてきた。これは古代の他の哲学者たちにも起こったことであり、彼らは、「神よ、われらをわれらの友からのみ守りたまえ、われらの敵に対しては自分自身で注意しますから」と言うこともできたことであろう。

I　ライプニッツが従来の哲学の補足として充足根拠律に大きな重要性を置くことで、それを客観的に(自然法則として)理解したいと思ったということは、はたして信じられることであろうか。たしかに充足根拠律はきわめて一般的に知られており、(適当な限定のもとでは)きわめて直観的に明らかであるので、どんなに頭の悪いものでもそれで新発見をしたと信ずることなどできない。のみならずライプニッツは彼を誤解した敵たちから充足根拠律についてさんざん揶揄されたのである。しかしながら、ライプニッツにとってこの原理は単に主観的な原理であった。すなわち、単に理性の批判にのみ関係した原理だった。そもそも、矛盾律を超えてなお別の原理が付加されね

A248

ばならないというのは、何を意味するのであろうか。それは、矛盾律に従うだけではただすでに客観の概念のうちにあるものだけが認識されるに過ぎないということを意味する。ところが客観の概念についてそれ以上のことが言明されねばならないとするならば、概念を超えたなにものかが付加されねばならないが、どのようにかしてこれが付加されうるためには、さらに特別の矛盾律とは区別された別の原理が探されねばならない。つまり、それらは固有の根拠を持たねばならないのである。ところが後者の種類の命題は(今や少なとも)総合的と称されるから、ライプニッツはただ矛盾律(分析判断の原理として)を超えたさらに別の原理が、つまり総合判断の原理が付加されねばならないということだけを言おうとしたのである。しかしこれは、もちろん形而上学においてこれから行われねばならない(そして実際まもなく行われるようになった)研究への、新しいまた注目すべき示唆だった。ところでもし彼の弟子がこのような特別の、当時はいまだ探求さるべきものであった別の原理の示唆を、ライプニッツが新発見をしたと信じた(すでに発見されていた)原理(総合的認識の)そのものとして言明するならば、その人物はライプニッツに讃辞を呈していると思いながら、物笑いに曝していることにならないだろうか。

Ⅱ　偉大な数学者であったライプニッツが物体をモナドから(したがって空間を単純な部分から)合成しようとしたなどということがはたして信じられるだろうか。彼が考えていたのは物体界ではなく、われわれには認識できない物体界の基体、つまり理性の理念のうちにのみ存在する叡智的世界のことだったのである。叡智的世界ではわれわれはもちろん物体界では合成された実体として考えるすべてのものを単純な実体から成り立つものとして考えねばならないのである。のみならずライプニッツはプラトンと共に、人間の精神には現在は曇らせられているとはいえこの超感性的存在の根源的な知的直観が帰属していると考えたらしい。しかし彼はこの超感性的存在を感性的存在

C 69　　W 370　　V 75

とはまったくかかわらせず、感性的存在に関してはわれわれに可能な認識のためにのみ力を持っている特別の種類の直観に関係したものに対する、つまり最厳密な意味で単なる現象に対する、(特別に固有な)直観の形式だと捉えることを望んでいるのである。その際、感性とは混濁した表象様式であるという彼の定義によって妨げられず、かわりに彼の意図によりふさわしい別の定義を据えねばならない。というのもそうしないと彼の体系は自家撞着するであろうから。この誤りを意図的な、賢明な注意として受け入れることは(模倣者がオリジナルに正しく類似しようとするあまり、オリジナルの振舞いや言語上の誤りまで模倣するように)、弟子たちにとっても決して師匠の名誉のために役立つものと数えられるものではない。若干の概念が生得的であるという表現はわれわれの認識のアプリオリな原理に関する根本能力を指すものとしては、ライプニッツは経験的起源のものしか認めないロックに対抗して使用しているに過ぎないのであり、それを文字通りに取るならば間違いとなるのである。

Ⅲ　魂と身体との予定調和とは本性上相互にまったく独立的で、固有力によっては作用させられない二つの存在の合致だとライプニッツが理解したなどということが、はたして信じられるだろうか。これはまさしく観念論を告げるものであろう。なぜならば、魂の内部で起こることをすべて魂自体が仮にまったく孤立しているとしても変わらず行使する力の作用だとみなすことができるのであれば、そもそもなぜ物体などというものを想定しなければならない理由があるのだろうか。魂と、物体という名の現象のわれわれにはまったく知られない基体とは、たしかにまったく類を異にする存在であるが、単なる主観(魂の)の性状に基づいたその直観の形式として、これら現象そのものは単なる表象であり、同一の主観において悟性と感性が一定のアプリオリな法則に従って相互作用することを、しかも同時に後者が必然的かつ自然的に外的事物に依存していることを、その依存性を観念論にゆだねることなく

V 76
A 249
W 371
C 70

十分に思考することができるのである。悟性と感性とのこのような調和に関しては、それがアプリオリな一般的自然法則の認識を可能とする限りにおいて、『純粋理性批判』は、これなしでは経験が不可能であること、したがって対象は(これは、直観に関してわれわれの感性の形式的制約を、また多様の結合に関しては、ひとつの意識における統一の原理を、その認識の可能性の制約として、遵守しているので)われわれによって意識の統一のうちに受け入れられることも、また経験のうちに現れることもなく、それゆえわれわれにとっては無となるであろう、ということを根本的に明らかにした。しかしわれわれは、なぜまさに両者の結合によって経験が可能となるその種の感性とその本質を持つ悟性をわれわれが有するのかということについては何の根拠をも挙げることができなかった。のみならず、なぜ本来まったく異質な認識源泉である感性と悟性が経験的認識一般の可能性と、しかしとりわけ(判断力批判がこの点を明らかにしたように)なぜ自然に関して悟性がわれわれに対してアプリオリには何も教えないその多種多様なまた純粋に経験的な個別的法則が、あたかも自然が目的的にわれわれの把握能力に差し向けられているかのように経験の可能性とうまく適合しているのか、という点に関してはわれわれはもはや説明することができなかった(そしてこれは誰にもできない)。ライプニッツはその根拠をとりわけ物体の認識に関して、そして物体のなかでもこの関係の中間項としてまずわれわれ自身の身体を、予定調和と名付けた。この表現で彼は明らかにこの一致を説明してはいないし、説明しようとしてもいなかった。彼はただ、われわれがそれによってわれわれ自身および一切のわれわれの外なる事物の最高原因の秩序づけにおけるある合目的性を考えねばならないということを示唆したかっただけなのである。そしてこの合目的性はすでに天地創造においてしつらえられている(前もって定められている)が、相互外在的な事物の間の予定調和としてではなく、われわれのうちなる心の能力つまり感性

V77　W372　A250　C71

と悟性とが『純粋理性批判』が教えるように、それぞれの固有の性状に従って相互に形成するところの、両者が事物のアプリオリな認識のために心の中でお互いに関係を持たねばならないという予定調和なのである。はっきりと展開されてはいないとはいえこれがライプニッツの真意であったことは、彼が予定調和を魂と物体の一致をはるかに超えて自然の国と恩寵の国（究極目的すなわち道徳法則のもとに立つ人間との関係における目的の国）の一致にまで広げていることからも見て取ることができる。そこでは、われわれの自然概念からの帰結と自由概念からの帰結の間の調和が、したがって二つのまったく異質な能力がまったく異質な原理のもとにわれわれのうちで調和しているのであり、二種の異なった相互外在的な事物が調和していると考えられてはならない（実際に道徳がそれを要求しているように）。その調和は『純粋理性批判』が教えるように絶対に世界存在の性状からではなく、少なくともわれわれには偶然的な一致としてただ叡智的な世界原因によるものとしてのみ理解することができるのである。

　このようにして『純粋理性批判』こそは、ライプニッツに対して彼の名誉にならない讃辞で彼を持ち上げる彼の弟子たちに抗してさえも、ライプニッツ自身に対する本来的なアポロギアたろうとするものなのである。さまざまな古代の哲学者に関してありうるように、哲学の歴史を書く者は哲学者たちに讃辞を献ずるにもかかわらず、彼らの意図を理解せずまったくのナンセンスを語っているが、それは歴史を書く者が単なる概念に基づく純粋理性の産物の解釈の鍵、つまり理性の批判そのもの（これらすべての概念の共通源泉としての）を怠り、哲学者たちが実際に述べたことの字面の探求を超え出て彼らの真意を見抜くことができないからなのである。

V78　W373　A251

弁神論の哲学的試みの失敗

福谷　茂　訳

Über das Mißlingen
aller
philosophischen Versuche
in der
Theodicee.
(1791)

弁神論における一切の哲学的試みの失敗について

A版 第8巻　253-272頁
C版 第6巻　119-138頁
V版 第6巻II　133-153頁
W版 第11巻　103-124頁

弁神論とは、理性が世界のうちに見出される反目的的なものを根拠にして行う起訴から、世界創造者の最高の叡智を弁護することである。――これは神の訴訟事件を弁護することだと言われる。とはいえ根本的には、われわれの傲慢かつ同時に自己の限界を見誤っている理性の訴訟事件でありうるに過ぎず、たしかに最善の訴訟事件ではないとはいえ、なお(自惚れを別にするならば)理性的存在としての人間が、尊敬を要求するすべての主張と教義を、この尊敬を正しくし、まやかしではなくするために、自らが服従するに先立って吟味する権利を持っている限りにおいては、認容されうるのである。

　ところでこのような弁護のためには、神の弁護人だと自称する者は次の三つのいずれかを証明することが要請される。すなわち、われわれが世界において目的に反すると判定するものが実はそうではないのか、または、目的に反するものが存在するとしても、それは事実なのではなく、事物の本性から発する不可避的な帰結であると判定さるべきであるのか、または最後に、それは少なくとも万物の最高創造者の事実としてではなく、単になにほどかは責任を負わせうる世界的存在の、つまり人間(あるいは、善かろうが悪かろうが、高等な精神的存在も)の事実と見られねばならないのか、の三者である。

　したがって弁神論の著者は、このような訴訟を理性の法廷に係属させることを承認し、弁護人として相手のあらゆる異議を正式に反駁して被告の権利を代表する義務を負うことを喜んで表明する。したがって弁護人は裁判進行中に人間理性の法廷の無能力(exceptionem fori 法廷の例外)という至上命令によって相手の異議を却下してはな

A255
C121
V135
W105

らない、つまり、弁護人は相手に世界創造者の至高の叡智の承認を強いることで異議を片付けてはならない。これはただちにそれに対して呼び起こされる可能性のある疑いを、調査なしに無根拠だと宣言して、片付けるのである。そうではなくて、自ら批判と係わり合い、最高の叡智の概念(原注)になんら損害を与えないように、その概念の解明と廃絶を理解できるようにしなければならないのである。——しかし唯一者〔神〕には彼は必ずしも係わり合う必要はない。つまり、弁護人が、この世界の経験の教えることに基づいて神の最高の知恵までをも証明することである。なぜならば、これは弁護人はこれには絶対に成功しないであろうからである。というのも、与えられた世界(経験的に認識される通りにある)において、これ以上の創造と統治はどこにもありえないと断言できるような完全性を認識するためには、全知を持たなくてはならないから。

(原注)　知恵の固有の概念は、意志が万物の究極目的としての最高善と合致するという性質をあらわすだけであるが、これに対して、技術とは任意の目的のための有用な手段として使用される能力に過ぎない。だから、技術は、人間理性のどんな洞察をも超越した可能性を持つ理念(たとえば、有機体のように、手段と目的が交互に相手を産出する場合)にふさわしい能力を持つものであることを明らかにするならば、神的技術として、知恵という名を付与されても不当ではありえないが、概念を混同しないように世界創造者の道徳的知恵と区別して技術知という名を付与される。目的論(目的論を通じて自然神学も)は経験において前者の実例を豊富に与えている。しかしこれから出発して世界創造者の道徳的知恵を推論することは成り立たない。自然法則と道徳法則とはまったく異質な原理を要請し、後者の知恵の証明は完全にアプリオリに遂行されねばならず、したがって世界のうちで進行することに関する経験には絶対に基礎づけられてはならないからである。ところが宗教にとって有用だと考えられる神の概念は道徳的存在としての神の概念でなければならない(なぜならば、自然の説明のためには、したがって思弁的な意図のためには、われわれはそれを用いないからだ)が、この概念は経験に基づいていないのと同様にわれわれをまったく超絶した絶対的に必然的な存在の純粋に超越論的な概念からもまた産出されえないから、そのよう

A 256　C 122　V 136
W 106

な存在の現存在の証明は道徳的証明以外のものではありえないことが十分明らかである。

ところで、世界創造者の知恵に対立させられうる世界における反目的的なものは三通りある。すなわち、

Ⅰ　知恵によっては目的としても手段としても許容されえず望まれえない、絶対的に反目的的なもの。

Ⅱ　目的としては意志の知恵と両立しないが、手段としてはそれと両立する条件付きで反目的的なもの。

第一のものは本来の悪(罪)として道徳的に反目的的なものである。第二のものは自然的に反目的的なもの、害悪(苦)である。――ところでさらに害悪と道徳的悪の関係において、後者がすでに存在して妨害されえず、また妨害さるべきでもない場合の、合目的性が存在する。つまり、罰としての害悪および苦痛が罪としての悪と持つ結合における合目的性が存在する。そしてこの、世界における合目的性に関しては、各人にこの世界で正義が行われるかという問いが生ずる。したがってさらにまた、

第Ⅲ種の、世界における反目的性が考えられえなければならない。つまり、世界における罪と罰の不均衡である。したがって、これらの反目的性が抗議として現れる世界創造者の最高知性の性質もまた三通りである。

第一に、世界の道徳的悪との対比における、立法者(創造者)としての世界創造者の神聖性。

第二に、理性的世界存在の数限りない害悪と苦とのコントラストにおける、統治者(保持者)としての世界創造者の善性。

第三に、悪人が罰せられないこととその罪との不均衡を世界において示しているように見える害悪状態との比較における、裁判官としての、世界創造者の正義。(原注)

(原注)　これら三つの性質は、どの一つも、たとえば正義が善にというような仕方で他に還元されず、また全体がその構成部

A 257　C 123　V 137　W 107

分に還元されることはなく、一体的に神の道徳的概念を構成する。のみならずこの順序もまた、この道徳的概念を根底においている宗教にダメージを与えることなしには変更されえない(たとえば、善性を世界創造の最高の制約とし、立法の神聖性は善性に従属しているという仕方で)。われわれ固有の純粋な(特に実践的な)理性がこの順序を規定しているのであり、仮に立法が善性に従うことになると、その尊厳および義務のしっかりした概念でさえも消滅するのである。なるほどたしかに人間はまず幸福であることを願うが、しかしまた洞察し、受け入れるのは(しぶしぶとは言え)、幸福であるという資格こそは、つまり自己の自由の行使と神聖な法との一致こそが、創造者の意志においてはその善性の制約でなければならず、したがって必然的に先行しなければならない、ということである。なぜならば、(自愛の)主観的目的の根底にある願望は意志に無条件に規則を与える法が指定する(知恵の)客観的目的を規定することができないからである。——のみならず罰もまた正義の遂行において決して単なる手段としてではなく、立法的知恵における目的として基礎づけられている。逸脱は害悪と結合されているが、それはなにか別の善を生み出すためではなく、この結合がそのものとして、つまり道徳的かつ必然的に善なのである。正義は立法者の善性を前提にする(なぜならば、立法者の意志が従属者の福利に向けられていない場合、その意志は従属者がそれに従うように義務づけることはできないだろうからである)が、しかし正義は善ではなく、知恵の一般概念のうちには含まれるとはいえ、正義として善とは根本的に区別される。したがって、人間がこの世で関与する運命において現れる正義の欠如についての訴訟が向かうのも、善人がこの世でうまくゆかないということではなく悪人に災いが与えられないということである(前者が後者に付加されると、コントラストは衝撃を強めるとはいえ)。なぜならば、神の統治のもとでは、最高の人間もまた息災への願いを神の正義に基づけるのではなく、つねにそれを神の善性に基づけねばならないからである。というのも、自己の責任を果たすだけの者は神の恩恵を要求することなどできないからだ。

したがって、先の三通りの訴訟に対応して釈明は上記の三通りの異なる仕方で述べられ、それぞれの妥当性に関して吟味されねばならないだろう。

I　神の作品である世界を損なう道徳的悪に基づいて、神の意志の神聖性に対して持ち出される抗告に対抗しては、第一の弁護は次の点に存する。

（a）この種の絶対的に反目的的なものは、それこそが理性の純粋法則の違反だとわれわれは考えるのだが、なんら存在しない。それは人間の知恵に違反するというに過ぎない。神の知恵はまったく別のわれわれには測り知れない規則に基づいて判定する。われわれが実践理性とその規則との関係で非難すべきと考えるものが神の目的と最高知性との関係では、われわれの個別的な福利のためだけではなく世界全体の福利一般のためにもまさに何よりふさわしい手段であるかもしれない。至高者の道はわれわれの道ではなく(sunt Superis sua iura)、この世において人間との関係においてのみ法であるに過ぎないものを絶対的な意味で法であると判定し、低次の見地からするわれわれの事物の見方にとって反目的的であるように見えるものが至高の見地から見ても反目的的だと考えるのは誤りである。——これらの弁護は、弁護が抗告よりもさらにひどいものであり、反駁を必要としない。道徳に対していささかでも感情を持っているどんな人間にも安んじて嫌悪するに任せることにしたい。

（b）弁護と称する第二のものは、この世における道徳的悪の現実性をたしかに承認するが、それは有限的存在としての人間の本性の限界に基づくものだから世界創造者はそれを防ぐ能力がなかったという点で免罪しようとするものである。——しかしこれでは悪そのものが弁護されたことになるだろう。そして悪は人間の罪として人間に帰せられえないのだから、それを道徳的悪と呼ぶことをやめねばならないことになるだろう。

（c）第三の弁護。われわれが道徳的悪と呼ぶものが実際に人間に罪があると仮定しても、神にそれを帰してはならない。というのは神はそれを人間の行為として賢明な原因に基づいて単に認容しただけであって、決してそれ自体として承認したり意図したり指令したのではないからだ。——これは（世界の全体的かつ唯一的創造者である存在が単に認容するだけだという考え方に何の嫌悪も覚えないならば）先の（b）の弁護と同一の帰結に達する。すなわち、神自身でさえ別のより高次でそれ自体が道徳的な目的にダメージを与えることなしには、この悪を防ぐことができなかったのだから、この害悪（今や本来このように呼ばねばならないだろうから）の根拠は、事物の本性に、すなわち有限的存在としての人類の必然的限界に求めざるをえない、したがって、人類に帰することはできないのである。

Ⅱ　この世における害悪、すなわち苦に基づいて神の善意に対して持ち出される抗告に関しては、それへの弁護は同じく次のように成立する。

（a）人間の運命において、生の快適な享受よりも害悪のほうが重いと間違って考えられること。というのも、どんな人間でも、どれほど苦しいことが起こるとしても死ぬよりは生きるほうを望むのであり、死ぬほうを決断するごく少数の者もそれを延期する限りは、それによってなお先の重みを告白しているのであり、愚かすぎて死ぬこともできなくなると、そのときは何の苦も感じられなくなる無感覚の状態に移行するだけなのだからである。――しかしながら、これに対する判決を下すことができるためには、われわれはこの詭弁に対する答弁を、誰であれ健全な常識を有して十分に長く生きてきて人生の価値について省察した者ならその意見に、安んじてゆだねることができるだろう。われわれはただその人物に、まったく同じとは言わぬが任意の別の状況で（ただし、妖精の世界ではなくこの地球上で）人生という芝居をもう一度演じ通す意欲を持っているかどうか、という問いを発すればよいのである。

（b）第二の弁護に関して。苦痛の感情が快の感情に優越していることは人間のごとき動物的存在の本性と切り離すことができない(たとえばヴェッリ伯[1]が快楽の本性についての著書で主張しているように)ことに対して、——われわれは次のように反論するだろう。すなわち、事態がこの通りであるとするならば、それではわれわれの現存在の創造者は、われわれの正しい助言によれば望ましいものではないのに、なぜわれわれを生み出したのか、という別の問いが生ずるだろう、と。ここでの不満は、あのインドの女性が、彼女の被った暴力に対して賠償もせず、また将来の安全をも作り出せなかったチンギス・ハーンに対して言った「あなたが私たちを守ることができないのなら、なぜ私たちを征服するのですか」という答えに等しいのである。

(c) 難問の第三の解決は、次のようなものである。神は将来の幸福のために、したがってたしかに善性から、われわれをこの世に置いたが、希望さるべき超絶的に巨大な至福に先立って、労苦と悲哀に満ちた現世の状態が先行しなければならず、そこでわれわれは災厄との戦いによって将来の栄光にふさわしいものとなるのだ、と。——しかしながら、最高の知恵に先立つこの試験期間(大多数の人間はこれを免れないし、この期間に最高の者でも自分の人生に嫌気がさす)は、全面的に将来われわれが享受する喜びのための条件でなければならないこと、被造物がその人生の各時代に満ち足りさせることが得策ではないこと、これらのことは主張されうることではあれ、絶対に理解できることではない。したがってわれわれはこの難点をもちろん、それを意図した最高の知恵を引き合いに出して、逃げることはできるが、解決することはできない。ところがこれこそ弁神論が約束することなのである。

Ⅲ　最後の抗告、つまり世界審判者[原注]の正義に抗してのものには、次のように答えられる。

(原注)　この世の事象の成り行きをその創造者の神性と統一する上でのあらゆる困難のなかでも、この世では正義が欠けているという外観ほど激しく心に迫るものはないことは、注意すべきことである。もし(めったにないことではあるが)、不正な、

特に暴力をふるう悪漢が罰せられずにこの世から姿を消すことがないと、いわば天と和解した、その他の点では公平な注視者が快哉を叫ぶのである。どのような自然の合目的性も注視者をこれほど驚異によって感じ入らせないし、神の手をいわばそこで聞き取らせることはない。なぜか。この合目的性は道徳的であり、これこそこの世でわれわれが多少とも知覚することを望める唯一の種類のものだからである。

(a) この世で悪人が罰せられないことの口実には根拠がない。というのも、良心の内的な非難は悪人を復讐の女神より厳しく苦しめるから、すべての犯罪はその本性からしてすでにこの世でそれにふさわしい罰を伴っているから、ということ。――しかしながら、この判断は明らかに誤解がある。なぜならば、この場合、徳のある者が悪人に自己の心の性格を、つまり、最も厳しい良心性を貸し与えているのであり、それは人が徳を増すほど彼は内なる道徳法則を否認するどんな小さな無思慮も少なくなるゆえに、ますます自分を罰するのである。しかしながら、この思考法が良心とともにまったく欠如している場合、犯された犯罪に対する苦痛もまた存在しないのである。そして悪人は、その悪事のゆえの外的な罰を逃れうるならば、自分自身を叱責して内的に苦しむ正しい人の心配性を嘲笑するのである。たまに彼が行うかもしれない小さな非難は良心によって行うのではないか、また、もし多少の良心を持っているとしても、彼がそこにだけ趣味を見出す感覚的享楽によって豊かに刺激され報酬を受けるのである。――さらに先の告訴が次のようにして、

(b) この世においては罪と罰との間に正義にかなった関係がまったく存在せず、この世の成り行きにおいて、しばしば叫び声を挙げるほどの不正をもっておくられ、それにもかかわらず最後まで幸福な人生を、嫌々ながら目撃しなければならないことは否定することはできないこと、しかしこのことは自然のうちにあって意図的に仕組ま

れたのではない、したがって、道徳的な不一致ではない、というのも、厄介なことと戦うのは徳の属性の一つであり(そこには、徳ある者が自己の不運を悪人の幸運と比較した際に感じなければならない苦痛も共に属している)、苦難は徳の価値を高めるのに役立つのみであり、したがって、理性の前には、生における罰せられざる悪という不協和はすばらしい道徳的な快い響きのうちに解決されているから、――といって反駁されるというならば、この解決に対しては、次のように反論されよう。すなわち、少なくとも人生の終わりに徳が報いられ、悪が罰せられるならば、この悪は、徳の砥石として徳に先行するか、徳に伴い、たしかに徳と道徳的な一致においてあると考えられうるが、この終わりさえもが、経験が多くの実例を与えているように、不条理な結果になると、徳あるものにとって苦難はそれで徳が純化されるのではなく、徳が純粋であった(これに反して、怜悧な自己愛の規則には反していた)ことのゆえに、割り当てられたように見えるのである。これは、人間が形成しうる正義の概念の正反対である。なぜならば、この地上の生の終わりがおそらくは一切の生の終わりではないかもしれないという可能性に関しては、この可能性は摂理の正当化のためには役立たず、道徳的で信仰を持つ理性の絶対命令に過ぎず、これによっては疑うものは忍耐を指示されはするが、決して満たされはしないからである。

(c) 最後に人間の道徳的な価値と彼らに割り当てられる運命とが不調和な関係を持つことの第三の解決が、次のように言うことによって試みられようとする場合。すなわち、この世においてすべての禍福は、適用された適合性と怜悧性に比例し、同時にそれが偶然陥った環境にも比例した人間の能力を自然法則に従って用いた結果だと判定されねばならず、超感性的な目的との合致に従って判定されてはならない。これに対して来世においては、事物の別の秩序が到来し、各人にこの世での各自の行為が道徳的判定に従ってふさわしい報いを受けるのである、と。

C 129　V 143　W 113　A 262

――このような前提もまた恣意的である。むしろ理性は、道徳的立法的能力としてではなくこの自己の関心に従って命令をする場合、理論的認識の単なる規則に従って、この世の成り行きはここにおいてもかしこにおいても自然秩序に従ってさらにまたわれわれの運命を規定することがありそうだと考えなければならない。なぜならば、理性は理論的推測のために自然法則以外の何を導きにすることができるだろうか。そして、先に(b)で推論されたように将来のよりよい世界への忍耐と希望を指示されるとはいえ、いかにして理性は、自然秩序に従ったこの世の成り行きがここでもそれ自体として賢明であるから、同一の法則に従って来世において賢明ではないということを期待できるのだろうか。それゆえ、自然秩序に従うならば、自由の法則に基づく意志の内的規定根拠(すなわち道徳的思考法)と(おおむね外的な)われわれの意志から独立な、自然法則に従ったわれわれの快の原因との間には、なんらの理解しうる関係がないのであるから、人間の運命がわれわれが形成する概念に従った神の正義と一致することはかしこにおいてもここと同じように期待することができないのである。

*　*　*

哲学の法廷の前でのこの法律事件の結果は次のようなものである。すなわち、今までの弁神論はすべて約束したこと、つまり、〔神の〕世界支配における道徳的な賢明性を、この世界の経験が認識させるものに基づいて生じた疑いに対して弁護することを果たしてはいない、というものである。とはいえもちろん、非難としてのこの疑いはわれわれの理性の性状の洞察が後者に関して到達する限り、反対を証明することもできないのであるが。しかし、やがていつか、訴えられている知恵を(今までのように)単に訴訟による持続性 ab instantia によって無罪放免する

W114　V144　A263

のではない、もっと有能な知恵を弁護する根拠がさらに何か発見されうるのではないか、ということはこの場合常に未決定のままである。われわれの理性が、われわれが経験を通じて常に知りうる世界が最高知性と持つ関係を認識するためには絶対的に無能力であるということを、確実に明らかにするところまで行くのでなければ、神の道を洞察しようというあらゆる自称人間的知恵のさらなる試みはすべて完全に斥けられる。したがって、少なくとも否定的な知恵、つまり、われわれにとってあまりにも高いところにあるものに関する不遜は必然的に制限されねばならないという洞察は、われわれにとって到達可能であるということは、この裁判を最終的に終了させるためにはさらに証明されねばならない。そしてこのことは十分に行うことができるのである。

つまり、われわれはこの世界の仕組みにおける技術的知恵に関する概念を持っており、それはわれわれの思弁的理性能力が自然神学に到達するための客観的実在性を欠いてはいない。同じくわれわれは世界一般のうちに最完全的な創造者によって置かれえた道徳的知恵の概念をもわれわれ自身の実践理性の人倫的理念において持っている。——しかし先の技術的知恵が道徳的知恵と感性的世界において一致する統一に関してはわれわれは概念を持っておらず、それに到達することを決して望むことができない。なぜならば、被造物でありかつ自然的存在としてその創造者の意志にのみ従いつつ、しかしまた自由に行動する存在(これは外的影響から独立し、これとはさまざまな点で対立しうる自己の意志を持つ)としては責任を取らせることができ、しかも自己の行為を同時により高次の存在の作用としてもまた見なすことができるということは、たしかにわれわれが最高善として世界の理念において統一的に考えねばならない概念の統一ではあるが、それは超感性的(叡智的)世界の認識にまで透徹し、それがいかにして感性的世界の根底に存するかという仕方を洞察した者のみが洞察することができるものである。感性的世界にお

A 264　V 145　W 115　C 130

ける世界創造者の道徳的知恵の証明は、それが第一の世界の現象だけを差し出しているのである以上、この洞察にのみ基づきうる。――しかし、この洞察にはいかなる死すべき者も達することができないのである。

＊　＊　＊

弁神論はすべて神が自然によってその意志の意図を明らかにする限り、本来、自然の解釈でなければならない。ところで立法者の宣明された意志の解釈はすべて教義的であるか、認証的であるかである。前者は立法者の意志を立法者が用いた表現とその他の仕方で知られている立法者の意図とを組み合わせ、取り出して考えるものであり、後者は立法者自身が行うものである。

われわれは、神の作品としての世界を神が自己の意志の意図を告げるものとしても見なすことができる。しかしながらこの点では世界はわれわれにとってしばしば閉じられた書物である。しかし、もし神の最終目的(これは常に道徳的である)を経験の対象とはいえ、世界から取り出すことが目論まれるならば、それは常に閉じられた書物である。この種の解釈という哲学的試みは教義的であって、本来の弁神論を構成する。それゆえこれを教義的弁神論と名付けることができる。――しかしわれわれは神の知性に対する一切の非難の単なる拒否に対しても、それが神の命令あるいは(この場合は同じことに帰着するが)われわれが道徳的かつ賢明な存在としての神の概念を必然的かつ一切の経験に先立って形成する同じ理性の開陳であるならば、弁神論という名称を拒むことができない。なぜならばその場合、神がわれわれの理性を通じて、自身が創造によって告知された自己の意志の解釈者となるのだからである。そしてこの解釈をわれわれは認証的弁神論と名付けることができる。その場合これは詭弁的(思弁的)理

C131　W116　V146

性の解釈ではなく、力を持つ実践理性の解釈である。この理性は自己以外の根拠なしに立法において絶対的に支配するのであり、神の直接的な宣言かつ神の声と見なすことができる。これによって神は自己の創造の文字に意味を与えるのだ。ところで私はこの種の認証的解釈が旧約聖書において寓話的に表現されているのを見出すのである。

ヨブは彼の人生の享受において、およそ人生を完全にするために考え出しうるすべてのものが集まっていた人物として描かれている。健康、富、自由、彼が幸福にすることができる他者に対する支配をそなえ、幸福な家族のふところにあり、愛する友人たちに囲まれ、(なにより心地よいことだが)すべてに関して満足しうしろめたいことがない。ところが(最後のものを除く)これらすべての財産を突然彼の頭上に試練のために敷かれた過酷な運命が奪ったのである。この予期せぬ転覆で茫然自失したあと徐々に我に返ったヨブは自己の不運を嘆き始める。これに関してヨブと自分ではヨブを慰めようと考えている友人たちの間でまもなく論議がおこる。この論議で両方はそれぞれの思考様式で(とりわけそれぞれの境遇に応じて)、ひどい運命を道徳的に説明するために個別の弁神論を提示する。ヨブの友人たちはこの世の一切の害悪を、犯された罪にふさわしい罰が与えられるという神の正義から説明する体系への帰依を表明する。そして彼らは不幸な人物〔ヨブ〕が罰せられねばならない罪をなにひとつ挙げることができないにもかかわらず、そうでないならば神の正義から言ってヨブが不幸になることはありえないのだから、彼らはヨブの身の上には罪があるに相違ないとアプリオリに判断することができると信じていた。これに反してヨブは――憤慨して自分の全人生に関して良心が咎めることはないと誓う。人間にとって避けがたい過ちに関しては、神自身がヨブを過つことのある被造物として作ったことを知っているだろうとして。――ヨブは無条件的な神の決断の体系を支持することを表明する。ヨブは言う、「しかし彼は唯一人なるもの。〔誰か彼を引き戻しえよう。〕自ら

A265　C132 W117　V147

望むままに彼はおこなわれる（原注）(2)」。

（原注）　ヨブ記二三の一三。

両者が理屈を言ったり過剰に理屈を言ったりしている内容に興味を引く点はほとんどない。しかし、彼らがそうするキャラクターはそれだけにますます注目に値する。ヨブは考える通り、誰でも彼の境遇にあるものならそうしたいであろうように、自分がしたいように語っている。これに反して彼の友人たちは、彼らがその事柄を正しく語っている神によってひそかに、また、神が彼らの判断によって彼らを気に入ることのほうが真実よりも気がかりであるように聞かれているように語っている。物事を見せかけで主張するという彼らの術策について彼らは、自分たちはそれを洞察したのではなく、実際には持っていない確信を装ったことを認めねばならなかったのだが、偽りの追従からははるかに遠く、ほとんど僭越に境を接するほどのヨブの率直性に対しては、後者〔ヨブ〕のほうに優位を置くのである。ヨブは言う、「君たちは神のためにすら不法をかたり彼のためだといってうそをつくのか。君たちは彼にひいきし神のために抗弁するつもりか、彼が君たちを験されたらよいのだが。君たちがひそかに彼をひいきしても彼はきっと君たちを糾されるだろう。――なぜなら神を知らぬ者は彼の前には出られないからだ。（原注）」

（原注）　ヨブ記一三の七から一一までおよび一六。

実際、物語の結末は後者を確証している。なぜならば神はヨブが自分〔神〕に対して創造の知恵を、とりわけその計り知れなさの面に関して、眼前にあらわしたことを評価する。神はヨブに創造の美しい面へのまなざしを開かせる。そこでは人間に理解できる目的が世界創造者の知恵と親切な摂理を疑う余地のない光のもとに置く。これに反して神はまたヨブに、神の力の産物を、そのうちには危険で恐るべき事物をも含めて挙げて、畏怖すべきものもまた見せる。それらはそれぞれがそれ自体としては、またその種としては確かに合目的的に仕組まれてはいるのだが、他のものとの関係においては、また人間そのものに対しては破壊的であって反目的的であり、善と知恵によって秩序づけられた一般計画とは整合的ではないように見えるのである。ここでしかし神は賢明な創造者を告知している秩序と全体の保持を示す。同時にわれわれには窺い知れない神の道そのものは、事物の自然的な秩序の中に、むしろそれと事物の道徳的秩序(これはわれわれの理性にはいまだ理解しえない)との結合のなかによりもすでに隠されているに相違ないのであるが。――結論は次のようなものである。すなわち、ヨブは自己の正しさを自覚しているのであるから冒瀆的にではないがただ愚かに、彼にとっては高すぎて理解していない事柄について語ってしまったことを悟るのに対して、神は断罪の判決をヨブの友人たちに下すが、それは彼らは神の僕ヨブほど善くは(良心性に関しては)神について語らなかったからである。両者が主張した理論を考察するならば、ヨブの友人たちのほうがより思弁的理性とより敬虔な謙遜に富んでいる外観を伴っているかのようである。またヨブはおそらくはどのような教義神学者の前や、教会会議、宗教裁判、聖職者集会、あるいは現代のどの高等宗務院(ただ一つを除く[3])に出てもひどい運命を経験したことであろう。このようにして、知性の優越ではなく心のまっすぐな点だけが、ヨブが自己の疑いを隠すことなく告白した正しさが、確信を感じていないところで、とりわけ神の前で(この場合どっち道この策略は矛盾しているが)装うことへの嫌悪、これらの性質こそが、ヨブの人格において正しい人物の宗教的追従者に対する優位を、神の判決において決定したのである。

　彼の疑いをきわめて不思議な仕方で、すなわち単に彼の無知を認めさせることだけによって解決したことから発した信仰は彼の最も活発な疑いのさなかにおいても(二七の五および六)「息絶えるまで私は自分の全きを主張す

W119　A267　V149　C134

る」と言うことができた人物の心においてのみ現れたのである。なぜならば、この心術によってヨブは、彼が道徳性を信仰に基づけたのではなく、信仰を道徳性に基づけたことを示したからである。この場合、道徳性はいかに弱くはあろうともしかし純正かつ真正な仕方、つまり宗教が恵みを得ることではなく善き人生を送ることを基礎づける仕方なのである。

結　論

ここに示されたように弁神論は学の利益のための課題というよりはむしろ信仰の事柄とかかわっている。認証的弁神論に関してわれわれは、このような事柄においては理屈をいうことではなくわれわれの理性の無能力を承認することにおける正直さと考えを発言するに際して、たとえ普通よりも敬虔な意図に発するとしても、偽りを行わないという誠実さが問題であるということを見た。——このことはなお豊富な材料に関する次の短い考察、つまり信仰の事柄における主要な要請としての、人間本性の主要な欠陥である虚偽と不純への性向に対抗する正直さに関する考察の機縁となる。

誰であれ自分自身あるいは他人について語ることが真であるということは常に主張するわけにはゆかない(なぜなら間違っている可能性があるから)。しかし、自分の言明または表白が誠実であるということは主張できるし、またしなければならない。なぜならば、これなら彼は直接に自覚しているからである。彼は前者のケースでは自己の言明を論理的判断(悟性による)の客観と比較し、後者のケースでは自己の信憑性を告白しているのだから、主観(良心の前に立つ)と比較しているのである。彼が前者に関する言明を後者を意識せずに行うとすると、自己が自覚しているのとは違ったことを述べているのであるから、嘘をついていることになる。——そのような不純さが人間の心の中に存在しているという観察は新しくはない(なぜならば、ヨブはそれをすでに気付いているからである)。しかし、人間が義務に従って行為しようと欲する場合においてさえも伴っている人間の心術を純化することの困難さにもかかわらず、先の観察が十分に利用されているのを見ることがまれであるので、この点に注意するのは道徳および宗教の教師にとっては新しいことだとほとんど信じなくてはならないことだろう。——われわれはこの誠実性を形式的良心性と名付けることができる。実質的良心性は正しくないという危険を決して冒さない慎重性に存する。これに対して前者は慎重さを与えられたケースに適用したという意識に存する。——モラリストたちは良心が過ちをおかすと語っている。しかし過ちをおかす良心とは矛盾である。そして仮にそのようなものが存在したとすると、正しく行動したということをわれわれは決して確信できないだろう。というのは、裁判官すらこの最終審にはなお誤りをおかすだろうからである。なるほど私は私が正しいと信じている判断において誤りうる。なぜならば、それはそれだけが客観的に判断する(真であれ誤謬であれ)悟性に属するからである。しかし、実際に私は正しいと信じている(または単にそう述べている)のかどうかという意識においては、私は絶対に誤ることができない。というのは、この判断あるいはむしろこの命題は単に、私が対象をそのように判断しているということを述べているに過ぎないからである。

この信仰(あるいは無信仰)を自覚し、意識していない信憑を決して口実にしない慎重さにおいていままさに誠実性の根拠である形式的良心性が成立する。したがって自己自身に向かって(そしてこれは信仰告白においては、神の前でということに等しいが)、私は信じているといいながらも、自分が実際にこの信憑を自覚しているのか、

W122 C136 A269 V151

あるいはどの程度自覚しているのか、(原注)おそらくは一度も自己の中に眼差しを向けたことがない者は、最も不条理な嘘をついているのみならず(神の前にあって)、一切の有徳な行為の根拠である正直さを破壊する点で最も冒瀆的な嘘をついているのである。このような盲目で外的な信仰告白(これは同じく真実ではない内的信仰告白とたやすく一体化する)が、生活手段を与えるのならば、しだいに一般民衆の思考法にさえも一定の虚偽を持ち込みうることは容易に見て取れるだろう。——しかしこのような思考法の公共的な純化はおそらくは思考の自由の保護のもとに一般的な教育および研究の原理となるまで、遠い将来に先送りにされたままでなければならないのではあるが、 V152 ここではあと数行を割いて人間本性のうちに深く根差しているように見える前述の悪習の考察を行うことにしよう。 C137

A268 C135 V150 W121

(原注)　外的な証言において誠実性を強要する手段、つまり宣誓(tortura spiritualis 精神的拷問)は人間の法廷では単に許容されているばかりか、不可避であると考えられる。これはその理念だけでも、すでに最大の尊敬を受けねばならない公的正義の殿堂そのものにおいても、人間が真理に対して大して尊敬を払っていないことの悲しむべき証明ではある。しかし、人間は内的告白において、実は少なくとも主張するとおりではなくまたはその強度も持たない確信をも持つふりをするのであり、この不正性は(これは次第に実際にそうだという思い込みにかわるから)外的にも有害な結果を持ちうるので、先述した誠実性の強要手段すなわち宣誓(ただしもちろん内的な宣誓、つまり、信憑が内的な宣誓という告白の尋問に耐えうるかという試練に過ぎない)は、不遜な最終的にはおそらくは外的な暴力を持つようになる主張の僭越を、阻止はできないにしても、少なくとも抑制するために非常によく用いられるのである。——誓いを立てる者の良心に関して、人間の法廷が要求することはただ一つである。 A269 V151 C136 すなわち、もし来世の世界審判者がいるならば(したがって神が存在し来世があるならば)、世界審判者は彼がその外的告白の真実性に関して責任をとることを欲する、という責任を負うことだけである。そのような世界審判者が存在するということに関しては人間の法廷は必ずしも彼が告白することを要求しない。なぜなら、最初の証言が嘘を食い止められなかったのならば、第二の虚偽の告白は同じように熟慮を呼び起こさないだろうから。したがってこの内的

な宣誓要求に関しては、われわれは、おまえはおまえに自身にとって価値があり神聖である一切にかけて、この重要なまたその他の重要であると考えられる信仰箇条の真理性を保証するに十分な確信をもっているか、と自問することになるだろう。このような要求に接しては良心は、自分が確信を持って主張できること以上のことを述べる危険によって脅かされる。すなわち、知識の道(理論的認識)によってはまったく到達できないが、それを想定することだけが最高の実践的理性原理と理論的自然認識とを一つのシステムに結合することを可能にする(そしてそれゆえに理性を自己自身と一致せしめる)ゆえに、なにものよりも望ましく、しかも常に自由であるような対象の信憑性にかかわる場合である。――しかし、それのみならず、もし他の人々に指令として課せられるのであれば、歴史的な起源をもつ信仰告白はこの誠実性の火の試練にさらされねばならない。なぜなら、ここでは不純性と偽りの確信はさらに多くの者に拡がり、その罪は他のものの良心に対していわば保証 W122 する者(というのは、人間は自分の良心に対しては受身になりたがるから)の責任となるからである。

正直で、一切の虚偽と積極的ごまかしから隔たった人物の姿には、なにか感動的で魂を高めるものがある。しか A270 C137 V152 し誠実性、つまり単に思考法が素朴でまっすぐであるというだけでは(とりわけ、率直さが免除されているならば)、善い性格としてそもそも要求しうる最小限に過ぎず、したがってわれわれがこの対象に捧げる驚異の念はいったい何に基づいているのかが分からない以上は、誠実性とは人間本性からまさに最も遠く離れた性質であるということにならざるをえないだろう。悲しい観察である。しかしまさにこれ〔誠実性〕によって、残りのすべての性質は原則に基づいている限りで、内的な真の価値を持つことができるのである。観想的な厭人家(どんな人間に対しても悪を望まないが、しかし人間について悪のみを信じる傾向を持つ)は、人間を憎むに値すると見るべきなのか、それ W123 とも軽蔑に値すると見るべきなのか、まったく決めることができないのである。人間が前者の対応に値すると判断する根拠となる諸性質は、人間がそれらを用いて意図的に害をなす諸性質である。しかし、後者の評価にさらすように見える性質は、たとえ誰にも害を与えないとしてもそれ自体として悪である性癖である。すなわち、どのような目的のためにも手段として用いられてはならぬもの、客観的に何にとっても善ではないものへの性癖である。第一の悪は、敵意（より穏やかに言えば、愛がないこと）にほかならないであろう。第二の悪は、虚偽性（いかなる意図もなしにさえ害を与えるという虚偽性）以外のものではありえない。第一の傾向性は、一定の別の関係ではゆるされ善いものでありうる用い方のある意図を持っている。たとえば、改善の余地のない平和の破壊者に対する敵意のようなものである。しかし第二の性癖はどんな意図のためのものであれ、それ自体そのものとして悪であり唾棄すべきものであるから、何にとっても善ではない手段（嘘）の使用への性癖である。人間の性状において前者の種に属するものは悪意であって、これは一定の外的関係において善き目的を達成するための有能さと結びつくことができるのであり、ただ手段においてだけ罪を犯しているが、しかしあらゆる意図において唾棄すべきものであるのではない。後者の悪は、非道であって、これは人間から一切の気骨を奪う。――ここで私は、人間が自分自身の良心を前にした内的な陳述においてすらも偽証することができるほどの、深く隠された不純性のことを主として考えている。外的な欺瞞への傾向はますます不思議ではなくなってくるので、ついには、誰もが取引を行うための貨幣がにせものであることを知っているのに、つねになにごともなく流通しえているということになるに違いないのである。

ド・リュック氏(4)の山岳および地球と人間の歴史に関する書簡で、私は氏の部分的には人間学的な旅行の次のような結論を読んだことを思い出す。博愛心を持つ著者は、われわれの種族が根源的に善良であるという前提から出発し、その確証を、都会の繁栄が心根を蝕む影響を持つことができない場所に求めたのである。スイスからハルツにいたるまでの山地において、非利己的で協力的な傾向性に対する氏の確信が、スイスにおける経験でいくぶん揺らぎだした後で、氏は最後に以下のような結論を引き出すのである。すなわち、善意という点では人間は十分に善良である（あたりまえである。なぜなら、これは神が創造者であることによって植え付けられた傾向性に基づいているからだ）、人間に巧妙な欺瞞への忌まわしい性癖さえ宿っていなければ（これもなんら不思議ではない。なぜなら、これを防ぐことは人間が自分自身で形成しなければならない気骨に基づくからだ）、と。——これは誰でもわざわざ山地の旅をせずとも市民仲間のうちで、それどころかもっと身近なところで自分自身の胸の内に見つけることができた探求結果なのである。

I・カント

*ケーニヒスベルク

哲学における最近の高慢な口調

福谷　茂訳

Von
einem neuerdings erhobenen
vornehmen Ton
in der Philosophie.
(1796)

哲学に最近あらわれた高慢な口調について

A版 第8巻　387-406頁
C版 第6巻　475-496頁
V版 第5巻Ⅳ　1-24頁
W版 第6巻　375-397頁

A389 C477 V3 W377

哲学という名称は、人生についての学的な知という原初の意味を失ったあと、きわめて早い時期から非凡な思想家の悟性の飾り物としての需要があった。彼らにとっては哲学は今や一種の秘密の開示という意味を持ったのである。——マカル砂漠の禁欲者たちにとってはその修道生活が哲学であった。錬金術師は火による哲学者 philosophus per ignem と自称した。いつの時代もフリーメーソンの会員たちは伝統による秘密の通暁者であり、彼らはそれについてわれわれには意地悪くも何も教えようとはしない (philosophus per initiationem 加入儀礼による哲学者)。最後に秘密の最新の所有者は秘密を自己のうちでは持っているが、不幸にもそれを語らず言語によって一般に伝達することができない (philosophus per inspirationem 霊感による哲学者)。超感性的なものの認識 (理論的にはこれこそが真の秘密である) が存在し、それを開示することは実践的な意味では人間悟性にとって常に可能であるとしても、概念による認識の能力としての悟性からする認識は、直観の能力として直接的に悟性によって知覚されうるであろうものよりははるかに劣る。なぜならば、比論的な悟性は概念を介して原理に従って概念を分解したりふたたび結合したりする多くの仕事を費やさねばならず、認識の進歩を果たすためには数多くのステップを苦労して上らねばならないが、知的直観はそのかわりに対象を直接的に一度に把握し提示するだろうからである。——したがって後者を所有していると自ら考える者は前者を軽蔑して見下げることであろう。そして逆に、このような理性使用の安楽さはこの種の直観能力を不遜にも想定することへの、またそれに基盤を持つ哲学を心から勧めることへの強力な誘惑である。これはまた人間の自然的な利己的な性癖から容易に説明がつくことだ。理性は黙っ

W378 C478 V4

てこの性癖についてゆくのである。

　自然的な惰性のうちだけではなく、人間の虚栄心（誤解された自由）にもまたあることだが、豊かであろうが貧しかろうが生きるだけのものを持っている者は、生きるために働かねばならない者と比較すると自己を高級だと判断している。――アラビア人やモンゴル人は都市居住者を軽蔑し、それに比べて自分たちを高級だと考えている。というのは、馬と羊を連れて砂漠を遊牧するのは労働というよりは娯楽だからだ。森林ツングース族は「おまえがブリヤート族のように家畜を自分自身で引かねばならなくなるように」と言うと兄弟に呪いになると考えている。言われたほうは呪いを返して「おまえはルス族のように畑を耕すように」と言う。ルス族はおそらく彼らの思考法に従って「おまえがドイツ人のように織機の前に座らねばならなくなるように」と言うだろう。――一言で言えば、誰でもが働く必要がないと信ずる尺度に応じて自己を高級だと考えているのである。そしてこの原則に従って最近では事態は、哲学の名望がかかっている知恵の全体を根本から所有するためには苦労などする必要がなく自分自身の内なる神託に耳を傾け味わいさえすればよい、とする偽りの哲学がむきだしかつおおっぴらに告知されるところまできている。それも、その口調というのが、哲学は――学問的に――認識能力の批判から定説的な認識へとゆっくりかつ思慮深く進む義務を負っているものと同列にあるなどとはさらさら思っておらず、その内面への慧眼な一瞥で――天才的に――労苦だけがやっと作り出せるものをすべてどころかそれ以上をも成し遂げることができると思っていることを告げているのである。数学、自然学、古代史、言語学などの諸学に関してはもちろん、哲学に関してさえも、それが概念の方法的な展開と体系的構成をもたらす必要を感じている限りは、若干の者が衒学的な仕方で誇らしげに行うことはありうるが、高慢に行おうという気になるのは、下から上を目指す自己認識の巨人的労苦によってではなく、それを超越して上から下への何の苦労もいらない神格化によって論証する直観の哲学者たち以外にはない。というのも、彼らは自分自身の権威に基づいて語っているのであり、それゆえ誰のことも気にする必要がないからである。

では事態そのものを見よう。

哲学者であるとともに数学者であったプラトンは一定の幾何学的形態、例えば円の諸性質の一種の合目的性、つまり多種多様な問題の解決に役立つことや、一定の量概念が必然的でアプリオリに洞察され証明されうるにもかかわらず、それらを構成せよとの要請が意図的に内蔵されているかのように唯一の原理に基づいて同一の問題を多種多様に解けること(幾何学的場所論におけるように)に驚嘆した。ところが合目的性というものは、対象が原因としての悟性と関係を持つことによってのみ考えられうるのだ。

さて、われわれは概念による認識能力としての悟性をもってしては概念を超えてアプリオリに認識を拡大することはできないから(しかしこれは数学では現実に実現していることだ)、プラトンはわれわれ人間がアプリオリな直観を持つと考えた。しかしこの直観はわれわれの悟性に第一の根源を持つのではなく(なぜならば、われわれの悟性は直観能力ではなく、単に比論的なもしくは思考能力であるに過ぎないからだ)、同時に万物の根源でもある者、すなわち神の悟性のうちに持つのである。神の悟性の直観は直接的に原像(理念)と呼ばれる資格を持つだろう。しかしこれらの神的理念をわれわれの直観(なぜならば、純粋数学におけるアプリオリな総合命題の能力を理解したいと望むのならば、われわれはアプリオリな直観を持たねばならないだろうからである）はわれわれに対し間接的に、模像(ectypa)としてのみ、いわばわれわれがアプリオリに総合的に認識する一切のものの影像として、誕生とともに分かち持つのである。この誕生はしかし同時に根源を忘却することによってこれらの理念の不分明化をもたらした。これはわれわれの精神(今や魂と呼ばれる)が肉体のうちに突き落とされたことの一帰結であり、その拘束から徐々に解放されることが今や哲学の高貴な務めでなければならないだろう。(原注)

（原注）　プラトンはこれらすべての結論に関して少なくとも首尾一貫した態度を取っている。疑いもなくプラトンの脳裏にはぼんやりとした仕方でこそあれ、ごく最近になってやっとはっきりと表現された問い、すなわち「アプリオリな総合命題はいかにして可能か」が浮かんでいた。もし当時、彼が、後代になってはじめて発見されたことども、すなわち、確かにアプリオリな直観は存在するが、人間悟性の直観ではなく、感性的直観（空間と時間という名のもとに）としてであること、それゆえに感官の対象はすべてわれわれによって単に現象として知られ、われわれが数学においてアプリオリに規定することができるその形式ですら、物自体そのものの形式ではなくわれわれの感性の（主観的）形式であって、可能的経験の対象にはすべて妥当するが一歩たりともその先に進むと妥当しないということ、を推量することができさえしていれば、プラトンは純粋直観（彼はアプリオリな総合的認識を理解するためにこれを必要とした）を神的悟性および自存的な客観としてのその一切の事物の原像のうちに求め、そうすることによって夢想家の松明に火を点けてしまったりすることはなかったであろう。——なぜならば、彼は、幾何学の根底にある直観において客観自体そのものを経験的に直観することができると主張することを望むならば、幾何学的判断と全数学が単なる経験学となるであろうということをよく認識していたからである。そうなると、数学に対してあらゆる学の中で極めて高い地位を確保しているまさにそのもの（直観性と並んで）である必然性と矛盾をきたすのだ。

しかし、われわれはピュタゴラスもまた忘れてはならない。ただもちろんピュタゴラスについては、その哲学の

A 392　A 392　C 480

形而上学的原理に関してなにごとか確実なことを言うためには今のところ知られていることがあまりに少ない。――プラトンにおいては(幾何学の)諸形態の驚異がそれであったように、ピュタゴラスでは(算術の)数の驚異が、つまり一定の合目的性という見かけと数の諸性質の中にいわば意図的におかれた数学上の数多くの、比論的な思考だけではなくアプリオリな直観(空間と時間)もまた前提されねばならない理性課題の解決のための有用性が、われわれの量概念一般の拡大の可能性だけではなく、特別の、数の持ついわば秘密の諸性質の可能性をも理解可能にする一種の魔法に対する注意を喚起するのである。――歴史によれば、ピュタゴラスはもろもろの音の間の数的関係およびそれらの音が従うことで音楽が構成される法則を発見することで、この感覚の戯れ〔音楽〕において数学(数的関係としての)がまったく同じようにその形式の原理(とくに、必然性のゆえにアプリオリであると考えられる)をも含んでいることは、われわれには暗黙のものではあるが、超越的な支配的悟性によって数的関係に従って秩序づけられている自然の直観が内在しているという考えを持つに至った、ということである。その後この考えが天体に適用されて諸天球の調和という学説を生み出したのだ。ところで音楽ほど感覚を活き活きさせるものはないが、人間における生気付与原理は心である。ところがピュタゴラスによれば音楽とは知覚された数的関係にのみ基づいているので、(これは十分注意されねばならないことであるが)人間における生気づけの原理、つまり心は自由であると同時に自己規定的な存在である。だから、「心は自己自身を動かす数である」anima est numerus se ipsum movensというピュタゴラスの定義は、彼がこの自己自身を動かす能力によって、それ自体としては命を持たず外的なものによってのみ動かされうる物質との区別を、したがって自由を持つことを示そうとしているのだと考えるならば、おそらく理解することができ、いくぶんかは正当化されるのである。

このようにして、ピュタゴラスもプラトンも、すべてのアプリオリな認識（直観を含んでいても概念を含んでいてもよい）を叡智的なものとして数えることによって数学に基づいて哲学したのであり、彼らはこの哲学によって秘密に突き当たったと信じたのであるが、そこには秘密はないのだ。というのも、理性が、現れてくる問いのすべてに答えることができるからではなく、理性の神託は問いがもはや何の意味をも持たぬほど高いところに上がった場合は沈黙するからなのである。たとえば、幾何学が円の若干の美しいと呼ばれる性質（モンテュクラ[1]で確かめられることだが）を挙げ、一種の幅広い有用性と合目的性を含んでいるように見えるこれら諸性質はどこから由来するのかと問われるならば、それには「ホメロスその人でさえ答えぬことを愚人が問うた」Quaerit delirus, quod non respondet Homerus. という答えを与えるほかない。数学的課題を哲学的に解決しようと望む者はこの点で自己矛盾を犯している。たとえば、直角三角形の三辺の合理的関係は三、四、五という数以外にはありえないのか、という課題である。ところが数学的課題に基づいて哲学する者はここで一つの秘密に突き当たり、そのゆえに超絶的に偉大なるものを見ると信じるが、何も見てはいないのである。そして彼は自分が理解できず他者に伝えることもできない理念について自己のうちで沈思黙考するということ、まさにそのことに、創作家的才能が感情と享楽のうちに夢想にふけるための自己にとっての滋養を見出す、真正の哲学（philosophia arcani）を置くのだ。もちろんこれは、労苦を通じて所有物を手に入れる理性の法則に比べるとはるかに魅力があり、きらびやかなことである。――しかしこの際、貧困と不遜は哲学が高慢な口調で語られるのを聞くという笑うべき現象を現出するのである。

これに反してアリストテレスの哲学は労苦である。しかしここでは私は彼を（前述の二人と同じように）単に形而上学者としてだけ、つまり、一切のアプリオリな認識をその原理へと分解する者および認識をそれ（カテゴリー）からふたたび組み立てる理性技術者としてだけ、考察しよう。彼の労苦は、感性的なものにおいては妥当する諸原則をカテゴリーが達することができない超感性的なものにもまた拡大する(ここでなさねばならなかった危険な飛躍
に気付かずに)という事故に前進において陥るとはいえ、それが到達する限り有用性を保持する。この場合、思考 A394
の機関つまり理性をそれ自体のうちで、その二つの領野である理論領野と実践領野に前もって分割し測量すること V9
が必要であったのだ。しかしこの労苦は後世に残されたままである。

いよいよわれわれは哲学すること(このおかげでわれわれは哲学なしですますことができる)における最近の口調 W383
を傾聴し、評価したいと思う。

高慢な人々が哲学することは、形而上学の先端にいたるまでも及ぶとしても、彼らにとっては最大の名誉として数えられねばならないし、彼らが講壇哲学と衝突(ほとんど避けられないことだ)するとしても許されるのである。というのは彼らは講壇哲学に対して市民的平等性に立脚してへりくだるからだ。(原注) ——しかし、哲学者であろうとす
る者が高慢な態度を取ることは彼らにとって絶対に許されえないことである。というのは、彼らは組合仲間より身 C483
分を上に置くから、仲間たちの譲り渡すことができない自由権と平等権を単なる理性の事柄において傷つけるからである。

(原注)　たしかに哲学することと哲学者であることとのあいだには区別が存在する。後者は民衆の(いな、自分自身のでさえ) C482
理性を盲目的な信仰に縛り付ける圧制が哲学として登場すると、高慢な口調で発生する。これにはたとえば、「マルクス・

アウレリウス時代の雷軍団信仰」や「背教者ユリアヌスを揶揄するためにエルサレムの瓦礫の中に奇跡によって生み出された火」の信仰が属する。(2) これらの信仰が本来的な純正哲学と称され、その反対物は「炭焼きの不信仰」(3)と呼ばれる(あたかも炭焼きたちが、深い森の中に住んでいて彼らに伝えられるメルヘンにはきわめて不信感を持っているゆえに、怖れられるかのように)。この上にさらに、「スタギラ人〔アリストテレス〕が学問に対してあまりにも多くを征服したので後世が発見すべきこれといったものを残さなかった」(4)から、哲学はすでに二〇〇〇年前から死んでいるという確認が付加される。こうして政治体制の平等論者たちとは、ルソーに従って、各人が全体であるのだから市民は総じて相互に平等であると望む者たちばかりではなく、各人はただ一人〔君主〕を除くと総じて無であるのであるから万人は相互に平等であることを望む者たちである。そして王制主義者とは、能力がないことを自覚しているので他の同時代に生きている者たちとの比較を嫌い、それに曝されることを考えるだけでも辛抱できず、嫉妬心からあるときはプラトンをあるときはアリストテレスを王座に担ぎ上げる者たちである。そしてこのようにして(主として後者のケースだが)高慢な人物は、後に続く哲学することのすべてを曖昧化によって終焉させることで哲学者となるのだ。――われわれはこの現象をフォスの寓話(『ベルリン月報』一七九五年一一月号最終頁)によってほどそれにふさわしい光のもとで叙述することはできない。これはそれだけで牛百頭の生贄の値打ちのある詩である。 C483 V10

高次の感情の影響によって哲学したいという原理はあらゆるものの中でとりわけ高慢な口調のために作られる。なぜならば、私自身の感情に関して私と争う者があるだろうか。この感情が単に主観的に私のうちにあるのではなく、誰によっても要求されうるものであり、したがって、客観的でもあって認識の構成要素となり、それゆえ、単に概念として理屈を捏ねるだけではなく、直観(対象そのものの把握)として妥当するということが信じられうるものとすることができるならば、私は、自己の主張の真理について敢えて自慢するためにまず自己を正当化しなければならないすべてのものにはるかに優越していることになる。それゆえ私は、自己の所有権について立証する苦労 A395 V9 W384 C10 V10

を免除された(beati possidentes)支配者の口調で語ることができるのである。——それゆえ、われわれを事物そのものへと導く感情の哲学万歳、ということになろう。一般的徴表の迂路を通ってだけ試みられ、直接的に把握できる素材を持つ前に、それに先立って素材の根底に置くことができる一定の形式を要求する概念による理屈よさらば、である。そして、理性はこの高い洞察という獲得物の適法性を超えてはもはや何ものをも説明することができないということも前提とするとしても、「哲学は固有の感じ取ることができる秘密を持っている[5]」という事実は存続するのである。[原注]

(原注)　ある有名なこの秘密の所有者はこの点に関して次のように表明している。すなわち、「意志の立法者としての理性が現象(ここでは人間の自由な行為が理解されている)に対して、おまえは私の気に入る——ないしおまえは私の気に入らないと言わねばならない限り、理性は現象を実在性の作用と見なさねばならない[6]」と。ここから彼は、理性の立法は意志の規定根拠として形式だけではなく質料(素材、目的)をも必要とする、つまり、理性が実践的であるべきならば、対象に関する快(ないし不快)の感情が先行しなければならない、と推論するのである。——この誤謬は、もしそれを紛れ込ませるならば一切の道徳を絶滅し、もともとなんの客観的原理をも持ちえない(主観が異なるに応じて異なるから)幸福の格率のみを残すことになるであろうが、この誤謬こそは次に述べる感情の試金石によってのみ明るみに出されるのである。行為が出来するためには法則に必然的に先行しなければならない快(ないし不快)は感受的であり、行為が出来するためにそれに先立って法則が必然的に先行しなければならない快(ないし不快)は道徳的である。前者は経験的原理(選択意志の質料)を根底に置き、後者はアプリオリな純粋原理を根底に置いている(ここではもっぱら意志規定の形式にだけかかわる)。——これによって、誤謬推理(fallacia causae non causae)もまた容易に発見されうる。幸福主義者は、誠実な人間が自己の間違いなく過ごされた人生の意識においていつか快を感じるために期待する快(充足)は(したがって、自己の来世での幸福の見込みは)人生を間違いなく(法則に従って)おくるための本来的な動機である、と主張するからだ。なぜならば、将来自己の間違いなくおく

られた人生の意識において心中の快を感じるために、私が彼をはじめに誠実で法則に忠実な、つまり法則を快に先行させる者として受け入れなければならないとすると、これは帰結である後者〔快〕を人生の原因にする推論の空虚な循環であるからだ。

しかし幸福を全体的にではないとはいえ一部を人倫性の客観的原理とする若干のモラリストの折衷主義に関して言えば〔幸福が義務と一致するはずの人間の意志規定のうちにいつのまにか主観的に影響を与えていたことが認められるにもかかわらず〕、これが何の原理もなしにやっていくためには最短の道なのである。なぜならば、幸福から借りてこられた混合的な動機は純粋な道徳的原則から発する同一の行為へ働きかけるとしても、同時に道徳的心術そのものを不純にし弱体化させるからだ。道徳的心術の価値と高い地位は、それらを度外視して、いなむしろ心術に対する一切の賞賛を超克して、ひたす V12 C485
ら法則にのみ従うことにだけ存するのである。

このような、純粋理性のうちにのみ見出されうる対象を感じることができるという主張に関しては、次のような C484 V11 C485
事情がある。――これまでのところわれわれは信憑性が完全な無知に至るまでの三つの段階を知っていた。すなわ V12
ち、知、信、思念である。(原注) いまや新しい段階、論理学とはまったく共通性がなく、悟性の進展ではなく、感官の対 C486 A397 W386
象ではないものの感覚的予見(praevisio sensitiva)であると主張するもの、すなわち、超感性的なものの予感が登場した。

(原注)　われわれはちょうど中間にある語〔信〕を、時として理論的な意味でも、あることを蓋然的であると考えることと等し A396 C485 W385
い意味を持つものとして使用する。一切の可能的経験の限界を超越するものに関しては、蓋然的であるとも蓋然性がないとも言われえず、それゆえ信という語もまたその種の対象に関しては理論的意味ではまったく成立しないということは十分に注意されねばならない。――これこれのことが蓋然的であるという表現で、思念と知のあいだにある(信憑という)中間状態をわれわれは理解する。そして他のあらゆる中間状態と同じく、そこから好きなものを作ることが出来るという事態が生じてくる。――しかしたとえば、魂が死後生きていることは少なくとも蓋然性があるという者がいるならば、その者は自分が

欲しているものを知らないのである。なぜならば、蓋然的であるとは、確実性(充足根拠の)の半分以上は自己の側に持って W386 いることが真であると見なされるもののことである。したがって根拠は総じて部分的知を、判断が下される客観の認識の一部を含んでいなければならない。ところで対象がわれわれに可能な認識の客観ではないならば(物体との結合の外部でも生命を持った実体としての魂、つまり精神の本性はそのようなものである)、その可能性については蓋然的であるとも蓋然的 A397 でないとも判断できず、まったく判断を下すことができないのである。なぜならばそこで申し立てられている認識根拠は超感性的なものに関係づけられており、それゆえにいかなる理論的認識も可能ではないために、充足根拠に、したがってまた認識そのものにもまったく近づくことのない系列の中にあるからである。

超感性的なものにかかわると称する他者の証言に関する信においても事情はまったく同じである。ある証言に対する信憑は常に経験的なものである。そして私がその証言に基づいて信じなければならない人物は経験の対象でなければならない。これが超感性的存在として取られるならば、私はその存在そのものに関して、したがってこれが私に証言する存在が実在す V13 ることを、経験によって教えられることができない(自己矛盾となるから)し、私に対して現れた内的な呼び声の現象を超自 C486 然的影響以外のものから説明することが主観的に不可能であることから、それを推論することもできない(蓋然性に従った判定に関して言われたことの帰結として)。したがって超感性的なものの理論的信は存在しない。

W387 しかし実践的(道徳的実践的)意味では超感性的なものへの信は可能であるばかりではなく、信は超感性的なものと不可分に結合されてさえいる。なぜならば、私のうちにある道徳性の総体は超感性的であってそれゆえ経験的ではないとしても、それでも紛れもない真理性と権威を帯びて与えられている(定言命法によって)からである。これは、理論的に見るならば、そのために世界支配者の働きかける力なしで私の力だけでは実行不可能であるひとつの目的を命じる(最高善)。これを道徳的実践的に信ずるとは、命じられた目的を理解するための解明とそれを実現するための動機を得るために、その現実性を前もって理論的に真であると受け入れることではない。なぜならば、そのためには理性の法則はすでにそれ自体で客観的には十分であるからだ。そうではなくて、それは、この目的の理想に従って、あたかもその通りの世界支配が現実のことであるかのように行動することなのである。というのは、先の命法(これは信ではなく行動を命じる)は人間の側には、その選択意志を法則に服従させゆだねることを、同時に人間にひとつの目的を命じる意志の側には、目的にふさわしい能力(これは人間の能力ではない)を含んでおり、このためには人間理性は行為を命じることができるが、行為の成果(目的の達成)ではない。後者は常に人間が左右できることではないし、まったく人間の意のままにはならないこともあるからである。したがって、定言命法のうちには、質料的には実践的な理性があり、これは人間に次のように語るのである。すなわち、私はおまえの行為が万物の最終目的に一致するために、すでに一切の権能を持った立法的意志(神的意志)の前提が同時に考えられており、特別に強制される必要がないように意志する、と。

ここには、ある種の神秘的な思い込み、概念から思考不能なものへの飛び移り(salto mortale)、概念がまったく及びえないものの把握能力、秘密への待望、ないしはむしろ秘密との戯れが、しかし本質的には、頭脳が調子を乱して夢想に陥る状況が現れていることは、自明である。なぜならば、予感は不分明な期待であって、解決の希望を含んでいるが、これは理性の課題の場合は概念によってのみ可能である。したがって、予感が超絶的であって、固有の対象の認識には導きえないとすると、必然的にその代替物が超自然的伝達(神秘的照明)を約束しなければならない。そのときには一切の哲学の死となるのだ。

したがってアカデメイア派のプラトンは、本人の咎はないとはいえ(なぜならば、プラトンは知的直観を背進的にのみ、つまりアプリオリな総合的認識の可能性の説明のために使用したのであり、前進的に、つまり認識を神的悟性の内に読み取ることができる理念によって拡大するために用いなかったからだ)、哲学によって夢想をする者たちすべての父となった。――しかし私は(最近ドイツ語に訳された)書簡作者としてのプラトンを前者と混同したくはない。これは、「四個の認識に属するもの、つまり、対象の名称、定義、模像、および知識以外に、第五のもの[無用の長物]、つまり対象そのものとその真の存在」を望む。(7)――「この不変の存在は、魂の内でのみまた魂によってのみ直観することができるのであり、魂においてあたかも火花のように光がひとりでにともるのだが、彼［高揚した哲学者として］はこれを捉えたかったのだ。この存在についてわれわれは語ることができない、少なくとも大衆に向かっては。というのは、われわれは直ちに自己の無知を確信するからだ。というのは、この種の試みはすべてすでに、ひとつにはこの高次の真理は巨大な軽蔑に曝されており、またひとつには［ここでは唯一理性的なことだが］、魂が巨大な秘密の認識という空虚な期待と空しい妄想を期待しうるものだとされるゆえに、危険であろうからだ。」

ただ自分で夢想するだけではなく、大衆（加入儀礼を通過していない一切の者を指す）との対比における達人たちにだけ語るのだから同時に徒党の一員でもある神秘家をここに見ない者は、自分の哲学と称するものをもって高慢にふるまっているのである。――その最近のいくつかの実例を挙げることは許されよう。

最近の神秘的プラトン的言語では「人間の哲学はすべて朝灼けを示しうるのみである。太陽は予感されねばならない」と言われている。[8]しかし、前もって太陽を見たことがなければ誰も太陽をしっかりと予感することはできない。なぜならば、われわれの惑星では規則正しく夜の後には昼がくる（モーセの創世記に言うように）から、空が常に雲に覆われていてかつて太陽を見ることがないとしても、あらゆる営みはこの交代（日々と四季の）に従ってその固有の歩みを進めるということは十分に考えられうることであるからである。しかしながら、事物の状態がそのようであるとするならば、真の哲学者は太陽をなるほど予感はできないが（なぜならこれは彼の任務ではないからだ）、しかしおそらくは、そのような天体の仮説を想定することで、先の現象を説明するために推測することはでき、そのうえ極めてよく的中させることもできるだろう。――たしかに、太陽（超感性的なもの）に見入ってしかも目が眩

まないことは不可能である。しかし、晩年のプラトンが行ったように、太陽を反射鏡（心を道徳的に照らす理性）で、
そして実践的目的においても十分に見ることは、完全に実行可能である。これに反して新プラトン派は「われわれ
にたしかに劇場の照明を与えるだけ」である。というのは、彼らは感情（予感）によって、つまりなんらの対象に関 W389
する概念をも与えない単に主観的なものによって、超絶的なものに適用された客観的なるものの認識という幻影を
差し出すためにわれわれを欺こうとするからである。——ところで先の予感を理解可能なものにすべく用いられる
比喩的表現に関しては、プラトンを模倣する感情哲学者は無尽蔵である。例えば、「知恵の女神に近づいたので、
その衣の衣擦れの音が聞こえる」、また、疑プラトンの芸術礼賛においてもまた「彼はイシスのベールを挙げるこ
とができないので、その向こうに女神を予感できるようにベールを薄くする」[9]。どれくらい薄いのかはここでは言
われていない。おそらくなおまだ幻影から好きなものを作りうる程度には厚いのだろう。なぜなら、さもなければ
それは実像だが、これはたしかに避けようとしていたものだからだ。

ところでまったく同じ目的のために、厳密な論証が欠乏している以上は「類推、蓋然性」（これらについてはすで V16
に触れた）と「形而上学的昇華[原注]によってあまりにも繊細になったため悪徳との戦いに耐ええなくなった理性の去勢 A400 W390 C489
の危険[10]」が論証として持ち出されてくる。しかしこのアプリオリな原理において実践理性は他によっては決して予 C490
感されない強みをまさしく感じるのであり、むしろ不正に持ちこまれた経験的なもの（これはまさにそのゆえに一 V17 C491
般的立法には役立たない）によって去勢され不具にされるのである。

（原注）　これまで新プラトン派が語ったことはテーマの取り扱い方に関しては純然たる形而上学であり、それゆえに理性の形 A399 C488 V16 W389
式的諸原理にのみかかわる。しかしそれは超自然学をも、つまり実践理性の諸原理ではなく超感性的なものの（神と人間精

神の)本性に関する理論をもいつのまにか持ち込んでおり、この「それほどは純良でない」のも織り込まれることを望んでいる。ここで純粋理性概念の質料(客観)にかかわる哲学が、一切の経験的な糸から注意深く切り離されていないと(超越論的神学におけるように)、どれほど内容のないものとなるか、次の実例によって解明されるだろう。

最実在的存在という神に関する超越論的な概念は、どれほど抽象的であるとしても哲学では避けられえない。なぜならば、この概念は、応用神学および宗教論で後々登場できるすべての具体的概念の連結と同時に純化のために必要だからだ。ここで私は、神を一切の実在性の総括(complexus, aggregatum 複合体、集合体)として考えるべきか、それとも一切の実在性の最高根拠として考えるべきかと自問しよう。前者を行うならば、最高存在の概念が空虚で無意味にならないためには私は最高存在を合成する素材の実例を持ち出さねばならない。したがって私はその概念に悟性あるいは意志等々を実在性として帰属させるだろう。ところで私が知っているあらゆる悟性は思考能力、つまり比論的表象能力であり、あるいは複数のもの(その相違を私は思考によって捨象しなければならない)に共通した徴表によって、したがって主語の限定なしには不可能な表象能力である。したがって、神的悟性は思考能力として考えられてはならない。しかし私は他の、直観能力であるような悟性に関してはなんら知るところがない。それゆえ、私が最高存在に措定する悟性の概念はまったく空虚なのである。――同じようにして、私が神の概念に他の実在性、例えばそれによって神が自己以外の万物の原因となる意志を措定するならば、自己以外の事物の現存在にはまったく依存せずに充足する(acquiescentia)存在を考えなければならない。なぜならば、それ[依存]は制限(negatio)であろうからだ。ところが私はここでもまたいささかの概念も持っていないし、主観がその充足を自己の意志の成就に置いておらず、したがって外的対象の現存在に依存していないような意志の実例をまったく挙げることができない。このようにして最高存在の意志の概念は、最高存在に内在する実在性としては、先の場合と同じく、空虚であるか、または(いっそうひどいことであるが)神人同形説的な概念なのであり、それが不可避的に実践に持ち込まれると、あらゆる宗教を毒し偶像崇拝に変質させるのである。――しかし私が最実在的存在 ens realissimum に関して一切の実在性の根拠という概念を構成するならば、私は、神は、世界にあってわれわれ人間がそれのために悟性を想定する必要があるすべてのもの(一例を挙げると、世界における一切の合目的なもの)の根拠である存在だと言うのである。神とは一切の世界存在の現存在が、それから起源を、その本性の必然性から(per emanationem 流出によって)ではなく、その可能性を理解するためにはわれわれ人間がそれに自由な意志を想定しなければならないひとつの関係によって、得てきている存在である。ところがここで最高存在の本性が(客観的に)何かということは、われわれにはまったく計り知れないことであり、一切のわれわれに可能な理論的認識の領域の外に措定されている。しかしなお(主観的には)、実践的顧慮(人生に関する)においてはこの概念に実在性が残っている。これとの関係においてのみ、神的悟性および意志と人間のそれおよび人間の実践理性との類比が、理論的に見ると両者の間には何の類比も成り立たないにもかかわらず、受け入れられうるのだ。物自体そのものの本性に関する理論からではなく、われわれ自身の理性が権威を持ってわれわれに指令する道徳法則から、実践的純粋理性が形成することをわれわれに要求する神の概念が現れてくるのである。

それゆえに近年興奮して、〔知恵の〕女神の衣の端をすばやく捉えて自分のものにしたと嘘をついて自分たちにはまったく労力を要しなかった知恵を宣布している自信家たちの一人が、「自分の神を作ると考える輩を軽蔑する」と言うならば、それは彼らのカストの特異性であって、その(別格の恵まれた者としての)口調は高慢である。なぜならば、われわれの理性から生まれなければならない概念がわれわれ自身によって作られたものであらねばならないことは自明だからだ。われわれがそれをなんらかの現象から(経験的対象から)取ってくることを望んだのであるならば、その場合われわれの認識根拠は経験的であり万人に対する妥当性としては、したがって普遍的に拘束的な法則が持たねばならない必当然的実践的確実性としては、役に立たないであろう。むしろわれわれはわれわれには人格的に現れる知恵を、この人格が先の自分で作った原像の性格と対応するか見るために、まず原像としてのこのわれわれ自身によって形成された概念に関係づけねばならないだろう。そしてもしそれに関して矛盾することを見出さないならば、それとの適合性を超感性的経験(対象は超感性的なのだから)による以外に認識することは絶対に不可能である。これは自己矛盾である。神の顕現はプラトンのイデアを変じて偶像とすることであり、偶像は迷信的に崇拝される以外にはありえない。これに反してわれわれ自身の理性の概念から出発する神学は理想を提示し、理想は、それ自体が神学とは独立した最も神聖な義務から発するものであるから、われわれに祈りを強いるのである。

ついに最新のドイツ哲学は感情によって哲学する(数年早く世に現れた、哲学によって道徳的感情を発動し、力を与える哲学とはいくぶん異なって)という呼びかけを一つの試験にゆだねたが、この試験には必ず不合格となるのである。その要求は「人間哲学の正しさの最も確実なしるしは、それがわれわれをより確実にすることではなく、より善くすることである」[11]と称している。——この試験に関して、人間が善くなったかどうか(秘密の感情の作用で)を、自己の道徳性を実験室で検査する貨幣試験官によって証明されることは望みえない。なぜなら、善い行為の地金はたしかに誰でも計ることができるが、それらの行為が心術のうちに何マルクの純度の高い金を含んでいるか、この点に関して一体誰が公共的に通用する証言をすることができるだろうか。そして感情こそがそもそも人間を善くするのであり、学的理論はこれに反して不毛かつ無力であるということが証明されるべきであるならば、このような証言がなければならないことになってしまうだろう。したがってこのための試金石を経験は提供することができない。それは実践理性のうちにのみアプリオリに与えられているものとして求められねばならないのである。内的経験と感情(これはそれ自体としては経験的であり、それゆえ偶然的である)は、万人に向けてはっきりと語り学的に認識できる理性の声(dictamen rationis)によってのみ、引き起こされる。しかし、感情によって特別の実践的規則が理性に対して導入されるというようなことはない。それは不可能なのだ。というのも、もしもそうでないとその規則は普遍妥当的ではありえなくなるからである。したがってわれわれは、どの原理が人間を善くすることができるのか、またするのか、その原理を自己の心にはっきりとかつ絶え間なく持ち、それが心に生む力強い印象に注意するならば、アプリオリに洞察することができねばならないのである。

ところで誰でもが自己の理性において義務の理念を見出すし、それに対して不服従を試みる傾向性が生じる場合

C491 V17 W390　W391　V18　A402　W392 V19

にはその警告の鉄のような声が聞こえてきて震撼する。彼は、たとえ傾向性が束になって義務の理念に抗して徒党を組んだとしても、自己自身の理性が命ずる法則の主権は一切に断固として優越していなければならず、それゆえ自己の意志はそのための能力を持っていることをも確信するのである。これらのことはすべて人間にとって、彼自身に命令を下す理性の権威とその命令そのものを確信するために、たとえ学的にではないとしても、はっきりと表象されうるのであり、またそうされねばならない。そしてその限りでは理論なのである。——ところで、私の中にあって私の衝動の最も内奥の誘惑や私の本性から発する一切の願望を、代償として何の利点をも約束せず、守らないとしても何の損失も脅かさない法則の犠牲にささげることを可能にするもの、それどころか、それが厳格に命ずれば命ずるほど、代償をもたらさねばもたらさぬほど、ますます尊敬の念を深めるものは何か、と自問することを人間にさせよう。この問いは人類における内的素質の偉大さと崇高性、また同時にそれを満たす秘密の不可測性（というのは、それは自由であるという答えは、これが秘密そのものの内容なのだから同語反復であろうからだ）によって心全体を燃えあがらせる。われわれは眼差しをこれに向け、それ自体の内に自然のどのような力にも譲らない力が存することに驚嘆することに飽きることがない。そしてこの驚嘆は理念から生み出された感情であり、スコラおよび講壇の道徳説を超えて、この秘密の提示が、特別の繰り返される教師の仕事であるならば、心の内深くに突き通り、人間を道徳的に改善することに欠けることはないであろう。

ここにアルキメデスが必要としたが見つけられなかったものがある。すなわち、理性がその梃子を据えることができる支点である。そしてとりわけ、人間の意志を全自然を向こうに回した場合でさえもその原則によって動かすために、それなしでは現世にも来世にも据えることができず、ただ揺らぐことのない道徳法則によって確実な基礎として示される理性が持つ自由の内的理念においてのみ据えることができるのである。ところでこれは、悟性概念を時間をかけて発展させ原則を細心に吟味した後でのみ、したがって労苦によってのみ感じられうる秘密である。――それは経験的には与えられず(解決は理性にゆだねられている)、アプリオリに(われわれの理性の限界内の現実的洞察として)与えられている。そのうえ理性認識を、実践的顧慮においてだけだが超感性的なものにまで拡大する。認識を根拠づける感情(神秘的感情)によってではなく、感情(道徳感情)に働きかける判明な認識によって。――この真の秘密を所有すると考える者の口調は高慢であることはできない。なぜならば、独断的ないし歴史的知だけが威張るからだ。自己自身の理性の批判によって和らげられた前者は不可避的に節度を要求する(謙虚)。しかし後者の僭越に関しては、プラトンと趣味の涵養にのみ属する古典作家たちに親炙していることはそれと共に哲学者になろうということを正当化しないのである。

哲学という名称の装飾的な使用がモードにまでなっており、幻影の哲学者(そのようなものを許容するならば)が努力なしで大胆な跳躍によって洞察の先端に達する安直さのゆえに、知らず知らずのうちに周囲に巨大な信奉者を集めることができる(なんと大胆さは伝染しやすいものか)現代においては、この僭越を咎めることは余計なことではないと思う。これは学問の世界の警察が耐えられないことである。

われわれの認識における形式的なもの(これが哲学の最も主要な仕事である)に関して衒学的なるものとして「形式付与マニュファクチュア」[12]の名のもとに揶揄する軽蔑的な仕方は、この疑念を確証する。すなわち、哲学の見せかけのもとに実は一切の哲学を廃止し、勝利者としてそれらの上に高慢に君臨するという隠された意図があるのではないかという疑念を確証する(「これによってこんどは宗教的恐怖が足の下にふみしかれ／勝利は私たちを天にまで高めた」ルクレティウス）。[13]――いつも目覚めている批判の照明のもとでこの試みがいかに成功できる公算が低いかは、次の実例から見て取ることができる。

理性が事物の存在を認識すると考える限りでは、形式において事物の存在が成り立つ（「形式は物の存在を与える」forma dat esse rei とスコラ学者は言った）。この事物が感官の対象であるならば、それは直観における事物の形式（現象としての）であり、純粋数学ですら純粋直観の形式学に過ぎない。純粋哲学としての形而上学がその認識を何よりも、そのもとにあらゆる客観（認識の質料）が後に包摂されるであろう思考形式に根拠づけているように。この形式の上に一切のアプリオリな総合認識の可能性が基づいているのであり、この種の認識をわれわれが持っていることは争いの余地がない。――理性が抗するべくもなくわれわれを駆り立て、また道徳的実践的顧慮においてのみ果たすことができる超感性的なものへの移行を、理性はそのような自由な行為の質料（その目的）ではなく、ただその形式、つまり、その格率が立法一般の普遍性に使いうること、を原理とすることができる（実践的）法則によってのみ、実現するのである。両方の領域（理論的および実践的の）において、それは計画的ないし製作的にさえも（国家の目的のために）作為された意図的な形式付与ではなく、先行する勤勉で注意深い主観の作業を自分固有の（理性の）能力として受け取ったり評価したりすることを考えない、何よりも与えられた客観を取り扱う手工業である。これに反して、超感性的なものの幻影のために神託を開き示す紳士はそれを頭脳の機械的な取り扱いにゆだね、それに哲学の名を名誉のためにのみ付与することを拒絶することができないのである。

ところでしかし、根本的には同一の善き目的つまり人間を賢明かつ誠実にするという目的を持っている両当事者間のこれら一切の争いはいったい何のためなのだろうか。これは空騒ぎであり、誤解に基づく対立であり、そこでは将来のために一致をさらに内面的なものとする約束を結ぶために和解ではなく、相互に気持ちを打ち明け合うことだけが必要なのである。

われわれが双方とも膝を屈するヴェールをかぶった女神は、われわれの内なる無傷の尊厳を持った道徳法則である。われわれは確かにその声を聞き、間違いなくその命令を理解しもするが、それを聞くとき、それが自己の理性の力の完全性に発する人間のものなのか、もしくは、その本質が未知であって、人間に対してこの人間固有の理性を通じて語っている他の存在から由来するのか、疑いを持つ。根本的にはわれわれはこの探求を完全に放棄するのがよいのかもしれない。このような探求は思弁的なものに過ぎず、われわれがなすべきこと(客観的に)は、どの原理を根底に置こうとも常に同一である。われわれの内なる道徳法則を論理的方法によって判明な概念にする教授法上の手続きだけが本来は哲学的であり、この法則を人格化し道徳的に指令する理性をヴェールをかぶったイシスとすること(たとえわれわれがイシスに先の方法によって見出されたもの以外の性質は属せしめないとしても)は同一の対象の美感的な表象様式であるというだけである。われわれはこの表象様式を、前者によって諸原理が純粋化された事後にであれば類推的であるとはいえ感性的な描出によって先の理念を生気づけるために活用して差し支えないのだが、そこには常に一切の哲学の死である夢想的な幻影に陥るという多少の危険が伴っているのである。――

したがって先の女神を予感できるという表現の意味することは、自己の道徳感情が依存している諸原理をいまだ判明化しうるに先立って、それ〔道徳感情〕によって義務概念に導かれるということに過ぎない。このような法則の予感は、方法的な取り扱いによって明晰な洞察に移行するや否や、哲学の本来の任務となる。これなしでは理性が語ることは、どんな解釈でも許す神託(原注)の声となるであろう。

(原注)　この秘密商売はまったく独特の性質を持っている。これの信奉者たちは自分たちの光がプラトンから点じられていることを隠さない。そしてこのプラトンと自称する者は、それ(光によって照らされるもの)はいったいどこにあるのだと聞かれても、答えられないと告白しているのである。しかしこれはますます結構なことだ。なぜならば、もう一人のプロメテウスであるプラトンがそのために天から直接火を盗んできたことは自明だからだ。だから由緒ある貴族の出である場合は高慢な口調で語ることができて、次のように言えるのである。すなわち、「われわれの小生意気な時代にあっては、感情に発して言われたり行われたりしたことは、ほとんどすべて夢想だと受け取られるのを常とする。哀れなプラトンよ、もし汝が古代の刻印を身に帯びず、またもし汝を読むことなしに学識を標榜することができるならば、足下に転がっているものだけを眼にとめ、手で摑めるものだけしか受け入れないことが最高の知恵である散文的な時代にあって、誰がなおも汝を読もうとするだろうか」と。――しかしながら、この結論は不幸なことに正しくない。これが証明することは過大なのだ。なぜならば、アリストテレスはきわめて散文的な哲学者であるが、確かに古代の刻印を身に帯びており、しかも先の原則によれば、読まれるべきだという要求を持っているからである。――根本的には哲学はすべて散文的である。今やふたたび詩的に哲学しようという提案は、商人に対して、これからは帳簿を散文ではなく韻文で記入しようと提案するようなものだと受け取ってよかろう。

いずれにせよ、「もし」この協調の提案を受け入れないと、フォントネルが別の機会に述べたように、「某氏が神託を完全に信じたいと願うならば、誰もそれをとめることはできない」(14)ということになるだろう。

*ケーニヒスベルク

I・カント

A406　W397　V24　C496 W396

誤解から生じた数学論争の解消

田山令史訳

Ausgleichung
eines
auf Mißverstand beruhenden
mathematischen Streits.
(1796)

誤解から生じた数学論争の解消

A版 第8巻 407-410頁
C版 第6巻 497-500頁
V版 第5巻IV 25-26頁
W版 第6巻 399-402頁

『ベルリン月報』(一七九六年五月、三九五、三九六頁)の論文[1]で私は、数学的対象について哲学するといった試み[2]に人を引き込みかねない妄想の例の一つに、ピュタゴラス派の数神秘家の問いとして次を挙げておいた。「直角三角形の辺の長さの有理比は、なぜ、数3、4、5の比だけしか可能でないのか」。――そして、私はこの命題を真としたのである。しかし、教授ライマールス博士[3]はこれに反対して、言われた数より多くの数が問題の有理比になりうることを示した(『ベルリン月報』八月、第六号)。

したがって、ライマールス博士と私が実際に、数学論争(全体、こんなことはほとんど未聞なのだが)のさなかであることは何より明らかと思われる。しかし、この仲違いはただの誤解なのである。表現が二人の間でそれぞれ異なる意味に取られている。お互いに了解すれば論争はなくなり、両者ともに正しいことになる。――命題と反対命題はこうなるのである。

ライマールスが言うには(ともかく彼は自分の命題をこう取っている)、「すべての可能な(個々別々に考えられた)数の無限の集まりのなかで、直角三角形の辺につき、数3、4、5の比より多くの有理比がある」。

カントが言うには(ともかく彼は自分の反対命題をこう取っている)、「自然な順序(0から始まりずっと1ずつ増加する)で進行するすべての数の無限列のなかで、互いにじかに続く(つまりつながって考えられた)数のうち、直角三角形の辺の有理比は数3、4、5の比以外には可能でない」。

命題は両方とも厳密に証明されている。そして(言うところの)対立者のどちらも、この証明の最初の発見者とい

A 409
C 499
V 25
W 401

う功績を担うものではない。

すると問題は、この誤解の責任の所在を明らかにすることに行き着くのである。——ことが純粋に数学的であるとすると、責任はこのカントが負わねばならない。命題は、先に言われた数の性質を(数の列というものを考慮することなしに)一般的に表現するものだからである。しかし、ここで数学の命題について哲学しようとするならば、これはピュタゴラス派の数神秘家が数学に対して犯す不法の例と成り下がるだけである。たとえば、問題になっている数の無限列のなかの三つの隣り合った数に限られた結びつきだが、ここにある意味において、神秘家は、数の性質につき、何か格別なもの、美しさの点で瞠目すべきものを見いだすと思い込むことができる。これと同じ意味に、先の反対命題が解せると思われているらしい。しかし、数学はここに何もめざましいものを見ない。

かくてライマールス氏は、私が知るかぎり、まだ誰も疑ったことのない命題を証明することになって、無駄骨を折ったのである。こう言ったところで、彼は私を責めはしないと思いたい。

A410
C500
W402

魂の器官について

谷田信一訳

Über das Organ der Seele.
(1796)

魂の器官について

A版 第12巻 31-35頁
C版 第6巻 515-521頁
V版 第8巻I 175-181頁
W版 第11巻 253-259頁

ゼンメリング[1]『魂の器官について[2]』ケーニヒスベルク、一七九六年、八一―八六頁に付録として掲載

尊敬すべき学兄！　貴兄は私に、動物の肉体の中のある生命力の原理について、すなわち、たんなる知覚能力という側からは直接的感覚器官[3]（πρῶτον Αἰσθητήριον）と呼ばれるが、脳のある部分におけるすべての知覚の統合という側からは共通感覚中枢[4]（sensorium commune）と呼ばれるもの、に関して貴兄が書き上げられた著作について、判定を求められました。私を自然学にもまったく疎いわけではない者とみなしてその栄誉が与えられたのであるとすれば、私はその栄誉に大いに感謝いたします。――けれども、それにはさらに形而上学（そのお告げはもうとっくに聞かれなくなったといわれていますが）への問いが結びついているので、私はその栄誉を受け入れてよいものかどうか、困惑してしまうのです。というのも、そこにはまた、感覚的受容性（facultas sensitive percipiendi）という面も運動能力（facultas locomotiva）という面も含めての、魂の座（sedes animae）の問題も含まれているのだからです。したがって、二つの学部がすなわち、解剖学的・生理学的な分野での医学部が心理学的・形而上学的な分野での哲学部と、それについての判定権（forum competens）をめぐって争いとなることがありうるような回答が問題となるわけです。その場合、すべてを経験的な諸原理に基づかせようとする学部と、最上のアプリオリな諸基礎を求めようとする学部とを連合しようとするすべての試みにおいてそうであるように（純粋な法論を経験的・条件付きなものとしての政治と結び合わせたり、純粋な宗教論をやはりまた経験的・条件付きなものとしての啓示

A31
C517
V177
W255

的宗教論と結び合わせようとしたり試みるときにも、つねに起こるケースですが)、もっぱら学部間の争いに基づく厄介が生じるのです。すなわちそれは、一つの大学(すべての知を包括する機関としての)において一つの回答が求められる場合に、その問題がどの学部に属する問題なのか、という争いです。——いま問題になっているケースでは、生理学者としての医学者に喜ばれるようにすると、形而上学者としての哲学者と不仲になるし、また逆に、哲学者の言い分を認めると、生理学者と衝突するのです。

しかし、魂の座という概念はもともと、共通の感覚器官についての学部間の不一致を招来する概念であり、それゆえ、まったくそれとはかかわりあいを持たぬほうがよいのです。しかも、次のような理由から、よけいにそうするほうがよいでしょう。すなわち、魂の座という概念は、もっぱら内的感官の対象であるのでたんに時間の制約に従ってのみ規定されうる事物に、空間的関係を付け加える場所的現前を要求するのですが、まさにそれによって自己矛盾を犯すのです。これに対して、もっぱら悟性にのみ属し、したがってまた場所的ではない潜勢的現前という概念は、(共通感覚中枢についての)上述の問題をもっぱら生理学的な課題としてのみ扱うことを可能にするのです。——というのも、たいていの人間は思考を頭の中で感じると信じているけれども、しかし、それはたんに窃取的推理の誤謬なのです。つまり、(脳の)ある場所での感覚の原因についての判断をこの場所でのその原因の感覚だと受け取り、そして、それによって生じた印象についての脳の痕跡に、質料的観念[5](デカルト)という名のもとに、あとから連想の法則に従って思想を随伴させる、という窃取的推理です。けれども、この質料的観念というものは、自由に仮定されてよいものではありますが、しかしそれは、少なくとも魂の座を必然的とするわけではなく、また、生理学的課題を形而上学と混合するわけでもありません。——それゆえわれわれが問題にするのは、心[原注]におけるす

べての感覚表象の統合を可能にする物質だけなのです。――しかし、(共通感覚中枢として)その資格を持っている V 179
唯一のものは、貴兄の深い解剖学的知識によってなされた発見によれば、脳室の中に含まれており、しかも、たんに水なのです。すなわちそれは、直接的な魂の器官として、一方では、いくつもの神経束を通ってくる諸感覚が混ざり合わないように、ちょうどそこに終端を持つ神経束を互いに分離するのですが、他方ではまた、ただひとつの感覚でも同じ心によって感受されながら心の外にある(それは矛盾です)というようなことがないように、神経束ど W257 A33
うしのあいだに汎通的な共同性をつくりだすのです。

(原注)　心ということばで理解されているのは、たんに、与えられた表象を複合して経験的統覚の統一をつくりだす能力 A 32 V 178 W256
(animus 意識)のことであり、物質とはまったく異なった本性に即しての実体(anima 魂)のことまで意味されているわけではありません。その際、そのような本性については、考慮されていないのです。そこから、次のような指針が得られます。すなわち、われわれは、思考する主観に関して、純粋意識と与えられた表象の複合におけるそのアプリオリな統一(つまり、悟性)とにかかわりあう形而上学へと越え入ってはならないのです。むしろ、諸直観を(その対象が現前しなくても)経験的表象として、脳(ほんらい、再生の能力 habitus)の中の印象に対応して、そして、内的な自己直観の全体に帰属して、受け取ることができる能力である構想力とかかわりあうべきなのです。

さてしかし、大きな疑念が生じてきます。すなわち、水は液体であるから有機的だとは考えにくいのですが、し C 519 A 33 V 179 W257
かし、有機性がなければ、すなわち、諸部分が合目的的で形において持続的な配列をしているのでなければ、どんな物質も直接的な魂の器官となるには適さないでしょうから、したがって、貴兄のすばらしい発見はなお目的を遂げていないのではないか、という疑念です。

液体的であるとは、その物質が占める空間の内部でそれのどの部分もきわめてわずかな力でその場所から動かされうるような持続的物質のことです。しかし、この性質は、有機的物質という概念と矛盾するように見えます。というのも、有機的物質とは、機械として、したがって、その諸部分のずらし(したがってまた、その内的配置の変更)に対して一定の力で抵抗する固体的物質として、考えられているのですから。けれども、あの水を、部分的には液体的で部分的には固体的(例えば目の水晶体のように)と考えることは、直接的感覚器官の機能を説明するために直接的感覚器官のあの性質を想定する意図をも、部分的に台無しにしてしまうでしょう。(原注)

(原注)　液体的なもの(fluidum)には、ほんらい、固体的なもの(rigidum)が対置されねばならないのであり、オイラーもそうしています。硬密なものに対しては、空疎なものが反対語なのです。(6)

もし私が、一定の形態を形成するための諸部分の並置に基づく機械的な有機化ではなく、化学的な原理に(前記のものが数学的な原理に基づいていたのと同様に)基づいており、したがってあの物質の液体性とも相容れうるような、動力学的な有機化を提案するとすれば、どうでしょうか。——空間とそれを占める物質(例えば、脳室やそれを満たす水)との数学的分割が無限に進むように、動力学的な分割としての化学的分割(ある物質の中で互いから分解されたさまざまな種類のものの分離)も同様だと思われるのであり、われわれが知るかぎり、その分割もまた無限に(in indefinitum 不定に)進むのです。——ほんの少し前までは化学的元素だと思われていた純粋な普通の水は、今では、気体学的実験によって二つの異なる種類の気体に分けられます。これらのそれぞれの種類の気体は、それらの基体のほかに、さらに熱素をうちに含んでおり、この熱素はおそらくさらにまた自然的に光素と他の物質とに分解され、さらに光はさまざまな色に分解される、等々です。(7)それに加えてさらに、植物界があの普通の水から、おそらく分解や他の種類の結合によって、どれほど測り知れないぐらい多様な、部分的に液体的な物質を生み

C520　A34　V180　W258

出すことができるか、を思ってみるならば、神経がその終端において脳水(これはおそらく普通の水以上のものではないでしょうが)の中にどれほど多様な道具を見いだすかを思い浮かべることができるでしょう。そして、その多様な道具によって神経は、感性界を感受可能であるとともに、逆にまた、感性界に対して作用可能でもあるのです。

さて、仮説として、次のことを想定してみましょう。経験的思考、すなわち与えられた感覚表象の分解と複合において、心の根底には、諸神経のある能力が働いている。その能力とは、さまざまな神経の違いに応じて脳室の水をあの根源的諸物質に分解したり、そしてまたあれこれの根源的物質を分離*したりして、さまざまな感覚を出現させる能力である(例えば、視神経が刺激されることによって光の感覚が、聴覚神経によって音響の感覚が出現する、等々)。だが、これらの物質は、刺激がやむと、すぐにふたたび溶け合う。以上のようなことを想定するなら、この水は絶えず有機化されつつあるがしかしすでに有機化されてしまってはいない、と言うことができるでしょう。この場合、持続的な有機化ということで意図されていたのと同じこと、つまり、ひとつの共通な器官(共通感覚中枢)におけるすべての感覚表象の集合的統一を理解できるようにするということ、が達成されるのですが、しかしこの場合には、もっぱら化学的分解という点からそれが理解可能となるわけなのです。

けれども、ハラー(8)が提示したような本来の課題は、これではまだ解決されてはいません。その課題は、たんに生理学的であるだけではなく、自己自身の意識の統一(これは悟性に属します)を脳(これは外的感官に属します)の諸器官に対する魂の空間的関係において表象するための、したがって場所的な現前としての魂の座を表象するための手段としても役立つのでなければならないのです。これは形而上学にとっての課題ですが、しかし、形而上学にとって解決不可能であるだけでなく、それ自体として矛盾したものです。――というのも、もし私が私の魂の場所、すなわち私の絶対的な自己の場所を、空間の中のどこかで直観可能とするということになれば、私は自分自身を、それによって私が間近に私を取り囲んでいる物質を知覚するのとまさに同じ感官によって知覚しなければならないわけです。それは、私が世界における人間としての自分の場所を規定しようとする場合と同じことであり、つまり、私は自分の身体を私の外にある他の物体に対する関係において眺めなければならないわけなのです。――ところで、魂は自らを内的感官によってのみ知覚できるのですが、しかし、身体・物体を（内的にであれ外的にであれ）知覚するのは外的感官によってのみです。したがって、魂は自らにまったくいかなる場所も指定することはできません。なぜなら、このためには魂は自らを外的直観の対象とし、自らを自らの外に移さねばならないことになりますが、これは自己矛盾だからです。――それゆえ、形而上学に要求される魂の座という課題の解決は、不可能な数（$\sqrt{-2}$）へと導くのです。そして、そうしたことを企てる人に対しては、テレンティウス[9]といっしょに、「きみがしていることは、理性によって狂乱しようと努力しているようなものだ」Nihilo plus agas, quam si des operam, ut cum ratione insanias! と言うことができるのです。しかしながら、たんなる動力学的現前をできるかぎり直接的なものにまで追跡したことで満足している生理学者が、なお欠けているものを補足することを形而上学者に要求した、ということについては、その生理学者を悪く思うわけにもいきませんが。

哲学における永遠平和条約の締結が間近いことの告示

遠山義孝訳

Verkündigung des nahen Abschlusses eines Tractats*
zum ewigen Frieden in der Philosophie
von
Immanuel Kant,
Professor zu Königsberg.
(1796)

ケーニヒスベルク大学教授イマヌエル・カントによる哲学における永遠平和条約の締結が間近いことの告示(1)

A版 第8巻 411-422頁
C版 第6巻 501-513頁
V版 第5巻IV 27-40頁
W版 第6巻 403-416頁

目次

第一章　永遠平和が近づいているということへの明るい展望

生きる自然としての人間の最低段階から、最高段階、つまり哲学、にいたるまで

クリュシッポス[2]は彼特有のストア的などぎつい表現で「自然は豚に、豚がくさらないために、塩の代わりに魂を付与した」と言っている。[原注] ところで、これは一切の文化以前における人間の自然の最低段階と同じであり、単に動物的本能の問題である。――そしてこの哲学者は、これによってまるで予言者のまなざしをわれわれの時代の生理学的体系に投げ入れたかのようである。ただし今やひとは魂という語のかわりに生命力という語を好んで使うようになっており(一つの結果からこれが生じた力をなるほど推論はできても、この種の結果に特に適合している実体をただちに推論することはできないから、このような使用法も正しいのであるが)、**生命**というものを刺激的諸力の作用(生命の刺激)と刺激的諸力に反作用する能力(生命の能力)の中に置いている。そして釣合いのとれた刺激が体内に、過度の作用も、極端にわずかな作用をも、生み出さない場合、その人間は健康であると言われるのである。もし刺激の作用が逆の場合には、自然の動物的操作は化学的操作へと移行することであろう。この操作が結果的に腐敗を生じるのであり、したがって(かつて信じられていたように)腐敗という現象が死から、そして死の後に出現するのではなく、死が死に先行する腐敗から生じるに違いない、ということである。――ところでここでは、人間

A413
C503
V29
W405

における自然というものが、人間が人間となる以前の形で、したがって、諸力をたかめるために、動物の中で活動しているような自然の普遍性の中に示されるのである。そしてこれらの力は人間が後になって自由の諸法則に従って用いることのできるものとなるのである。しかし自然のこの活動性とその刺激は実践的なものではなく、ただ機械的であるにすぎない。*

(原注)　キケロ『神々の本性について』第二巻、一六〇節。

A

人間の哲学の自然的諸原因について

人間は、自己意識という特性があるために理性的動物である(3)(また動物にも意識の統一のために、魂だけが付与されることも可能である)。ほかのすべての動物と比べて人間を際立たせるこの自己意識という特性は別として、人間には次のような性癖(4)がある。すなわち、理屈をこねるためにこの能力を使用し、次第に方法的にしかも諸概念を用いてのみ理屈を述べる、つまり哲学するということ、*そのうえまた自分の哲学で他のひとびとに議論をふきかける、つまり論争するということ、これらは熱情なしには容易にできないから、自分の哲学のひいきのために、言い争い、ついには一つの集団をなして互いに(軍隊が軍隊に対するように学派が学派に対して)公然と戦うということ、――以上のような性癖、むしろ衝動は、自然のもたらした有益かつ賢明な企ての一つと見なされなくてはならぬであろう、そう私は主張したい。自然はそれによって、人間を腐敗するさだめの生身の体という最大の不幸から

A414　V30
W406　C504

守ろうとしているのである。

哲学の自然的作用について

自然的作用とは、哲学の作用としての理性の健康(status salubritatis 健康状態)のことである。——しかし人間の健康は(上述のように)絶え間のない発病と治癒の繰り返しであるから、健康といわれながらも、病気とわずかな差の間にある均衡状態を保つためには、実践理性の単なる生活様式(たとえば実践理性の体育による)だけでは、すまされない。そこでむしろ哲学は(治療学的に)医薬品(materia medica 薬物)として作用しなければならないのである。もっともこれを使用するためには、さらに薬局方と医者(医者の場合はひとりでも医薬の使用を処方する資格がある)が必要とされるのである。その際、警察当局は次のことを監視しなくてはならない。すなわち、専門の免許のある医者はともかく、ただの愛好家連中が、でしゃばって、どの哲学をひとは研究すべきであるかを勧めたり、自分たちがそれについて初歩さえ知らない学術において、ぞんざいな仕事をしたりしないよう監視することである。

ストア派の哲学者ポセイドニオスは、(5) 医薬品としての哲学の力についての一例を、大ポンペイウスの面前で、わが身にほどこした次のような実験を通して示したのである(キケロ『トゥスクルム荘対談集』第二巻、第六一節)。すなわち、彼はエピクロス学派とのはげしいやりとりを通して、痛風の激しい発作を抑え、痛風を足の方へさげていき、心臓や頭へのぼらせなかったのである。こうして彼は、自然がそれを通して意図している哲学の直接的自然的作用(身体的健康)について、〔その効用を〕証明したのであり、それも、苦痛は悪いものではない、という命題に

ついて熱弁をふるいながらしたのであった。(原注)

(原注)　ラテン語では、禍(malum)と悪(pravum)という表現の両義的あいまいさを、ギリシア語の場合よりも、容易に避けることができる。——幸福〔健康〕と禍〔苦痛〕に関しては、人間は(すべての感性的存在者と同様に)自然の法則のもとにあり、まったくもって受動的存在である。悪(と善)に関しては、人間は自由の法則のもとにある。前者は人間が受け身となるものを含み、後者は人間が自由意志でなす行為を含んでいる。——運命に関しては、右と左(fato vel dextro vel sinistro右側の運か左側の運か)の区別というものは、人間の外的関係における区別にすぎない。しかし人間の自由と、人間の傾向性に対する法則の関係とについては、区別というものは人間の内部における区別である。——前者の場合はまっすぐなものが斜めのものに(rectum が obliquum に)、後者の場合にはまっすぐなものが、曲がったものや奇形なるものに(rectum が pravum に、曲がり varum や、ねじり obtortio に)対置されている。

ラテン語に通じている人が不幸な出来事を左側に置くというのは、おそらく、ひとは左手では、右手でするほど器用に攻撃を防ぐことができないという理由からであろう。しかしローマの鳥占いにおいて、占い師が自分の顔を(南方にある)占いのための神殿の方に向けたとき、彼が左側に生じた稲光を縁起がいいとしたことは、占い師に向かい合っている雷神がその時に稲光を右手に持っているということが根底にあると考えられていると思われる。

哲学と哲学の持続的平和状態とは一致できないという仮象について(6)

独断論(たとえばヴォルフ学派の独断論)は、眠り込むためのまくらのようなものであり、いうなればすべての活気の終わりであるが、この活気こそは実は哲学のめぐみなのである。——懐疑論は、完全な形で存在する場合には、独断論の正反対の立場を形成するのであるが、しかし活動的な理性に影響を及ぼすことのできるものをなに一つもっていない。なぜなら懐疑論はすべてのものを未使用のまま脇においてしまうからである。——穏健論は、(7)〈半分

W408　V32　C506

であること〉を目指しており、主観的な蓋然性のうちに、賢者の石を発見しうると考え、多くのバラバラの根拠を蓄積することによって（それらの根拠はいずれもそれ自身、証明はできないが）充足理由の欠如を補充できるものと思いこんでいるが、このような穏健論はまったくのところ哲学ではないのである。そしてこの（ドクソロギア〔たたえ歌〕という）薬剤〔穏健論〕は、ペスト用点滴あるいはヴェネツィア産の解毒薬テリアカと事情は同じであり、その事情とは、これらの薬剤は、それらの効能書でこれもあれもと取り上げられているあまりにも多くのよさのために、かえってどんなものに対してもよくない、つまり利きめがないということである。

批判哲学が哲学の持続的平和状態と現実に一致できるということについて

批判哲学は、体系をうちたてたり、こわしたりの試みから始める哲学ではなく、また（穏健論のように）臨時の宿のために、ただ柱の上に家屋なしの屋根だけをつくり始める哲学でもない。そうではなくて批判哲学は人間理性の諸能力の検査から（その意図がなんであれ）〔あるものを〕獲得し始める哲学であり、またどんな可能的経験のうちにも証拠をもつことができないような哲学説が話題になるときには、それに対してあてどもなく理屈をこねるようなことをしない。――ところで人間的理性のうちには、どんな経験を通してもわれわれには知ることができないが、しかし経験のうちに提示されうる作用、したがってまた（しかもアプリオリな原理によって）絶対的に提供されうる作用において、その実在性と真理を証明するものが存在する。それは自由の概念と、自由に由来する定言的つまり絶対的に命令する、命法の法則とである。――理念は、われわれが思弁的な理性によって不可避的にわれわれの究極的目的の認識根拠である理念へと注意を向けさせられるとしても、単なる思弁的理性にとっては、それは完全に空っぽのものであろうが、にもかかわらずこの法則によって、とにかく道徳的＝実践的な実在性を得るのである。理念にとっての道徳的＝実践的な実在性とは、あたかもあの（実践的）顧慮において要請することの許されている理念の対象（神と不死性）がすでにそこに与えられてあるかのように、われわれがふるまうことなのである。

この批判哲学は、（あべこべな仕方で現象と物自体そのものとを取り違える哲学に対抗するため）つねに〔理論〕武装した状態にあり、まさにそのことによって、絶えず理性の活動にも目を配るのであるが、一面においては反対者の側の理論的証明の無力を通して、他面においては批判哲学の諸原理を採用する実践的根拠の力強さを通して、哲学者たちの間に永遠平和への展望を開いてみせるのである。――その平和は、なおその上まだ次のような長所をそなえている。すなわち、それは攻撃によって、見たところ危険にさらされている主体の諸力を、つねに活気のある状態にたもつという、そしてこうして主体を持続的に活気づけて死の眠りに入るのを防ごうとする自然の意図をも、哲学によって促進するという長所である。

＊　　＊　　＊

この見地からすれば、われわれは、本来の専門（数学）だけでなく他の多くの分野においても傑出し、老いてますます盛んな一人の活動的な人物の言葉を、悪い知らせを運ぶ使者のお告げとしてではなく、お祝いの言葉として、解釈しなくてはならない。もしも彼の発言が、あやまった名声の上にのんびりとあぐらをかいている平和というものを哲学者たちから完全にもぎ取ってしまう場合にはである。(原注) なぜなら、そのような平和はたしかに人間の力を弱めるだけであり、人間性の究極の目的に向かって絶えず活気づける手段としての哲学が意図する自然の目的をまさにだめにしてしまうからである。こうした状態に対して、争いが可能な体制は、まだ戦争ではなく、そのような体制はむしろ反対根拠に対して決定的に優位な実践的根拠があるために戦争を阻止し、それによって平和を保障することができるのであり、また保障すべきなのである。

(原注)　永遠に戦争は避けられる、
賢者のことばに、従うならば、
そうすれば、すべての人間は平和を維持しよう、
ただ哲学者たちだけはそうではない。
ケストナー(8)

B

人間の生の哲学のための人間の生の超自然的な基礎

理性を通して人間の魂には**精神**(〔ラテン語〕mens、〔ギリシア語〕νοῦς)が付与されている。これは、人間が単に自然のメカニズムと自然の技術的＝実践的法則に適合して生きるだけでなく、自由の自発性と自由の道徳的＝実践的法則にも適合した生き方をするためである。この生の原理は、感性的なものの諸概念には基づいてはいない。すなわち、そのすべてがまず第一に(すべての実践的な理性使用に先んじて)、学問つまり理論的認識を前提としているところの諸概念には、基づいていないということである。そうではなくて、生の原理は、なによりもまず直接的

に超感性的なものの理念である自由と、自由をわれわれに初めて表明する道徳的な定言命法とから出発するのである。こうして、生の原理は次のような哲学を基礎づけるのである。すなわち、その教えが、たとえば(数学のように)役に立つ器具(任意の目的のための道具)、したがって単なる手段ではなくて、その教えを原則とすることそれ自体が義務であるところの哲学である。

すべての学問の中で人間の最大の欲望に応じる教えとして、哲学とはなんであるのか?

哲学とは、すでにその名が示すもの、つまり知恵の探求のことである。しかし知恵はというと、意志が究極目的 A418 (最高善)に一致することであり、そして究極目的は、これが到達されうるかぎり、義務でもある。逆に究極目的が義務ならば、同様に到達可能でなければならず、行為のそのような法則は道徳的と呼ばれる。以上の理由から、知恵というものは、人間にとって、たとえ意志の対象がどのような種類のものであっても、道徳的諸法則に従う意志 V35 の内面的原理にほかならず、またその意志は常に超感性的であろう。なぜなら、経験的対象によって規定された意志は、なるほどある規則に対して技術的＝実践的に従うことを基礎づけることはできても、決して義務(非自然的 C509 関係の義務)を基礎づけることはできないからである。

われわれの認識の超感性的な諸対象について W411

ここでいう諸対象とは、神と自由と不死性のことである。――㈠神。すべてを義務づける存在者としての神。

㈡**自由**。自然のすべての力に反対しても(神の命令であるかのように)自分の義務に従うことを主張する人間の能力としての自由。㈢**不死性**。人間に対してそこでは幸いや災いが、彼の道徳的価値に比例して与えられるという状態。――ひとは、これらが一緒にまとまって、いわば同類を判別する理性推理の三命題の連結の中に存在することがわかる。この三つはまさに超感性的なものの理念であるがゆえに、いかなる客観的実在性も理論的な顧慮においては与えることができないから、もしもそれにもかかわらず実在性なるものがこれら三つの対象に与えられるとすれば、実在性は、道徳的＝実践的理性の要請(原注)として、ただ実践的顧慮においてのみ認められうることであろう。

(原注)　要請 Postulat とは、アプリオリに与えられる実践的な命法である。ただしこの要請の可能性については命法はいかなる説明をも(したがっていかなる証明をも)することができない。したがって、われわれは物件を、あるいは一般にある対象物の存在を要請するのではなく、ただある主体の行為の格率(規則)を要請するのである。――ところである種の目的(最高善)を実現しようとすることが義務であるならば、私もまた当然次のことを想定しなくてはならない。すなわち、たとえそれらが超感性的であるとしても、ただそれらのもとにおいてのみ、義務の実行が可能であるような条件が現存するということ、そしてわれわれは(理論的顧慮においては)これらの条件の認識には到達することができないということである。

それゆえ、これらの三つの理念の真ん中に位置する自由の理念が、他の二つの理念を結果として率いることになる。なぜなら自由の存在は、定言命法のうちに含まれており、それはどんな疑問の余地をも許さないからである。このことは定言命法が、知恵の最上原理を、したがって最も完全な意志の究極目的(道徳性と一致している最高の幸福)をも、前提としつつ、この究極目的を満足させることのできる諸条件だけを含んでいる、ということによってなされるのである。というのは、こうした均斉のとれた分配をひとりよくすることができる存在者は、神のみであるからである。こうした成就が理性的な世界存在者のもとで、ただ意志の究極目的にだけ完全に適合して行われることが可能な状態は、理性的な世界存在者の性質のなかにすでに基礎づけられている生命の存続という想定、つまり不死性のことである。というのは、もしも生命の存続がそのなかに基礎づけられていなければ、その存続はただ未来の生への希望を意味するにすぎず、理性によって（道徳的命法の結果として）必然的に前提とされる未来の生を意味しないことになろうからである。

〔以上の〕結果

それゆえ、知恵の教えである哲学が主張する事柄について、なお争いが起こるとするならば、それは人倫の道徳的＝実践的な諸原理と理論的な諸原理を単に誤解したものか、あるいは道徳的＝実践的な諸原理と理論的な諸原理との取り違えかである。そしてこれらの原理のなかで道徳的＝実践的な諸原理だけが、超感性的なものに関しての認識を手に入れることができるのである。知恵の教えである哲学に対して、ひとはもはやなにひとつ重要な異議を唱えないし、また唱えることもできないから、われわれは、この哲学によって正当に次のことを告げることができるのである。すなわち、

哲学における永遠平和条約の締結が近いことを。

第二章　哲学における永遠平和が近づいているということへの気がかりな展望

V 37
W 413

シュロッサー氏[9]は偉大な文筆家の才能と、(ひとがそう思っているように)善の促進に向かう考え方とを兼ねそなえた人物であり、権威のもとでかなりいそがしい、強いられた法律の仕事に従事していたのであるが、その仕事から解放され、元気を回復しようとして、彼は思いがけず形而上学の戦場に足を踏み入れてしまったのである。そこには、彼が引退したばかりの分野におけるよりも、はるかに多くのつらい争いごとが存在していたのである。——批判哲学に由来する最近の結果を注視しただけで、彼が知っていると思いこんでしまった批判哲学、またその成果にたどりつくまでの足取りを綿密な勤勉さでくまなく歩いてみなかったことから、必然的に誤解するはめになってしまった批判哲学、その批判哲学が、彼を怒らせ、彼に反感を懐かせたのである。それからシュロッサー氏はすぐに「(彼の言い分によれば)批判哲学を研究しようとした若者[10]」の教師になったのであるが、彼自身がそれ以前に批判哲学の勉強をしていないのに、こともあろうにその若者に批判哲学はやらない方がいいと忠告したのである。

彼にとっては、純粋理性の批判をできることなら人目につく表通りから取り除くことだけが問題なのであった。彼の忠告は、あの善意の友の保証のようなものである。その友というのは、羊たちが犬を追い払って処分してくれるならば、羊たちと兄弟のように永続的な平和のなかで暮らそう、と当の羊たちに申し出たという。——この弟子がこの忠告に耳を傾けるならば、彼は教師の手の中にあって、「教師の趣味を(この教師の言うように)古代の文筆家たちを通して(客観的根拠による論証法の代わりに、賛同という主観的根拠による説得術において)固定させる」ためのおもちゃになるのである。そのとき教師にとって次のことがはっきりする。すなわち、弟子は真理の見せかけ(verisimilitudo)を蓋然性(probabilitas)と思いこみ、およそただアプリオリにだけ理性から生じることのできる判断において、蓋然性を確実性と取り違えてしまうことであろう。「批判哲学のなまの洗練されていない用語」

はシュロッサー氏には気に入らないことであろう。だが文人気取りの表現が、基本哲学に組みこまれるならば、むしろ反対にそちらの方が洗練されていないと見なされることになるはずである。――彼は、「超感性的なものに対するすべての予感や展望、文芸のすべての偉大な精神的ひらめきなどの自由が制限されてしまうということ」を悲しんでいるのである(それが哲学に関係する場合に!)。

哲学はまず知識の教説を含む部門(理論的部門)からなり、哲学の大部分が理論的認識における不当な要求の制限に向けられているけれども、この部門は絶対に見過ごされてはならないのである。そして哲学は、哲学そのものがその実践部門において、行為の目的(意欲の実質)が問題となる前に、どうしても自由の概念の単に形式的な諸原理の総体へともどることと同様に、(人倫の)形而上学へもどらなくてはならないと覚悟する。――だがわれらの批判哲学反対者は、この段階を飛び越えてしまったのである。あるいはむしろこれを完全に見誤ってしまっている。その結果、彼はあらゆる権限の試金石として使うことのできる原則、その格率が普遍的法則となるべきことを汝が同時に欲することのできる格率に従って行為せよ[11]というあの原則を完全に誤解し、その原則を経験的な諸条件に制限してしまった。そのためその原則が純粋な道徳的＝実践的理性の規準としては(そのような規準は一つはなければならないが)役に立たないものになってしまうのである。彼はこうすることによって、先の規準が彼に指示する方向とはまったく別の分野に身を投じ、そして奇抜ないくつかの推論を産出するのである。

しかし以下の事柄は明らかである。ここではある目的に対する手段の使用についての原理が話題になっているのではない(というのは、もしそうであるならば、それは道徳的な原理ではなく実用的な原理であろう)。私の意志の格率が、普遍的法則にされ、他人の意志の格率に矛盾する場合ではなく、私のその格率がそれ自身に矛盾する場合、

(私はこのことを単なる概念から、アプリオリに、一切の経験的関係なしに、たとえば「財の平等性あるいは所有権が私の格率に採り入れられるかどうか」を矛盾律に従って判断することができるが)、このことは、行為が道徳的に不可能であるということの確実なしるしなのである。――単なる知識の欠如、おそらくはまた嫌がらせへの悪しき性癖のようなものが、こうした攻撃を生み出すことができたのであるが、それにもかかわらず、この攻撃は哲学を取り壊すことはできないのである。というのは、ひとびとが相互に理解しあいさえすれば、すぐにも(降伏ということなしに)締結せられているに等しいような性質の平和連盟は、もうそれだけで締結されたものとして、少なくとも締結に近づいているとして告知することはできるのである。

　　哲学における永遠平和の告示

＊　＊　＊

たとえ哲学が単に知恵の教え(これは哲学の本来の意味でもあるが)として表現されるとしても、哲学はまた知識の教えであることも無視することはできない。それは、知識の教えの(理論的)認識が純粋理性の使用する基本的概念を含んでいる以上、また純粋理性の限界を示すためにのみ、この認識がなされると仮定する場合には、無視できないということなのである。ところで、ひとが次のことを自由に公然と告白すべきかどうかということ、この質問は、ほとんど前者の、つまり本来の意味の哲学の問題ではないであろう。すなわち、哲学の対象(感性的ならびに超感性的な対象)について、実際なにを、これをどこから本当に知るのか、あるいは実践的な顧慮において(対象を受け入れることは理性の究極目的に有用であるから)これをただ前提するだけなのか、ということについてである。

W415　V39

ある人間が真と見なしているものが、すべて真であるわけではない（彼は誤りうるから）ということはありうる。だが彼が語ることすべてにおいては、彼は真正でなくてはならない（彼は欺いてはならない）。彼の告白が（神を前にして）単に内的なものであるにせよ、あるいはまた外的なものであるにせよ。――真実性というこの義務の違反は、嘘と言われる。だから外的な嘘も、しかしまた内的な嘘もありうるのであり、したがって、これら二つの嘘は、互いに一つになってか、あるいはまた互いに相反して、つくことができるのである。

嘘にはしかし、これが内的であれ外的であれ、二重の形態がある。㈠ひとが真実でないと意識しているものを真実であるという場合、㈡ひとが主観的には確実でないと意識しているものを確実であるという場合である。

（「すべての悪がこの世にやってきた原因である偽りの父の」[12]）嘘は人間の本性のなかにある固有のいかがわしい斑点なのである。たとえ真実性の語調（店頭に黄金の文字で「この店ではだましたりしません」という看板を掲げている中国の多くの小売り商人の例に見られるような）が、とりわけ超感性的なものに関する事柄において、普通の語調であっても、この点はかわりはない。――汝は（きわめて善意の意図においてであれ）嘘を言うなかれ、という命令は、これが知恵の教えとしての哲学のなかに原則としてきわめて深くとりいれられるならば、この命令一つで哲学における永遠平和を実現できるだけでなく、さらに将来にわたって永遠平和を保障することができるであろう。*

V40 W416　A422　C513

人間愛からの嘘

谷田信一訳

Über
ein vermeintes Recht
aus
Menschenliebe zu lügen.
(1797)

人間愛から嘘をつく権利と称されるものについて

A版 第8巻　423-430頁
V版 第6巻Ⅰ 199-206頁
W版 第8巻　635-643頁

A425 V201 W637

人間愛から嘘をつく権利と称されるものについて

『一七九七年のフランス』第六分冊、第一部のバンジャマン・コンスタン[1]「政治的反動について」という論文[2]の中の、一二三頁に次のような文章がある。

「真実を言うことは義務であるという道徳的原則は、もしそれが無条件的に孤立化して受け取られると、どんな社会をも不可能にしてしまう。あるドイツの哲学者がこの原則から引き出した非常に直接的な結論は、そのことを証明している。すなわち、人殺しが、彼に追いかけられているわれわれの友人がわれわれの家に逃げ込んだのではないかとわれわれに尋ねた場合の、その人殺しに対する嘘は罪であろう、とさえそのドイツの哲学者は主張しているのである。[原注1]」

(原注1)　ゲッティンゲンのJ・D・ミヒャエリス[3]は、この奇妙な意見をカントよりももっと以前に表明したことがある。この箇所で言われている哲学者というのがカントだということは、この論文の著者自身が私に語ったのである。[原注2]

K・Fr・クラーマー[4]

(原注2)　いまはもうそれを思い出せないが、これが実際にどこかの箇所で私によって言われた言葉だということを、この場で私は認める。[5]

I・カント

そのフランスの哲学者は、一二四頁で、この原則を次のような仕方で反駁する。「真実を言うことは義務である。義務の概念は権利の概念と分かちがたく結びついている。義務とは、ある存在者において他の存在者の権利に対応するものである。権利が存在しないところには、義務は存在しない。それゆえ、真実を言うことは義務であるが、しかし、真実を要求する権利を持つ人に対してだけそうであるにすぎない。だが、どんな人間も、他人を害する真実を要求する権利を持ちはしないのである。」

主要な誤り *πρωτον ψευδος* は、次の命題のうちにある。すなわちそれは、「真実を言うことは義務であるが、しかし、真実を要求する権利を持つ人に対してだけそうであるにすぎない」という命題である。

まず注意しなければならないのは、「真実を要求する権利を持つ」という表現は意味のない言葉だということである。むしろ、「人間は自分自身の真実性(veracitas)を、すなわち自らの人格における主観的真実を要求する権利を持つ」と言われねばならない。というのも、客観的に真実を要求する権利を持つということは、一般に所有の問題に関してそうであるように、ある与えられた命題が真であるのか偽であるのかはその人の意志しだいで決まる、と言うのと同じことになるだろうからである。その場合には、そこから奇妙な論理が出てくることになるだろう。

さて、第一の問題は、「はい」か「いいえ」で答えざるをえないような場合に、人は不真実的である権能(権利)を持つのか、という問題である。第二の問題は、不当な強制によって強要された言表において、自分に迫っているその悪行そのものを防止したり他人を守ったりするために、不真実的であることは義務的でさえあるか、という問題である。

しないですますわけにはいかない言表における真実性は、たとえその結果として自分や他の人にどんな大きな不利が生じようとも、万人に対する人間の形式的義務である。[原注] そして、なるほど私は、私を不当に言表へと強要する者に対しては、たとえ虚偽の言表を行っても、不正をすることにはならないけれども、とはいえしかし、私は(法律家の意味においてではないにしても）嘘と呼ばれうるそのような虚偽の言表によって、本質的な点で義務一般に対して不正を行うことになるのである。すなわち、私は、自分に責任のあるかぎりにおいて、言表（言明）一般の信用をなくさせ、したがってまた、契約に基づくすべての権利を無にし、その力を失わせるのである。それは、人間性一般に対して加えられる不正なのである。

（原注）　私はここではその原則を、「不真実性は自己自身に対する義務に違反することである」と言うほどまで尖鋭化したいとは思わない。というのも、これは倫理学に属することであるが、私がこの論考で問題にしているのはひとつの法義務〔としての真実性〕についてだからである。――徳論はたんに、その違反のうちで卑劣さに注目するだけであって、卑劣だったという非難は嘘をついた人が自分自身に招く非難なのである。

それゆえ、嘘は、他の人に対する意図的に不真実な言明とたんに定義されればよいのであり、それが他の人を害するものでなければならないという付記を加える必要はない。法律家はそれを嘘の定義に要求するが（mendacium est falsiloquium in praejudicium alterius.「嘘とは、他の人の害になる虚言である」と）。というのも、嘘はつねに他の人を害するからである。すなわち、たとえだれか特定の他人に害を与えはしない場合でも、法の源泉を使用不可能とすることによって人間性一般に害を与えるのである。

しかしまた、この善意の嘘は、偶然（casus）によって、市民社会の法に従って処罰されることになる場合もありうる。けれども、たんに偶然によって犯罪性を免れるにすぎないものは、外的法律によって不正と有罪判決されることもありうるのである。つまり、もしきみがちょうどいま殺人をしようとうろつきまわっている者に嘘をつくことによって犯行を防止したとすれば、その場合、きみはそこから生じるかもしれないすべての結果に法的に責任を負わねばならない。しかし、きみが厳格に真実をかたくまもったとすれば、たとえその予測できない結果がどんなものになろうとも、司直はきみに何の手出しをすることもできないのだ。しかも、その人殺しに狙われている人が家にいるかという問いに、きみが正直に「はい」と答えたあとで、この狙われている人が気づかれずに外へ出ていて、犯人と出会うことがなく、それゆえ犯行も行われることがなくてすむ、ということもありうるのである。しかし、もしきみが嘘をついてその狙われている人は家にいないと言ったとして、その彼が実際にも(きみが気づかない間に)外へ出ていって、そしてそのとき、人殺しは立ち去ろうとする彼に出会い、彼に対して犯行を行うに至るかもしれないのだ。その場合、きみは彼の死を引き起こした張本人として起訴されても当然であろう。というのも、もしきみが知っているかぎりの真実を言ったとすれば、もしかすると、その人殺しは狙っている相手を家の中で探しているあいだに駆けつけた隣人によって捕まえられて、犯行は阻止されたかもしれないであろうからである。それゆえ、嘘をつく者は、たとえそのさい彼がどんなに善意の気持ちを持っていたとしても、その結果について、市民社会の裁判においてさえも、たとえその結果がどんなに予測できないものであったとしても、責任を負い罪の償いをしなければならないのである。なぜなら、真実性は契約に基づくすべての諸義務の基礎とみなされねばならない義務であり、そしてその法則は、それにたとえほんの少しの例外でも認めると、ぐらついて役に立たなくされてしまうからである。

それゆえ、「すべての言明において真実的(正直)であること」は、神聖な、無条件的に命令する、いかなる便益によっても制限されない、理性命令なのである。

ただし、このような厳しくて遂行不可能な理念に迷い込むので好ましくないと言われる諸原則への非難に関してコンスタン氏がそこで述べている見解は、よく考えられたものであると同時に正しいものである。――「真だと証明された原則が適用できないように見える場合にはいつも必ず、適用の手段を含む中間的原則をわれわれが知らないことに原因がある」（一二三頁以下）。彼は、社会的結合を形成する第一の鎖として平等性の教説を持ち出す（一二一頁）。「つまり、どんな人間も、自分がいっしょになってその制定に参与した法律によってしか、拘束されえないのだ。非常に狭い所にまとまって暮らしている社会では、この原則は直接的に適用されることができるのであり、慣習的となるために中間的原則を必要とはしない。しかし、非常に多人数の社会においては、われわれがここであげるような新しい原則がそれにさらに付け加えられねばならない。この中間的原則とは、各人は法律の制定に本人自身でかまたは代理者を通して参与することができる、という原則である。最初の原則を中間的原則なしにそのまま多人数の社会に適用しようとすると、必ず弊害が生じてくるであろう。だが、この事態は、たんに立法者の無知ないし不手際を証明しているにすぎないのであって、その〔最初の〕原則の不当性を証明しているわけではないのである」（一二二頁）。――こうして、コンスタン氏は一二五頁で次のように結論する。すなわち、「それゆえ、真だと認められた原則は、たとえ一見したところどんなにそれに伴って危険が生じるように見えようとも、決して捨て去られてはならない」と。「しかしながら、この善良な人物〔コンスタン氏〕は、真実性の無条件的な原則を、それが社会に対してもたらす危険のゆえに、自ら捨て去ってしまっていたのである。なぜなら、彼はこの危険を防止するのに役立つ中間的原則を発見できなかったからであるが、実際またこの場合にはいかなる中間的原則も挿入されることはできないのである。」

ここであげられる人物の名前を秘匿して言うと、「そのフランスの哲学者」は、その告白を避けることができな

V 204
W 640
A 428

いときにある人が真実を言うことによって他の人を害する(nocet)行為を、ある人が他の人に不正を犯す(laedit)行為と、混同したのである。言表の真実性が家に潜んでいる人に害を与えたとしても、それはたんに偶然(casus)であり、(法律的な意味における)自由な行為ではない。というのも、自分のために嘘をついてくれと他の人に要求する権利を認めるとすれば、そこから、まったく合法則性に反する要求が生じてくるであろうからである。けれども、どんな人間も、しないですますことができない言表において、たとえそれが自分自身や他の人に害を与えようとも、真実性への権利のみならず、真実性への厳格な義務さえも持っているのである。したがって、ほんとうは彼自身が真実の言明によって被害者に害を与えるわけではなく、偶然が害を引き起こすのである。というのも、その人は、このことに関して、まったく選択の自由はないからだ。なぜなら、真実性は(ともかくも話さなければならない場合には)、無条件的な義務だからである。——それゆえ、その「ドイツの哲学者」は、「真実を言うことは義務であるが、しかし、真実を要求する権利を持つ人に対してだけそうであるにすぎない」という命題(一一四頁)を、自分の原則として受け入れない。それは、第一には、その定式が不明確だという理由によって、である。なぜなら、真実とは、それを要求する権利がある人には認められて他の人には認められないというような所有物ではないからである。けれどもまた、第二にはとりわけ、(ここではそれだけが問題になっている)真実性の義務は、この義務を果たさねばならない相手とこの義務を守らなくてもよい相手とを区別したりはしないのであり、むしろ、それはどんな状況においても妥当する無条件的な義務であるからだ。

さて、(すべての経験的諸規定を捨象した)法の形而上学から、(これらの概念を経験的事例へと適用する)政治の原則へ、そしてこれを介して、政治の課題の解決へと、普遍的な法の原理に従って到達するために、哲学者は次の三つのものを与えるであろう。一、公理。すなわち、外的法の定義(各人の自由が万人の自由と普遍的法則に従って調和すること)から直接的に生じる必当然的に確実な命題。二、平等性の原理に従っての万人の意志の統合としての、外的公法の要請。これなしには、万人の自由は生じないであろう。三、非常に大きな社会においてそれでも和合が自由と平等の原理に従って(つまり、なんらかの代議的制度によって)保持されることはいかにして可能か、という課題。これは政治の原則となるであろう。さてそして、その催行や指図は、人間の経験的認識から引き出されてもっぱら法的行政の機構とこれの合目的的な組織化をめざすにほかならない諸々の法令を含むであろう。――法が政治に合わせられるのではなく、むしろ、つねに政治が法に合わせられなければならないのである。

「真だと認められた(「アプリオリに認められ、したがって必当然的な」と私は付け加える)原則は、たとえ一見したところどんなにそれに伴って危険が生じるように見えようとも、決して捨て去られてはならない」と、著者は言っている。ただし、この場合、(偶然的に)害する危険ではなく、一般に不正を犯す危険のことを考えねばならない。この不正を犯すということが起こるのは、私がまったく無条件的であり言表において最上の法的条件である真実性の義務を、他の観点に従属する条件付きの義務として扱うときであって、そしてその場合、たとえ私が特定の嘘によって実際に誰にも不正を犯さないとしても、しかし、避けがたく必然的なすべての言表一般という観点における法の原理を毀損するのである(質料的にではないとしても、形式的に不正を犯すのである)。そしてそれは、誰かある人に不当なことをするのよりも、はるかに悪いのである。なぜなら、そのような行為は必ずしも主体の内にその行為を指示する原則を前提するとはかぎらないからである。

彼がいま行おうとしている言表において真実的であろうとするのかどうかと他の人が彼に質問した場合には、そ

A430　V206　W642

の質問は彼がもしかしたら嘘つきかもしれないという彼に対する嫌疑を含んでいるという理由ですでに立腹して受け取るのが当然であって、そうしないで、むしろ、まずありうる例外について考える許可を請い求める人は、すでに嘘つき(in potentia 可能性における)なのである。なぜなら、彼は、真実性を義務それ自体だと認めず、むしろ、その本質からしてどんな例外もまさに自己矛盾となるので許されないような規則に関して例外の余地を留保しておくのだからである。

すべての法的・実践的な原則は厳格な真理を含むのでなければならない。そして、ここでのいわゆる中間的な諸原則は、たんに法的・実践的な原則を実際の諸事例に(政治の諸規則に従って)適用するためのより詳細な規定を含むことができるだけであって、決して法的・実践的原則の例外を含むことはできないのである。なぜなら、それらは普遍性のゆえにのみ原則という名を用いるわけだが、例外はその普遍性を無に帰せしめてしまうからである。

出版稼業について

谷田信一訳

Über
die Buchmacherei.

Zwei Briefe
an
Herrn Friedrich Nicolai
von
Immanuel Kant.
(1798)

出版稼業について
イマヌエル・カントからフリードリヒ・ニコライ氏への二通の手紙

A版 第8巻　431-438頁
V版 第6巻 I　207-215頁

第一の手紙
著述家としてのフリードリヒ・ニコライ氏宛

卓越した(しばしばまた笑劇的な描き方もした)メーザー[1]の学問的な聖遺物が、彼の長年の友人であるフリードリヒ・ニコライ氏の手に入りました。ニコライ氏が手書き草稿の形で入手したのは「理論と実践について」という表題のついたメーザーの断片的な論考[2]の一部でしたが、ニコライ氏の推測するところによれば、もしメーザーがそれを最後まで完全に完成していたとすれば、メーザーは自分でその原稿をニコライ氏に手渡していたであろう、とのことです。そしてその際、メーザーはたんに王政主義者であったばかりではなく、ドイツの最近の多くの政治家は不審と不快感を抱くだろうが、いわゆる貴族主義者ないしは世襲貴族の擁護者であった、とニコライ氏は注釈しています。——とりわけ、人々は(カントの『法論の形而上学的定礎』第一版、一九二頁を見よ[3])、どんな国民も熟慮したうえでの自由な決定によってそのような世襲制を認めることは決してないであろう、と主張しようとしてきたのですが、しかし、それに対してメーザーは、よく知られた彼のユーモラスな仕方で、ひとつの物語を作り上げます。すなわちそこでは、国王補佐のような非常に高い官職についている人々も、しかしやはりほんらい国家の真正な臣民として登場するのであり、そして、十二の事例が引き合いに出されます。そのうちはじめの六つの事例では、亡くなった官職者の息子は無視されますが、その結果は臣民たちにとってよくないのです。さて、これに対してあとの六つの事例では、人々は亡くなった官職者の息子を後継ぎに選びますが、*その場合のほうがその国民にとって

A 433
V 209

よい結果となります。――したがって、そこから次のことがはっきりとわかるのだ、と言われます。すなわち、一つの国民全体がより高位の臣民のもとでの自分たち自身の世襲的従属制を採用することを決定するということはまったく十分にありうることであり、そして、明白な実践によってこの理論を、他の軽薄な諸理論と同様に、読者を V210 楽しませるためにくず殻として吹き飛ばしてしまうであろう、ということが。

　国民の利益をねらいとしてつくられる格率は、つねに、次のような事情にあります。すなわち、たとえ誰を下級の支配者に選ぼうかということに関して国民が経験によってどれほど思慮深くなったと思えるにしても、国民はしばしばその選択においてひどく誤りをおかすでしょう。なぜなら、思慮深くあるという経験的方法(実用的原理)は、 A434 損害を受けることによって思慮深くなっていくという仕方でしか進んでいくことはできないからです。――さてしかし、いまここでは、理性によって指示される確かな導きが問題なのです。理性は、国民のそのつどの意図を満足させるために国民がどのような選択を行うだろうかということではなく、それが国民にとって有益であるかどうかにかかわらず国民が無条件的にどのような選択を行うべきか、を知ろうとするのです(道徳的原理)。すなわち、問題となるのは、国民が選択する必要がある場合に、法の原理に従って何をどのように決定しなければならないのかということなのです。というのも、この課題はまったく、主権者が自分と残りの国民とのあいだに中間階級をつくる権利があるのかという法論に(前記の『法論の形而上学的定礎』一九二頁)属する問題だと判定されうるのであり、そして、法論では、国民はそのような下位の権力を理性的に認める決定をすることはできないし、また、しないであろう、と断言されています。なぜなら、さもなければ、国民は、自らも統治されることが必要な臣民の気まぐれや思いつきに従わされることになりますが、これは自己矛盾したことだからです。――ここでは、判定の原理は経験的ではなく、アプリオリな原理なのです。それは、その主張が同時に必然性を伴っているすべての命題と同様であり、この必然性はまた(悟性判断と区別された)理性判断のみが付与するのです。それに対して、経験的な法論というものは、もしそれが実定法典にではなく哲学に数え入れられるとすれば、自己矛盾なのです。(原注)

(原注)　エウダイモニアの原理(幸福の教説)においては、(各人が自分の傾向性に従って何を幸福に数え入れるかの決定はあくまで各人にゆだねられているので)いかなる必然性も普遍妥当性も見いだされないのですが、この原理に従うならば、もちろん国民はそのような世襲的な政治体制を選択してもかまわないわけです。――しかし、エレウテロノミア(4)(それの一部が法論です)の原理に従えば、国民は下級の外的な立法者を置く規定を設けることはないでしょう。なぜなら、ここでは国民は自らを、自己立法的であると同時にこれらの〔自己立法による〕法に従うものとみなさねばならないのであり、そしてそれゆえに、実践は(純粋理性の事柄においては)まったく理論に従わねばならないのです。――たとえそれがどんなに慣習的であっても、また、多くの場合において国家にとって有益でさえあっても、そのような〔世襲的中間階級を設ける〕決定をくだすことは、不正なのです。なんといっても、その有益性は決して確実ではないのですから。

さて、それはよかったのですが、しかし――年配のおばさんがメルヘン口調でよく語るような言い方をするなら――それでめでたしめでたしというわけでもありませんでした。物語はここでいまや別の方向へ進みます。つまり、あとの六つの統治において国民が社会全体の喜びのために先任者の息子を官職に選んだ後に、空想的な物語はさらに次のように続くのです。すなわち、その間にしだいに進んでいったやっかいな啓蒙によって、そしてまた、どの政府も国民に対して負担をかけていて旧い政府から新しい政府への交替は当座のあいだ負担の軽減になるように思えるということもあって、いまや国民の中に扇動者たちが現れてきました。そうして、次のような決定がなされていったのです。

つまり、七番目の統治においては、国民はまたもなるほど先の大公の息子を選びました。しかし、この息子は、時代の流れとともに文化と奢侈にのめり込んでしまっていて、うまい経済運営をして国民の裕福さを維持しようという気はほとんどなく、それだけますます享楽を求めました。それゆえ、彼は、古い城を荒れ果てるがままにして、祝祭的享楽と野獣狩りのために、自分自身や国民の喜びと趣味のために、園亭や狩猟小屋を建てたのです。祝宴用の古い銀製の食器の備え付けられたすばらしい劇場があったのですが、劇場は大きなダンスホールに、銀製食器はより趣味のいい磁器に変えられました。銀は国の中の貨幣としてのほうが商業の活性化をもたらすであろう、という口実のもとに。——八番目の統治においては、育ちがよく国民に認められた統治継承者が自ら、国民の同意を得て、これまで慣習的であった長子相続権を廃止するほうがよいと考えました。というのも、この統治継承者にとっては、最初に生まれた者が必ずしもまた最も賢明に生まれた者でもあるとはかぎらないということは明らかなことだったからです。——九番目の統治においては、国民は、人員が交替するいくつかの国家評議員会を創設するほうが、一般にややもすれば暴君的にふるまう古くからの同じメンバーの顧問団に頼る政府を樹立するよりも、好ましいし幸福だとわかるでしょう。また、国民は世襲制の牧師という提案を無視するでしょう。なぜなら、それによって聖職者の反啓蒙的組合が永続化されてしまうにちがいないからです。——一〇番目および一一番目の統治においては、身分不釣り合いな結婚への嫌悪は古い封建体制の気まぐれであり、自然天性によって高貴なものを身につけている人々にとって不利である、といわれます。そして、もし国民が——啓蒙の進展に際しては不可避的なことですが——世襲的な身分の登録名簿より以上に才能や善い思考法を尊重するとすれば、それは国民の中に高貴な感情が芽生えてきたことの証明なのです。——同様に、一二番目の統治においては、人々はなるほど、おそらくいずれ大公になると決まっている若い未成年の子供に、その子供がまだ大公になるとはどういうことかを理解していないうちから敬意を表わす*老女の気立てのよさを見て、笑みを浮かべるかもしれません。しかし、それを国家の原理にするということは、馬鹿げた不当な要求でしょう。そして、もし国民が自分たちに、自らもまた臣民でもある世襲的統治者を立てると決定するようなことがあるなら、国民の気分は、「上半身は美しい女が下半身は醜く黒い魚になっている(5)」Turpiter atrum desinit in piscem mulier formosa superne. という言葉のように、(幸福を求める)彼らの意図にまったく反した醜い奇形のような状態になってしまうのです。

A436

それゆえ、たとえもし国民が幸福原理に基づく体制を他のどんな体制より好むだろうということがアプリオリに確実に言えるとしても、幸福原理に基づくあらゆる体制をパロディー化して笑い物にすることができるのです。そして、コインを裏返しに投げることによって、われわれは、支配者を擁立しようという国民の選択について、「たとえきみが何をしようとも、——きみは後悔するだろう(6)」というあのギリシア人が結婚について言った言葉と同じことを言うことができるのです。

それゆえ、フリードリヒ・ニコライ氏は他人の(すなわちメーザーの)問題と称されるものにおいて解釈と擁護に失敗したのです。——しかし、ニコライ氏が自分自身の問題に従事しているときを見れば、きっともっとうまくいくでしょう。

第二の手紙

出版者としてのフリードリヒ・ニコライ氏宛

出版稼業は、文化においてすでに相当進んだ社会、すなわち、多量の読書が不可欠で一般的な需要になっているような社会においては、決して取るに足りない産業部門ではありません。――国における産業のこの部門は、それが工場生産的に行われれば、それによって非常な収益をあげるのです。けれども、こうしたことは、公衆の趣味とそのさい仕事を請け負わせる各工場生産者の技量とを判断し支払いをすることができる**出版者**がいることによってのみ、可能となるのです。――しかし、出版者は、自分の出版商売を繁盛させるためには、自分が出版する出版物の内容や価値についてなんら考慮する必要はありません。むしろ、そのために出版者が考慮する必要があるのは、市場と今日の趣味道楽となのです。つまり、印刷機によるせいぜい一時的な産物は、市場へ向けて、そして、今日の趣味道楽に合わせて、活気ある流通へともたらされ、持続的ではないが迅速な売れ行きをあげることができるのです。

出版稼業の経験豊富な専門家は、出版者としては、執筆熱心でいつでも書く用意ができている著述家が自分の作品を売るために彼のところへ持ってくるまで、待っていたりはしません。彼は工場の方針決定者として、題材やスタイルを自分で考え出します。そのようにして、おそらく――題材やスタイルの新奇性によってであれ洒落の奇妙さによってであれ、それによって一般読者はぽかんと見とれたり面白がって笑ったりするものを得るので、――たぶん、きわめて大きな需要や少なくともきわめて迅速な売れ行きをあげるでしょう。そしてその場合、風刺に捧げられておりその他の点ではおそらく売れそうにもない著作に誰が、そして、どれくらい多くの人が携わったのかということは、まったく問題にされないのです。しかし、そのような著作への非難が生じた場合には、その非難は彼の(出版者の)責任だとはされないで、雇われた執筆者に向けられねばならないというわけなのです。

工場生産と商業とにおいて国民の自由と結びついた公共的な事業を営む者は、たとえ誰に不快な思いをさせようとも、善良な市民です。というのも、警察的法規に違反しないかぎりでの利己心は犯罪ではないからです。そして、出版者としてのニコライ氏は、著者の資格においてより、この出版者としての資格において、より安全に金儲けをすることができるのです。なぜなら、上演された道化師ゼンプロニウス・グンディベルトと仲間たちの芝居[7]における歪曲の軽蔑すべき点は、その舞台をつくった人にではなく、その舞台で道化役を演じた人に帰せられるのだからです。

V 214

＊　＊　＊

さてしかし、フリードリヒ・ニコライ氏の著者たる点に関しては理論と実践についてのやっかいな問いはどうなるのでしょうか。すなわち、それはそもそも現在の批評の動機となったのであり、また、先の〔メーザーの遺作についての〕批評とも密接に結びついている問題なのですが。――出版の世才と出版の根本性との対立(真理に対する仮象の優越)といういま問題になっている事柄は、メーザーの作品における場合と同じ諸原則に従って判決をくだすことができます。ただ違いは、ある課題を率直に誠実に取り扱うことを意味する実践〔プラクシス〕という語の代わりに、(最後から二番目の音節を長く延ばして発音して)術策〔プラクティーケン〕という語を使用し、そのようにして、すべての理論を商人の視点から見て子供じみた笑うべきものにしようとする、という点だけです。そして、「世間はだまされたがっている。――だから、世間をだましてやろう!」という原則に従って――その目的を達しもすることでしょう。

しかし、この嘲笑的に猿真似をする哲学者たちの無知と理性判断拒絶の無能力とが明らかに示していることは、アプリオリな認識(彼らは軽妙にそれを「前からの認識」[8]と呼びます)が経験的認識と異なるものとして何をいったい意味するのかということをまったく理解していないように見えることです。なるほど純粋理性批判は、次のことを何度も十分明確に彼らに語りました。すなわち、内的な必然性と絶対的な普遍性の意識を伴って言表される(必当然的な)諸命題、したがって再びまた経験に依存していると認められることはなく、それゆえそれ自体としてそうでもそれ以外でもありうるというのではないような、そういう諸命題が存在する、ということをです。なぜなら、さもなければ判断の分類は、「パロの牛は茶色であった。しかし、他の色でもあった」[9]というあのふざけた例のようになってしまうであろうからです。けれども、見ようとしない人ほど盲目な人はいないのです。とはいえ、この場合この拒絶には次のような利益があるのです。つまり、事柄が自然な在り方からずらされて逆立ちしたように描かれているという光景の奇妙さによって多くの好奇心ある人々を引きつけ、多くの観衆によって(少なくとも短期間は)市場を活性化し、そうすることで学芸的分野における商売を眠り込ませない、という利益です。しかも、その拒絶にはさらにまた、次のような意図されたわけではない効用もあるのです。つまりそれは、最後には嫌悪感を起こさせる道化芝居によって、そのあとそれだけよけいに真面目に学問の根本的研究に取り組むようになる、という効用なのです。

Ｉ・カント

R・B・ヤッハマン著『カントの宗教哲学の検討』への序文

谷田信一 訳

Vorrede
zu
Reinhold Bernhard Jachmanns
Prüfung der Kantischen Religionsphilosophie.
(1800)

ラインホルト・ベルンハルト・ヤッハマンの
『カントの宗教哲学の検討』への序文

A版 第8巻 439-441頁
C版 第8巻 229-231頁
V版 第8巻 I 185-186頁

同封の著作(1)のための前書き

学問の教説としての哲学は、あらゆる他の教説と同じように、どんな任意の目的にも道具として役立つことができるが、しかし、この点ではたんに条件付きの価値を持つにすぎない。――なんらかのものを作り出そうと意図する者は、その際なんらかの仕方で仕事を進めなければならないのであり、それがなんらかの原則に従って行われる場合には、その哲学は一種の実践的哲学とも呼ばれることができるであろうし、そして、それによって交易が行われる他のあらゆる品物や仕事と同様に、価値を持つのである。

しかし、知恵の教説という文字どおりの意味での哲学は、無条件的な価値を持つ。というのも、この意味での哲学は人間理性の究極目的についての教説なのであり、この究極目的のみが、すべての他の目的がそれより下位に置かれそれぞれに従属させられねばならない唯一の目的となることができるのだからである。そして、完成された実践的哲学者(ひとつの理想)とは、これらの要求を自分自身において満たす者なのである。

さて、問題となるのは、知恵が上から下へ(霊感によって)人間に注入されるのか、それとも、下から上へと自らの実践理性の内的な力によってよじ登って獲得されるのか、ということである。

受動的な認識手段として前者を主張する人は、一種の超感性的経験の可能性という馬鹿げたことを考えているのであるが、これはまったく自己矛盾したこと(超越的なものを内在的だと表象すること)である。そして、そういう人は、神秘説と呼ばれるある種の秘密的教説に立脚する。この神秘説はすべての哲学と正反対のものであるが、し

A 441
C 230
V 185

かし(錬金術師のように)まさにそうであることのうちに偉大な発見があるとするのであり、すなわち、理性的だが苦労の多い自然研究という仕事をまったくせずに、甘美な享楽の状態の中で幸福に夢を見るのである。

このえせ哲学を根絶すること、ないし、もしそれが活動しはじめたら勢いづかせないようにすること、そのことを、私のかつての熱心で利発な聴講者であり今は非常に大切な友人である本書の著者はこの著作で意図したのであり、また、それに成功しているのである。この著作は私からの推奨をすこしも必要としないのではあったが、私はただ、著者に対する友情の刻印を永遠の記念としてこの本に付け加えたいと思ったのである。

ケーニヒスベルク　　　　I・カント

一八〇〇年一月一四日

V 186　C 231

Ch・G・ミールケ編『リトアニア語＝ドイツ語辞典』へのあとがき

谷田信一訳

Nachschrift
zu
Christian Gottlieb Mielckes
Littauisch-deutschem und deutsch-
littauischem Wörterbuch.
(1800)

クリスティアン・ゴットリープ・ミールケの
『リトアニア語‐ドイツ語およびドイツ語‐リトアニア語辞典』
へのあとがき

A版 第8巻　443-445頁
C版 第8巻　231-232頁
V版 第8巻I 186-187頁

ある友人のあとがき

プロシアのリトアニア人についての先の叙述[1]からわかるように、彼らの性格の特性は保ちまもられるに十分値するものであり、そしてまた、言語は性格の形成と保持のためのすぐれた主導的手段であるので、学校の授業や教会の説教において彼らの言語の純粋性もまた保ちまもられねばならない。これに私はさらに次のことを付け加えたい。すなわち、プロシアのリトアニア人は、彼らに隣接した諸民族よりもはるかにへつらいをしない人たちであり、上位者に対しても対等で親密な率直さを持った口調で話すのを習慣としている。そして、上位者もそれを悪く思ったり握手をそっけなく断ったりはしないのであって、なぜなら、そのさい上位者には彼がもっぱら公平さを求めていることがわかるからである。ある近隣の国民――彼らのなかにもいくらか気高い人もいることはいるが――の高慢さ*とはまったく違った誇り高さ、ないしはむしろ、自分の価値に対する感情。それは、勇気を示唆し、同時にまた、彼らの忠実さを保証しているのである。

だが、そのような性格の民族の助力から国が引き出すことができる効益は別としても、また、学問的利益もある。すなわち、学問、とくに民族移動についての古代史が、起源が古く今は狭い地域に限定されておりいわば孤立した民族系統が持つまだ混じりけのない言語から引き出すことができる利益も、少なく見積もるわけにはいかないものであり、したがって、その言語の特性を保存することは、それ自体としてすでに大きな価値を持つのである。それだからこそ、ビュッシング[2]は、ハレの学識ある教授であったトゥーンマン[3]の早世を非常に惜しんだのであった。ト

A 445
C 231
V 186

ゥーンマンは、この研究にいささかあまりに無理な骨折りをして力を傾注したのだ。――一般的に言って、どの言語からも同じように大きな収穫を期待することはできないにしても、しかし、たとえばプロシア領ポーランドのような一地方に住むどのような小民族の教育にとっても、学校の授業や教会での説教において人々を最も純粋な(ポーランドの)言語の手本に従って――仮にたとえこの純粋な言語が国外でしか話されないとしても――教育し、この純粋な言語をだんだんと普及させていくことは、重要なことである。なぜなら、それによって言語はその民族の特性により適合したものとなり、したがってまた、その民族の概念はより啓蒙されたものとなるからである。

I・カント

C 232

形而上学の進歩にかんする懸賞論文

円谷裕二訳

Preisschrift
über die
Fortschritte der Metaphysik.
(1804)

形而上学の進歩にかんする懸賞論文

A版 第20巻 253-332頁
C版 第8巻 233-321頁
V版 第5巻III 79-165頁
W版 第6巻 583-676頁

イマヌエル・カント

一七九一年を期してベルリン王立科学アカデミーによって公示された懸賞問題
「ライプニッツとヴォルフの時代以来ドイツにおいて形而上学がなした実際の進歩とはどのようなものであるのか」

フリードリヒ・テオドール・リンク編集

A 255
C 233
V 79
W 585

目　次

付　録

〔序　文〕

A257 C235 V81 W587

この著作を〔カントが〕執筆した機縁は明らかなので、このことについてはここでさらに詳細に述べなくてもよいであろう。この著作が論じている懸賞問題は、それが公表されたときには、当然ながら幾分かのセンセーションを引き起こした。シュヴァープ、ラインホルト、アビヒトというしかるべき三人の人物がそれを受賞し、そしてその際の彼らの論文は、一七九六年以来すでに公衆の手に入るものとなっている。彼らのおのおのが多くの場合〔その懸賞問題の〕探求に際して、自分自らの歩みを歩んだように、カントも自分固有の、しかもきわめて特異な道を歩んでいた。それにもかかわらず、この道は、カントがこの懸賞問題を彼の解答すべき対象として取り上げたとするならば、選択するであろうと予想されうる唯一の道でもあった。

本論文には三つの原稿が残されているが、残念なことにそれらのうちのどの一つも完全ではない。それゆえ私は、第一原稿からはこの著作の前半部分、つまり第一段階の終わりまでを採用せざるをえなかった。第二原稿が後半部分、つまり第二段階の初めから本論文の最後までを提供してくれた。原稿のおのおのには、与えられた材料とは別の修正が、しかも幾分内容的に相違している修正が含まれているので、一再ならず論述の統一性と調和に若干欠けるように感じられはするが、これは致し方のないことである。したがって、このような事情のもとでは、この欠陥を完全に除去することは不可能であった。第三の写しは、ある意味では最も完全なものであるが、しかし全体のうちの最初の部分しか含んでいない。いま述べた不適切さを、いくつかの修正を無理に混ぜ合わせることによって一層増大させてしまうようなことをなくすために、私に残されたことは、この第三の写しの内容を、付録として印刷に付するか、それとも、それをまったく差し止めてしまうかのどちらかである。後者のやり方は、批判哲学のすべての友の期待をあまりの独断によって妨害すると思われたので、私としては前者の方策を採ることにした。さらに付録には、原稿の欄外にあるカントの二、三の覚え書きと、私が第一原稿と名づけたものに由来する第二段階の初めの部分も含まれている。

なお、最初に挙げた二つの原稿の中には二、三の欠落部分があるのだが、カントはそれらをおそらく彼がたびたびしていたように、いまは失われてしまった紙片を添えながら補足しようとしたのかもしれない。この欠落部分を若干の箇所では星印＊＊を挿入することによって表記した。

この著作を評価する人を、この著作の正しい観点に立たせるために、私がこれらの原稿の整理に関して言わなければならないことはこれぐらいだと思う。この著作を賞賛したり、あるいは欠落した箇所を含む形であれ、その中の優れた点を際立たせたりすることは、私の立場からは必要ないであろう。いままさに私が実感することだが、カントは彼の人生の偉大な役目を終えたところである。今後期待されるべきことは、あちこちでいわれなく引き起こされた怨恨さえもが、カントの精神の卓越さによって静められ、そうして全き公平さをもって心から彼の本質的な功績の真価を認めることであろう。

一八〇四年のユビラーテ・メッセの日に

リンク

A 258　W 588　C 236　V 82

〔前書き〕

王立科学アカデミーは、学識あるヨーロッパのある一地域での、しかも今世紀のある一時期にかぎっての、哲学の一部門における進歩を数え上げることを要求している。　A259 C237 V83 W589

この要求は一見したところ、解決の容易な課題であるように思われる。というのも、この課題は歴史に関することにすぎないからであり、たとえば、経験科学としての天文学や化学の進歩に関しては、これらの歴史記述者がすでに見つけだしており、また、同一の国の同一の時代になされた数学的分析や純粋力学の進歩に関しても、もし人が望むなら、歴史記述者がまたすぐにも見いだすだろうからであり、それゆえこの要求は、ここで話題にしたこれらの学問に関してならば、同様に困難はないように思われるからである。――

しかしながら目下の学問は形而上学のことであるので、事態はまったく異なってくる。形而上学は岸辺のない大海であり、ここでの進歩はいかなる痕跡も残さず、水平線には目に見える目標が含まれず、その大海の中ではどれほど目標に近づいたのかを見て取ることができないであろう。――この学問はそれ自身ほとんどつねに理念のうちにのみあったので、この学問に関しては、その課せられた課題は非常に困難なものであり、それの解決の可能性にほとんど絶望してしまうほどである。たとえそれに成功するとしても、この学問が成し遂げた進歩を短い議論の中で明示せよという条件が、いっそう困難を助長している。というのも、形而上学はその本質の究極意図からして一つの完結した全体なのであり、それゆえ、無であるかすべてであるかのどちらかだからである。そうであるから形而上学の究極目的に必要なものを、際限なくつねに進歩する数学や経験的自然科学について論じる場合のように、断片的に論じることなどはできない。――それにもかかわらず、われわれはこのことを試みてみようと思う。

最初の、そして最も必然的な問題はたぶん、理性はそもそも形而上学に何を望んでいるのであろうか、また理性が形而上学を論じる際に、どのような究極目的を眼前に据えているのであろうか、という問題であろう。というのもこの問題は、重大な問いであり、もしかしたら、理性が思弁においてつねに目ざすことのできるもののうちで最も重大な究極目的であり、いやそれどころか、あらゆる人間が多かれ少なかれそれに関心を寄せるがゆえに、唯一の究極目的でさえあろうからであり、さらにこの問題は、この領域での努力がいつも不毛であることが明らかになった場合でさえも、なにゆえに人間たちに呼びかけることが無益なのかが理解されえない問題だからである。もし理性が寄せる関心が、人の有しうる最も内面的なものではないとするならば、人間はシジフォスの石を永久に転がしつづけることを、ついにいつかはやめなければならなくなるであろう。

形而上学全体が目ざしているこの究極目的を発見することは容易であり、こうした点から形而上学の定義を打ち立てることができよう。すなわち「形而上学とは、理性によって、感性的なものの認識から超感性的なものの認識へと進歩してゆく学問である」。

しかしながら、もし悟性の純粋概念が、感官の対象へのその概念の適用に関してのみ、したがって可能的経験のために思惟されるだけだとするならば、われわれが感性的なものに数え入れるのは、その表象が感官との関係において考察されるもののみならず、悟性との関係において考察されるものでもある。それゆえ、たとえば、悟性のうちにその座と起源を有する原因の概念という非感性的なものは、悟性による対象の認識に関する場合でも、感性的なものの領域にも、つまり感官の客観の領域にも属する概念だとして挙げられうるであろう。――存在論とは、あらゆる悟性概念と原則が、感官に与えられ、それゆえ経験によって確証されうる対象に関わるかぎりでのみ、それらの悟性概念や原則の体系をなすような(形而上学の一部としての)学である。存在論は、形而上学の究極目的である超感性的なものに触れることはなく、それゆえ予備学としてのみ、または本来の形而上学の玄関ないし前庭としてのみ形而上学に属しており、そして存在論は、それがあらゆるわれわれの認識の条件と第一の要因をアプリオリに含んでいるがゆえに、超越論哲学と呼ばれる。

V 85 存在論においては、アリストテレスの時代からそれほどの進歩がなかった。というのも、文法学が言語形式をその基本規則に分解したり、あるいは、論理学が思惟形式についてそのようにしたのと同様に、存在論は、認識を、アプリオリに悟性のうちに存し、かつ経験において使用されるような諸概念に分解するからである。――つまり人が経験認識のために、これらの諸概念や諸原則の正しい使用規則を目ざしさえするならば、経験がそのような使用を W 591 C 239 つねに確証し正当化することになり、その場合には、存在論は、それについての骨の折れる論議から大いに免れる一つの体系となるからである。しかしながら、このようなことは、感性的なものから超感性的なものへと進んでいこうと企てる場合には生じない。それだからもちろん、この意図のためには、理性が、どこから始めてそしてどのような尺度によって、経験の対象からそうではない対象へとあえて超出できるのかを知るために、悟性能力とその諸原理を、詳細にかつ慎重に測定しなければならない。

A 261 ところで存在論にとっては、あの有名なヴォルフが、この悟性能力の分析における明晰さと規定性によって争えない功績をもっているが、それでもその功績は、存在論の材料が汲み尽くされていただけに、存在論における認識の拡張に対する功績ではありえない。

しかし人が形而上学でもって何を望んでいるのかを示しているだけであって、形而上学において何をなさなければならないのかを示していない上述の定義は、言葉の本来の意味での哲学、つまり知恵の教えに属する教示という点においてのみ、形而上学をほかの教説から際立たせるものにすぎず、理性の端的に必然的な実践的使用には、いかなる諸原理をも指定するものではない。*このようなことは、形而上学についての間接的観点にすぎず、この観点によって人が理解するのは、あるアプリオリな理論的認識のスコラ的な学問と体系であり、そしてそれを人はただちに自分の仕事だと見なしてしまう。それゆえ、この〔ヴォルフ〕学派の理解によれば、形而上学の定義は次のようになる。――すなわち、形而上学とは、概念による純粋な理論的理性認識のすべての諸原理の体系である。あるいは簡潔に言えば、形而上学とは純粋な理論哲学の体系である。

かくして、形而上学とは、純粋理性のいかなる実践的教説をも含まないが理論的教説を含むものだということになり、この理論的教説が、このような形而上学の可能性の根底にあることになる。形而上学は、数学的諸命題すなわち概念の構成によって理性認識を引き起こす諸命題を含まないが、しかしながら数学一般の可能性の諸原理を含んでいる。このような定義において理解される理性とは、アプリオリな、つまり経験的でない認識能力にすぎない。

いまや形而上学において最近起こったことに対してのある尺度を手に入れるために、〔それと〕昔から形而上学でなされていたこととの二つのことを、形而上学でなされるべきであったと仮定されることと比較しなければならない。――ところでわれわれは、思考様式の格率に従ってなされた熟慮の末の意図的な後退を、進歩として、つまり消極的前進として考慮しておくことができるであろう。なぜならばこのことによって、たとえ根深くてその結果が広範にわたったような誤りが、たんに除去されるだけであるとしても、形而上学にとって最善となるような何かが引き起こされるからである。それはたとえば、正道からはずれたために自分の羅針盤を取りにいこうとして出発地点に戻る人が、誤った道をさまよいつづけることもなく、あるいは、じっと立ち止まったままになることもなく、方向を定めるために出発点にふたたび立ち帰ったことが、少なくとも賞賛されるようなものである。

形而上学における最初の最も古い歩みは、躊躇しながらの試みとして敢行されたにすぎないものではなく、アプリオリな認識の可能性について前もって注意深く探求することをせずに、まったくの確信を抱きながら行われた。自分自身に対する理性のこのような信頼の原因は、何であったのであろうか。それは成功を思い誤ったためである。というのも、数学において理性は、哲学者のあらゆる期待をはるかに超えて、事物の性質をアプリオリに認識することに成功していたからである。どうして哲学においても同じような成功を収めるということにならなかったのであろうか。数学は感性的なものの地盤の上を動いていて、理性自身は、その感性的なもののために概念を構成し、つまり概念をアプリオリに直観において現示し、そうして、対象をアプリオリに認識することができるのであるが、それに対して、哲学は、たんなる概念によって理性の認識の拡張を企てるのであり、その際に数学の場合のように、対象を自分の前に提示することができないために、概念はわれわれの前でいわば空中を浮遊することになる。アプリオリな認識の可能性に関して、数学とは天地の差があり、このことを重要な課題とすべきなのであるが、形而上学者は、そのことには思い及ばなかった。数学以外において、たんなる概念によるアプリオリな認識の拡張がなされたとしても、そのことが真理性を含むことが、そのような諸判断や諸原則と経験との一致によって証明されれば、それで十分ではある。

ところで、形而上学において、理性の究極目的がそこへと向けられている超感性的なものは、理論的認識に対しては本来いかなる地盤をももっていないにもかかわらず、形而上学者は、アプリオリな起源をたしかに十分にもってはいても、ただ経験の対象にしか妥当しないような存在論的諸原理を導きの糸として、敢然と前方へとさまよい出たのである。このような方途によって際限のない思い誤った洞察を獲得したとしても、それは経験によって確証されることができないのであるが、しかしそれでもまた、そのような誤った獲得は、それが超感性的なものに関わるがゆえに、いかなる経験によって反駁されることもできなかった。人はただ、自分の判断に自己矛盾が入り込まないように十分な注意を払いさえすればよかったのであり、自己矛盾を防ぐことは、たとえこれらの判断や判断の根底にある概念がなおもまったく空虚であるとしても、十分なしうることである。

プラトンやアリストテレスよりもずっと古い時代に遡る独断論者のこの歩みの中には、ライプニッツやヴォルフといった人たちの時代もともに含まれるのであるが、このような歩みは、正しい歩みではないにしても、理性の目的にかなった最も自然な歩みであり、またそれとともに、理性にとって成功したやり方からの類推に従って理性が行うすべては、同じように理性にとって十分に成功するにちがいないという外見上の確信にかなう、最も自然な歩みでもある。

それに対して、この第一の歩みとほとんど同じぐらいに古い形而上学の第二の歩みは、一つの後退であった。とはいえその後退は、もしそれがただ出発の最初の地点にまで立ち戻ったのであれば、しかもその立ち戻りが、出発点に立ちとどまって決然としたさらなる前進を試みないためではなくして、むしろ新たな方向において前進を行うためのものであったとしたならば、賢明なものであって、形而上学に有益な後退であったであろうに。

さらなるすべての企みを根絶してしまうこのような後退は、形而上学におけるすべての試みの完全な失敗に基づいている。ところで、形而上学の偉大な企みにおけるこの失敗や災難は、何を手がかりに認識されえたのであろうか。ひょっとしたら、この企みを反駁したのは経験なのであろうか。いや断じてそうではない。というのも、数学においても存在論においても、理性が、可能的経験の対象の認識についてのアプリオリな拡張として語っていることは、前へ進む実際の歩みであり、この歩みによって理性は、領域を獲得することを確かなものにするからである。したがって経験などでは決してないのである。超感性的領域においては、意図的で思い誤った侵略があるのだ。この領域では、何の意味をもたない絶対的な自然全体が問題にされるが、それとともにまた同様に、神、自由、不死が問題にされるのであるが、理性が実践的関心を抱きながらも拡張のあらゆる試みが挫折するのは、とくに後者の三つの対象にかかわる場合である。ところがこのような挫折に気づくのは、より高度な形而上学という、超感性的なものについてのより深い認識が、上述の見解に対立する見解を教えてくれるからではない。なぜならば、この反対の見解と上述の見解を比較することなどできないからである。それというのも、われわれは上述の見解が過度なものだと知るからではなく、それらの諸対象についてのあらゆる拡張的命題に対して、外見的には同じように根本的な反対命題を対置させるような諸原理が、われわれの理性のうちに存するからなのであり、こうして理性は、自らの試みを自分自らで壊滅させるからなのである。

　懐疑論者のこのような歩みは、当然のことながら、幾分か後の時代に由来するが、それでもかなり古いものである。とはいいながらこの歩みは、純粋理性の関心とは別の関心が、多くの人に対して、ここでの理性の無能力を隠蔽するよう強制するにもかかわらず、依然として、至るところできわめて優れた頭脳のうちで存続している。懐疑

V 88
W594
C 242

論を、感性的なものの認識の諸原理や経験自身にまで広げることを、人は、哲学のある時代に起こったまじめな見解としては実際上見なすはずがない。おそらくは、経験の可能性さえもが基づくアプリオリな諸原理の証明を、独断論者にやらせてみて、彼らがその証明をなすことができないということから、それら諸原理が独断論者にとっても疑わしいものなのだということを示そうとしたのであろう。

形而上学がなした第三の、そして最も新しい歩みは、形而上学の運命を決するにちがいないものであるが、それは、感性的なものであれ超感性的なものであれ、人間的認識一般をアプリオリに拡張する理性能力に関しての、純粋理性自身の批判ということである。この批判が、自分の約束したことを、つまり理性能力の範囲と内容と限界を規定することを遂行したならば、――また批判が、このことをドイツにおいてしかもライプニッツとヴォルフの時代以後のドイツにおいて遂行したならば、王立科学アカデミーの課題は解決されるであろう。

以上のことからして、哲学が形而上学のために通過しなければならなかったのは三つの段階である。第一は、独断論の段階であり、第二は、懐疑論の段階であり、第三は、純粋理性の批判主義の段階である。

時代のこの順序は、人間の認識能力の本性に基づいている。もし最初の二つの段階が残されたままになっているならば、多くの時代を通じて形而上学の状態は一定しないままであり、理性の自己自身に対する無限の信頼から無際限の不信へと飛び移るかと思えば、今度はその不信から信頼へ移るというありさまであるかもしれない。ところが、理性能力自身の批判によって、形而上学は、外部においてのみならず内部においても一定した状態に移り、今後は増大も減少も必要がないような一定の状態とか、あるいは、ただその能力があるだけの一定の状態に移行するであろう。

V 89　A 264
W 595

本　論

当面している課題の解決を二つの部門に分けることができるが、そのうちの一方の部門は、形而上学を理論的学問として成立させるための理性の手続きの形式的なものを導出し、他方の部門は、実質的なものを――形而上学において理性が意図する究極目的を、この目的がどの程度まで達成されるのかあるいは達成されないのかという点に関して、理性の手続きから導出する。

それゆえ、最初の部分では、形而上学に最近起こった歩みだけが提示され、第二の部分では、純粋理性の領域における形而上学自身の進歩が提示されるであろう。第一部は、超越論哲学の比較的新しい状態を含んでおり、第二部は、本来の形而上学の状態を含んでいる。

A 265
C 243

第一部門　新たな時代におけるわれわれの間の超越論哲学の歴史

このような理性の探求において起こった第一の歩みは、分析判断と総合判断を一般的に区別することである——。この区別がライプニッツとヴォルフの時代に明瞭に認識されていたならば、われわれはその当時から現れてきた論理学や形而上学のうちに、何らかの形でこの区別に言及したものを見いだすばかりでなく、さらにこの区別が厳しく教え込まれていることをも見いだしたであろう。というのも、第一の種類の判断はつねにアプリオリな判断であり、必然性の意識と結びついているからである。第二のものは経験的でありうるものであって、論理学は、総合判断がアプリオリに成立する条件を指摘することはできない。

第二の歩みは、いかにしてアプリオリな総合判断が可能であるのか、という問いをたんに投げかけただけの歩みである。というのもこのような問いが存在することを、一般自然論の多くの実例が、とりわけ、特には純粋数学の多くの実例が証明しているからである。ヒュームは一つの事例を、すなわちすべての形而上学者を狼狽させた因果性の法則についての事例を指摘したという点においてすでに功績がある。しかしながら、もしもヒュームであれほかの誰であれ、この問いを一般的な仕方で表象したならばどういうことが起こったであろうか。この問いが解決されないうちはその間中ずっと、形而上学全体がわきに置かれていなければならなかったであろう。

第三の歩みは、「総合判断からアプリオリな認識がいかにして可能であるのか[1]」という課題である。認識とは、

A266

C244
V90
W596

そこから客観的実在性をもった概念が、すなわち、それに対応して対象が経験において与えられることのできる概念が生じてくる判断である。ところがあらゆる経験は、対象の直観、つまりそれを通して認識のために対象が与えられるような直接的で個別的な表象と、概念、つまりいくつかの対象に共通し、それゆえそれによって対象が思惟されるような徴表による間接的表象とから成る。――これら二種類の表象の一方は、それ自身だけではいかなる認識をも構成しない。だからもしアプリオリで総合的な認識が存在すべきであるならば、直観も概念もアプリオリに存在しなければならない。それゆえ最初に、直観と概念の可能性が解明されなければならず、そして次に、それらの客観的実在性が、経験の可能性にとってのそれらの必然的使用によって証明されなければならない。

アプリオリに可能であるはずの直観は、形式に関わりうるだけであり、その形式に従って対象が直観される。というのもこのことが、何かがアプリオリに表象されるということ、つまり、知覚すなわち経験的意識に先立ってまた経験的意識から独立に、その何かについての表象がなされるということだからである。他方、知覚における経験的なもの、つまり感覚ないし印象(impressio)は直観の質料であり、それゆえそこにおいては、直観はアプリオリな表象ではないであろう。かくして、たんに形式にのみ関わるような直観は純粋直観と呼ばれ、もしそれが可能であるはずならば、経験から独立でなければならない。

しかし、自体的な性質をもった客観の形式があるのではなく、主観の形式つまり感官の形式があるのである。感官はそのような種類の表象の能力をもっており、その表象が直観をアプリオリに可能にする。というのも、もしこの形式が客観自身に由来するはずならば、われわれは客観を前もって知覚していなければならず、このような知覚においてのみ客観の性質を意識することができるだろうからである。しかしながらその場合に、それはアプリオリな経験的直観というものであろう。形式がこのようなものであるのかどうかについては、客観にこの形式を付与する判断が、必然性を自らに伴うのかそれとも伴わないのかに注目してみれば、われわれはただちに確信をもつことができる。というのも判断が必然性を伴わない後者の場合には、判断はたんに経験的となるからである。

それゆえ直観においてのみアプリオリに表象されうる客観の形式は、このような客観自体の性質に基づくのではなく、主観の自然的性質に基づいている。主観は対象の直観的表象の能力をもっているのである。そして対象の直観の感受性としての感官の形式的性質におけるこの主観的なものだけが、アプリオリに、つまりあらゆる知覚に先立って、アプリオリな直観を可能にするのであり、こうしていまや、アプリオリな直観とアプリオリな総合判断の可能性が、直観の側からまったく十分に理解されうるようになる。

というのもわれわれは、感官の対象がいかにしてまたどのような形式に従って直観されるのかということを、すなわち、いかにして客観の直観のために主観的なものが感性のつまり主観の感受性の主観的形式を自分に伴うのかということを、アプリオリに知ることができるからである。正確に語ろうとすれば、われわれは、客観の形式がわれわれによって純粋直観において表象されるのだとは決して言ってはならないのであって、われわれが与えられた対象をアプリオリに直観するのは、ただ感性の形式的主観的条件に従ってのみだと言わなければならないであろう。

それゆえこのことは、感性的存在者にすぎないわれわれにとって対象の表象が可能であるかぎりでの、われわれの(人間的)直観の固有の性質である。たしかにわれわれは、感性の条件に従わずに、それゆえ悟性によって客観を直観するような、対象の直接的な(直截な)表象様式を考えてみることはできるであろう。しかしわれわれはそのような表象様式について、いかなる根拠のある概念をもつことはできない。そうはいっても、認識能力をもつ存在

W598　V92　A267
C246

者のすべてを、必ずしもわれわれの直観形式に従わせないためには、そのような表象様式を考えてみることも必要である。というのも、いくらかの世界存在者は、別の形式のもとで同じ対象を直観するということがあるかもしれないし、またこの形式が、あらゆる世界存在者においてしかも必然的に同一のものでもありうるが、しかしわれわれはこの必然性を洞察することはないし、同様にわれわれはある最高の悟性の可能性も洞察しないからである。この最高の悟性は、認識においてあらゆる感性から免れると同時に、概念によって認識する必要からも免れて、対象をたんなる(知性的)直観において完全に認識する。

こうして空間と時間の表象に関する純粋理性の批判は、これらの表象が事物についてのあらゆるわれわれの認識の根底にアプリオリに存するためには、それらの表象がそうあらねばならないとわれわれがまさに要求したような純粋直観であることを、証明しており、私は非難を何ら心配せずに自信をもってこのことを証拠として引き合いに出すことができる。—— V 93　A 268

なお、私がさらに注意しておきたいことは、内的感官に関しては、私自身の意識のうちで二重の私が、すなわち、内的感性的直観の私と思惟する主観の私が、一つの人格のうちで二つの主観を前提している、と多くの人が思っているということである。(2) W 599

ところで以上のことは、空間と時間がわれわれの感性的直観の主観的形式にほかならず、それらが客観自体に帰属する規定ではまったくないという理論であり、しかしながらまさにそれゆえにのみ、たとえば幾何学におけるよ C 247

うに、われわれは判断の規定において、判断の必然性の意識をもってアプリオリにわれわれのこの直観を規定することができるという理論である。ところで、規定するとは総合的に判断することを意味する。

この理論は、空間と時間が、事柄それ自体に属するのではまったくないようなものとして表象されるがゆえに、空間と時間の観念性の教説と呼びうる。すなわちこの教説は、アプリオリな総合的認識の可能性を説明しうるためのたんなる仮説などではなく、むしろ証明された真理なのである。なぜならば、何らかの直観がなければ、与えられた概念を超えて認識を拡張することは端的に不可能であり、そしてこの拡張がアプリオリに生じるべきであるならば、アプリオリな直観が根底になければ不可能だからであり、また同様に、アプリオリな直観は、それを客観の性質のうちにではなく、主観の形式的性質のうちに求めるのでなければ不可能だからである。なぜならば、主観の形式的性質を前提することによって、感官のあらゆる対象はそれに適合して直観において表象され、それゆえ感官の対象は、アプリオリにこの性質に従って必然的なものとして認識されなければならないからである。そうではなくして、もし客観の性質が想定されるとするならば、アプリオリな総合判断は経験的で偶然的なものとなるであろうが、このことは自己矛盾しているからである。

それにもかかわらず、空間と時間のこのような観念性は、同時に、現象としての対象、すなわち直観としての感官の(外的感官および内的感官の)対象に関しては、空間と時間の完全な実在性の教説であり、そしてこのことは、その対象の形式が感官の主観的性質に依存しており、またその対象の認識が、それが純粋直観のアプリオリな原理に基づいているがゆえに、確実でしかも証明可能な学を許すかぎりにおいてである。それゆえ感官直観の性質のうち、質料的なものすなわち感覚に関わるような主観的なものは、たとえば光の中の色としての物質や音響の中の音

W600
V94

としての物質や塩の酸味としての物質などは、たんに主観的なままであり、客観についてのいかなる認識をも、したがってすべての人に妥当する表象をも、経験的直観において示すことができず、そのような表象についての実例を挙げることはできない。なぜならばそのような物質は、空間と時間が含むような、アプリオリな認識のための所与を含んではおらず、一般に客観の認識に数えられることすらできないからである。

さらにまた次の点にも注意しなければならない。すなわち、われわれが事物についてそれが現象(Phaenomena)であると語る場合に、超越論的意味で理解された現象とは、この事物は私にはかくかくしかじかのように現象すると私が語る場合とはまったく異なる意味をもった概念である。〔私にはかくかくしかじかのように現象するという〕後者の場合には、事物は自然的現象を暗示すべきものであり、それゆえ見かけ[3]とか仮象と呼ばれうるのである。というのも、経験の言葉においては、私はこれらの感官の対象を感官のほかの対象と比較できるだけなので、これらの感官の対象は、たとえばすべての星をもった天体は、たとえそれがたんに現象にすぎないとしてもそれは物自体のように考えられているからである。ところが、その天体は円天井の外観をもっているのだと語られる場合には、ここでの仮象とは、判断において主観的なものを誤って客観的なものだと見なしてしまう原因になりうるような、ある事物の表象の中の主観的なものを意味しているのである。

それゆえに、感官のあらゆる表象は、われわれに認識されるべき現象としての対象だけを与えるという命題は、観念論者が主張するように、感官のあらゆる表象は対象の仮象しか含んでいないであろうという判断とはまったく同一ではない。

しかしながら、たんなる現象としての感官のあらゆる対象の理論において、内的感官の対象としての私つまり魂

A 269　C 248

と見なされる私が、私自身にとって現象として認識されうるのであって、私が物自体として存在するようなものに従って認識されるのではないということほど、奇妙で風変わりなことはないのであるが、しかしそれは、私自身のあらゆる認識の根底にあるたんに形式的でアプリオリな内的直観としての時間の表象が、この形式を自己意識の条件として承認する以外のいかなるほかの可能な説明様式をも許さないからである。

　感性の形式において客観のあらゆる直観の根底にアプリオリに存する主観的なものによって、客観がわれわれに現象するがままにアプリオリに認識することが可能になる。いまやわれわれは、この主観的なものを、われわれの感官がいかにして外的ないし内的な（すなわちわれわれ自身の）対象によって触発されるのかという表象様式として説明することによって、われわれがこれらの対象をただ現象としてのみ認識するのだと語りうるために、「現象するという」この表現をもっと詳しく規定したいと思う。

　私自身を意識しているということは、主観としての私と客観としての私という二重の私をすでに含んでいる思想である。思惟する私が私自身にとって（直観の）対象であり、そうして私を私自身から区別することができるということは、疑いえない事実であるけれども、このことがいかにして可能であるのかを説明することは絶対に不可能である。しかしながらこのことは、あらゆる感官直観をはるかに超えた崇高な能力を暗示しており、悟性の可能性の根拠としてのこの能力によって、われわれは、自分自身に対して自我を語る能力を認める理由をもたないすべての動物から結果的に完全に分離されることになり、また自ら作った表象や概念によって無限の方へと眼を向けることになる。しかしこのことによって、二重の人格性が意味されているわけではなく、思惟しかつ直観する自我のみが人格であり、他方、私によって直観される客観の自我は、私の外のほかの対象と同様に物件なのである。(4)

C249　A270　V95　W601

第一の意味での私(統覚の主観)、すなわちアプリオリな表象としての論理的な私については、それがどのような種類の存在者なのか、そしてどのような自然的性質をもっているのかを認識させるようなより以上のものは、絶対的に不可能である。それは、いわば、それに内属しているあらゆる属性を取り去っても残りはするが、しかし、属性とは、それに関してその本性を私が認識できたまさにそのものにほかならないがゆえに、それ以上は絶対に認識されえないような、実体的なものである。

しかし第二の意味での(知覚の主観としての)私、つまり経験的意識としての心理学的な私は、さまざまに認識されることができる。そこにおいては、内的直観の形式つまり時間は、あらゆる知覚とそれらの結合の根底にアプリオリに存する形式であり、それら知覚の把捉(apprehensio)は、主観がそれによって触発される仕方につまり時間条件に従っているが、それは、感性的な私が知覚を意識のうちへ取り上げるに際して、知性的私によって規定されるためである。

以上のことに関しては、われわれによって吟味されるあらゆる内的な心理学的観察が証拠と実例として役立ちうる。というのも、そのために必要なことは、われわれが内的感官を、注意を媒介にしながらも部分的にはおそらく困難な程度にまで触発することである(というのも、表象能力の実際の規定としての思想はまた、われわれの状態の経験的表象にともに属しているからである)が、それは、内的感官によってわれわれに呈示されるものについての認識を、まず初めにわれわれ自身の直観において有し、次にわれわれ自身をただわれわれに現象するがままに表象するためである。それというのも、論理的な私は、主観をたしかに純粋意識においてそれ自体としてあるがままに暗示し、つまり受容性としてではなく純粋自発性として暗示するが、しかしそれの本性についてのいかなる認識をも与えることができないからである。

アプリオリな概念について

感性の主観的形式は、現象としての感性の対象の理論に従って生じなければならないのだが、それが客観の形式として客観に適用される場合には、客観の規定においてその規定と分かちがたい表象を、すなわち合成されたものの表象を伴う。というのは規定された一つの空間をわれわれが表象できるのは、それを描くことによって、つまりある空間を別の空間に付け加えることによってだけだからであり、そしてこの事情は時間に関しても同様である。

ところで、合成されたものそれ自身の表象は、たんなる直観ではなく、その概念が空間と時間における直観に適用されるかぎり、合成の概念を必要とする。それゆえこの合成の概念は(それの反対である単純なものの概念とともに)、直観に含まれる部分表象として直観から抽出される概念ではなくて、根本概念であり、しかもアプリオリな根本概念としての概念であり、結局は、感官の対象についてのあらゆる概念の根拠として、根源的には悟性のうちに存するようなアプリオリで唯一の根本概念としての概念である。

それゆえ、感官に与えられる対象が従わなければならないアプリオリな概念は、意識を伴った合成(総合)の種類に応じた数だけ、すなわち直観に与えられる多様の統覚による総合的統一の種類に応じた数だけ、悟性のうちに存することになるだろう。

ところでこれらの概念は、われわれの感官に現れるかもしれないあらゆる対象についての純粋悟性概念であるが、これらの純粋悟性概念は、アリストテレスにおいては、カテゴリーという名称のもとでほかの種類の概念と混合さ

V 97　W603　C 250

れており、またスコラ学者においては、賓位語という名称によって同様の誤りのもとに表象されているものではあるが、しかしながら、もし判断形式の多様性に関しての論理学の教えを前もって一つの体系の連関において取り上げたならば、おそらくや純粋悟性概念は、体系的に秩序づけられたひとつの表へともたらされえたであろう。

悟性はもっぱら、概念一般の関係における意識の統一にほかならない判断作用において、自分の能力を示すのであるが、その際この統一が、分析的であるかそれとも総合的であるかは未規定のままである。――ところで直観において与えられる対象一般についての純粋悟性概念は〔判断作用と〕まさに同じ論理的機能をもつのだが、ただしそれは、純粋悟性概念が、直観一般において与えられる多様の統覚の総合的統一をアプリオリに表象するかぎりにおいてである。それゆえカテゴリーの表は、あの論理学の表と平行しながら完全な形で作製されることができた。しかしながらこのことは、純粋理性の批判の出現以前には起こらなかったことである。

ところで次のことに十分留意しなければならない。すなわちこれらのカテゴリー、あるいは別の呼び方によれば、賓位語は、空間と時間のように感性的であるいかなる一定の種類の直観(たとえばわれわれ人間にのみ可能な直観)をも前提することなく、その直観がどのような種類であっても、たとえわれわれがとくにそれについての概念をつくることのできない超感性的な直観であっても、直観一般の対象の概念にとってのたんなる思惟形式にすぎない。というのも、たとえわれわれが後になってから、概念が過大でありその概念にはいかなる客観的実在性も付与されえないことに気づくとしても、われわれがある対象について何かをアプリオリに判断しようとすればいつでも、純粋悟性によってその対象についての概念を作らなければならないからである。したがってカテゴリーは、それ自身としては、感性の形式すなわち空間と時間に依存しているのではなく、あらゆる認識にアプリオリに先立ってアプリオリな総合判断を可能にするような主観的なものに形式が関わる場合であれば、われわれがまったく考えることのできないような別の形式を根底にもつことも可能である。

さらにまた、根源的な悟性概念としてのカテゴリーには、それらの合成から発生し、したがって派生的な概念としての準賓位語が属するが、これらは、純粋な悟性概念であるかそれとも感性的に制約されたアプリオリな概念であるかのどちらかである。これらのうちの前者の概念によって、現存在は量として表象される、すなわち対立した規定をもった現存在としての、持続ないし変化が表象される。他方の概念については、空間における場所の変化としての運動の概念がその例を与えてくれる。そしてカテゴリーと同様に、これらの準賓位語も遺漏なく数え上げられ、一つの表において体系的に表象されることができるであろう。

超越論哲学、すなわちすべてのアプリオリな認識一般の可能性の教説は、純粋理性の批判であり、いまやこの批判から諸要素が完全な形で提示されたのであるが、この教説は、形而上学を基礎づけることを自分の目的としている。他方、形而上学の目的は、純粋理性の究極目的として、感性的なものの限界から超感性的なものの領域への純粋理性の拡張を意図するのであるが、このことは一つの超出であって、それはまた諸原理の同一の秩序における連続的な前進ではないのであるが、この超出が、危険な跳躍にならないようにするためには、二つの領界の限界においてその進歩を押し止めるような逡巡が必要である。(5)

以上のことから帰結するように、純粋理性の諸段階は、確実な進歩としての学問論、——静止状態としての懐疑論、——そして形而上学の究極目的への超出としての知恵の理論とに区分される。かくして、第一の学問論は理論的独断的理説を、第二の懐疑論は懐疑的訓練を、第三の知恵の理論は実践的独断的訓練を含むことになるだろう。

第一部　純粋理性の理論的独断的使用の範囲について

この章の内容は、純粋理性の理論的認識の範囲は感官の対象より遠くへは及ばないという命題である。

解明的な判断であるこの命題には、二つの命題が含まれている。

(一) 事物のアプリオリな認識の能力としての理性は、感官の対象にまで及ぶということ。

(二) 理論的使用における理性は、感官のいかなる対象にもなりえないようなものについては、なるほどそれに関する概念の能力をもつであろうが、しかしそれについての理論的認識の能力をもつものではないということ。

第一の命題の証明には、いかにして感官の対象についてアプリオリな認識が可能であるのかということの解明も属している。なぜならば、このことがなければ、感官の対象についての判断が、実際にも認識として成立するのかどうかについて、われわれは十分には確信できないだろうからである。しかしながらアプリオリな判断という認識の性質に関しては、理性が自分の必然性の意識によっておのずからこの性質を告げ知らせている。

ある表象が認識であるためには(私はここではつねに理論的認識のことを考えているのだが)、そこには対象についての概念と直観とが同一の表象において結合されながら属しているのだが、その結果、概念は、直観を自分のもとに含むという仕方で表象される。ところで、概念が感官表象から取ってこられた概念つまり経験的概念の場合には、その概念は、感官直観においてすでに理解されていて、ただ論理的形式すなわち一般的妥当性という点からのみ感官の直観から区別されるようなものを、徴表としてすなわち部分表象として含んでいる。たとえば馬の表象の

C 253　W606　V 100 A 274　C 254

なかでの四足動物という概念のように。

しかしながら、概念がカテゴリーつまり純粋悟性概念である場合には、それはまったくあらゆる直観の外にあり、しかももしそれが認識のために使用されるべきであるならば、それの根底に直観がおかれなければならない。さらにもしこの認識がアプリオリな認識であるべきならば、その認識の根底には純粋直観がおかれなければならないが、しかもそれは、カテゴリーによって思惟される直観の多様を、統覚によって総合的に統一するということに従いながらそうでなければならない。すなわち、表象力が純粋悟性概念の根底にアプリオリな図式をおかなければならないのであり、この図式がなければ、純粋悟性概念は絶対にいかなる対象をももつことはできないであろうし、したがっていかなる認識のためにも役立つことはできないであろう。

ところで人間のもちうる認識はすべて感性的であり、そして人間のアプリオリな直観は空間ないし時間であり、*また空間と時間は、対象を感官の対象としてのみ表象し、事物一般としては表象しないということからすれば、われわれの理論的認識一般は、たとえそれがアプリオリな認識であっても、感官の対象に制限されるのであり、したがってこの範囲内においては、感官の対象の総括としての自然に対してアプリオリに指定される法則によって、たしかに独断的に振舞うことはできるのであるが、しかしながら自分の概念によって自己を理論的にさらに拡張しようとしてこの圏域を超え出ることなどは決してできないのである。

感官の対象そのものについての認識が、経験である。すなわち意識された経験的表象による(結合された知覚による)認識が、経験である。したがってわれわれの理論的認識は、決して経験の領域を踏み越えることはない。ところであらゆる理論的認識は経験と一致しなければならないので、これらの理論的認識が可能であるのは、次のど

W607

ちらかの仕方による以外にはない。すなわち、経験がわれわれの認識の根拠であるか、それとも、認識が経験の根拠であるかのどちらかである。それゆえ、アプリオリな総合的認識が存在するならば、この認識が経験一般の可能性のアプリオリな条件を含まなければならないという方策しかありえないであろう。しかしながらその時には、この認識はまた経験の対象一般の可能性の条件をも含んでいるのだが、それというのも、経験を通してしか経験の対象はわれわれに認識可能な対象とはなりえないからである。しかしながら、それに従ってのみ経験が可能になるアプリオリな原理とは、対象の形式、すなわち空間と時間、そしてカテゴリーであり、これらが意識のアプリオリな総合的統一を含んでおり、そのかぎりにおいてこの統一のもとに経験的表象が包摂されうるのである。

それゆえ超越論哲学の最高の課題は、いかにして経験が可能になるのかということである。

あらゆる認識は経験からのみ始まるという原則は、事実問題 quaestio facti に関わることであり、それゆえ超越論哲学には属さない。事実は躊躇なく承認される。ところが、事実はまた、最上の認識根拠としての経験からしか導出されえないのかどうかということは、権利問題 quaestio juris であり、これに対する肯定的な解答によって超越論哲学の経験論が導入され、否定によって超越論哲学の合理論が導入されることになろう。

前者の経験論は自己矛盾である。というのも、もしもあらゆる認識が経験的起源をもつとするならば、アプリオリに悟性に根拠づけられているために、つねに認められている反省や矛盾律に従う反省の論理的原理に関して、それとは無関係に、経験の本質をなす認識の総合的なものが、たんに経験的となってアポステリオリな認識としてのみ可能となるからである。しかしこのときには超越論哲学はそれ自身不可解なものとなる。

しかしそれにもかかわらず、可能的経験にアプリオリな規則を指定するような諸命題、たとえば変化はすべて原

V 101　C 255　A 275　W608

因をもつという命題に関しては、それの厳密な普遍性と必然性、および、普遍性と必然性をもつにもかかわらずそれらの命題が総合的だということは、異論の余地がありえない。それゆえ、認識におけるわれわれの表象のこれらすべての総合的統一を、たんなる習慣上のことだと言い立てる経験論は、まったく支持しがたいものであり、また、超越論哲学を自己自身を否定するものだと見なそうとしても、別の端的に解決不可能な課題が現れてくることからしても、超越論哲学はわれわれの理性のうちにしっかりと根拠づけられているのである。感官の対象を普遍的法則のもとへもたらして、それらの統一を原理に従って見いだすことが、悟性には可能なのだが、そのような連関と対象の並存の規則性とは、感官の対象にとってどこから生じてくるのであろうか。矛盾律だけではこれに満足を与えられない場合には、合理論が不可避的に招来されざるをえないであろう。

それゆえ、経験自身の可能性のアプリオリな原理を探し求めることが緊急のことだとすれば、問題はこれがどのような種類の原理なのかということである。経験を構成するあらゆる表象は感性に数え入れられうるが、しかし唯一の例外があり、それは、合成されたものそのものという表象である。

合成は、感官に含まれずにわれわれがそれを自ら作らなければならず、それゆえ合成は、感性の受容性に属するのではなく、アプリオリな概念として悟性の自発性に属している。

空間と時間は主観的に見れば感性の形式であるが、純粋直観の客観としての空間と時間についてのある概念を作るためには(われわれは概念がなければ客観についてまったく何も語りえないであろう)、合成されたものという概念が、つまり多様の合成(総合)という概念がアプリオリに必要であり、したがってまた、これらの多様の結合における統覚の総合的統一が必要となる。このような意識の統一には、空間と時間における対象の直観的表象の相違に応じて表象を結合するカテゴリーと呼ばれるさまざまな機能が必要であり、こうしてアプリオリな悟性概念が存在することになる。ところが、これらの概念はそれ自身だけでは、対象一般についてのいかなる認識をも基礎づけることはないとしても、経験的直観に与えられる対象に対してはそれの認識を基礎づけるのであり、その際この認識が、経験というものであろう。しかしながら経験的なものは、すなわち、それを通して対象がその現存在に関して与えられて表象されるものは、感覚(sensatio, impressio)と呼ばれ、その感覚は経験の質料をなしており、それが意識と結合すると知覚と呼ばれる。ところが、経験を経験的認識として生じさせるためには、知覚に対してさらに形式が、すなわち悟性においてアプリオリに思惟される統覚の総合的統一が、付け加わらなければならない。しかもわれわれは概念を通して、あらゆる知覚の客観にその位置を空間と時間のうちに指示してやらなければならないのだが、しかしわれわれは、空間と時間をそれ自身としては直接には知覚しないので、経験的認識を生じさせるためには、悟性概念にだけ従うアプリオリな原則が必要となるのである。しかもこの原則が、感性的直観を通してこの悟性概念の実在性を証明し、また、このような感性的直観と結びつきながらアプリオリに与えられた直観の形式に従って、まったく確実なアポステリオリな認識である経験を可能にするのである。

V 103

＊　＊

しかしながら外的経験に関しては、このような確実性に対してある重大な懐疑が引き起こされる。この懐疑は、なるほど外的経験による客観の認識が何としても不確実だという点に存するのではないにしても、われわれがわれわれの外に定立する客観が、もしかしたらつねにわれわれの内に存在しうるのではないのか、そしてわれわれの外

C 257

にあるものをそのようなものとして確実に承認することはおそらくはまったく不可能なのではないのか、という点に存している。この問題をまったく未解決のままにしておいても、形而上学がそれの進歩に関して失うものは何もないであろう。なぜならば、われわれは知覚および知覚における直観の形式からカテゴリーによる原則に従って経験を作るのであるが、その知覚はつねにわれわれの内にありうるかもしれないからであり、さらに知覚にはまたわれわれの外にある何かが対応しているのかどうかという問題は、認識の拡張に際して何らの変更ももたらさないからである。それゆえこの点においてわれわれはいずれにせよ、客観にではなく、つねにわれわれの内の知覚にだけ頼ることができるのである。

W610
A277

*　*　*

以上のことから、形而上学全体を区分する次のような原理が、すなわち、理性の思弁的能力に関わる超感性的なものについてはいかなる認識も可能ではない(Noumenorum non datur scientia ヌーメノンについての認識は与えられない)という原理が帰結する。

*　*

理性が本来の形而上学の歩みを進めるに先立って、いやそれどころか形而上学の方へとほんの一歩だけでも歩みを進めることができるに先立って、超越論哲学において最近生じたことおよび生じなければならなかったことは、以上のようなことであった。ところで他方、ライプニッツ-ヴォルフ哲学はドイツにおいて別の部門で確実にその

V104

歩みを進めていたが、それは、古代のアリストテレス的な矛盾律を超え出て、哲学者たちに導きのための新たな羅針盤を提供するようなものであり、その羅針盤とは、概念に従う事物のたんなる可能性とは区別されて、事物の現実存在のための充足理由律のことであり、さらには、直観を概念に従う認識から区別する代わりに、明暗の差があるにせよ依然として混乱している表象と判明な表象とを区別する命題のことである。ところが、ライプニッツ－ヴォルフ哲学は、これらのすべての改良にもかかわらず、知らないうちにいつも論理学の領域の中だけにとどまって、形而上学の方へは何らの歩みも遂げず、ましてや形而上学の歩みを前進させることなどはなかったのであるが、このことは、彼らの哲学が総合判断と分析判断の区別についてまったく明瞭な知識をもっていなかったことから証明された。

「あらゆるものは一つの帰結である」という命題と関連する「あらゆるものはその根拠をもつ」という命題は、そのかぎりではただ論理学にのみ属することができ、また、蓋然的と見なされる判断と実然的に妥当すべき判断との間には区別が成立しうるが、その区別は分析的なものにすぎない。というのも、もしも上記の命題が事物に妥当すべきであるならば、つまりあらゆる事物が別のある事物の現実存在の帰結としてしか考慮されないとするならば、その別のある事物を考慮するための充足理由はどこにも見いだされないことになるからである。この場合にこのような不合理に抗して、その別のある事物(ens a se 自己に由来する存在者)は、なるほど自分の現存在の根拠をなおもってはいるが、しかしその根拠を自己自身の内にもっているのであり、それゆえ自己自身の帰結として存在するのだという命題のうちに、逃げ場が求められるであろう。しかしその際に不合理が露顕しなくなるとしても、その命題は事物に妥当しうるものでは決してなく、ただ判断にだけしかも単に分析的な判断にだけ妥当しうることに

A278　W611 C258

なるであろう。たとえば、「あらゆる物体は分割可能である」という命題は、もちろんある根拠を、しかも自分自身の内に根拠をもっている。すなわちその命題は、矛盾律に従って、つまり分析判断の原理に従って主語の概念から述語の概念を推論した帰結として洞察されうるのであり、したがってその命題は、たんに論理学のアプリオリな原理に基づいており、形而上学の領域での歩みを進めるものではまったくない。それというのも、形而上学において肝心なことは、アプリオリな認識の拡張であり、そのためには分析判断は何の役にも立たないからである。しかし矛盾律について思い違いをしている形而上学者[6]がなおも同様な論理学的根拠律を導入しようとするならば、彼は判断の様相をまだ完全には数え上げてはいなかったということになるであろう。というのも彼は、互いに矛盾対立し合う二つの判断の間にさらに排中律を付け加えなければならないからであり、その場合に彼は、判断における可能性、真理性ないし論理的現実性、必然性という論理的諸原理を、蓋然的判断、実然的判断、確然的判断において提示したであろうが、そのかぎり、それらの判断はすべて一つの原理つまり分析的判断の原理に従っているのである。このような怠慢が証明しているのは、分類の完全性に関するかぎり形而上学者自身[6]が決して論理学に決着をつけてはいなかったということである。

しかしながら、表象の非判明性と判明性という論理的区別についてのライプニッツ的原理に関して、ライプニッツが次のように主張する場合には、すなわち、表象の非判明性とはわれわれがたんなる直観と呼んだ表象様式であり、それは本来対象についての混乱した概念にすぎず、したがって直観が事物の概念から区別されるのはたんに意識の程度に応じてのことにすぎず、決して種別的に区別されるわけではないのであり、それゆえたとえばある物体の直観は、それに含まれるすべての表象の汎通的意識においてはその物体の概念をモナドの集合として提供するであろう、とライプニッツが主張する場合には、批判哲学者は、この主張とは逆に、もしわれわれが(部分表象についての適切な意識をもって)十分に鋭い理解をもつならば、「物体はモナドから成る」というライプニッツ流の命題はたんに知覚の分析によって経験から生じうるものだということに気づくであろう。ところがこれらのモナドの共在は、たんに空間のうちでのみ可能なものとして表象されるがゆえに、昔気質のこの形而上学者(6)は、空間とは相互外在的な多様の並存についてのたんに経験的で混乱した表象だと認めるにちがいない。

しかしながらその場合に、ライプニッツはどのようにして、空間が三次元をもつという命題を確然的でアプリオリな命題だと主張することができるのであろうか。というのも彼はこのことを、物体のあらゆる部分表象の最も明晰な意識によってさえも、それがそうでなければならないというようにではなく、せいぜいそれは知覚が教えてくれるがままに事実そうである、というようにしか理解できなかったであろうからである。それにもかかわらず、彼が三次元という性質をもつ空間を必然的でかつあらゆる物体表象の根底にアプリオリに存するものだと想定するならば、このような表象様式が彼自身の主張によれば何らの必然性をも許さないたんに経験的起源をもつにすぎないがゆえに、詭弁を免れえないこのような必然性を、彼はどのように説明しようとするのであろうか。彼がこのような要求を無視してでもなおも三次元の性質をもつ空間を想定しようとするならば、例のあの混乱した表象がどのような性質であろうとも、幾何学が、したがって理性が、空中に漂う概念によってではなく、概念の構成によって、空間とそれゆえまた空間を満たすものとしての物体とが単純な部分から成り立つのでは絶対にないことを、彼に対して論証することになろう。もっともわれわれが物体の可能性をたんなる概念から理解しようとする場合には、もちろんわれわれは部分から始めて部分の合成へと進みつつ、単純なものを根底に置かなければならないであろうが、しかしそれによってついに理性は、直観(それは空間の表象である)と概念は種別的にまったく異なった表象様式だということ、および、直観とは表象の混乱がたんに解消されることによって概念に変じられるようなものではないということを承認せざるをえないであろう。――以上のことは時間表象にも妥当しよう!

純粋悟性概念と純粋理性概念に客観的実在性を与える仕方について

悟性の純粋概念を可能的経験の対象に即して思惟可能なものとして表象することは、その概念に客観的実在性を与えることを意味し、一般的に言えば、その概念を現示することを意味する。このことをなしえないときには、概念は空虚であり、それゆえ概念はいかなる認識にも達しない。概念に対応する直観を介して客観的実在性が直接的に(directe)概念に割り当てられる場合には、すなわち概念が直接的に現示される場合には、この行為は図式論と呼ばれる。しかしながら概念が直接的にではなく、ただその結果において(indirecte 間接的に)現示されうる場合には、この行為は概念の象徴化(7)と名づけられうる。前者は感性的なものの概念において成立し、後者は超感性的なものの概念のための応急手段である。それゆえ後者の概念は本来は現示されることができず、いかなる可能的経験においても与えられることはできないが、それでもこの概念は、認識がたんに実践的認識としてしか可能ではないとしてもやはり必然的に認識に属している。

理念の(あるいは理性概念の)象徴は、類推に従って、すなわちある結果との類似の関係に従って、対象を表象することであり、たとえ対象自身がまったく異なる性質のものであっても、対象それ自体の結果に対して対象に付与されるものである。たとえば私が、動物や植物などの有機体といった自然のある種の産物を、それらの原因との関係において、制作者としての人間との関係における時計のように表象する場合には、カテゴリーとしての因果性一般の関係は両者においてまさに同一の関係であるが、この関係の主体はその内的性質に関して私には知られないままであり、それゆえその主体はそれだけで現示されうるが、その内的性質はまったく現示されえない。

このようにして私は超感性的なもの、たとえば神については、たしかに本来は理論的認識をもつことができないけれども、類推に従った認識を、しかも思惟する理性にとって必然的である認識をもつことができる。その際にカテゴリーが根底にあるのだが、それというのも、たとえカテゴリーがそれ自身ではまだどのような対象をも規定しないというまさにこの理由のために、いかなる認識をも生ぜしめることがないとしても、思惟が、感性的なものであれ超感性的なものであれ、それらのものに向けられる場合には、カテゴリーが思惟の形式に必然的に属しているからである。

悟性概念に対して、感性なしにも客観的実在性を認めようとする試みの欺瞞性について

たんなる悟性概念に従って、すべての内的規定(質と量)の点で、まったく同一でありながら、互いの外部にあるような二つの事物を考えることは矛盾である。それは、つねに同一である事物が二度考えられているにすぎない(数的には一つのものである)。

これはライプニッツの不可識別者の命題であり、彼はこの命題に少なからぬ重要性を付与しているが、この命題は理性に強く違反するものである。なぜならば、ある場所にある一滴の水がなぜ別の場所にあるまさに同一の滴の

C 261
V 108

発見を阻止しなければならないのかということが理解されえないからである。しかしながらこのような阻止によってただちに証明されることは以下のことである。すなわち空間における事物は、たんに悟性概念によって物自体として表象されなければならないばかりでなく、認識されるためにはその事物の感性的直観に関して現象として表象されなければならないということであり、また空間は、ライプニッツが想定したように物自体の性質ないし関係ではないということであり、また純粋悟性概念はそれ自身だけでは何らの認識をも与えることがないということである。

＊　　＊　　＊

第二部 ライプニッツ-ヴォルフの時代以来、形而上学の客観すなわち形而上学の究極目的に関して達成されたことについて

この時期の形而上学の進歩は三つの段階に区分することができる。第一は理論的独断的前進の段階であり、第二は懐疑的静止状態の段階であり、第三は形而上学の途の実践的独断的完成および形而上学の究極目的への到達の段階である。(原注) 第一段階はもっぱら存在論の限界内を動いており、第二段階は超越論的宇宙論ないし純粋宇宙論の限界内を動いている。宇宙論はまた自然論すなわち応用宇宙論としても考察されるが、この宇宙論は、物体的自然の形而上学と思惟する自然の形而上学、すなわち外的感官の対象としての自然と内的感官の対象としての自然についての形而上学であり (physica et psychologia rationalis 合理的自然学と合理的心理学)、両者の対象においてアプリオリに認識されうるものに関わっている。第三段階は、神学へと導いて神学を必然的にするようなすべてのアプリオリな認識を伴った神学の段階である。大学の慣例に従って形而上学の中に挿話的に挿入されていた経験的心理学は、ここでは当然度外視されることになろう。

(原注) 上記を見よ。
(8)

上記の時期と上記の国内における形而上学の第一段階

存在論が成立するような、純粋悟性概念の分析と経験認識に使用されるアプリオリな原則の分析に関して、形而

上学の分野において以前に起こり、あるいはドイツ以外で起こったことより以上の判明性と規定性と証明の徹底性の追求を成し遂げたという偉大な功績を、上掲の二人の哲学者、とくに有名なヴォルフに対して拒むことはできない。しかしながら、たとえ、まだいかなる批判も一つの確固とした原理からカテゴリーの表を配列していなかったために完全性に欠陥があるといって非難をしないとしても、アプリオリな直観が原理であることを知らずに、むしろライプニッツがそれを知性化することによって混乱した概念そのものへと変えてしまったという、アプリオリな直観についての過誤が、純粋悟性概念によって表象されえないものは不可能だと見なしてしまったことの原因であり、それとともに、また、健全な悟性にまで暴力を振るい、しかも支持できない原則を並べ立ててしまったことの原因でもあった。以下に述べることは、そのような誤った原理による誤ったやり方の実例を含んでいる。

（一）不可識別者同一の原理(principium identitatis indiscernibilium)[9]とは次のようなものである。すなわちもしわれわれがあらゆる内的規定(質と量)に関してまったく同一であるAとBについて、二つの事物に妥当する概念を立てるならば、われわれは誤っているのであり、われわれはこれら二つの事物をまったく同一の事物(numero eadem 数的に同一のもの)だと想定しなければならない。しかしながら、ライプニッツは、まったく類似した同じような諸空間が相互外在的に表象されうるがゆえに、二つの事物は空間における場所によって区別されうるのだということを認めなかった。すなわち彼は、ある仕方で無限空間全体を一立方インチやもっと小さいものへともたらすことができるがゆえに、まったく同一の空間があると人は言ってはいけないのだということを、認めることができなかった。というのも彼は概念による区別だけを許し、概念とは種別的に異なる表象様式としての直観を、しかもアプリオリな直観を承認しようとはしなかったからであるが、彼はこのアプリオリな直観を、むしろ共在や継起という概念そのものに解消しなければならないと信じていた。そうして彼は健全な悟性に違反することになったのであるが、この健全な悟性は、ある場所に一滴の水が存在するときに、この水滴が、それとまったく類似した同じような滴が別の場所にあることを妨げることには決して納得しないであろう。

（二）彼の充足理由律は、根底にどんなアプリオリな直観もありえないと考えて、その表象をたんなるアプリオリな概念に還元したので、次のような帰結を生ぜしめることになった。すなわち形而上学的に考察すればあらゆる事物は、デモクリトスが宇宙のすべての事物を原子と空虚から合成したように、実在性と否定性、存在と非存在から合成されており、そして否定性の根拠は、ある物が定立されるいかなる根拠もすなわちいかなる実在性も、そこには存在しないということ以外ではありえない。それによって、いわゆるすべての形而上学的悪は形而上学的善と合一しながら光と闇のみから世界を生ぜしめたのだが、その際に、空間を闇の中に立てるためには物体が、つまり光に対立して空間の中に侵入してくる実在的なものが、存在しなければならないことには思い及ばなかった。彼によれば、痛みは快の欠如のみを、悪徳は有徳への衝動の欠如のみを、被動物体の静止は運動力の欠如のみを、根拠としてもっていることになるだろう。なぜならばたんなる概念に従えば、実在性＝aは、実在性＝bに対立させられうるのではなく、ただ欠如＝0に対立させられうるからであるが、その際に、直観においては、たとえばアプリオリな外的直観すなわち空間においては、実在的なものと他の実在的なものの対立（運動力）すなわち反対方向における運動力が生起するかもしれず*、それゆえにまた内的直観における類推からすれば、相互に対立する実在的な動機が一つの主観の中で結合されうるかもしれず、またこのような実在性の衝突から生じるアプリオリに認識可能な帰結が否定性であるかもしれないということなどは、ライプニッツによって考慮されなかった。しかしながらもちろん、このようなことが生じるためには、たんなる概念ではなくして、直観においてだけ表象されうるような、互いに対立する方向をライプニッツが想定しなければならなかったであろう。こうしてすべての悪は、根拠＝0、すなわちたんなる制限としてであるか、あるいは形而上学者が言うように、事物の形式的なものであるというように、健全な悟性に反するのみか、道徳にも反するような原理が生じてしまった。それゆえ充足理由律がライプニッツにとって役立ったのは、彼がこの命題をたんなる概念の中に置いたからであり、また、分析判断の原則である矛盾律を超え出て理性をアプリオリに総合的に拡張しようとしなかったからである。

(三) 彼の予定調和の体系によって元来目ざされていたのは魂と身体の間の共同性の説明であったにしても、予定調和の体系は、さまざまな実体がそれによって一つの全体をなすという諸実体の共同性の可能性の説明へと向けられなければならなかった。そこではもちろん、諸実体はすでに諸実体という概念によって、ほかの何ものもそこに付け加わることがないかぎり、完全に孤立したものとして表象されなければならないので、共同性のうちに入ることが不可避であった。というのも、おのおのの実体には自分の自存性のゆえに、他の実体に基づくようないかなる偶有性も内属していてはいけないのであり、しかしそれでもなお他の諸実体が存在する場合でも、おのおのの実体はこれらの他の諸実体に依存してはいけないのであって、それは、これらの他の諸実体のすべてが第三の実体(根源的存在者)という原因の結果としてこの第三の実体に依存するような場合ですら、そうであってはいけないのであるから、それゆえに一方の実体の偶有性がなぜ同種類の他の外的実体にその状態に関して基づかなければならないのかという根拠はまったくないからである。それゆえさまざまな実体が世界実体として共同性の中にあるべきだとしても、この共同性はたんに観念的なものでなければならず、いかなる実在的(自然的)影響関係でもありえない。なぜならば実在的影響関係は、諸実体が自分のたんなる現存在に基づいて理解されるかのように(しかしこのようなことはありえないのだが)、相互作用の可能性を想定するからである。すなわちわれわれは現存在の創始者を技術者として想定しなければならないからであるが、この技術者は、自体的には完全に孤立したこれらの実体を、機会的にかそれともすでに世界創始のときにか、それらが、原因と結果の結合と同様にあたかも現実に相互に影響し合うかのようにそれらの間に調和を作るという仕方で変容したり、すでに整えたりしておくのである。それゆえ、機会原因の体系が、唯一の原理に基づく説明としてはさほど巧みなものではないように思われる場合に、原理としては予定調和の体系 systema harmoniae praestabilitae が、すなわちかつて哲学が案出したうちで最も奇妙な虚構が生じなければならなかったのであり、それはすべてがたんに概念から説明されそして理解されなければならなかったためである。

それに反して、空間がアプリオリにあらゆる外的関係の根底にあり、またただ一つの空間だけしかないというように空間の純粋直観を解するならば、これによってあらゆる実体は、自然的影響を可能にするような関係の中で結合され、一つの全体をなすことになる。こうして空間における諸事物としてのあらゆる存在者は共同してただ一つの世界を構成し、したがって複数の世界が互いの外に存することはありえなくなるのだが、世界の統一性についてのこのような命題は、もしそれがあの直観を根底に置かずにただ概念だけによって導かれるべきだとするならば、絶対に証明されうることはないのである。

(四) 彼のモナド論。たんなる概念に従えば、世界のあらゆる実体は、単純であるかそれとも単純なものから合成されているかのどちらかである。というのも合成とはたんなる関係にすぎないが、実体はそのような関係がない場合でも、実体として自分の現実存在を保持しなければならないからである。ところで、私がすべての合成を廃棄しても残るものは単純なものである。それゆえあらゆる物体は、それらをたんに悟性によって諸実体の集合として考える場合には、単純な実体から成立していることになる。しかしながらすべての実体は、それらの相互の関係およびそれらが相互に影響を及ぼし合う力のほかに、内的にそれらに内属するある実在的な規定をもっていなければならない。すなわち外的関係のうちにだけ存するような偶有性をそれらの実体に付与するだけでは十分ではなく、われわれは主体にのみ関係するような偶有性をも、すなわち内的偶有性をも、実体に認めなければならない。ところでわれわれは単純なものに付与されうるような内的で実在的な規定としては表象および表象に依存するものしか知らない。ところがわれわれは表象を物体に付与することはできないので、もしわれわれが実体としての単純な部分を内的にまったく空虚なものとして想定しようとしないならば、この単純な部分にこそ表象を付与しなければならない。ところで自分のうちに表象の能力をもっている単純な実体は、ライプニッツによってモナドと呼ばれる。それゆえ物体は、宇宙の鏡としてのモナドから、すなわち表象力を授けられたモナドから成り立っているのであり、物体のこの表象力はただ意識を欠くということによって思惟する実体の表象力から区別されるだけであり、それゆえまどろむモナドと呼ばれる。このまどろむモナドについては、運命がそれらをいつかは目覚めさせようとするのかどうか、ひょっとしたら無限に多くのモナドが、すでに次々に目覚めさせられていて、そうして、いずれはあらためて目覚めてそして動物として次第に人間の魂の中へ、そしてさらにより高い段階へと高まるために、再びまどろみの中へ戻されたのかどうか、このようなことについてはわれわれは知るよしもない。これはある種の魔法をかけられた世界であって、あの有名な人物がこのような世界を想定するように誘惑されえたのはただ、現象としての感官表象を、あらゆる概念からまったく区別された表象様式としての直観として想定すべきなのに、そうはせずに、感性のうちにではなく悟性のうちに座を占めるような、概念によるたんに混乱した認識として想定したことに起因するのである。不可識別者同一の原理、充足理由律、予定調和の体系、最後にモナド論は、それらが一緒になって、ライプニッツ、および、彼に続いて、実践哲学においては形而上学的功績がはるかに大きいヴォルフが、理論的哲学の形而上学のうちにもたらそうとした斬新なことなのである。これらの試みがおそらくや形而上学の進歩のための準備を整えたであろうことをわれわれは否定しないとしても、これらの試みが形而上学の進歩と呼ばれるに値するのかどうかは、目下の段階の最後においては、これらの偉大な名前に惑わされることのない人たちの判断に委ねておいてよいであろう。

形而上学の理論的独断的部門にはまた、一般的な合理的自然論、すなわち感官の対象についての純粋哲学が属している。それは、外的感官の対象の純粋哲学すなわち合理的物体論と、内的感官の対象の純粋哲学すなわち合理的霊魂論である。これらの純粋哲学を通して経験一般の可能性の原理が二種類の知覚に適用されるが、その際に二種類のそのような対象が存在するという以外には何も経験的なものを根底に置くことはない。――これら二種類の対

W621　C268　V114

象においては、そこにおいて数学がつまり概念の構成が適用されうるかぎりでのみ学が存在しうるのであり、それゆえ内的感官による直観の根底にあって一次元しかもたないような時間形式よりも、物理学の対象の空間的なものの方がアプリオリに多くのことを可能にするのである。

充実した空間と空虚な空間という概念および運動と運動力という概念は、合理的自然学において、そのアプリオリな原理にもたらされうるし、またもたらされなければならない。他方、合理的心理学においては、思惟する実体の非物質性の概念、その実体の変化の概念および変化における人格の同一性の概念だけがアプリオリな原理を表象し、残りのすべては経験的心理学であり、あるいはむしろ人間学にすぎない。なぜならば、身体をもたない人間の生命原理(魂)が思惟において可能なのかどうか、また何を可能にするのかをわれわれが知ることができないことが証明されうるからである。だからここではすべてが、ただ経験的認識だけに、すなわち生命において、したがって霊魂と身体の結合においてわれわれが獲得できるような認識だけに帰着するのであり、それゆえ感性的なものから超感性的なものへの超出を試みる形而上学の究極目的には適合しないのである。この究極目的は哲学における純粋理性の試みの第二の時期に見いだされるものであるが、その時期についていまや明らかにすることにしよう。

形而上学の第二段階

形而上学の第一段階は次のような理由から存在論の段階と呼びうる。すなわちこの第一段階は、論理学の仕事のように、事物の概念の本質的なものを概念の徴表に分解しながら探求することを教えるものではなく、直観一般においてわれわれに与えられるものを直観のもとに包摂するために、われわれが事物についてアプリオリにどのように振舞い、かつどのようなことをするのかを教えるからであるが、このことはまた、空間と時間におけるアプリオリな直観の形式が、これらの客観を物自体としてではなく、たんに現象として認識可能なものにするかぎりにおいてしか起こりうるものではなかった。――この第一段階において、理性は、際限なくつねに何度も条件づけられるような相互従属的な条件の系列において、無条件的なものへ向かって絶えず前進してゆくように自分が駆り立てられるのを感じるのであるが、それというのも、おのおのの空間と時間は、自分よりもさらに大きな所与の空間や時間の一部としてしか表象されえず、ところがこのより大きな空間と時間においては、無条件的なものに達するために、おのおのの直観においてわれわれに与えられるものの条件が探し求められなければならないからである。

ところで、形而上学に要求される第二の大きな進歩とは、可能的経験の対象での条件づけられたものから無条件的なものへ到達し、対象の認識をこの系列の完成に至るまで理性によって(というのも、これまでに起こったことは悟性と判断力によって生じたからである)拡張するというものである。それゆえ形而上学がこれから辿らなければならないこの段階は、超越論的宇宙論と呼ぶことができる。なぜならば、空間と時間はそれの全体量において、あらゆる条件の総体として考察され、また結合されるすべての現実的事物の保持者として表象されなければならないからであり、そうして空間と時間を充たすかぎりでのこれらの事物の全体が、世界という概念のもとで表象されなければならないからである。

事物の可能性の総合的条件(principia 原理)、すなわち事物の可能性の規定根拠(principia essendi 存在原理)は、無条件的なもの(principium, quod non est principiatum 原理によって基礎づけられない原理)に達するために、総体性のうちに、しかも条件が相互に従属的であるような、条件づけられたもの(principiatis 原理によって基礎づけられたもの）のための上昇系列の総体性のうちに、求められる。このことを理性は自己自身の満足のために要求する。条件づけられたもののための条件の下降系列に関しては何の困難もない。というのは、この場合には、系列のためにいかなる絶対的総体性も必要がないからであり、また帰結が依存している最高の根拠がたんに与えられているにすぎない場合には、帰結はおのずから生じるがゆえに、絶対的総体性は帰結としてつねに未完結のままであってよいからである。

ところで空間と時間においては、あらゆるものが条件づけられており、無条件的なものは条件の上昇系列において絶対に到達不可能であることは明らかである。条件づけられたものでしかないものの絶対的全体という概念を、無条件的なものと考えることは矛盾を含む。それゆえ無条件的なものはたんに系列の一項として考察されうるにすぎないが、このことは、系列を、それ自身別の根拠のいかなる帰結でもないような根拠として限界づける。カテゴリーが帰結とその根拠の関係に適用されるかぎり、カテゴリーのすべての分類に通じるこの根拠づけの不可能性は、空間と時間における対象をたんなる現象としてではなく物自体として解するかぎり、理性を自己自身との調停しがたい争いに巻き込むのであるが、このことは、純粋理性批判の時代以前には避けられなかった。その結果、正命題と反対命題は絶えず相手を相互に否定し合い、理性は、形而上学にとって悲しむべき結果にちがいないまったくの絶望的な懐疑論に転落せざるをえなかったのだが、それというのも、形而上学が、感官の対象においては無条件的なものに関して決して理性の要求を満たすことができない場合、形而上学の究極目的である超感性的なものへと超出することは思いも及ばないからであった。（原注）

（原注）　時間と空間におけるあらゆる条件の全体は無条件的であるという命題は誤っている。というのも空間と時間における

すべてのものが(内部的に)条件づけられている場合には、空間と時間のいかなる全体も可能ではないからである。それゆえ条件づけられた条件にすぎない絶対的全体を、限界づけられた(有限な)ものとして想定しようが、限界づけられない(無限の)ものとして想定しようが、そのような全体を想定する人は自己矛盾をおかしているのである。なぜならば空間は条件づけられた条件の全体と見なされるべきだからであり、そしてこのことは過ぎ去った時間についても同様である。

ところでもしわれわれが無条件的なものに達するために、世界全体の中で条件づけられたものから条件への上昇系列において前進してゆくならば、与えられた世界全体の理論的独断的認識においては、以下のような、理性の自己自身との真の矛盾、あるいはたんに外見的な矛盾が見いだされる。それは第一に、同種のものの合成あるいは分割の数学的理念に関するものであり、第二に、条件づけられたものの現実存在を無条件的な現実存在に基づかせる力学的理念に関するものである。

〔I　世界を測定する際の、すなわち、世界について一定の概念を得るための尺度としての同種のおよび同一の単位を付け加える際の、世界の外延量に関して。しかも(a)世界の空間量と(b)世界の時間量の両者が与えられており、それゆえ後者の時間量が世界の持続の過ぎ去った時間を測定すべきであるかぎりでの空間量と時間量について。この二つの量について理性は、同じ根拠から、それが無限であると主張し、そして無限ではないつまり有限であると主張する。しかしながらこの両者についての証明は、——注目すべきことに——直接的ではなく、間接論証的であり、すなわち相手に対する論駁によって行われうるのである。こうしてそれは以下のようになっている。

(a)正命題。世界は量に関して空間的に無限である。というのも、世界が有限であるならば、世界は空虚な空間によって限界づけられることになるからである。この空虚な空間は、それ自身は無限であるがそれ自体としては現実存在するものではない。それにもかかわらず、この空虚な空間は、可能的知覚の対象である何らかの現実存在を前提することになる。すなわち空虚な空間は、何も実在的なものを含まないが、それは実在的なものの限界として、つまり空間内で相互に限界づけ合うものについての認知しうる究極的条件として何かを含むような、空間の知覚の対象である何らかの現実存在を前提することになる。しかしながらこのことは自己矛盾である。というのも空虚な空間は知覚されることはできず、また(感知しうる)現存在を伴うこともできないからである。——(b)反対命題。世界はまた、流れ去った時間に関しても無限である。というのも世界に初めがあるならば、空虚な時間が世界に先行したであろうが、それにもかかわらず空虚な時間は世界の生成を、したがって先行した無を、可能的経験の対象とすることになろうが、このことは自己矛盾しているからである。

II 内包量に関しては、すなわち、量がそこにおいて空間や時間を満たす度に関しては、次の二律背反が生じる。(a)正命題。空間における物体的事物は単純な部分から成り立っている。というのも、その反対が定立されるならば、たしかに部分は実体ではあるとしても、しかしながらたんなる関係としてのあらゆる合成が廃棄され、その場合には、あらゆる関係のたんなる主体としてのたんなる空間しか残らないことになるからである。それゆえ物体は実体から成り立つのではないであろうし、このことは前提に矛盾してしまう。——(b)反対命題。物体は単純な部分から成り立つのではない。〕

第一のもの〔数学的理念〕に関しては、空間および時間における世界の事物の量概念において、汎通的に条件づけられて与えられた部分から合成において無条件的全体へと上昇していこうが、それとも、与えられた全体から分割によって無条件的に考えられる部分に下降していこうが、二律背反が生じる。——すなわち前者に関しては、世界が、空間と過ぎ去った時間に関して無限であると想定しようが有限であると想定しようが、不可避的に自己矛盾に巻き込まれてしまう。というのも、もし世界が、それが占めている空間や過ぎ去った時間と同様に無限の量として与えられている場合には、世界は決して全体的には与えられることのできない一つの与えられた量であるが、このことは自己矛盾するからである。——もしあらゆる物体やあるいは事物の状態の変化におけるあらゆる時間が、単純な部分から成り立っている場合には、空間および時間が無限に分割可能であるがゆえに(数学がこのことを証明している)、無限に多数のものが、その概念に関しては決して全体的には与えられることができないにもかかわらず、与えられなければならないことになり、このことは同様に自己矛盾しているのである。

力学的に無条件的なものという第二の種類の理念に関しても事情は同様である。というのは、一方では、いかなる自由もなく世界のすべては自然必然性に従って生じるということが言われるからである。すなわち原因に関わる結果の系列においては、徹頭徹尾自然機械論が、すなわちすべての変化は先行状態によってあらかじめ決定されているということが支配しているからである。他方では、この普遍的な主張に対して反対命題が対立する。すなわちいくつかの出来事は自由によって可能なものとして考えられなければならず、出来事のすべてが自然必然性の法則に従うはずはないのである。なぜならば、さもなければすべてが条件づけられて生じることになろうし、したがって原因の系列において無条件的なものは何も見いだされえなくなるだろうが、条件づけられたものだけの系列において条件の総体性を想定することは矛盾だからである。

最後に、力学的種類に属していて他の点では十分に明晰である正命題、すなわち、原因の系列では必ずしもすべてが偶然的なのではなく、何らかの絶対的に必然的に存在する存在者がありうるのだという正命題が、それにもか

A290　W626　V119

かわらず、われわれによってつねに思惟可能ないかなる存在者も、他の世界存在者の端的に必然的な原因として考えられうることはできないのだという反対命題によって、もっともな理由をもつ矛盾に苦しめられる。なぜならば、その場合には必然的存在者は一項として、世界の事物とともに、いかなる因果性も無条件的ではないような結果と原因の上昇系列に属するであろうが、しかしながらここでは因果性が無条件的なものとして想定されなければならず、このことは自己矛盾するからである。

注。世界はそれ自体として無限であるという命題が、世界は（ある与えられた尺度と比較して）すべての数より大きい、ということと同じことを意味するはずだとするならば、この命題は偽である。というのも、無限の数というのは矛盾だからである。――もし世界が無限ではないと言われれば、このことはたしかに真であるが、しかしその時には世界はそもそも何であるのかということについてわれわれは知らない。世界は有限であると私が語るならば、それもまた偽である。というのも世界の限界は可能的経験の対象ではないからである。それゆえ私は、与えられた空間に関わるものも過ぎ去った時間にかかわるものも、ともにただ反対対当としてのみ必要とされるのだと言おう。その時には両方が偽なのである。なぜならば可能的経験は限界をもたないし、また無限でもありえないからであり、現象としての世界はただ可能的経験の客観にすぎないからである。

＊　＊　＊

さてここで以下の留意事項が示される。

第一に、あらゆる条件づけられたものには端的に無条件的なものが与えられなければならないという命題は、純

C 273　V 120　W627

粋理性による事物の結合が物自体そのものの結合として考えられる場合には、原則としてあらゆる事物に妥当する。しかしながらこの命題を適用する際に、それが矛盾なしには空間と時間における対象には適用されえないことがわかれば、われわれは、可能的経験の客観としての空間と時間における対象を、物自体そのものではなく、たんなる現象と見なすべきであり、しかも現象の形式は現象を直観するわれわれの様式の主観的性質に基づいていると想定する以外には、上記の矛盾から逃れる道は可能ではない。

それゆえ、純粋理性の二律背反は不可避的にわれわれの認識のあの制限に立ち戻る。そして以前に分析論でアプリオリに独断的に証明されたことが、この弁証論において、理性をそれ自身の能力に即して吟味するといういわば理性の実験によって矛盾なく確証される。空間と時間においては、理性が要求する無条件的なものは見いだされえないのであり、理性にとって残されているのはただ、完成を希望することなく条件に向かって永続的に前進することだけなのである。

第二に、これらの理性の諸命題の抗争はたんに論理的な分析的対立(contradictorie oppositorum 矛盾対当)の抗争としてのたんなる矛盾ではない。というのも、それら諸命題のうちの一方が真であるならば他方は偽でなければならず、またその逆でもあるとするならば、たとえば世界は空間に関して無限であるという命題は世界は空間において無限ではないという対立命題と比較されることになろうからであるが、ところが、上記の抗争は、総合的対当の超越論的抗争(contorarie oppositorum 反対対当)であり、たとえば世界は空間に関して有限であるという命題は、論理的対立のために要求されることより以上のことを語っているからである。つまり、その命題はたんに、条件へ向かっての前進において無条件的なものは見いだされないということだけではなく、さらに相互に従属し合う条件のこの系列はそれにもかかわらずまったく一つの絶対的全体であることをも語っているからである。それゆえこのような二つの命題は両者ともに偽でありうるのである——論理学において反対なものとして互いに対立する(contrarie opposita 反対対当)二つの判断のように——。そして物自体そのものが論じられるのと同じような仕方で現象が論じられるがゆえに、実際にもそれら二つの判断はともに偽なのである。

第三に、正命題と反対命題はまた、論理的対立に要求されるよりも少ないことしか含みえないがゆえに、ともに真でありうる。——論理学においてたんに主語の相違から互いに対立し合う二つの判断(judicia subcontraria 小反対判断)のように——実際このことが力学的根本諸命題の二律背反に関して生じるのであるが、それは対立する判断の主語が両者において異なった意味に解される場合である。たとえば感覚世界における現象のあらゆる因果性は自然の機械論に従属するという正命題における現象的原因 causa phaenomenon としての原因の概念は、これらの現象のうちのいくつかの因果性はこの法則に従属しないという反対命題と矛盾するように見えるけれども、そこには必ずしも矛盾が見いだされうるわけではない。というのも、反対命題における主語が正命題の主語に生じたこととは異なる意味で解されうるからであり、すなわち同一の主語が可想的原因 causa noumenon として考えられうるからである。そしてその場合には両命題はともに真でありうる。同一の主語が、物自体そのものとして、自然必然性に従う規定から自由であり、しかしその同じものが同一の行為に関して現象としては自由ではない。そしてこのことはまた必然的存在者の概念に関しても同様である。

第四に、純粋理性の懐疑的静止状態を必然的に引き起こすように見える純粋理性のこのような二律背反は、事柄自体としてのこのような可想体が、たとえそれが超感性的であっても、少なくとも実践的見地においては、現実にかつ自ら自分の法則に従って認識可能であることが際立つ場合には、最終的には批判を介して純粋理性の独断的進歩へと通じているのである。

選択意志の自由はこのような超感性的なものであり、それは、道徳法則を介して現実に主観の内に与えられているばかりではなく、実践的見地においては客観に関しても規定的である。すなわち、このことは、理論的見地においてはまったく認識可能ではないとしても、形而上学の本来の究極目的なのである。

力学的理念に関わる理性のこのような進歩の可能性は、次のことに基づいている。すなわち、これらの理念においては、結果と原因の、あるいは偶然的なものと必然的なものの、本来的結びつきとしての合成は、数学的総合のように同種的なものの結合であってはならないし、根拠と帰結、条件と条件づけられたものは別な種類のものでありうるのであり、それゆえ条件づけられたものから条件への進歩、すなわち感性的なものから最高の条件としての超感性的なものへの進歩においては、超出は原則に従って生じうるということに基づいている。

＊　　＊　　＊

二つの力学的二律背反は別個の二つの命題のように、対当関係において要求されるよりも少ないことしか語っていない。それゆえ両者とも真でありうる。

力学的二律背反においては、条件として異種的なものが想定されうる。――同様にそこではわれわれは、それを通して超感性的なもの(目的が本来関係している神)が認識されうるようなものをもっている。なぜならば自由の法則が超感性的なものとして与えられているからである。

世界の内での超感性的なもの(霊魂の精神的本性)と世界の外での超感性的なもの(神)へと、それゆえ不死性と神学へと、究極目的が向けられている。

形而上学の第三段階

超感性的なものへの実践的独断的超出

まず最初にわれわれは、目下のアカデミーの課題に応じるこの論文全体において、形而上学をたんに理論的学問としてか、あるいは人がいつも形而上学をそう名づけているように自然の形而上学として考えているのであり、したがって、超感性的なものへの形而上学の超出を、人倫の形而上学と呼びうるような、まったく別の、つまり道徳的実践的な理性の学問へ向かう歩みとして理解してはいけないのだということに十分注意しなければならない。というのも後者の形而上学は、超感性的なものすなわち自由を対象にするのであるが、しかしそれは、超感性的なものがその本性上何であるのかということに関する自由ではなく、一切の行為に関しての実践的原理のための基礎を与えるようなものに関する自由なのであるのだが、それにもかかわらず後者は、まったく別の領域に踏み迷うこと(10)(μετάβασις εἰς ἄλλο γένος)になるだろうからである。

ところで無条件的なものが必然的に想定されなければならないにもかかわらず、この無条件的なものは、第二段階で試みられたあらゆる探求によれば、自然の内にはつまり感覚世界の内には絶対に見いだされえない。しかし超感性的なものについてはいかなる理論的独断的認識も存在しない(noumenorum non datur scientia ヌーメノンについての認識は与えられない)。それゆえ自然の形而上学の実践的独断的な超出は、それ自身自己矛盾であり、

A 293 C 276 V 123 W 630

形而上学のこの第三段階は不可能であるように思われる。

しかしながらわれわれは、いかなる種類であれとにかく、自然の認識に属する諸概念のうちに特殊な性質をもった別の概念を見いだす。その概念によって客観のうちにあるものが理解されうるのではなく、それは、ただわれわれが客観をその概念のうちに置くことによって、その客観を理解できるようにするという性質をもった概念である。それゆえこの概念は、本来はなるほど対象の認識の構成要素ではないが、しかし理性によって与えられた手段ないし認識根拠であり、しかも理論的認識の根拠であり、しかしそのかぎりでは独断的認識の根拠ではない。それは自然の合目的性という概念である。この自然の合目的性は経験の対象でさえありうるから内在的概念であって、眼や耳の構造についての概念のような超越的概念ではない。ところで眼や耳の構造についてては、経験に関することとしては、エピクロスが認めた次のことより以上の認識は存在しない。すなわち彼によれば、自然が眼と耳を創った後にわれわれはそれらを見るためや聞くために用いるが、しかしこのことは、眼や耳を産出した原因自身がこのような目的にかなうようにこのような構造を創ろうと意図していたことを証明してはいない。というのもわれわれはこの目的を知覚することはできないからであり、ただこのような対象において合目的性を認識するために、この目的をたんに理性的推論によって持ち込むことができるだけである。

それゆえわれわれは自然の目的論という概念をもっており、しかもアプリオリにもっている。なぜならば、もしそうでなければわれわれは、この概念を自然の客観の表象のうちに置き入れることができずに、ただそれを経験的直観としての表象から引き出してくるだけだからである。とはいえ、いかなる認識でもないこのような表象様式のアプリオリな可能性は、目的に従う結合(nexus finalis)の能力をわれわれが自分自身のうちに知覚することに基づいている。

それゆえ(自然目的についての)自然目的論的教説＊は、独断的ではありえず、ましてや目的の系列において究極目的についての概念、すなわち無条件的なものについての概念を与えることはできないが、それにもかかわらず、自由の概念は、それが感性的には条件づけられない因果性としてそれ自身宇宙論において現れてくるように、たしかに懐疑の不安にさらされてはいるものの論駁はされないままであり、そして究極目的という概念もまたこれと同様である。いやそれどころか、一般に与えられたり考えられたりする対象の合目的性に対してと同様に、この究極目的の概念に対しても、客観的実在性が理論的独断的には保証されえないにもかかわらず、この概念は道徳的実践的見地においては絶対に必要なものと見なされているのである。

純粋実践理性のこの究極目的とは世界において可能であるかぎりでの最高善であるが、この最高善は、たんに自然が与えることのできるものすなわち幸福(快の最大量)のうちにだけ求められるべきではなく、最高の要求のうちに、つまりそのもとでのみ理性が理性的世界存在者のために幸福を承認できる条件のうちに、すなわち同時に理性的世界存在者の最高の道徳的合法則的態度のうちに求められるべきである。

理性のこの対象は超感性的である。究極目的としてのこの対象へ向かって進歩することは義務である。それゆえ、この超出のための形而上学の段階とこの段階における進歩が存在しなければならないということは疑いえない。しかし何らの理論もなければこのことは不可能である。というのも究極目的はまったくわれわれの力のうちにあるわけではないからである。それゆえわれわれは究極目的が生じることのできる源泉についての理論的概念を作らなければならない。それにもかかわらずこのような理論は、客観において認識するものに従って成立するのではなく、場合によっては、われわれが置き入れるものに従って成立しうるのである。なぜならばこの対象は超感性的だからである。――それゆえこの理論は、ただ実践的独断的見地においてのみ成立するであろうし、そして究極目的という理念に対しては、この見地において達しうる客観的実在性のみを保証することができるであろう。目的の概念に関して言えば、それはいつもわれわれ自身によって作られるのであり、究極目的の概念は理性によってアプリオリに作られなければならない。

このように作られた概念としては、あるいはむしろ、理論的見地においての超越的理念としては、分析的方法に従ってそれらを提示してみれば三つある。すなわちわれわれの内なる超感性的なものと、われわれの上なる超感性的なものと、われわれの後なる超感性的なものである。

(一) 自由。この自由から最初のものが作られなければならない。なぜならばわれわれは、ただ世界存在者のこの超感性的なものによってのみ、法則を、すなわち道徳法則という名の法則を、アプリオリにつまり独断的に、しかし究極目的がそれに従ってのみ可能な実践的意図において認識するからである。それゆえこの法則に従って純粋実践理性の自律が、同時に独裁として、つまり次のような能力として想定されるのである。すなわち究極目的の形式的条件である道徳性に関して、自律は、自然の影響が感覚的存在者としてのわれわれに及ぼすあらゆる障害のもとで、それにもかかわらず同時に知性的存在者としてなおこの地上の生活において究極目的を実現する能力として、すなわちわれわれの内なる原理としての徳への信仰が最高善に到達する能力として、想定される。

(二) 神。これは、道徳的な世界創始者として、世界での道徳性に適合した幸福という、究極目的の実質的条件

A295

に関してもまたわれわれの能力のなさを補うような、われわれの上なる最高善の十分な原理である。

(三) 不死性。すなわちこれは、無限に前進する人間の道徳的および自然的な結果とともに、人間としてのわれ C 279 W633
われの後なるわれわれの現実存在の永続的持続のことであるが、これらの結果は人間の道徳的態度に適合しているものである。

総合的方法に従って提示された超感性的なものについての実践的独断的認識のまさしくこれらの契機は、最高の V 126
根源的な善の無制約的所有者から始まり、感覚世界において(自由によって)導き出されるものへと進歩し、そして未来の知性的世界における人間のこの客観的な究極目的の結果とともに終わるのであり、それゆえこれらの契機は、神、自由、不死性という順序において体系的に結びつけられて成立しているのである。

現実的認識へとこれらの概念を規定するに際しての人間理性の関心事に関しては、いかなる証明も必要ではないし、そしてまさにこの関心事を満足させるためにのみ必要な探求となる形而上学は、いかなる正当化も必要とはし
ない。——しかしながら形而上学は、この超感性的なものに関して、それの認識を究極の目的としているのである A 296
かぎり、ライプニッツ-ヴォルフの時代以来なにがしかのことを成し遂げてきたであろうが、形而上学はどれほどのことを成し遂げてきたのであろうか、また形而上学はそもそも何を成し遂げることができるのであろうか。形而上学はそもそも究極目的のために存在しなければならないのであるが、この問いこそは、形而上学が究極目的の実現に向かう場合に答えなければならない問題なのである。

アカデミーの課題の解決

一　形而上学は超感性的なものに関してどのような進歩を遂げうるのか

純粋理性の批判によって十分に証明されているのは、感官の対象を超えては絶対にいかなる理論的認識も存在しえないということ、および感官の対象を超える場合にはすべてが概念によってアプリオリに認識されなければならなくなるので、いかなる理論的独断的認識も存在しえないということであり、しかもこのことは、それを通してすべての概念に客観的実在性が与えられる何らかの直観が概念の根底に置かれなければならず、かつわれわれのすべての直観は感性的であるという単純な理由によるのである。言い換えれば、このことが意味することは次のことである。すなわち、神、われわれ自身の自由の能力および(身体から分離された)われわれの魂といった超感性的な対象の本性については、これらの物の現存在に属するすべてのものの内的原理という点において、そしてまた、それらを通してこれらの物の現象がわれわれにほんのわずかな程度だけでも明らかになり、そしてそれらの原理および客観自身がわれわれに認識可能になるであろうような、それらの帰結や結果という点においても、われわれは何も認識することができないということである。

それゆえいまや、そうであるにもかかわらずこれらの超感性的対象については、実践的独断的認識が存在しうるのかどうかということだけが問題となるが、このことは、形而上学の全目的を実現する形而上学の第三段階であろう。

C 281 この場合に研究されなければならないことは、この超感性的な事物がそれ自体で何であるのかということに関し
てではなく、われわれ自身が純粋道徳的原理の実践的独断的客観、すなわち最高善である究極目的に適合するため
には、われわれがこの超感性的事物をどのように考えるべきなのか、およびその性質をどのように想定すべきなの
かという点に関してだけである。その場合にわれわれは、われわれが自分で作りしかもただ実践的な必要性のため
に作り、したがっておそらくわれわれの理念の外ではまったく存在せず、また(たとえほかの点では矛盾を含まな
A 297 いとしても)存在するはずもない事物について、その本性の探求を試みるのではないであろう。なぜならその場合
には、われわれはもっぱら法外なものに陥ることになるからである。われわれはただ、理性によって不可避的に必
然的とされるこの理念に従えば、行為の道徳的原則にとって何が義務となるのかについて知りたいだけである。そ
してその際に、理論的知識を完全に断念したときに(suspensio judicii 判断中止)、対象の性質についての実践的
独断的な認識と知識が現れてくるであろう。このような実践的独断的知識について問題となるのは、まさにわれわ
れの信憑の様相にわれわれが付与する名称だけである。それは、そのような意図にとって過小すぎるもの(たんな
る私見におけるように)を含まないように、そうかといってまた過大すぎるもの(真実らしいと想定するときのよう
に)も含まないように、それゆえ懐疑論者に有利にならないようにするためである。

V 128 W 635 ところで、納得 Überredung とは一つの信憑であり、この信憑についてそれがたんに主観的根拠に基づくのか
それとも客観的根拠に基づくのかどうかを、われわれは自分自身では決定できない。そしてこの納得はたんに感じ
られるにすぎない確信 Überzeugung と対立するのであるが、このような確信においては、主観は客観的根拠とそ
れの充足性を満たすことができず、したがって確信と客観との結びつきに関して明らかにすることができないにも

かかわらず、客観的根拠とその充足性を意識していると信じ込んでいる。これら納得と確信の両者は、理論的であれ実践的であれ、独断的認識においては信憑の様相に数えられることはできない。なぜならば独断的認識は、原理からする認識であるべきであり、それゆえまた、判明で理解可能でかつ伝達可能な表象の資格を備えていなければならないからである。

私見や知識とは異なり、理論的意図における判定に基づくものとしてのこのような信憑の意味は、いまやその表現によって想定とか前提(仮説)ということを理解させてくれる信仰という表現に移し置かれることができる。この想定とか前提は、ただ態度の客観的実践的規則が必然的なものとして根底に存するがゆえに必要なものであり、この実践的規則においてわれわれは、実行の可能性と実行から生じる客観自体の可能性を、なるほど理論的には洞察しないとしても、しかしこの可能性と究極目的との一致の唯一の仕方を主観的に認識するのである。

このような信仰とは、たとえば神は存在するという理論的命題についての実践理性による信憑であり、純粋実践理性から考察されたこのような場合には、究極目的すなわちわれわれの努力と最高善の一致は、端的に必然的な実践的規則すなわち道徳規則に従っており、しかもわれわれはこの道徳規則の効果を根源的な最高善の現実存在を前提することによってしか可能だとは考えられないので、われわれは実践的意図においてこの最高善をアプリオリに想定せざるをえないのである。

以上のことからすれば、凶作を予想することは、穀物取引と関わりのない公衆にとっては、干ばつが春の間中続いた後ではたんなる私見であり、また収穫後では知識であるが、しかし取引によって利益を得ることが目的でも業務でもある商人にとっては、収穫が悪い結果になりそれゆえ貯えを確保しておかなければならないという信仰である。なぜならばその際に何かをすることが、彼の業務であり仕事であるために、彼は事を決しなければならないからである。ただし、怜悧の規則に従ってなされたこのような決定の必然性はたんに制約されたものでしかない。それに対して、道徳的格率を前提するような決定の必然性は、端的に必然的な原理に基づいているのである。

それゆえ道徳的実践的見地における信仰はまた、それが自由な想定を含むことから、それ自身で道徳的価値をもっている。純粋実践理性の次の三箇条の信条における信仰箇条Credo、すなわち、私は世界におけるあらゆる善なるものの根源的源泉としての、つまり究極目的としての唯一の神を信じる、――私はこの究極目的と一致する可能性、つまり最高善が人間に素質として具わるかぎりで世界における最高善と一致する可能性を信じる、――私は世界のうちで可能な最高善への世界の永続的接近の条件である未来の永遠の生を信じる、――この信仰箇条は、自由な信憑であり、この信憑なくしては信仰箇条はいかなる道徳的価値をももたなくなる、と私は言いたい。それゆえこの信仰箇条はいかなる命法も許さず、またこの信仰箇条の正しさの証明根拠は、上記の諸命題が理論的命題として見られた場合の真理についての証明ではなく、したがってそれらの対象の現実性についての客観的な教えではない。それというのもそのような教えは超感性的なものに関しては不可能だからである。そうではなく、この証明根拠は、あたかもわれわれがこれらの対象が現実的であると知っているかのように行為すべきだという、たんに主観的でしかも実践的に妥当し、そうしてこの意図にとって十分であるような教えにすぎない。ここでは、これらの対象についての表象様式はまた、(過小なものよりもむしろ過大なものを想定するような)怜悧の教説としての技術的実践的意図において必然的なものと見なされてはいけないのであるが、それというのも、そうでなければ信仰は誠実なものではないことになるからである。かえってこの表象様式は、われわれがすでにおのずからそれへと責務づけられているものを、すなわち世界における最高善の促進を努力して求めるために、そしてさらには最高善の可能性の理論の補足的部分を場合によってはたんなる理性理念によって付加するために、ただ道徳的意図において必然的なのである。というのもわれわれはただわれわれにおける道徳法則の要求に従ってのみ、神、実践的性質における自由、そして不死性といったこれらの客観を自ら作り、自発的にそれらに客観的実在性を与えるからである。その際にわれわれが確信しているのは、これらの理念のうちにはいかなる矛盾も見いだされえないということ、およびこれらの理念の想定から道徳性の主観的原理とその強化へと、したがって一切の行為自身へと遡及することが、それはそれでまた意図においては道徳的だということである。

しかしながら上記の信仰の教説によれば、神が存在するということ、また道徳的で神の意志にかないそして最高善の理念に適合する関係が世界の内に見いだされるということ、およびすべての人間のために未来の生が存在するということは、蓋然的なことだと言われるかもしれないが、それらの信仰の教説の真理については理論的証明がありうべくもないのであろうか。――この問いに対する答えは、蓋然性という表現をこの場合に適用するのはまったく不合理だということである。というのも、蓋然的(probabile)であるとは、充足理由の半分よりも大きな信憑の根拠を、それゆえ信憑の様相の数学的規定を、自分でもっていることであるが、その際規定の諸契機は同種的なものとして想定されなければならず、それゆえ確実性への接近が可能なのであるが、それに反して、多かれ少なかれ真実らしいもの(verosimile)の根拠は異種的な根拠からも成り立っており、そうであるからこそ真実らしいものと充足理由との関係はまったく認識されえないからである。

ところで、超感性的なものはわれわれに可能なあらゆる認識を超え出ているので、それはすべての点から見て

V 130　A 299
W637

(toto genere) 感性的に認識可能なものとは区別される。それゆえに、感性的なものの領域で確実性に達すること
を期待してよいのとまったく同一の進歩によって超感性的なものに到達するいかなる道もないのであり、つまり確
実性へのどんな接近もありえず、したがってその論理的価値が蓋然性と名づけられうるようないかなる信憑もない C 284
のである。

理論的見地においてわれわれは、神の現存在や最高善の現存在および未来の生の現前についての確信には、理性
がどんなに強力に努力しても少しも近づくことはない。というのも、われわれにとって超感性的な対象の本性への
いかなる洞察もありえないからである。ところが実践的見地においては、われわれはそれらの対象の理念が純粋理 V 131 W 638
性の究極目的に役立つと判断することによって、これらの対象自身を作り出す。この究極目的は、それが道徳的に
必然的であるがゆえに、その時にはもちろん次のような錯覚を引き起こすことが十分にありうる。その錯覚とは、
主観的観点において、すなわち人間の自由の使用において実在性をもつとされるものを、このものが法則にかなっ
た行為において経験において示されることから、この形式にかなった客観の現実存在の認識だと見なしてしまう錯 A 300
覚である。

いまや究極目的へ向かっての純粋理性の進歩における形而上学の第三段階を次のように書き記すことができる。
――この第三段階は円環をなしており、この円環の境界線は、自分自身に立ち戻り、そうして超感性的なものの認
識の全体を含み、その円環の外にはそれ以上この種のものは何もないのであるが、それでもこの円環は、理性の要

求を満足させることのできるすべてを包括しているのである。――すなわち理性は、自分が最初の二段階においてはなおも巻き込まれていた経験的なもののすべてから、および現象においてのみ理性に対象を表象した感性的直観の条件から、自分を解放し、それ自体であるがままに対象を考察するような理念の観点[11]へと自分を置き移し、その後で理性は、自分の地平線を記述するのである。その地平線は、超感性的ではあるが道徳の基準によって認識可能な能力である自由から理論的独断的に出発して、実践的独断的意図においても、すなわち世界において促進されるべき最高善という究極目的に向けられた意図においても、まったく同一のところに立ち戻るのである。そしてこの最高善の可能性は、神と不死性の理念、および道徳性自身によって命じられたこの意図の達成への信頼とによって補足され、そうしてこの概念に客観的だが実践的な実在性が与えられるのである。

　次のような諸命題、すなわち神が存在するということ、次に世界の本性のうちには道徳的合目的性との一致に対する根源的だが把握しがたい素質があるということ、最後に人間の魂のうちには、この一致へ向かっての止まることの知らない進歩を魂に可能にするような素質があるということ――これらの命題自身を理論的独断的に証明しようとすることは、たとえ第二の命題に関してはその解明によって世界に見いだされうる自然的合目的性を介して道徳的合目的性の想定が大いに促されうるとしても、しかしながら法外なものに身を投じることと同じことであろう。これとまさに同じことは信憑の様相にも、つまり思い誤った認識と知識にも妥当する。その場合にわれわれは、上記の諸理念がわれわれ自身によって恣意的に作られたものであって、客観から導き出されたものではないということを忘れ、したがって、それらの理念は、理論的意図において想定する権限しか与えてくれず、しかしながらまた実践的意図における想定が理性に適合していると主張する権限をも与えてくれるということを忘れているのである。

ところで以上のことから次のような注目すべき帰結が生じてくる。すなわち第三段階での形而上学の進歩は、それが究極目的を目ざすというまさにその理由から、すべての領域のうちなかんずく神学の領域において、最も容易な進歩であり、またこの領域においては、形而上学が超感性的なものに関わるにもかかわらずその進歩は法外なものにはならずに、哲学者にとってと同様に一般の人間理性にとっても把握可能なものである。しかもこのことは、哲学者が法外なものに迷い込まないためには普通の人間理性によって方向を定められなければならないほどに顕著なことである。知恵の教えとしての哲学が、思弁的学としての哲学に優位しているのは、ほかならぬ純粋実践理性能力についてだけであり、すなわち、超感性的ではあるが実践的でアプリオリに認識可能な原理としての、自由の概念から導き出されるかぎりでの道徳についてだけである。

形而上学の究極目的つまり超感性的なものに関して、すなわち、第一に、根源的な最高善としての神的本性の認識に関して、第二に、そこにおいてそしてそれを介して派生的な最高善が可能でなければならない世界の本性の認識に関して、第三に、必要な自然的性質によって究極目的に適合する進歩へと向けられているかぎりでの人間的本性の認識に関して、理論的独断的に拡張しようとする形而上学のあらゆる試みの不毛性。——すなわち私が言いたいことは、ライプニッツ－ヴォルフの時代の最後に至るまで形而上学においてなされたあらゆる試みの不毛性が、そして同時に将来なおもなされうるはずのあらゆる試みの必然的失敗が証明していることは、形而上学のための理論的独断的なやり方で究極目的に達しようとすることがいかなる救いでもないということであり、またこの領域でのあらゆる思い誤った認識は超越的であり、したがってまったく空虚だということである。

超越的神学

理性は形而上学において、あらゆる事物の根源や根源的存在者(ens originarium)やその内的性質について一つの概念を作ろうとして、事物性一般(realitas 実在性)の根源的概念(conceptus originarius)から、すなわちその概念が非存在を表象するようなものとは異なってその概念自体そのものが存在を表象するようなものから、主観的に始めようとする。ただし理性は、この根源的存在者における無制約的なものを客観的にも考えようとして、このものを実在性の総体(omnitudo)を含むものとして(ens realissimum 最も実在的な存在者)表象し、そうして最高存在者としてのこのものの概念を汎通的に規定するのであるが、このようなことをいかなるほかの概念もなすことはできない。このような存在者の可能性に関しては、ライプニッツも付言しているように、それを証明するのに何らの困難もない。なぜならば、まったき肯定としてのもろもろの実在性は相互に矛盾するはずがないからであり、そしてその概念が自己矛盾していないという理由で思惟可能なもの、すなわちその概念が可能であるすべてのものは、また可能な事物だからである。しかしながらその際に理性は、批判を導きとしながら、十分に疑ってかかってよいのである。

しかしながら、もしここで形而上学が、概念を事柄だと見なしたり、事柄を、あるいはむしろ事柄の名前を概念だと見なしたりして、まったくの空虚の中へ入り込んで詭弁を弄することがないとするならば、それは形而上学にとって幸いなるかな！

もしわれわれが事物一般について、アプリオリに、それゆえ存在論的に、ある概念を作ろうとする場合に、われわれがいつも根源的概念として最も実在的な存在者の概念を思想のうちで根底に置くことは、真である。というのも、ある事物の規定としての否定は、つねにただ派生的な表象にすぎないからであり、われわれが否定に対立する実在性を(positio s. reale 位置的ないし実在的に)定立される何ものかとしてあらかじめ考えておかないかぎり、否定を廃棄(remotio)としては考えることができないからである。それだからわれわれが思惟のこの主観的条件を事柄自身の可能性の客観的条件にする場合には、あらゆる否定は、実在性の全総体性のたんなる制限として、したがってあらゆる事物は、それらの可能性のこの唯一の全総体性の外にあってこの全総体性からたんに派生したものとして見なされなければならない。

不思議なことに、こうして形而上学を魔法にかけてしまうようなこの一者が、最高の形而上学的善なのである。この一者は、大理石の鉱脈が無限に多様な彫像の素材を含むように、あらゆる他の可能的諸事物の産出の素材を含んでおり、これら諸事物は、たんに制限によってのみ(全体のしかるべき部分から余計なものを分離すること、つまりたんに否定によってのみ)可能なのであり、それゆえ悪とは、世界空間全体を貫流する光の中の影のように、たんに諸事物の形式的なものとして世界における善から区別されるにすぎず、だから諸世界存在者は、それらが部分にすぎず、全体を構成するのではなく、一部は実在的で一部は否定的であるという理由から、悪であるにすぎない。しかしながら世界をこのように制作する場合に、この形而上学的な神(最も実在的なもの das realissimum)に対しては、(スピノザ主義に対するあらゆる抗議にもかかわらず)この神が、現存する存在者の総体としての世界と同一であるのかどうかという嫌疑が大いにかけられているのである。

しかしながらたとえこれらすべての非難を度外視するにしても、存在論的証明と呼ばれうるような、このような存在者の現存在についての表向きの証明がいまや吟味にかけられるべきである。

ここでの論証はただ二つだけであり、それ以上はありえない。――最も実在的な存在者の概念からその存在者の現存在を推論するか、それとも、何らかの或る事物の必然的現存在から、われわれがその事物について作らなければならない一定の概念を推論するかのどちらかである。

第一の論証は次のように推論する。形而上学的に最も完全な存在者は必然的に存在しなければならない。というのも、もしその存在者が存在しなければその存在者には完全性が、すなわち現実存在が欠如することになるからである。

第二の論証は逆に次のように推論する。必然的存在者として存在するある存在者は、すべての完全性をもっていなければならない。というのも、その存在者がすべての完全性(実在性)を自分のうちにもっていないとすれば、その存在者は、自分の概念によってアプリオリに汎通的に規定されたものとして、したがって必然的な存在者として考えられえないだろうからである(12)。

第一の証明の無根拠性。それというのもこの証明においては、現存在が、ある事物の概念を超えてそれに付加される一つの特殊な規定として考えられているのであるが、しかし現存在とは、事物のあらゆる規定とともにその事物をたんに定立することにすぎないのであり、それゆえこのような定立によってはこの事物の概念はまったく拡張されないからである。――私は次のように言おう、この無根拠性は一目瞭然であるので、われわれは形而上学者によってすでに支持しがたいものとしてその外にすでに放棄されていると思われるこのような証明のもとに止まることは許されない。

第二の証明の推論は次のような理由によって一層仮象的である。すなわちその証明は認識の拡張をたんなるアプリオリな概念によって試みるのではなく、経験を、しかし何らかのものが存在するというたんなる経験一般を根底に置いて、そこから次のように推論するからである。すなわちあらゆる現実存在は必然的かそれとも偶然的かのどちらかでなければならず、ところが後者の偶然的現実存在はつねに、偶然的でない存在者のうちにだけ、したがって必然的存在者のうちにだけ、その完全な根拠をもちうるような原因を前提にするがゆえに、必然的存在者という自然的性質をもつ何らかの存在者が存在する。

ところでわれわれは一般にあらゆる必然性の場合と同様に、ある事物の現実存在の必然性をただ、われわれがそれの現存在をアプリオリな概念から導出し、しかしながら存在する何かについての概念は汎通的に規定された事物の概念であるかぎりにおいてのみ、認識することができるのであるから、必然的存在者についての概念は同時にこの事物の汎通的規定を含むような概念であるだろう。ところがこのようにしてわれわれがもつのは唯一の、すなわち最も実在的な存在者の概念だけである。それゆえこの必然的存在者は、それが根拠としてであれ総体としてであれ、あらゆる実在性を含む存在者である。

以上のことは、抜け道による形而上学の進歩である。形而上学はアプリオリに証明しようとしながらも経験的な所与を根底においているのであり、形而上学はこの所与を、アルキメデスが地球の外にある不動の点(とはいえここではこの点は地球上にあるのだが)を用いたように、形而上学の梃子としてあてがい、そうして認識を超感性的なものにまで高めるために用いているのである。

しかしながら何らかのものが絶対必然的に存在するという命題を認めるとしても、それにもかかわらず、われわれが、そのように存在する何らかの事物についての概念を絶対に作ることができず、それゆえこのような事物をそれの自然的性質に従ってそのようなものとして規定することなどは同じく確実にまったく不可能なことであるならば(というのも分析的述語は、すなわち必然性の概念と同様な述語は、たとえば実体の不変性、永遠性、さらには単純性さえもが、いかなる規定でもなく、それゆえまたそのような存在者の統一はまったく証明されえないからである)、——こう言ってよければ、そのような事物についての概念を作る試みはうまくいかないとするならば、この形而上学的な神についての概念はつねに空虚な概念のままなのである。

かくして私がある存在者を実在性の総体として想定するとしても、その存在者を思想の中で廃棄すれば矛盾が生じるというような性質をもつ存在者についての概念を、規定的に告知することは、絶対に不可能なのである。というのも、ある判断において矛盾が生じるのは、私が判断においてある述語を廃棄しても、私が主語概念と同一であるようなものを主語概念の中に残しておくような場合だけであって、決して、私が当の事物をそれのすべての述語とともに廃棄して、たとえばその事物はどんな最も実在的な存在者でもないのだと語るような場合ではないからである。

それゆえわれわれは絶対必然的な事物そのものについては、端的にいかなる概念も作ることはできない(その理由は、事物の性質としてではなく、たんに事物の表象と認識能力との結合だけによって客観との関係を含む*のは、たんなる様相概念だということである)。それゆえ、前提されている絶対必然的な事物の現実存在から、その事物の認識をその必然的現実存在の表象を超え出て拡張し、そうして一種の神学を基礎づけうるであろうような規定へと、推論することはできないのである。

それゆえある人たちに宇宙論的証明とも呼ばれている(なぜなら存在する世界を想定するから)この超越論的証明

は、宇宙論的であるにもかかわらず、世界の性質に基づいては何も推論される必要はなく、たんにある必然的存在者の概念の前提に基づいてのみ、それゆえアプリオリな純粋理性概念に基づいてのみ、何かが推論されるのであるから、存在論に数え入れられるものではあるが、この証明は、以前の証明と同様に、無に帰するのである。

ライプニッツ–ヴォルフの時代以後の形而上学の超感性的なものへの超出(13)

超感性的なものは、自然のあらゆる条件づけられたものの最高の条件として、自然の根底にあり、それゆえ理論の根底におかれるものであるが、この超感性的なものへの形而上学の超出の第一段階は、神学への段階、すなわち神の認識への段階であり、それにもかかわらずこの段階は、世界とは本質的に区別されるあらゆる事物の根源根拠としての一つの悟性的存在者の概念と、神の概念との類比にのみ従っている。このような理論はそれ自身、理論的意図においてではなく、たんに実践的独断的意図において、したがって主観的道徳的意図において理性から生じるのである。すなわちそれは、法則およびその究極目的にさえ従って道徳性を基礎づけるためではないのだが、それというのも道徳性はここではむしろそれ自身で存立するものとして根底におかれているからである。そうではなくしてそれは、客観的および理論的に考察すればわれわれの能力を超えているような、世界の内で可能な最高善という理念に、われわれの能力との関係からつまり実践的意図において、実在性を与えるためなのである。そのためには、そのような存在者を考えるというたんなる可能性だけで十分であり、そして同時にこの超感性的なものへの超出、すなわちこのものの認識は、ただ実践的独断的見地においてのみ可能になるのである。

ところで上述のことは、道徳的存在者としての神の現存在を、道徳的実践的であるかぎりでの人間理性のために

A 305 V 137　C 290　W 645

すなわち神の想定が十分であるほどに、証明するという論証であり、そして超感性的なものの理論をただそれへの実践的独断的超出としてのみ基礎づける論証であり、それゆえ、もともと神の現存在そのもの(simpliciter)の証明などではなく、ただある点においてのみ(secundum quid)、すなわち道徳的人間がもっておりまたもつべきである究極目的に関して、したがってたんに理性の適合性にとってのみ、そのようなものを想定するという論証である。この場合に人間は、道徳的原理に従って自らが作る理念に対して、自分がその理念を与えられている対象から取ってきたかのように、その理念が彼の決意に影響を及ぼすことを認めるだけの権能をもっている。

もちろんそのような仕方による神学は、神知学などではない。すなわち到達できない神的本性の認識などではなく、とはいえわれわれの意志の探求しがたい規定根拠の認識でもない。われわれは、このような規定根拠がわれわれにおいてだけでは意志の究極目的にとって十分ではないことを見いだすのであり、このことからわれわれは、この規定根拠をわれわれを超えたある別の存在者つまり最高存在者のうちに想定するのであり、それは、実践理性がその存在者に指定するものを追い求めるために超感性的な本性という理念を介して、その存在者に対して理論にはなお欠けている補足を与えるためである。

それゆえこの道徳的論証は、人間に関わる論証 argumentum κατ' ἄνθρωπον と呼ばれることができる。それは、理性的世界存在者一般としての人間に妥当し、たんにあれこれの人間に偶然的に想定された思惟様式にだけ妥当するのではなく、また人間が十分に知りうるよりも多くのことを確実だと主張する理論的独断的な自体的真理 κατ' ἀλήθειαν とは区別されなければならない。

V 138　A 306

二　ライプニッツ゠ヴォルフの時代を通じて、道徳的神学*において誤信されていた理論的独断的進歩

たしかに上述の哲学によって、形而上学の進歩のこの段階のためにいかなる特別な区分もなされるのではなく、むしろこの段階は創造の究極目的の章において神学に付加されるものであったのだか、それにもかかわらずこの段階は、この究極目的が神の栄誉であるとする説明のうちに含まれている。この説明によって理解されうることはただ、現実的世界のうちには目的結合が存在するということだけであり、この目的結合は、全体としてみれば、世界のうちで可能な最高善を含んでおり、したがって世界の現存在の目的論的な最上の条件を含んでいて、道徳的創造者としての神性に値するような結合だということである。

しかしながら、世界の完全性の全体的条件ではないにしても、それの最上の条件が、すなわち理性的世界存在者の道徳性が存在するのであるが、この道徳性はまた自由の概念に基づいており、理性的世界存在者は、道徳的に善でありうるために、さらに無条件的自己活動性としてのこの自由を自ら意識しなければならない。しかしながら自由の前提のもとでは、これらの世界存在者を、創造によって生じた存在者として、それゆえある別の存在者の意志によって生じた存在者として、合目的性に従って理論的に認識することは、絶対に不可能なのである。このことは、おそらく理性をもたない自然存在者の合目的性を、世界とは区別されたある原因に帰して、それゆえ自然目的論的完全性を無限で多様に持ち合わせたものとしてこの合目的性を表象することができないのと同様である。それに対して、根源的に人間自身に基づいていなければならない道徳目的論的完全性は、結果ではなく、それゆえまたある

C 291
W 646
V 139

別のものが不遜にも引き起こすことのできるような目的でもありえない。

ところで人間は、理論的独断的見地においては、努力して求めなければならないけれども人間の力には完全には及ばない究極目的の可能性を、まったく把握することができない。というのも、人間が自然的なものに関わりながら究極目的の促進を根底に据える場合には、究極目的において最も尊いものである道徳性を放棄することになるからである。それにもかかわらず人間は、そのうちで究極目的を定立するあらゆるものを道徳的なものに基づかせて、究極目的としての最高善の概念とは分かちがたい自然的なものとの結合に際して、究極目的の提示にとっての人間の能力のなさを補足するものがないことを嘆くのである。しかしながら人間には、世界の完全性というこのような理想へ超出するための実践的独断的原理が残されている。すなわち、現象としての世界の経過があの進歩に逆らうという非難を許してしまうにもかかわらず、客観それ自体としての世界において、人間には把握できない自然の秩序に従いながらも、実践理性の超感性的目標である究極目的すなわち最高善を目指すような道徳目的論的結合を想定するということが、人間には残されている。

世界が全体としてつねにより善い方へ前進しているということ、このことを想定する権限を人間に与えるようなどんな理論もありはしないが、そのような仮説に従って行為するように独断的に命じ、したがってこのような原理に従って理論を作る純粋実践理性には、十分にその権限があるのであり、この意図において人間は、確かに思惟可能性だけしかその理論の根底におくことはできない。このことは、このような理想の客観的実在性を証示しようとする理論的見地においてはまったく十分ではないが、道徳的実践的見地においては理性に十分な満足を与えるのである。

それゆえ理論的見地においては不可能であること、すなわち、われわれがその中で生きている世界の超感性的なもの(mundus noumenon 可想的世界)、つまり最高の派生的善へと向かっての理性の進歩、このことは、いわばこの地上での人間の行状を天上での行状として描出しようとする実践的見地においては、現実的なものである。すなわちわれわれは、われわれに自然を知覚させてくれる自然的目的論との類推に従って、世界を、最高善の理念を W648
得ようと努力するために、道徳的目的論の対象とともにすなわち自由の法則に従うあらゆる事物の究極目的とともに、(この知覚から独立してではあっても)アプリオリに規定されたものとして見いだすと想定することができるし、また想定すべきなのである。この最高善は、道徳的産物として(最高善が人間の能力のうちにあるかぎり)人間自身 C293
を創造者として駆り立てるのであるが、最高善のこのような可能性は、外的創造者を根底に置くような創造を介するのでもなく、このような目的に適合する人間本性の能力への洞察を介するのでもないのであるから、理論的見地においては、ライプニッツ－ヴォルフ哲学がそう思い誤ったように支持できるような概念ではなく、法外な概念な A308
のであるが、しかしながら実践的独断的見地においては、実在的な概念であり、そして実践理性によってわれわれの義務として認可された概念なのである。

三　ライプニッツ－ヴォルフの時代を通じて、心理学において C294
誤信されていた形而上学の理論的独断的進歩

心理学は、人間の洞察としては人間学以上のものではない[14]。すなわち心理学は、人間が内的感官の対象として自己を知るという条件に制約されるかぎりでの人間についての知以上のものではなく、またその知以上のものにもなりえない。しかし人間はまた、自己自身を外的感官の対象としても意識しており、すなわち人間は、人間の魂と呼ばれる内的感官の対象が結びつけられている身体をもっている。

人間がただたんに身体であるわけではまったくないということは、この現象が事柄それ自体として考察されるならば厳密に証明されうる。なぜならば、あらゆる認識のうちに(したがって自分自身の認識のうちにも)必然的に見いだされなければならない意識の統一は、多くの主観に分与されている諸表象が思考の統一を構成するはずだということを不可能にするからである。それゆえ唯物論は、われわれの魂の本性の説明原理として用いられることはできない。

しかしながら、われわれが身体および魂をたんに現象としてのみ考察するならば、両者は感官の対象なのであるから、このことは不可能ではない。またこの現象の根底にあるヌーメノンが、すなわち物それ自体としての外的対象が、もしかしたら単純な存在者であるかもしれないことを考慮に入れるならば、――(原注)

(原注)　原稿ではここが空白のままである(リンク)。

しかしこの難点を度外視しても、すなわち魂と身体は共同して人間を構成するような、二つの種別的に異なった実体だと解されるとしても、すべての哲学とりわけ形而上学にとっては、内的感官の表象に対して、魂が何に対してまたどれほど貢献するのか、そして身体自身は何に対してどれほど貢献するのかということを決定することは、いやそれどころか、これらの実体のうちの一方が他方から分離されるとするならば、おそらく魂は端的にすべての種類の表象(直観、感覚、思惟)を喪失してしまうのかどうかを決定することは、不可能なままである。

それゆえ、人間の質料が破壊される人間の死後に、魂が、たとえその実体が残存したままであるとしても、生き続けることができるのか、つまり考え意欲し続けることができるのかどうかを知ることは、すなわち、魂が一つの精神である(というのも、この精神という言葉でわれわれは、身体なしにでさえ自分や自分の表象を意識できる存在者のことを理解するから)のかどうかを知ることは、絶対に不可能である。

ライプニッツ－ヴォルフの形而上学は、たしかにこのことについて理論的独断的に多くのことをあらかじめ証明してくれた。すなわち魂の来世の生のみならず、それどころか、人間が死んでも来世の生は失われえないということさえも証明してくれた。つまり魂の不死性を証明すると僭称したのであるが、しかしながら、このことを誰にも確信させることはできなかった。むしろアプリオリに洞察されなければならないことは次のことである。すなわち、内的経験によってのみわれわれはわれわれ自身を知るのであるから、そのような証明はまったく不可能であるということ、また、生活の中でのみ、すなわち魂と身体がなおも結合されているときにのみ、あらゆる経験が試みられうるということ、したがって、われわれが死後において何であり何をすることができるのかということについては絶対に知ることができず、それゆえ魂から分離された本性を認識することはまったくできないということである。もしそれを認識しようとするならば、たとえば生きているときにも魂を身体の外部に置き移すという試みをあえてしなければならないであろうし、そしてそのような試みは、次のような試みに似ているであろう。すなわち、ある人が目を閉じながら鏡の前で何かをなそうと目論んでいて、それでもって彼が何を欲しているのかと問われて、私はただ自分が眠っているときに自分がどのように見えるのかを知りたいだけなのだ、と答えるようなものであろう。

しかしながら道徳的見地においてはわれわれは、死の(この世の生活の終わりの)後の人間の生を永遠性と、したがって魂の不死とさえ想定する十分な理由をもっているのであるが、このような教説は超感性的なものへの実践的独断的超出である。すなわちそれは、たんなる理念にすぎず、いかなる経験の対象でもありえず、それにもかかわらず客観的実在性をもち、とはいえたんに実践的見地において妥当する実在性しかもたないような、超感性的なものへの超出である。究極目的としての最高善への前進的努力は、その努力の無限性に見合うだけの持続を想定するように駆り立てられて、気づかないうちに理論的証明の欠点を補っている。その結果、形而上学者は自分の理論の不十分性に気づかないのであるが、それというのも、道徳的感化は、形而上学者の欠点を、すなわち誤って事物の本性から引き出されたような、この場合の不可能な認識を、秘密のままにしておいて彼には知覚させないからである。

さて以上のことが、形而上学の本来の究極目的をなしている超感性的なものへの形而上学の超出の三つの段階である。思弁や理論的認識の途上でこのような超出を達成することは、形而上学が昔から自らに課してきた無駄な努力であり、こうしてこの学は際限のない無駄骨になった。道徳法則が、人間における超感性的なものを、すなわち、その可能性をいかなる理性も説明できないがしかしその実在性を実践的独断的教説において証明できるような自由を、露わにした後ではじめて、理性は、超感性的なものの認識を正当にも要求できたのである。ただしその要求は、理性の使用を実践的独断的見地に制限してのことにすぎない。こうして純粋実践理性についてのある種の組織化が生じてきたのであり、そこでは、第一に世界創造者としての普遍的立法の主体が、第二に意志に従う究極目的であるところの、世界存在者の意志の客観が、第三に世界存在者がそこにおいてのみ究極目的を達成できるような、世

C 296

V 143　A 310

W 651

界存在者の状態が、実践的意図において自ら作られた理念なのである。とはいえ、これらの理念は理論的意図において提示される必要はないのであるが、それというのも、もしそうでなければ、それらの理念は、神学から神知学を作り、道徳目的論から神秘主義を作り、心理学から心霊学を作ることになり、そうしてわれわれが実践的意図においては認識のために何らか利用できるような諸事物を、理性にとってはまったく到達不可能でありまた不可能なままであるような法外なもののうちへと置き移すことになるからである。

形而上学はここではそれ自身体系としての学の理念であり、この体系は、純粋理性批判の完成後に構築されうるものであり、またそうすべきものであるが、いまやこの体系のために、記録目録とともに建築道具が眼前に存在している。それは、純粋論理学と同様に、増やす必要もなくまたそうすることもできない全体であるが、その全体は、もし欠陥のない蜘蛛や森の精がこの場所を求めてそこに巣を作り、そうして理性の住めないところにしてしまうべきでないとするならば、絶えず住み込んでいなければならず、また修理の行き届いた状態に保たれていなければならない。

この建物は広大なものではないにしても、明晰さを損なわない正確さにこそ存する優雅さのゆえに、さまざまな技術者における試みと判断の一致を必要とするかもしれない。それはこの一致を永遠不変なものとして作り上げるためである。こうして、形而上学の進歩を数え上げるだけではなく、過ぎ去った段階について測定もするという、王立アカデミーの課題は、新たな批判の時代において完全に解決されるであろう。

全体の概観のための付録

C 297

A 311
C 298
V 144

体系というものが次のような性質のものであるならば、すなわち、第一に、体系内のあらゆる原理がそれ自身だけで証明されうるものであり、第二に、たとえわれわれがそれらの原理の正しさに配慮するにしても、その原理がたんなる仮説としてその仮説から帰結する他のすべての原理に不可避的に行きつくものであるとするならば、体系の真理性を承認するためにこれ以上のことは何ら必要とされえない。

ところで、理性批判が、形而上学のすべての歩みに念入りな注意を払い、それらの歩みが最終的にどこに通じているのかを考慮に入れるならば、形而上学においても実際のところ事情は上記のごとくである。すなわち形而上学がその周りを回っている二つの軸があり、第一にそれは、理論的原理に関して、超感性的ではあるがわれわれには認識不可能なものをたんに指示するだけの空間と時間の観念性の教説であり、その際この教説は、この目標の途上において感官の対象のアプリオリな認識に関わっていて、理論的独断的である。第二にそれは、認識可能な超感性的なものの概念としての自由概念の実在性の教説であり、そこでは形而上学はたんに実践的独断的である。しかしながらこの二つの軸は、相互に従属し合うすべての条件の総体性において、いわば無条件的なものについての理性概念という支柱の中に埋め込まれているのである。そしてそこにおいては、現象と物それ自体の混同から純粋理性の二律背反を引き起こし、この弁証論において感性的なものから超感性的なものへの移行のための指教さえをも含んでいる仮象が取り除かれなければならないのである。

付録

付録一　第三の原稿を基準にしたこの著作の端緒

序論

王立科学アカデミーの課題は暗黙に二つの問題を自らのうちに含んでいる。

一、形而上学は、そもそも昔からライプニッツおよびヴォルフの時代の直後に至るまでに、それの本来の目的およびそれの現実存在の根拠をなしているものにおいて、そもそもほんの一歩でも歩みを進めたのであろうか。というのも、もしそうであればこそ、われわれは形而上学がある時点から成し遂げたかもしれないようなさらなる進歩について問題にすることができるからである。

二、第二の問題は、形而上学の進歩と思いなされているものが実際のものなのであろうかという問いである。

人が形而上学と呼ぶもの（というのも、私としては形而上学についてさらに一定の定義を与えることを控えるから）は、いかなる時代であれそれに名前が付けられていたからには、もちろん何かを所有していたにちがいない。しかしながら、形而上学の目的に対してわれわれが持ち合わせてきたような手段を所有することではなく、形而上学について論じることによって人が意図していたような所有だけが、つまり形而上学の目的をなすものの所有だけ

A313
C299
V145
W653

A315
C301
W655

が、アカデミーがこの学問の実際の進歩を問いただすときに、いまや考慮される必要がある所有である。

形而上学は、その諸部分の一つ(存在論)として、概念および原則におけるアプリオリな人間的認識の諸要素を含んでおり、またその意図からしてもそのような要素を含まなければならない。しかしながら形而上学のきわめて大きな部分は、その適用を可能的経験の対象のうちに見いだしている。たとえば原因の概念や、原因に対するあらゆる変化の関係の原則がそうであるように。しかしながらそのような経験の対象の認識のために、これらの原理を苦労して分析するような形而上学が企てられたことは決してなかった。それどころか、これらの原理はしばしば不幸にもアプリオリな根拠に基づいて証明されてしまい、そのために、われわれが経験を吟味するたびにこれらの原理に従った悟性の不可避的な手続きと、経験による継続的な確証とが最善のことをなしていない場合には、悟性のこの手続きは、理性の証明によるこの原理の確信に関してはまずいものに見えてしまうであろう。われわれはこれらの原理をいつも自然学(自然学ということで理解されるのは、それを最も普遍的な意味で解すれば、可能的経験のあらゆる対象についての理性認識の学である)において利用してきたのだが、それはあたかも、それらがアプリオリな原理であるがゆえにそれらを分離せずに、またそれらのために特殊な学をうち立てることもなしに、それらが(自然学の)範囲内にともに属するかのように利用することである。なぜならばそれらに関してわれわれがもつ目的は、それらがそれについてのみ理解されうることができる経験の対象だけに関わるからであった。しかしながらこのことが、形而上学の本来の目的ではなかった。それゆえ形而上学がそのためにより高次の関心を自らのもとで見いださなかったとするならば、理性の上記のような使用という意図においては分離した学としての形而上学は決して目論まれることはなかったであろう。経験の対象の認識の根底にアプリオリにあるあらゆる要素的な概念や原則を探し求めてそれらを体系的に結合するということは、理性のこのより高次の関心のためのたんなる準備にすぎなかったのである。

自然学の後に *μετὰ τὰ φυσικά* というこの学の古い名称が、すでにこの学によって意図されている認識の類を暗示している。この学を介してわれわれは、まったく可能的経験の対象ではありえないものをできるかぎり認識するために、可能的経験のあらゆる対象を超え(trans physicam 自然学を超え)出ようとするのである。それゆえそのような学の獲得の根拠を含むような意図に従う形而上学の定義とは、形而上学とは感性的なものの認識から超感性的なものの認識へと進歩する学問である[15]ということになろう(すなわちここで私が感性的なものということで理解しているのは、経験の対象でありうるもの以上ではない。あらゆる感性的なものはたんに現象であり、表象の客観それ自体ではないということは、後ほど証明されるであろう)。ところでこのことは経験的認識根拠によっては起こりえないのであるから、形而上学はアプリオリな諸原理を含むことになるであろうし、そして、たとえ数学もまたアプリオリな諸原理をもつとしても、しかしながらそれらの原理は可能的な感性的直観の対象に関わる原理にすぎず、その原理によっては超感性的なものへと超えて行くことができないのであるから、形而上学は、アプリオリな概念に基づく理性認識の総体(概念の構成なしに)である哲学的学問として際立っており、そしてこのことによって形而上学は、数学から区別されるのである。結局、感性的なものの限界を超えて認識を拡張するためには、感性的なものにも適用されるようなすべてのアプリオリな原理についての完全な知があらかじめ要求されるのであるから、もしわれわれが形而上学を、それの目的に関してではなくむしろアプリオリな原理によって認識一般に達する手段に関して、すなわちそれの手続きのたんなる形式に関して説明しようとするならば、形而上学とは、事物についての概念によるあらゆる純粋理性認識の体系だとして定義されなければならない。

ところで極めて確実に以下のことを立証することができる。すなわち、ライプニッツとヴォルフの時代をも含めてその時代に至るまでの形而上学は、上記の形而上学の本質的目的に関して少しも獲得することがなく、何らかの超感性的客観のたんなる概念についても何ら獲得するどころではなかったということ、したがって同時に、形而上学はこの概念の実在性を理論的に証明することができたにしても、このことは超感性的なものへのほんのわずかな可能的な進歩にすぎなかったであろうし、そこにおいては依然としてあらゆる可能的経験を超えて定立されるこの客観の認識が欠けたままであろうということであり、たとえ超越論哲学が経験の対象に妥当するアプリオリな概念に関してあちこちで何らかの拡張を果たしたとしても、このような拡張は形而上学によって意図された拡張ではないがゆえに、この学はあの時点に至るまで自分自身の使命へのいかなる進歩をもまったく成し遂げてはいなかったと、われわれは正当に主張できるということである。

それゆえわれわれは形而上学についてどのような進歩が問題になっており、また形而上学にとって本来何が問題なのかということを知っている。われわれは、それを考慮することがたんに手段として役立ち、この学の目的をなすのではないアプリオリな認識を、すなわち、アプリオリに基礎づけられるけれどもその概念にとっての対象を経験のうちに見いだすことのできる認識を、目的をなしている認識から区別することができる。後者の認識の客観はあらゆる経験の限界を超えて存しており、形而上学は、前者の認識から始めて、後者の認識へ進歩するというよりも、むしろ、測りがたい深淵(16)*によって前者の認識から分離されているがゆえに、後者の認識へと超出しようとするのである。アリストテレスは彼のカテゴリーでもってほとんど前者の認識に止まったままであり、プラトンは彼の理念でもって後者の認識へと努力した。しかしながら形而上学が関わる実質についてのこのようなさしあたっての考慮の後に、形而上学がそれに従って振舞うべき形式をも考慮に入れなければならない。

　王立アカデミーの課題に暗黙に含まれている第二の要求は、形而上学が成し遂げたと自慢している進歩が実際のものだということを証明すべきことを望んでいる。この要求は、この領域での数多くの誤信した征服者たちを、もし彼らがそのような要求を理解し考慮に入れようとする場合に、困惑させるにちがいない唯一の厳しい要求である。

　その諸対象を経験のうちに見いだすことのできるあらゆるアプリオリな認識の基本概念の実在性に関しては、それらを介して諸対象がこれらの概念のもとに包摂される諸原則と同様に、いかにしてそれらの概念や原則が、経験から導出されることなくしたがってアプリオリに、純粋悟性のうちにその起源を有しうるのかという可能性をわれわれが洞察しないとしても、経験それ自身がそれらの実在性の証明として役立ちうるのである。たとえば実体の概念とか、あらゆる変化において実体は持続し、ただ偶有性のみが生成消滅するという命題の場合のように。形而上学のこのような歩みが実際のものであってたんなる想像ではないということを、自然学者は躊躇なく想定している。というのも彼は、その歩みがどんな自然考察によっても決して論駁されないことを確信しながら、その歩みを、経験によって進められるあらゆる自然考察における最善の成果とともに用いるからである。それは、たとえその歩みが悟性のうちにアプリオリに見いだされるがままには自然学者がその歩みを証明できないとしても、その歩みをまだ経験が論駁していないからだというのではなく、その歩みが、経験を吟味するうえで自然学者にとって不可欠の導きの糸だからである。

　しかしながら形而上学にとって本来問題とすべきもの、すなわち可能的経験の領域を超えているものの概念のために、およびこのような概念によって認識を拡張することがたとえ実際的であるとしても、そのような拡張のために、ある試金石を見いだすことに対しては、向こう見ずな形而上学者といえども、もし彼に突きつけられているこの要求を理解しさえするならば、ほとんど絶望してしまうほどであろう。というのも、もし彼がそれを介して客観を考えることができるだけであって、いかなる可能的経験によっても確証できないような彼の概念を超え出るとするならば、したがってもしこのような思想はたんに可能的であるにすぎず、それに到達するのは形而上学者がその思想のうちに自己矛盾を認めないだけであるというように、それを理解することによってなのだとするならば、彼が対象をどのように考えようが、彼は彼を論駁するようないかなる経験にも出会うことはありえない。なぜならば彼は、対象を、たとえば幽霊のような対象を、まさに絶対に経験の対象ではありえないような規定によって考えたからである。というのもただ一つの経験でさえも彼のこの理念を確証しないということによっては、彼が中断されることすらありえないからである。なぜなら彼は、あらゆる経験の限界を超えてこのことを定立するような規定に従って、事物を考えようとしたからである。それゆえこのような諸概念はまったく空虚であり、したがってそれらの概念の対象を現実的なものとして想定するような諸命題はまったく誤っているはずであり、この誤りを発見すべき試金石はここには存在しないのである。

少なくとも試みとしての形而上学は、超感性的なものをめぐって一般に存在し、つねに存在してきたし、また今後も存在するのであるが、理性が関心を向けるそのような超感性的なものという概念でさえ、この概念が客観的実在性をもつのか、それともたんなる虚構物なのかどうかということは、同一の原因に基づく理論的な途においては、いかなる試金石によっても直接的には決定されえない。というのも、たしかにその概念には矛盾は見いだされえないが、しかしながら、存在しておりまた存在しうるすべての物はまた可能的経験の対象でもあるのかどうか、したがって超感性的なもの一般の概念はまったく空虚であるのかどうか、それゆえ感性的なものから超感性的なものへの進歩の思いなしは実際のことだと見なされることからはまったくかけ離れたことなのかどうかということは、われわれがこの概念によって試みるようないかなる吟味によっても直接的には、証明もされえなければ論駁もされえないからである。

しかしながら形而上学がこのような区別をするに至るまでは、形而上学は、もっぱら超感性的なものを対象にすることのできる理念と、経験の対象が適合するアプリオリな概念とを、混同して理解していた。というのも、理念の起源が別のアプリオリな純粋概念とは異なりうることが、形而上学にはまったく思い及ばなかったからである。こうして人間理性の錯誤の歴史において、とくに注目すべき次のようなことが起こったのである。すなわち人間理性は、自然の事物についておよび一般に可能的経験の対象でありうるものについて、(自然科学のみならず数学においても)広範囲にわたってアプリオリな認識を獲得できると感じており、またこの進歩の実在性を事実によって証明してきたのであるから、それならばさらに、人間理性のアプリオリな概念によって、経験の対象に属さない事物やその性質に至るまで幸運にも貫き通すことになぜ形而上学が成功できないのかということを、人間理性はまったく察知することができないということである。形而上学は、必然的に二つの領域に由来する概念を同一種類の概念と見なしてしまったにちがいない。なぜならば、それらの概念はその起源という点から見れば、両者ともにわれわれの認識能力にアプリオリに基づいていて経験から汲み出されるものではなく、したがって認識能力の実際の所有と拡張についての同じ期待をもつ資格があるように思われるというかぎりにおいて、実際に同種類のものだからである。

しかしながら、可能的経験のあらゆる限界を超えて理念によって誤って拡張された知識という寝台のうえでまどろんでいた理性を、ある別の特殊な現象が、ついには目覚めさせたにちがいない。これは次のような発見である。すなわち、たしかに可能的経験に制限されるアプリオリな諸命題は十分に調和し合うのみならず、アプリオリな自然認識の体系をなしてさえいるのであるが、それに対して、経験の限界を超出するアプリオリな諸命題は、たとえそれらが類似した起源をもつように見えたとしても、ある時は相互の間で、またある時は自然認識へ向けられている諸命題との間で、争いに陥るのであり、そうして相互に疲労困憊しそれによって理論的領域における理性からすべての信用を剝奪し、無際限の懐疑主義を導き入れるように見える、という発見である。

このような不幸に対抗するには、純粋理性自身が、すなわち一般にアプリオリに何かを認識する能力が、厳密でかつ行き届いた批判を受け入れる以外にはいかなる手段も存在しない。しかもこのことは、感性的なものに関わる純粋理性による認識の実際の拡張の可能性と当の純粋理性そのものとが洞察されるか、あるいはまた、拡張が可能であるはずがない場合には超感性的なものに関する純粋理性の限界づけが洞察されるかして、そうして、形而上学の目的としての超感性的なものに関しては、形而上学がそれに対して権限を所有するということが、しばしば欺瞞的だと認められた直接的証明によって確証されるのではなくして、アプリオリな規定に対する理性の正当な演繹によって確証される、という手段によってなされる以外にはない。数学と自然科学は、それらが理性の純粋認識を含むかぎり、人間理性一般のいかなる批判も必要とはしない。というのもそれらの諸命題の真理性の試金石は、それらの命題自身のうちにあるからである。なぜならば数学や自然科学の諸概念は、それらの概念に対応する対象が与えられうる範囲までしか届かないからである。それに対して、形而上学における諸概念は、この限界を超出し、概念について意図された使用が要求するかぎりでは、すなわち概念に適合するかぎりでは、まったく与えられることができず、あるいは少なくとも、与えられることができないような対象にまで広がらなければならないように使用すべく定められているのである。

本論

あらゆる学問のうちで形而上学は、それがまったく完全に表示されうる唯一の学問であるということによって、ことのほか特別に際立っている。したがって、後世の人が追加したり内容に関して形而上学を拡張したりする余地は残っていない。それどころか、形而上学の理念から同時に絶対的な全体が体系的に帰結しないとするならば、形而上学についての概念は正しく把握されていないのだと見なされうるほどである。その理由は次の点に存する。すなわち形而上学の可能性は純粋理性能力全体についての批判を前提し、しかもこの批判において、理性能力が何を可能的経験の対象に関してアプリオリに遂行することができるのか、あるいは同じことだが(以下に示されるように)、理性能力が経験一般の可能性のアプリオリな原理に関して、したがって感性的なものの認識のために、何を遂行することができるのかということが、完全に汲み尽くされうるのだという点に存する。しかしながらたんに純粋理性の本性に強いられながら形而上学が、超感性的なものに関して、おそらくは問うだけであろうが、もしかしたらまた何を認識しうるのであるのかということも、まさにこの純粋認識能力の性質と統一によって正確に挙示されうることであり、またそうされるべきである。以上のことに基づくことによって、そしてまた、形而上学のうち

A321
C308
V152
W662

に見いだされることができ、また見いだされるべきであるすべてのものが、さらには形而上学の全体の可能な内容をなしているものが、形而上学の理念によって同時にアプリオリに規定されるということに基づくことによって、形而上学において獲得された認識が全体に対してどのように関わっているのか、またある時代ないしある国民における実際の所有物があらゆる他の国民における所有物に対してどのように関わっており、また同様にその実際の所有物が形而上学のうちに求められる認識の欠陥に対してどのように関わっているのかということが、いまや判定できるようになる。純粋理性の要求に関しては国民の間に差異はありえないのであるから、ある民族において起こったり失敗したり成功したことを事例にとりながら、同時に、あらゆる時代やあらゆる民族における学一般の欠陥や進歩が、確実な尺度に従って判定されることができるのであり、そうしてこの課題が人間理性一般に関する問いとして解決されうるのである。

それゆえたしかに、簡単な略図においてではあるが、しかしこの学におけるあらゆる真の所有を判定するには十分なほどの略図において、この学を完全に提示することを可能にするのは、この学を閉じこめている限界の貧しさと狭さであるにすぎない。しかしそれに対して、批判が純粋理性をそれへと導くわずかな原理から帰結するかなり豊富な多様性のゆえに、王立アカデミーが要求するような狭い範囲においてであるにもかかわらずこの真の所有を完全に提示しようという試みは、非常な困難に陥ってしまう。というのも部分的にしか試みられない探求によってはそこにおいて何も成し遂げられないのであり、純粋な理性使用の全体とあらゆる命題との一致だけが、形而上学の進歩の実在性を保証できるものだからである。それゆえ実り豊かではあっても暗闇へ縮減してしまうことのない簡潔さには、以下の本論において、これから解決されるべき課題に満足を与える困難さに必要とされるよりも、ず

W663 A322 V153 C309

っと多くの注意深い慎重さが必要とされるであろう。

第一章　それ自身が批判にさらされる理性の一般的課題について

この課題は、いかにしてアプリオリな総合判断が可能であるのかという問いのなかに含まれている。

主語概念において暗黙に(implicite 潜在的に)ではあるにしても考えられていたものだけを述語が明晰に(explicite 顕在的に)表象する場合、判断はすなわち分析的である。たとえばあらゆる物体は延長しているという判断のように。もしこのような判断を同一的判断と名づけようとすれば混乱を引き起こすだけであろう。というのもそのような同一的判断は、すべての判断がめざさなければならない概念の判明性に何ら寄与せず、それゆえ、あらゆる物体は物体的(言い換えれば物質的)存在者であるという判断のように、空虚な判断と呼ばれるからである。分析判断はたしかに同一性に基づいているのでそれに解消されうるのだが、しかしそれは、同一的であるのではない。というのも分析判断は分析を必要とし、それによって概念の説明に役立つからである。それに対して同一的判断によっては、同一のものが同一のものによる idem per idem だけであって、それゆえ何も説明されないだろうからである。

C310
V154

総合判断とは、述語によって主語概念を超え出ていくような判断であるが、そこにおいては述語は、たとえばあらゆる物体は重いという判断のように、主語概念のうちでまったく考えられていなかった何かを含んでいる。ところでこの場合には、述語が主語概念といつも結びついているのかどうかについてはまったく問題にされずに、ただ、たとえ述語が主語概念に必然的に付け加わらなければならない場合であっても、述語は主語概念のうちでともに考

A323
W664

えられてはいないということだけが述べられているのである。だからたとえば三辺からなるすべての図形は三角形である(figura trilatera est triangula)という命題は総合的命題である。というのも、私が三直線を一つの空間を閉じるものとして考える場合に、たとえそれによって同時に三つの角が作られないということが不可能であるとしても、私は三辺からなるものという概念において三辺相互の傾斜をまったく考えてはいないからである。すなわち角度という概念は、三辺という概念において実際に考えられていないのである。

すべての分析判断はアプリオリな判断であり、それゆえ厳密な普遍性と絶対的な必然性をもって妥当する。なぜならば、それらの判断は矛盾律に完全に基づいているからである。しかしながら総合判断は経験判断でもありうるのだが、経験判断は、たとえばすべての物体は重いという判断のように、たしかにわれわれにある事物がどのような性質であるのかについて教えはするが、決して、それらの事物が必然的にそのような性質でなければならず、別様な性質であるはずがないということを教えはしない。この場合の普遍性とは、われわれが見知っているかぎりにおいてはすべての物体は重いというように、相対的でしかない。このような普遍性をわれわれは経験的普遍性と呼んで、アプリオリに認識されるものとしての厳格な普遍性である理性的普遍性から区別することができるであろう。ところでアプリオリな総合判断が存在するとするならば、それらは矛盾律に基づくものではないであろうし、それゆえそれらに関しては、前述の問い、つまりそれらの普遍性において以前には提示されたことがなく、ましてや解決されたことなどはない問い、すなわち、アプリオリな総合的命題はいかにして可能であるのかという問いが、生じてくるであろう。しかしながら、このような判断が現実に存在するということ、また、理性はすでに獲得された概念を分析的に解明すること(最初に自分自身を十分に理解するうえで非常に必要な仕事)にとって役立つだけではなく、さらに理性は自分の所有物をアプリオリに総合的に拡張することにとっても役立つのだということ、そのうえ形而上学は、それが利用する手段に関してはたしかに分析的命題に基づくが、それの目的に関してはまったく総合的命題に基づくのだということなどを、目下のこの論文が引き続いて十分に示すであろう。しかしながら形而上学が成し遂げたと称している進歩が実際のものなのかどうかがなおも疑われるからといっても、純粋数学は、唯一の純粋理性によって拡張された認識の実在性の証明のための巨人として、最も大胆な懐疑論者の攻撃にもかかわらず現に存立しているのである。たとえ純粋数学は、それの要求の正当化の保証のために純粋理性能力自身の批判をまったく必要とせずに、それ自身の事実によって正当化されるとしても、少なくとも、アプリオリな総合命題がいかにして可能なのかという、形而上学にとって最高に必要な課題の実在性を立証する確実な実例が、純粋数学において存在しているのである。

次のことが、精通した数学者プラトンの哲学的精神を他の何よりも証明している。すなわち彼は幾何学における非常にすばらしくかつ予期せぬ諸原理によって、悟性に関わる偉大な純粋理性をも超え出て、空想的な思想にまで彼を連れ去るほどの不思議さに身を置き移すことができたのであるが、このような思想は、これらのすべての知識を、われわれの地上の生活での新たな獲得物としてではなく、神的悟性に共通なものだけが根底にもつことのできるはるか以前の理念がたんに再覚醒されたものと見なされた。理性のこのような産物は、確かに純然たる数学者をしておそらく生け贄を捧げたくなるほど喜ばせはしたであろうが、それらの可能性が数学者を不思議がらせるものではなかったであろう。というのも、数学者はただ彼の客観だけを熟慮したからであり、客観についての非常に深い認識をもつことができるかぎりでの主観は、その客観を超え出て沈思したり不思議がるように誘われることはな

A324　C311 W665　V155

かったからである。それに対して、たとえばアリストテレスのような純然たる哲学者であれば、自分を自分自身のうちから拡張するかぎりでの純粋理性能力と、経験的諸原理に導かれながら推論によってより一般的なものへと前進する理性能力との間にある天と地ほどの相違には十分に気づかなかったであろうし、それゆえまたそのような驚嘆を感じることもなかったであろうし、彼が形而上学をただより高い段階へ上昇する自然学とのみ見なすことによって、超感性的なものにまで向かおうとする形而上学の越権のうちに、何らの不思議なものも概念的に把握できないものも見いださなかったであろう。このようなものへ至る鍵を見いだすことこそ、実際にもそうであるように、非常に困難なはずだったのである。 V156

第二章　われわれのうちで純粋理性を構成している認識諸能力に関して、ここで考えられている課題を規定すること C312 W666

上述の課題は次のようによってしか解決されえない。すなわちわれわれが、それによって認識をアプリオリに拡張することができ、そして人が特に人間の純粋理性と呼ぶことのできるものを彼のうちで構成しているような、そういう人間の能力に関して、あらかじめこの課題を考察するというようにしてしか解決されえない。というのも、もし存在者一般の純粋理性ということで、経験から独立に、したがって感官表象から独立に、事物を認識する能力が理解されている場合には、このことによってはその存在者において（たとえば神や他のより高次の精神において）そのような認識がそもそもいかなる仕方で可能であるのかということがまったく規定されず、それゆえその場合にはこの課題は未規定のままであるからである。 A325

それに対して人間に関して言えば、彼のあらゆる認識は概念と直観から成立している。これら両者のおのおのはなるほど表象ではあるがしかしまだ認識ではない。何かを概念によってすなわち一般的に表象することは思惟することを意味し、そして思惟する能力は悟性である。個別的なものの直接的表象は直観である。概念による認識は論弁的と呼ばれ、直観における認識は直観的と呼ばれる。実際に認識が成立するためには両者が互いに結合されることが要求されるのであるが、認識は、私がそのつどことさら注意を向けている認識の規定根拠であるものによって、そのように命名されるのである。二つの経験的な表象様式が、あるいはまた二つの純粋な表象様式が存在しうるということは、人間の認識能力の特殊な性質に属しているのであるが、これについてわれわれはまもなくより詳しく考察するであろう。概念に適合する直観によって対象が与えられるのであり、直観がなければ対象はただ思惟されるだけである。概念なしのたんなる直観によって、たしかに対象は与えられるがしかし思惟されはしないし、他方、対応する直観なき概念によって、対象は思惟されるがしかしいかなる対象も与えられはしないのであり、それゆえ双方の場合に、対象は認識されていない。概念に対してそれに対応する直観がアプリオリに付与されうる場合に、われわれはこの概念が構成されるのだと言うし、また経験的直観だけが存在している場合には、それをわれわれは当の概念のためのたんなる実例と名づける。両者の場合、直観を概念に付け加える行為は客観の描出(exhibitio)と呼ばれ、この描出がなければ(描出が間接的に生じようが直接的に生じようが)、いかなる認識もまったく存在しえないのである。

ある思想ないし概念、たとえば思惟する非身体的存在者(ある精神)という概念の可能性は矛盾律に基づいている。それについてのたんなる思想さえもが不可能であるような事物(すなわちこの概念は自己矛盾している)は、それ自身不可能である。しかしながらそれについての概念が可能である事物は、そうであるからといって可能な事物なのではない。われわれは前者の可能性を論理的可能性、後者の可能性を実在的可能性と名づけることができる。後者の可能性の証明は概念の客観的実在性の証明であり、われわれはいつでもこの証明を要求する権利をもっている。しかしながらこの証明は、概念に対応する客観の描出による以外には遂行されえないのである。というのも、そうでなければ、客観はいつもたんに思想にすぎないままであり、その思想に何らかの対象が対応するのかどうか、それともその思想は空虚なのかどうかということ、すなわち思想は一般に認識に役立ちうるのかどうかということについて、その客観が実例において示されるまでは、この思想はいつも不確かなままにとどまるからである。(原注)

(原注)　ある著述家(17)はこの要求を一つの事例を挙げて無効にしようとするのだが、実際彼のやり方ではこの事例は唯一のものである。すなわちそれは、ある必然的存在者という概念のことであり、究極的原因は少なくとも端的に必然的な存在者でなければならないがゆえに、この存在者の現存在についてわれわれは確信できるであろうし、それゆえこの概念の客観的実在性は、それに対応する直観が何らかの実例において与えられる必要がなくして証明されうるであろうというものである。しかしながら必然的存在者という概念は、依然として、何らかの仕方で規定されるような事物についての概念ではまったくありえない。というのも、現存在はある事物のいかなる規定でもないからであり、そして人がある事物をその現存在という点からは独立な事物として想定するという理由に基づいては、いかなる内的述語がその事物に帰属するのかということは、その現存在が必然的なものとして想定されようが必然的ではないものとして想定されようが、事物のたんなる現存在から認識されうることが絶対にできないからである。

A 326

付録二　形而上学の第二段階

純粋理性の懐疑論における形而上学の静止状態

静止状態がいかなる進歩とも呼びえず、したがって本来それはまた、ある道程を経過した段階とも呼びえないとしても、ある方向での前進が不可避的にちょうど同じだけの後退を結果としてもつときには、その結果は、あたかもわれわれがその位置から少しも出ていないのとちょうど同じ結果になる。

空間と時間は条件づけられたものとその条件との関係を含んでいる。たとえばある空間の一定量は条件づけられてのみ、すなわちその空間を他の空間が含み込むことによってのみ、可能である。それはちょうど、ある一定の時間が、それがもっと大きな時間の一部として表象されることによって可能になるのと同様であり、そして現象としてのあらゆる与えられた事物に関しても事情は同様である。しかしながら理性は、無条件的なものおよびそれとともにあらゆる条件の総体性を認識することを要求する。なぜならば、そうでない場合には、ちょうどあたかも何も答えられていないかのように、理性は問うことを止めないからである。

ところでこれだけならば、まだ理性を誤らせることにはならないであろう。というのも、自然論においてはなぜと問うことが無駄にはならないということ、および無知が誤謬よりは少なくともよりよいという理由で、無知を言い訳にすることが正当だと見なされるということがあまりにもしばしば起こるからである。ところが理性は、一方

C 314
V 158
W 668

の側面では、最も確実な諸原則に導かれながら無条件的なものを見いだしたと信じながらも、同時に、まったく同様に、確実な他の諸原理に従って無条件的なものが対立する側面に求められるにちがいないと自ら信じるに至ることによって、それ自体において誤りに陥るのである。

理性のこの二律背反は、理性を、これらの主張の一方に対してと同様に他方に対しても不信を抱くという懐疑に陥らせるのだが、しかしまたこのことはどちらか一方の決定的判断に対する希望を残してはいる。しかしそれのみならず、この二律背反は、確実性についてのすべての要求を断念するという、理性の自己自身への絶望に理性を陥らせるのであり、このことをわれわれは独断的懐疑論の状態と名づけることができるのである。

しかしながら理性の自分自身とのこのような争いは、理性がこの争いを決闘と考えるという特殊性をそれ自体でもっており、そしてこの決闘において理性は、攻撃を加える場合には反対者を打ち負かすことを確信しているのであるが、しかし自己を防御しなければならないかぎりでは、同じようにして打ち負かされるのも確実なことなのである。言い換えれば、理性は自分の主張を証明するというよりも、むしろ反対者の主張を論駁することに頼っているのであるが、しかしこのことは、まったく確証がないことである。というのも、双方が最初から問いの意味について了解してさえいたならば、おそらく双方がともに誤って判断しているかもしれないし、あるいはおそらく双方ともが正しいかもしれないからである。

この二律背反はもろもろの抗争を二つの組に分類するが、そのうちの一方の組は、無条件的なものを同種的なものの合成のうちに求め、他方の組は、無条件的なものを異種的でもありうるものの多様なものの合成のうちに求める。前者は数学的であり、ある同種的な量の部分から付加によって絶対的全体に進むか、あるいは全体からそれらのうちのどの部分も再び全体ではないような部分に進むかのどちらかである。後者は力学的であり、結果から、結果とは実在的に区別される何かである最高の総合的根拠へと向かうのであるが、この根拠は、事物の因果性の最高の規定根拠であるか、それともこの事物自身の現存在の最高の規定根拠であるかのどちらかである。

ところでその際に、上述のように、第一の組の対立は二種類である。たとえば部分から全体へと向かう場合で言えば、世界は始まりをもつという命題と世界は始まりをもたないという命題は、双方が同様に偽である。しかし結果から根拠へ、そうして総合的に再び遡るような対立は、相互に対立的ではあるが、双方が真でありうる。なぜならば一つの結果はいくつかの根拠をもちうるからであり、しかもこれらの根拠は、超越論的差異によるのである。すなわち、根拠が感性の客観であるのか、それとも客観の表象が経験的表象においては与えられえないような純粋理性の客観であるのかという差異によるのである。たとえばすべては自然必然性であり、それゆえいかなる自由も存在しないということと、これに対立する反定立は、自由は存在し、すべてが自然必然性であるとは限らないということである。したがってこの場合には、理性の静止状態を引き起こす懐疑的状態が出現するのである。

というのは、前者の組に関しては、論理学において二つの互いに反対対当として対立する判断は、一方が反対命題のために要求されることより以上のことを語っているがゆえに、双方がともに偽でありうると同じように、形而上学においてもまたともに偽でありうるからである。したがって世界は始まりをもたないという命題は、反対命題のために要求されるより以上でも以下でもない仕方で、世界は始まりをもつという命題を含んでいるので、両者の一方が真で、他方が偽でなければならないであろう。しかしながら、世界は始まりをもたずに永遠に由来するものだと私が言うとすれば、私は反対命題のために要求されていることより以上のことを言うことになる。というのも、世界がかくかくではないということのほかに、さらに私は世界はかくかくであると言っているからである。そうなると、世界は、ヌーメノンが考えられる場合のように、絶対的全体として考察されていながら、しかし始まりに関してかあるいは無限の時間に関しては現象として考察されているのである。ここで世界の知性的総体性について私が陳述するか、それともヌーメノンとしての世界の限界について私が言及したりする場合には、双方が偽である。というのも私が世界を、無限なものとして可能的直観において与えられていると表象しようが、あるいは限界づけられたものとして可能的直観において与えられていると表象しようが、感覚世界における、すなわち時間における諸条件の絶対的総体性に関しては私は自己矛盾していることになるからである。

それに対してそれら二つの命題は、論理学における小反対対当として相互に対立する判断のように、それらのおのおのが反対命題のために要求されることよりも少ないことしか言っていないがゆえに、ともに真でありうるのであり、それゆえ形而上学において、感官の対象に関わりはするがただ結果の根拠に対する関係にのみ関わるような二つの総合的判断は、ともに真でありうるのである。なぜならば諸条件の系列が、異なった二種類の仕方で、すなわち感性の客観としてかそれともたんなる理性の客観として考察されるからである。というのも、条件づけられている結果は時間の中で与えられているが、その結果のためにわれわれが自分で考える諸根拠あるいは諸条件は、いくつかありうるからである。それゆえ、感覚世界におけるあらゆる出来事は自然原因に基づいて生じると私が言う場合には、私は現象としての諸条件を根底においている。反対者が、あらゆるものが自然原因(causa phaenomenon 現象的原因)に基づいて生じるとは限らないと言う場合には、前者は偽でなければならないであろう。しかしながら、あらゆるものがたんなる自然原因に基づいて生じるとは限らず、また同時に超感性的な諸根拠(causa noumenon 可想的原因）に基づいて生じることもできる、と私が言う場合には、私は感覚世界における諸条件の総体性に対立するために要求されることよりも少ないことしか言っていない。というのも、私は前者の種類の諸条件に制限されるのではなくして感官表象の諸条件に制限されているある原因を想定しており、それゆえ後者の種類の条件に矛盾していないからである。すなわち私はたんに可想的原因を表象しているだけであり、この可想的原因についての思想はすでに、すべてが条件づけられている現象的世界 mundus phaenomenon の概念のうちにあるので、ここで理性は諸条件の総体性に矛盾していないのである。

以上の懐疑的静止状態はいまや、可能的経験の限界を超えてわれわれの理性認識を拡張する際に、いかなる懐疑論も、すなわち確実性についてのいかなる断念も含んではいないので、非常に有益なものである。というのも、もしこのような拡張がなかったならば、われわれは、形而上学がその究極目的として従事する人間の最大の仕事を放棄して、理性使用をたんに感性的なものに制限しなければならなくなるか、あるいは長い間起こっていたように、洞察の支持しがたい欺瞞によって探究者に気をもたせておかなければならなかったであろうし、また、立法的形而上学を二つの部分に分けることによって、経験論の専制主義と際限のない独断欲の無政府的不法行為とを除去してきたような、純粋理性批判がその間に生じることもなかったであろう。

C 317　A 329

付録三　欄外注

ある事物の非存在についての無条件的な可能性もその不可能性も、まったく考えることのできない超越的な表象である。なぜならばわれわれは条件なしには、何かを措定する根拠も放棄する根拠ももたないからである。それゆえある事物は端的に偶然的に存在するかあるいは端的に必然的であるという命題は、双方において何らの根拠ももたないのである。したがって選言的命題はいかなる客観ももたない。それはちょうど、あらゆる事物はxであるかそれとも非xであるかのどちらかであり、しかもこのxはまったく知られることはないだろうと私が言っているようなものである。

あらゆる世界は理性の目的として何らかの形而上学をもっており、そして形而上学は道徳と一緒になって本来の哲学を構成している。

必然性と偶然性という概念は実体とは関係がないように思われる。またわれわれは実体の現存在の原因については問わないのである。なぜならば実体とは、つねに存在していたしまた存続しなければならないものであり、基体

C318
W672
V162

として、変移するものがその関係をそれへと基づかせるものだからである。実体という概念においては原因という概念が消えてしまう。実体はそれ自身が原因であり、作用ではない。実体の外に実体の原因のような何かがあって、そのために実体がその何かの力によって存在し続けるということがどうしてありえようか。というのもその場合には、その力の結果が実体の作用だということになろうし、それゆえその力はそれ自身が究極の主体ではないだろうからである。 A330

あらゆる偶然的なものは原因をもつという命題は、次のような内容をもつべきであろう。すなわち条件づけられた仕方でしか存在できないすべてのものは原因をもつということである。

同様に、根源的存在者 ens originarium の必然性とは、それの無条件的現実存在の表象以外の何ものでもない。——しかしながら必然性というものはより以上のことを意味している。すなわちそれは、われわれがさらにそれが存在するということを認識することができるということ、しかもそれの概念に基づいてそれが存在するということを認識することができるということを意味する。 C319

条件づけられたものから無条件的なものへと高まる理性の要求は、概念自身にも関係している。というのもあらゆる事物は実在性を含んでおり、しかも実在性の度を含んでいるからである。実在性の度はつねに条件づけられて W673

のみ可能なものと見なされる。すなわち実在性の度がそれの制限のみを含むような、最も実在的なもの realissimum という概念を私が前提するかぎりにおいて、可能なものと見なされるのである。
すべての条件づけられたものは偶然的であり、そしてその逆でもある。

最高の存在者(最も実在的なもの)としての根源的存在者は、それが規定としてのあらゆる実在性を自分のうちに含むような存在者として考えられることができるか、あるいは……。――このことはわれわれにとっては真実ではない。というのもわれわれはすべての実在性を純粋に知るわけではないからであり、少なくともわれわれはすべての実在性がそれらの大きな差異性のもとである存在者のうちでのみ見いだされうるということを洞察することはできないからである。それゆえわれわれは、最も実在的な存在者 ens realissimum が根拠として存在するということを想定するであろうし、そしてそれによってその存在者は、それが含んでいるものに関してはわれわれにまったく認識されえない存在者として表象されうるのである。

以下のことには重大な錯覚がある。すなわち、無条件的に現存する客観のみが必然的に存在しうるがゆえに、人は超越論的神学においてその客観を知ることを要求する際に、最初に或る客観についての無条件的概念を根底におく、という錯覚である。ところで、この無条件的概念の核心は次の点に存している、すなわちあらゆる概念が制約

された諸客観そのものから、つまり付随的な否定や欠損 defectus を介して導出され、また最も実在的なものの概念のみが、すなわちそこにおいてすべての述語が実在的であるような存在者の概念のみが論理的に根源的な概念 conceptus logice originarius(無条件的)であるという点である。このようなことを人は、最も実在的な存在者のみが必然的でありえ、あるいは逆に、絶対的に必然的であるものは最も実在的な存在者であることの証明と見なしている。

人は、最も実在的な存在者は必然的に現存するということの証明を回避しようとして、むしろ、そのような存在者が現存するときにはそれは最も実在的なものでなければならないということを証明する。(それゆえ今や人はすべての現存するもののうちで一者のみが必然的に現存することを証明しなければならないであろうし、このことを人はおそらくやまた証明することができるであろう。)しかしながらこの証明は、必然的な存在者がそれの現存に関して無条件的に現存するということ以外に、どのような性質がその存在者そのものに帰属するのかということについて、われわれはまったくいかなる概念ももたないということだけを語っていることになる。ところでわれわれは何がその存在者に属するのかを知らないのである。事物についてわれわれがもつ概念のうち、論理的に無条件的ではあるが汎通的に規定される概念が最も実在的なものの概念である。それゆえもしわれわれがこの概念に対してそれに対応するものとして或る客観をも想定することが許されるならば、その客観は最も実在的な存在者であろう。しかしながらわれわれはたんなる概念のためにそのような客観までをも想定するような権限をもってはいないのである。

何かが現存するという仮説のもとでは、次のことが帰結する。すなわち何らかのものがまた必然的に現存するの

A331

C320
W674

であるが、しかし、たとえある事物の概念がその内的述語に関してどのように想定されようとも、何かが必然的に現存するということは、端的にまた無条件的には、認識されることはできないということであり、しかもこのようなことが端的に不可能だということを証明することはできるということである。それゆえ私は、その可能性についての概念をだれも作ることができないような存在者についての概念を推論していたことになる。

それにしてもなぜ私は無条件的なものを推論するのであろうか。それは無条件的なものが条件づけられたものについての最高の根拠を含むはずだからである。この推論は次のようにしてなされる。すなわち、㈠何かが現存するならば、無条件的なものもまた存在する。㈡無条件的に現存するものは、端的に必然的な存在者として現存する。しかし後者は決して必然的な帰結ではない。というのも、無条件的なものはある系列にとっては必然的であるかもしれないが、無条件的なものそれ自身は、そしてまたその系列は、つねに偶然的であるかもしれないからである。この後者は事物の述語(たとえばそれらの事物が条件づけられているのかそれとも無条件的であるのかどうかというように)ではなく、事物のすべての述語を伴っての事物の現存に関わっているのであり、すなわち事物がそれ自体で必然的なのか、それともそうではないのかということに関わっているのである。それゆえそれは、われわれの概念に対する客観のたんなる関係なのである。

あらゆる存在命題は総合的であり、それゆえ神は現存するという命題も総合的である。もし存在命題が分析的であるはずならば、現存は、このような可能的存在者のたんなる概念から引き出されえなければならないであろう。ところでこのことは次の二つの仕方で試みられてきたのである。㈠最も実在的な存在者という概念のうちにはその存在者の現存が存しているのであり、それというのも現存は実在性だからである。㈡必然的に現存する存在者という概念のうちには、事物の絶対的必然性(もし何らかのものが現存するならば、この絶対的必然性が想定されなければならない)が考えられうる唯一の仕方としての、最高の実在性という概念が存している。ところで必然的存在者はその概念のうちにすでに最高の実在性を含むべきではあるが、しかし最高の実在性は㈠で述べたように)絶対的必然性という概念を含まず、したがってこれら両概念が相互関係をなしえないとするならば、最も実在的なものの概念は、必然的なもの necessarium の概念よりも広い概念 conceptus latior だということになろう。すなわち最も実在的なものとは別な諸事物がさらに必然的な諸存在者 entia necessaria でありうることになろう。しかしながらこのような証明は、必然的存在者 ens necessarium は唯一の仕方でしか考えられえないということによって遂行されるのである、等々。[18]

そもそも根源的な錯誤 *πρῶτον ψεῦδος* は次の点にあったのである。すなわち必然的なものはその概念のうちに現存を、つまりあらゆる種類の規定 omnimoda determinatio としてある事物の現存を含んでおり、したがってこのあらゆる種類の規定がその概念から(たんに推論されるだけでなく)導出されうるのだという点にあったのであり、そしてこのことが虚偽なのである。というのも、ここで証明されるのはただ次のことだけだからである。すなわち、もしあらゆる種類の規定という概念がある概念から導出されるはずだとするならば、このものは最も実在的なものという概念(これだけが同時に汎通的規定を含む概念である)でなければならないということだけである。

つまりこういうことである。もしもわれわれがそのものとしてのある必然的なものの現存を洞察できるはずだとするならば、われわれはある事物の現存を、すなわちあらゆる種類の規定を、何らかの概念から導出できなければならないであろう。しかしながらこれは最も実在的なものの概念である。それゆえわれわれは必然的なものの現存

W675　C321　V165

を最も実在的なものの概念から導出できなければならないであろうが、このことが虚偽なのである。われわれは、ある存在者が、諸性質なくしては私がその存在者の現存在を必然的なものとして概念から認識しないような、そういう諸性質をもっていると言うことはできない。たとえこれらの諸性質が最初の概念の構成的産物としてではなく、たんに不可欠的条件 conditio sine qua non として想定されるとしてもそうなのである。

アプリオリに総合的である認識の原理には次のことが属している。すなわち合成ということがアプリオリに唯一のことであり、もしこのことが一般に空間と時間に関して起こるとすれば、それはわれわれによって作られなければならないということである。ところが経験にとっての認識は、実在的な図式論(超越論的に)かそれとも類推による図式論(象徴的に)かのどちらかの図式を含んでいる。——カテゴリーの客観的実在性は理論的であり、理念の客観的図式はたんに実践的にすぎない。——自然と自由。

訳注・校訂注

ランベルト往復書簡集の公告

訳注

（1）ベルヌーイ Johann Bernoulli, 1744-1807　ベルリン在住の数学者・物理学者・天文学者。一七―一八世紀に幾人もの有名な数学者・自然科学者を輩出したことで知られるベルヌーイ一族のひとり。なお、この公告の二年半ほど前の一七七九年六月末から七月にかけて、ベルヌーイは、ペテルブルクへの旅の途中でケーニヒスベルクに立ち寄り、カントとも面識を得ていた。

（2）「以前に本紙で」とは、『ケーニヒスベルク学術政治新聞』の一七八一年一一月一二日号を指す。

（3）ランベルトの往復書簡集　*Johann Heinrich Lamberts deutscher gelehrter Briefwechsel.* Hrsg. von J. Bernoulli, 4 Bde. Berlin 1781-84; 5 Bde. 1787 を指す。

（4）哲学的および論理学的論文集　*J. H. Lamberts logische und philosophische Abhandlungen.* Hrsg. von J. Bernoulli, 2 Bde. Berlin und Dessau 1782 u. 1787 を指す。

（5）短編旅行記およびその他の地誌や人間知の拡張に役立つ諸報告の集成、銅版画付き　*Sammlung kurzer Reisebeschreibungen und anderer zur Erweiterung der Länder- und Menschenkenntnis dienenden Nachrichten, mit Kupfern*, 18 Bde. Berlin 1781-87 を指す。

（谷田信一）

医師たちへの告示

訳注

（1）ラッセルが叙述しているアレッポのペストの場合　Alex Russel, *The Natural History of Aleppo and Parts Adjacent,*

London 1756. なお、アレッポは古くからの歴史を持つシリア北部の都市である。

(2) ペテルブルクからの手紙　アカデミー版の注(H. Maier)によれば、これらの手紙はカント自身が求めて得たものだったようである。また、この「告示」の発表後にもカントがこの流行病についての情報への関心を持ち続けていったことは、カントがケーニヒスベルク大学医学部教授メッツガー(J. D. Metzger)に宛てた一七八二年一二月三一日付の手紙(A版全集第一〇巻、書簡番号一八八。以下ではX, Nr. 188のようにA版の巻数をローマ数字で略記する)からわかる。すなわち、その手紙のなかでカントは、一七八二年のインフルエンザがもともとアメリカ西海岸に端を発し、それが千島列島・満州・中国を経てヨーロッパへ伝わっていったのだというロシアのアッシュ男爵(Baron von Asch)の新説を紹介し、それに賛意を示しているのである。

(3) フォザーギル John Fothergill, 1712–80　イギリスの医師。心臓の冠状動脈硬化症やジフテリアの研究などで大きな業績を残し、ロンドンの開業医としても名声を博した。彼はイギリスにおけるコーヒーの普及を促進したことでも知られており、また、ベンジャミン・フランクリンと親交が深く、イギリス本国と北米の植民地との宥和のためにもたいそう努力した。

(4) ある友人　カントの弟子であり食事仲間ともなったクラウス(Chr. J. Kraus, 1753–1807)のことを指す。クラウスはこの報告が掲載されている雑誌を、カントの友人であったイギリス人ジョセフ・グリーンから借りて英語からドイツ語に翻訳したようであるが、「この翻訳における生硬な言葉使いを大目に見てください」とカントに断り書きを添えている(X, Nr. 176)。

(5) 『紳士雑誌』一七七六年二月号　*The Gentleman's Magazine*, February 1776.

(6) チェシャー Cheshire　イングランド北西部の地方名。チェスターなどの都市がある。

(谷田信一)

七つの公開声明

訳注

(1) 一七九〇年[五月?]　この声明は、一七九〇年六月一二日付の『一般文芸新聞』(*Allgemeine Literatur Zeitung*)七一号の広告欄に掲載されたものである。カントは、それに先立って、古くからの友人の息子である書籍商ニコロヴィウス(Friedrich Nicolovius, 1768-1836)に宛てた五月一〇日付の書簡(A版第一一巻、一七二頁。以下 XI, 172 と略記)で、この文を同紙に掲載するよう依頼しており、それが実現されたものである。

(2)　ライプツィヒ・カタログ　*Verzeichnis der Bücher, in der Frankfurter und Leibziger Ostermesse des 1790. Jahres . . . herauskommen sollen* を指す。

(3)　発行者　一七九〇年六月一日付でバイアーがカントに宛てた書簡(XI, 181)のなかの記述から、ヒルトブルク家の宮廷書籍商ハーニッシュ(Johann Gottfried Hanisch)であることがわかる。ただし、この小品集は出版されるにはいたらなかった。

(4)　一七九二年七月三一日　この声明は、同年八月二一日付の『一般文芸新聞』一〇二号の広告欄に掲載されている。

(5)　ラウズィッツ Lausitz　ドイツ東部のナイセ川とシュプレー川にはさまれた地方。

(6)　クロッコウ伯爵 Heinrich Joachim von Krockow, 1765-96　プロシア騎兵隊隊長。

(7)　同年八月六日付のフィヒテからのカント宛書簡(XI, 350)参照。

(8)　一七九三年六月六日　この声明は、同年六月二二日付の『一般文芸新聞』六一号の広告欄に掲載されている。

(9)　別の書籍商　一七九五年に『イマヌエル・カント初期未集成小品集』(*Immanuel Kants frühere noch nicht gesammelte kleine Schriften*)を出版したヴェーベル(Wilhelm Webel, 1759-1830)のことだと思われる。

(10)　フォン・ヒッペル Theodor Gottlieb von Hippel, 1741-96　最初はカントの講義の聴講者であったが、のちに友人となった。枢密院顧問官、ケーニヒスベルク市長を歴任し、同時に風刺作家、劇作家でもあった。

(11)　一七九六年一二月六日　この声明は、翌一九九七年一月五日付の『一般文芸広告新聞』(*Allgemeiner Litterarischer Anzeiger*)二号に掲載され、さらに若干の改変をへて、一月二一日付の『一般文芸新聞』九号にも掲載されている。

(12)　匿名著作　『結婚について』(*Über die Ehre*)は一七七四年、『上り調子の人生行路』(*Lebensläufe nach aufsteigender Linie*)は一七七八年、いずれもベルリンで出版されている。

(13)　訳者解説四五三―四五四頁参照。

(14)　シュレットヴァイン Johann August Schlettwein, 1731–1802　有名なドイツの重農主義者。

(15)　一七九七年五月二九日　この声明は、同年六月一四日付の『一般文芸新聞』七四号の広告欄に掲載されている。

(16)　カントは、実際、シュレットヴァインからのこの手紙を、ビースター(Johann Erich Biester, 1749–1816)に依頼して同年九月一三日発行の『ベルリン雑誌』(*Berlinische Blätter*)一七九七年第一季号で公表させている。そこには、ビースターによる、シュレットヴァインの人物像と、そのカント宛の手紙、そしてカントのこの声明が掲載されている。また、ビースターは、シュレットヴァインからの二つ目の手紙についても、同年一一月一日付の同誌一七九七年第二季号で公表している。

(17)　手紙　カントが同年五月一九日付でシュレットヴァインに宛てた手紙をさす。その手紙は発見されていないが、その一部分はシュレットヴァインがカントに宛てた二つ目の手紙(XII, 369)に見いだされる。

(18)　シュルツ Johann Schultz, 1739–1805　カントの弟子で、『カント教授の純粋理性批判の解明』(*Erläuterungen über des Herrn Prof. Kant Critik der reinen Vernunft*, Königsberg, 1784)などを著し、カント哲学の普及に貢献した。

(19)　著作　『カント純粋理性批判の吟味』(*Prüfung der Kantischen Kritik der reinen Vernunft*, 1789/1792)をさす。

(20)　一七九九年八月七日　この声明は、同年八月二八日付の『一般文芸新聞』一〇九号の広告欄、九月二七日付の『上部ドイツ一般文芸新聞』(*Oberdeutsche Allgemeine Literatur Zeitung*)に掲載されている。

(21)　ブーレ Johann Gottlieb Buhle, 1763–1821　ゲッティンゲン大学の哲学員外教授。一七九五年に『一般論理学および純粋理性批判への序論』(*Einleitung in die allgemeine Logik und die Kritik der reinen Vernunft*)を著す。一七九〇年一〇月一四日付のヤッハマン(Johann Benjamin Jachmann, 1765–1832)からのカント宛書簡の中で、「あなたの哲学的原理の信奉者にして擁護者と公言されている人」(XI, 224)として言及されている。

(22)　『超越論哲学の構想』　*Entwurf der Transcendental-Philosophie*, Göttingen, 1798.

(23)　訳者解説四五五頁以下参照。

(24)　カントは、この声明に先立つ一七九八年四月五日付のティーフトルンク(Johann Heinrich Tieftrunk)宛書簡でも、フィヒテの知識学に触れている(XII, 241)。その書簡でカントがあげている書名は不正確で、『全知識学の基礎』(*Grundlage der gesamten Wissenschaftslehre*)をさすものと思われる。これは、フィヒテが一七九四年一〇月六日付で書簡(XI, 526)とともにカントに送付したものである。ただし、カントは、ティーフトルンク宛書簡で、まだこの著作を読んでいないと述べ、『一般文芸新聞』に出た好意的な書評をとらえて厳しい批判を記している。ティーフトルンク宛書簡を執筆した後、この声明を出すまでの間に、フィヒテのこの著作を読んだのかどうかは明らかではない。一七九七年一二月のフィヒテ宛書簡（本訳注（25）参照）で言及されている論文は、『知識学への第二序論』（*Zweite Einleitung in die Wissenschaftslehre*）と思われる。

（25）　ある返書　一七九七年一二月のものと思われるフィヒテ宛書簡（XII, 221）。

（26）　一七九八年一月一日付のフィヒテからのカント宛書簡（XII, 230-231）。

（27）　『純粋理性批判』B 860 以下、とりわけ B 869 以下、さらに『判断力批判』「序論　I　哲学の区分について」（V, 171 以下）（本全集8巻一五頁以下）参照。

（28）　ベック Jakob Sigismund Beck, 1761-1840　ハレ大学の哲学員外教授。もともとカント学徒であり、カントのよき理解者として、カントの依頼により、三巻からなるカント批判哲学の要約（『カント教授の勧めによる同教授の批判書からの解説的摘要』（*Erläuternder Auszug aus den kritischen Schriften des Herrn Prof. Kant*, 1793-96）を著すこととなったが、それを進めるなかで、しだいにカントの立場を踏み越えていくようになった。ここで言及されているのは、その第三巻となる一七九六年の『批判哲学が評価されうる唯一の可能な立場』（*Einzig möglicher Standpunkt, aus welchem die kritische Philosophie beurteilt werden kann*, Riga）であろう。

（29）　訳者解説四五六頁参照。

（30）　Dagli amici mi guardi Dio, che dai nemici mi guarderò, io.

（31）　『人倫の形而上学』の「嘘について」の節（VI, 429）にも同じ表現がある。出典は、Gaius Sallustius Crispus, *Bellum Catilinae*, X, 5 の "aliud clausam in pectore, aliud in lingua promptum habere."

（32）　フォルマー Gottfried Dietrich Lebrecht Vollmer, 1768-1815　ケーニヒスベルク、マインツ、ハンブルクで書籍商を営む。一七九七年、カントに『自然地理学』の出版を申し出るが、カントはこれを拒絶している。

（33）　一八〇一年五月二九日　この声明は、同年六月二四日付の『一般文芸新聞』一二〇号の広告欄、および六月一二日付の『一般文芸広告新聞』八八号、同年の『新一般ドイツ文庫』（*Neue Allgemeine Deutsche Bibliothek*）五五巻に掲載されている。

（34）　リンク Friedrich Theodor Rink, 1770-1811　カントの弟子で、ケーニヒスベルク大学東洋語学教授を経て、一八〇〇年ダンツィヒの牧師となる。カントの講義草稿を整理して、一八〇二年に『自然地理学』、一八〇三年に『教育学』、一八〇四年に『形而上学の進歩』に関する懸賞論文を編集発行している。フォルマーの出版問題に関するリンクの主張は、『自然地理学』所収の「編者の序言」(IX, 153-155)、さらに『教育学』所収の「編者の序言」(IX, 440) に記されている。さらに、一八〇二年六月一三日付のリンクからのカント宛書簡 (XII, 343f.)、そして『自然地理学』(本全集16巻) の訳者解説四七八頁以下も参照。

（35）　イェッシェ Gottlob Benjamin Jäsche, 1762-1842　カントの弟子で、ケーニヒスベルク大学哲学講師を経て、一八〇二年同教授となる。『論理学』は一八〇〇年の発行。

校訂注（各注冒頭の漢数字は本文の頁数を、アラビア数字は行数を表わす）

二一 4　A版には、カントがこの声明の冒頭で言及している一七九七年五月一一日付のシュレットヴァインからの最初の手紙と、同年六月四日付の二つ目の手紙が収められている。また、V版の表題は「ヨハン・アウグスト・シュレットヴァインの手紙に対する声明」、C版の表題は「ヨハン・アウグスト・シュレットヴァインに対する声明」である。

（北尾宏之）

シュルツ著『宗教の区別なき万人のための人倫論試論』についての論評

訳　注

（1）　プリーストリの著書『哲学的必然性の教説』（一七七七年）を指す。

（2）　エーラース Martin Ehlers, 1731-1800　キール大学の哲学教授。著書に『人間の自由について』（一七八二年）がある。

（福谷　茂）

偽版の違法性について

訳注

(1) リッペルトの『印章指輪の収集』Lipperts Daktyliothek　リッペルト(Philipp Daniel Lippert, 1702-85)の著した *Dactyliothecae universalis chilias* (1755-62)、およびこのラテン語の著作をドイツ語で増補改訂した *Daktyliothek und Supplement* (1767-68)のこと。印章指輪とは、彫刻を施された古代やルネサンス時代の宝石である。

(2) opera　ここでの opera は、opus(作品)の複数形であり、opera(業務・働き)のことではない。operae が opera(業務・働き)の複数形である。

校訂注

三九14　取引することとして　A版とC版は als das Verkehr であるが、V版は als den Verkehr である。

四一3　肝心なことは　A版とV版は kommt であり、C版は kömmt である。

四六4　著者の名前で　A版は auf seinem Namen であり、C版とV版は auf seinen Namen である。

四六8　「原本は」にかかる関係詞は、A版とC版では wornach であるが、V版では wonach である。

四九5　作品であって他人の業務ではない opus, nicht opera alterius　A版とV版に従ったが、C版では opus, nicht opera, alterius である。

四九9　本屋の費用で　Impensis Bibliopolae のラテン語表記が、C版とV版では impensis bibliopolae であり、C版とV版に従う。

(円谷裕二)

G・フーフェラント著『自然法の原則にかんする試論』についての論評

訳注

(1) フーフェラント Gottlieb Hufeland, 1760–1817　一七八八年よりイェーナの法律学教授。晩年のカントの文通相手であり、『諸学部の争い』において言及されている『長命術』(*Makrobiotik*) の著者 Christoph Wilhelm Hufeland (1762–1836) は彼の従兄弟である。

(2) グロティウス Hugo Grotius, 1583–1645　オランダの法学者、政治家。近代自然法および近代国際法学の祖であり、著書に『戦争と平和の法』(一六二五年)。

(3) ホッブズ Thomas Hobbes, 1588–1679　イギリスの哲学者。著書に『リヴァイアサン』(一六五一年)。

(4) プーフェンドルフ Samuel Pufendorf, 1632–94　ドイツの法学者、歴史家。

(5) トマジウス Christian Thomasius, 1655–1728　ドイツの法学者、哲学者。ライプツィヒ大学自然法教授、後にハレ大学教授。ドイツ啓蒙思想の先駆者であり、またドイツ語による哲学的著作という点での先駆者でもある。

(6) ハインリヒ・フォン・コクツェーイ Heinrich von Cocceji, 1644–1719　ドイツの法学者。

(7) ザムエル・フォン・コクツェーイ Samuel von Cocceji, 1679–1755　ドイツの法学者。ハインリヒ・フォン・コクツェーイの子。

(8) ヴォルフ Christian Wolff, 1679–1754　ドイツの代表的な啓蒙主義の哲学者。

(9) グンドリング Nikolaus Hieronymus Gundling, 1671–1729　ハレ大学哲学教授。

(10) バイアー Georg Beyer, 1665–1714　ヴィッテンベルク大学法学教授。

(11) トロイアー Gottlieb Samuel Treuer, 1683–1743　ゲッティンゲン大学の国法学・道徳学・政治学の教授。

(12) ケーラー Alexander Köhler, 1756–1832　フライベルク(ザクセン)の鉱業法律家。

(13) クラプロート Claproth　ゲッティンゲン大学法学教授 Johann Christian Claproth (1715–48) か、その甥のゲッティンゲン大学法学教授 Justus Claproth (1728–1805) かのどちらか。

(14) シュマウス Schmauss　詳細不明。

(15) アッヘンヴァル Gottfried Achenwall, 1719–72　ドイツの法学者および統計学者。カントは自然法の講義では彼の『自然法 *Ius naturae*』(カント全集アカデミー版第一九巻に所収)を教科書として使用している。統計学 Statistik という言葉は彼に由来する。

(16) ズルツァー Johann Georg Sulzer, 1720–79　ドイツの哲学者、美学者。心理学を美学や倫理学や教育学の基礎に据えた。

(17) フェーダー Johann Georg Heinrich Feder, 1740–1821　ゲッティンゲン大学教授で当時の通俗哲学者。カント哲学をバークリの観念論と同様だとしてガルヴェとともに批判したのは有名。

(18) エーベルハルト Johann August Eberhard, 1739–1809　ハレ大学の神学教授。ライプニッツ哲学の立場からカントの批判哲学を攻撃したが、カントは『純粋理性批判の無用論』(一七九〇年)でもってそれに反駁している。

(19) プラートナー Ernst Platner, 1744–1818　ライプツィヒ大学の医学および生理学教授にして哲学者。

(20) メンデルスゾーン Moses Mendelssohn, 1729–86　ドイツ啓蒙主義の代表者の一人。レッシングの友人で、レッシングがスピノザ主義者かどうかの有名な「汎神論論争」でヤコービを批判。

(21) ガルヴェ Christian Garve, 1742–98　ライプツィヒ大学教授。通俗哲学者。カントの『純粋理性批判』第一版を批判し、カントはそれに刺激されて『プロレゴーメナ』を執筆。

(22) ヘプナー Ludwig Julius Friedrich Höpfner, 1743–97　ギーセン大学法学教授。

(23) ウルリヒ Johann August Heinrich Ulrich, 1746–1813　イェーナ大学哲学教授。

(24) ツェルナー Johann Friedrich Zöllner, 1753–1804　牧師にしてベルリン高等宗教局顧問官。

(25) ハーマン Johann Georg Hamann, 1730–88　啓蒙的合理主義を批判し、ヘルダーやゲーテ、さらにはロマン主義に影響を与える。「北方の賢者」(Magus im Norden)と呼ばれ、カントの『純粋理性批判』を批判して、『理性の純粋主義へのメタ批判』(一七八四年)を著す。

(26) ゼレ Christian Gottlieb Selle, 1748–1800　ベルリン慈善病院の医師にしてベルリン学士院会員。

(27) フラット Johann Friedrich Flatt, 1759–1821　テュービンゲン大学哲学教授。

(28) シュレットヴァイン Johann August Schlettwein, 1731–1802　当時の著名な重農主義者。一七九七年五月一一日付でカントを批判する書簡を送りつけてきたが、カントは老齢ゆえにそれに応じない旨の声明を出す(A版第一二巻三六二頁以下参照)。

(29) 「権利＝法」のドイツ語は Recht であるが、Recht には、公正・正義、権利、法などの意味があり、権利という意味が強調されている場合には、ことさら権利＝法と訳した。

(30) A版の編者 Heinrich Maier によれば、ホッブズにはこれに正確に対応する箇所は見あたらない由。おそらくここでは、ホッブズの自然法についての諸見解からカントが導出した帰結だけが問題になっているのであろう。

校訂注

五三2　冒頭のこの見出しはA版とV版に共通だが、C版とW版では「G・J・ゲッシェン、ライプツィヒ」(Leipzig bei G. J. Göschen)が見出しの最初に置かれ、「1785.」の後に(12 gr.)とある。

五五3　権利＝法を満足させるべき　A版とW版では Recht eine Gnüge zu leisten であり、C版では Rechte ein Genüge zu leisten であり、V版では Rechte eine Gnüge zu leisten である。

五六5　自然状態　A版、C版、W版では Naturzustande であるが、V版では Naturstande である。

五六5　生じる　A版とW版は Statt finde であるが、C版とV版は stattfinde である。

五六15　A版、C版、W版の「同時に」zugleich が、V版には欠如している。

(円谷裕二)

L・H・ヤーコプの『メンデルスゾーンの「暁」の検討』に対する二、三の覚え書き

訳注

(1) ヤーコプ Ludwig Heinrich Jakob, 1759-1827　ハレのルター・ギムナジウムの哲学教授、後にロシアの哲学教授になる。『哲学年鑑』(*Philosophische Annalen*)の編集者でもあり、またヒュームの『人性論』の翻訳者。

(2) 著作　『暁、もしくは神の現存在に関する講義 第一部』(*Morgenstunden oder Vorlesungen über das Daseyn Gottes.* Erster Theil)(一七八五年、ベルリン)のこと。レッシングがスピノザ主義者かどうかという、メンデルスゾーンとヤコービの有名な汎神論論争に際して、『暁』に続くメンデルスゾーンの小冊子『レッシングの友人たちへの書簡――スピノザの教説についてのヤコービ氏の往復書簡への付録』(*An die Freunde Lessings. Ein Anhang zu Herrn Jacobi Briefwechsel über die Lehre des Spinoza*)(一七八六年、ベルリン)は彼の死後に初めて出版されたが、後者は前者の第二部に相当するものである。なお、これら二著は、Moses Mendelssohn, *Gesammelte Schriften*, Jubiläumsausgabe, Band 3-2 に収録されている。

(3) 自由と自然必然性　『ベルリン月報』(一七八三年七月号)所収の「自由と必然性について、モーゼス・メンデルスゾーンからニコライへ」(Über Freiheit und Nothwendigkeit, M. Mendelssohn an Nicolai)。

(4) ヒュームの言によれば　David Hume(1711-76)のどの著作にあるのか、あるいは彼自身の言葉なのかは定かではない。

(5) 『自然科学の形而上学的原理』A版第四巻四八〇頁(本全集12巻二二一頁)以下参照。

校訂注

六一10　洞察 Einsichten　C版、V版、W版では隔字体(ゲシュペルト)である。

六一11　A版、C版、W版での「純粋理性を……にだけ」に相当する sie bloß は、V版では sich bloss である。

六二7　証している　A版とV版では zeugt であるが、C版とW版では zeigt である。

六二17　問題において　A版とC版では in Dingen であるが、V版では in den Dingen であり、W版では den Dingen である。

六三6　ねばならない　A版とW版では隔字体で müssen であるが、C版では隔字体で Müssen、V版では隔字体ではなしに Müssen である。

六四3　その物が何であるのか！　A版では was es ist! と感嘆符が付いているが、C版とV版には付いていず、was es ist. であり、W版では was es ist? である。

六四5　この物それ自体がそれ自身において何であるのかという……問いは　A版では Frage, was... sei, であるが、C版とV版では、Frage: was... sei? であり、W版では、Frage, was... sei? である。

六四5　しかしながら　A版とW版では doch aber であり、C版では doch aber, であり、V版では aber doch である。

六四5　自然科学　A版とC版では Naturwissenschaft であるが、V版とW版では Naturwissenschaften である。

六四12　ほかのすべての人たちは　A版では jeder andere であり、C版とW版では jeder anderer であり、V版では jeder Andere である。

六五2　一言で言うならば、……できるのかどうか　A版、C版、W版では mit einem Worte, ob, da... gegeben werden kann, ob であるが、V版では mit einem Worte, ob—da... gegeben werden kann—ob である。

六五3　物はそれ自体においてそもそも何であるのか　A版とW版では was denn das Ding,... an sich selbst sei. であるが、C版とV版では was denn das Ding,... an sich selbst sei? である。

六五8　知っている kennten　A版では隔字体(ゲシュペルト)であるが、C版、V版、W版は隔字体になっていない。

六五9　いけないであろう　A版、C版、W版では dürften... nicht であるが、V版では dürfen... nicht である。

六六12　解決するための調書　A版では die Acten zu Entscheidung であり、C版とW版では die Akten zu Entscheidung であり、V版では die Akten zur Entscheidung である。

(円谷裕二)

思考の方向を定めるとはどういうことか

訳注

(1)『暁』　正式な書名は『暁、もしくは神の現存在に関する講義　第一部』(一七八五年、ベルリン)。

(2)『レッシングの友人たちへの書簡』　正式な書名は『レッシングの友人たちへの書簡――スピノザの教説についてのヤコービ氏の往復書簡への付録』(一七八六年、ベルリン)。著者メンデルスゾーンの死後に初めて出版された。

(3)　メンデルスゾーンとヤコービの論争　レッシングがスピノザ主義かどうかについての両者の間の論争。この論争事件が発生した経緯について、メンデルゾーン自身が一七八五年一〇月一六日付カント宛書簡の中で説明しているが、それについてはまた彼の『レッシングの友人たちへの書簡』の序文を参照すべきである。ヤコービは、エリーゼ・ライマールス(Elise Reimarus 1735-1805. ハンブルクの博物学教授J・A・H・ライマールスの娘)を仲介にしてのメンデルスゾーンとの往復書簡の中で、「レッシングを公然たるスピノザ主義者にしよう」と意図した。このことが、レッシングの友人であるメンデルスゾーンが『暁』(訳注(1)参照)を公刊する機縁になった。『暁』出版の直後に、今度はヤコービが、彼とライマールスとメンデルスゾーンの間の往復書簡を出版した(ヤコービ著『モーゼス・メンデルスゾーン氏宛の書簡の中での、スピノザの教説について』ブレスラウ、一七八五年)。メンデルスゾーンはこのことを挑発と見なし、『レッシングの友人たちへの書簡』(訳注(2)参照)という小冊子で応じたが、これの出版を生前に目にすることはなかった。これに対するヤコービの応答が『スピノザの教説についての書簡に関するメンデルスゾーンの非難に抗して』(ライプツィヒ、一七八六年)という著作であった。

(4)『結果』　この著作は匿名で出版されたが、著者はヤコービの親密な友人であり、かつ同意見の持ち主であるトーマス・ヴィーツェンマン(Thomas Wizenmann, 1759-87)である。彼はこの書においてヤコービを支持しながら、メンデルスゾーンと争っている。ヴィーツェンマンはカントの攻撃に対しては、『ドイチェス・ムゼーウム』誌(一七八七年、I、一一六―一五六頁)に掲載した「ヤコービとメンデルスゾーンの哲学の結果の著者よりカント教授宛書簡」という論文で反論している。因みにヴィーツェンマンについてのカントの言及が『実践理性批判』に見られる(A版第五巻一四三頁、本全集7巻三三〇頁)が、さらにA版編集者の注(同巻五〇八頁)をも参照。

(5)　前者の手段……後者　「前者の手段」とは思弁のことであり、「後者」とは論証のことであろう。

(6)　信仰、知識、私見　これらの概念の相違と関係については、『純粋理性批判』「II超越論的方法論」「第二章、純粋理性の規準」「第三節、私見、知識、信仰について」の箇所(本全集6巻)を参照。

(7)　この段落での議論については、『実践理性批判』「第一部第二編第二章八、純粋理性の要求から生ずる信憑について」(本全集7巻三二七頁以下)を参照。

(8)　上述の学者たち　ヤコービ、および彼の友人で『結果』の著者であるトーマス・ヴィーツェンマンを指すと思われる。

(9)　ある別の学者　アカデミー版の編集者 Heinrich Maier によれば、この「別の学者」が誰のことなのかは確認できないが、おそらくは、ティッテル(Gottlob August Tittel, 1739-1816)か、あるいはより可能性があるのは、マイネルス(Christoph Meiners, 1747-1810)であろう。

校訂注

六九5　「……ようとする」は、A版、C版、W版は、wollten であるが、V版とPhB版は sollten である。

七四11　「必要としない」と否定的に訳した箇所は、A版とPhB版での um nicht に従ったのであるが、C版、V版、W版では um noch となっている。これは、ここでの「自然的存在者」をどのように理解するかにかかっているが、以下の「なぜなら……」から判断すると、それは超感性的なものであるので、A版を採用した。

七五4　驚くべき　A版、C版、W版は、bewunderungswürdigem であるが、V版とPhB版では bewundernswürdigem である。

七五7　第一の erste　A版、C版、V版、PhB版、W版とも同じであるが、C版の編者によれば、この erste が省略されている旧版もある由。たしかに「悟性的原因」という概念そのものが「第一の」原因という意味を含意するのであるが、しかしそのことが erste によってより明確にはなろう。

七七6　善　すべての版でGutes, wasとなっているが、A版の編者Heinrich Maierは、Gutes, auf das, wasという読みを提案している。

八〇12　問題になっている事柄　V版ではSacheと単数であるが、それ以外の版はすべてSachenとなっている。

八一5　この　A版、C版、W版ではdieseであるが、V版とPhB版ではdieである。

八一6　すべてのもの　A版、V版、PhB版ではallem demであるが、C版とW版ではallen demである。

八三9　不可能性　すべての版でUnmöglichkeitであるが、Hartensteinは、Unmöglichkeitは誤りであり、Notwendigkeitに代えるべきだと提案している。

八五16　外的証言を介して確証された事実　A版とC版では、durch äußere Zeugnisse bewährte Faktaであり、V版とW版では、durch Zeugnisse äußere bewährte Faktaであり、PhB版では、durch äußere Zeugnisse äußere bewährte Faktaである。

（円谷裕二）

純粋理性批判の無用論

訳　注

(1)　ロック『人間知性論』第四巻一七章一九節。

(2)　クインティリアーヌス『弁論術教程』第五巻一二章五節。Si non possunt valere, quia magna sunt, valebunt, quia multa sunt.—Singula levia sunt et communia, universa tamen nocent; etiamsi non ut fulmine, tamen ut grandine.

(3)　アポロニウス Apollonius, 262頃-180BC頃　ギリシア人で小アジア半島南岸ペルゲの人。アレクサンドリアでアルキメデスに学んだと伝えられ、エウクレイデスが扱わなかった円錐曲線を『円錐曲線論』(八巻中七巻までが現存)において三八七個の命題で論じた。天体の軌道が円ではないことが明らかになった一七世紀になってにわかに関心が高まった。

(4)　ボレッリ Giovanni Alfonso Borelli, 1608-79　イタリアの医者、物理学者、数学者。惑星の軌道を研究し、ケプラーを批判して遠心力を説明のために取り入れた。一六六一年にフィレンツェでアポロニウスの『円錐曲線論』第五巻から第七巻のラテン語版本文と注釈を初めて出版した。

(5)　バウムガルテン『形而上学』第二〇節。

(6)　カイル『真の物理学への序説』第三講。カイル(John Keill, 1671-1721)はニュートンの弟子。

(7)　ニュートン『光学』第二巻第三部。

(8)　スキオッピウス Scioppius, 1576-1649　ドイツの古典学者。

(9)　ヒスマンの論文　『ドイツ・メルクーア』一七七七年第4四半期号掲載のヒスマン「哲学体系の歴史記述者のための注意」。

(10)　三三頁　『プロレゴーメナ』第四節。

(11)　『プロレゴーメナ』第四節。

(12)　七一頁から一二四頁　『プロレゴーメナ』第一四節から三九節に相当する部分。

(13)　第一版の一五八頁から二三五頁まで　『純粋理性批判』の「純粋悟性の原則論」に相当する部分(本全集4巻二五九—三三八頁)。

(14)　ベルヌーイ Jakob Bernoulli, 1654-1705　バーゼルの数学教授。限定判断と無限定判断という区別を唱導した。

(15)　ロック『人間知性論』第四巻第三章第九節以下。

(16)　ロイシュ Johann Peter Reusch, 1691-1758　ヴォルフ学派に属する哲学者であるが、総合判断と分析判断の区別に関してロイシュをエーベルハルトが援用している箇所はない。

(17)　クルージウスの『人間的認識の確実性と信頼性への道』(一七四六年)第二六〇節。

(18)　ヒスマン『ライプニッツ男爵の生涯試論』(一七八三年)、五八—六〇頁および六九頁以下。

(福谷　茂)

弁神論の哲学的試みの失敗

訳　注

(1) ヴェッリ伯 Pietro Verri, 1728-97　イタリアの著述家。『快と苦痛の本質論』(一七七三年)は一七七七年に独訳された。カントは Veri と表記しているが、正しくは Verri である。

(2) 以下ヨブ記からの引用文は関根正雄訳に拠った(関根正雄訳『新訳 旧約聖書 第Ⅳ巻 諸書』教文館、一九九五年)。

(3) ただ一つを除く　ベルリンの高等宗務院を指す。反動的なフリートリヒ・ヴィルヘルム二世の治政下にあってもリベラルな傾向をなお保っていた。

(4) ド・リュック Jean André de Luc, 1727-1817　ゲッティンゲン大学の哲学および地理学教授だった。カントがここで言及しているのはその著『山岳および地球と人間の歴史に関する自然学的および道徳的書簡』(一七七八—八〇年)。

校訂注

一九五8　V版、W版には「ケーニヒスベルク　I・カント」の文字があるが、A版、C版にはない。

(福谷　茂)

哲学における最近の高慢な口調

訳　注

(1) モンテュクラ Jean Etienne Montucla, 1725-99　初めて数学史(一七五八年)を書いたフランスの学者。

(2) 「マルクス・アウレリウス時代の雷軍団信仰」や「背教者ユリアヌスを揶揄するためにエルサレムの瓦礫の中に奇跡によ

って生み出された火」　アカデミー版の編者マイアーは、シュトルベルク伯(Friedrich Leopold, Graf zu Stolberg und Stolberg, 1750-1819)の『ドイツ、スイス、イタリア、シチリア紀行』第二部(一七九四年)二三八―二四〇頁をこの箇所の出典として挙げている。シュトルベルクはデンマーク国民だがハレおよびゲッティンゲンに学び、一七七五年にはゲーテとともにスイスを旅行した。疾風怒濤派に属する詩人であるとともに『イリアス』の独訳者でもあり、古典学者フォスとの交遊でも知られる。一八〇〇年にはカトリックに改宗してスキャンダルを引き起こした。

(3)　シュトルベルク、前掲書二四〇頁。

(4)　シュトルベルク『プラトン対話篇選集』第一部序説よりの自由な引用。

(5)　シュロッサー『シラクサの国家革命に関するプラトンの書簡』一九四頁。なおシュロッサーについては解説を参照。

(6)　シュロッサー、前掲書一八二頁。

(7)　この箇所の下敷きはプラトン第七書簡 342a7-342b3(岩波版『プラトン全集』第14巻一四八―一四九頁)。

(8)　シュロッサー、前掲書一九一頁注。

(9)　シュロッサー、同書一八四頁。

(10)　シュロッサー、同書一八二頁以下。

(11)　シュロッサー、同書一八四頁注。

(12)　シュロッサー、同書一八三頁注。

(13)　ルクレティウス『事物の本性について』第一巻七八行。訳文は岩田義一・藤澤令夫共訳による(筑摩書房版『世界古典文学全集』第21巻二九二頁)。pedibus subiecta vicissim Obteritur, nos exaequat victoria coelo.

(14)　フォントネルのこの言葉の典拠は、詳細不明の Durand なる著者の *La vie et les sentiments de Lucilio Vanini*, 1717, p. 172 である。

校訂注

二二〇18　W版には「ケーニヒスベルク　I・カント」の文字があるが、A版、C版、V版にはない。

（福谷　茂）

誤解から生じた数学論争の解消

訳注

（1）『哲学における最近の高慢な口調』のこと（A版第八巻、三八七―四〇六頁。本巻一九七頁以下）。

（2）弦の振動によって生じる音は、二つの弦の長さが自然数の比で表されるとき、ハーモニーを生む。ピュタゴラス派の数中心観は、この音の定量的法則から始まって、「天体のハーモニー」に至る。1、2、3、4の和である10は最も神聖な数であり、宇宙を表現する数である。つまり、一つの点は次元のもとであり、これが二つ集まって二次元の線、三つで三次元の面、そして四点で立体を構成する。空間の次元を決定する点の数の和として10は、宇宙の数と見られる。数について、このように考えを進めていくことをカントは、「数について哲学する」と言うのである。「万物は数である」と言うピュタゴラス派についてカントは、『哲学における最近の高慢な口調』で触れている（VIII, 392. 本巻二〇三頁）。

（3）ライマールス Johann Albert Heinrich Reimarus, 1729-1814　論理学に関して、カントにも影響を与え、「理性の限界」「物自体」といった概念の原型を語った Hermann Samuel Reimarus (1694-1768) の息子である。一七九六年から、ハンブルグのギムナジウムで自然学の教授であった。彼のカントへの反論の題目は Über die rationalen Verhältnisse der drei Seiten eines rechtwinkligen Dreiecks である。

（田山令史）

魂の器官について

訳注

(1) ゼンメリング Samuel Thomas Sömmerring, 1755–1830　ドイツの解剖学者・医者・自然科学者。マインツ大学で解剖学・生理学の教授をつとめた後、一七九五年からフランクフルト・アム・マインで開業医となる。さらに、一八〇五年には、バイエルン学術アカデミーの会員としてミュンヘンに招聘され、そこで電信機の製作などに携わるが、晩年は再びフランクフルトへもどる。主著は、一七九一―九六年に出版された『人体の構造について』(*Vom Bau des menschlichen Körpers*)全五巻。

(2) 『魂の器官について』　ゼンメリングのこの著作の原題は *Über das Organ der Seele* であり、カントに献呈されている。ゼンメリングは、自分の著作にカントの小論考を掲載するにあたって、次のような言葉を添えている。「われわれの時代の誇りであるカントは、この著作が主に論じている構想にたんに賛意を示すだけでなく、それどころかわざわざ、それをさらに拡張し洗練化して完成させようとまで、試みてくださいました。《改行》私は彼の好意的な許しを得て、私の著作にカントご自身の文章を掲載させていただきます。」

(3) 直接的感覚器官 das unmittelbare Sinnenwerkzeug　フォアレンダー版(V版)の注によれば、この名称はプラートナー(Ernst Platner)の書物に由来するものであるが、プラートナーはさらにオランダの解剖学者ブールハーフェ(H. Boerhaave)を引き合いに出しているという。なお、プラートナーの書物とは一七七二年に出た『医者と哲学者のための人間学』第一巻(*Anthropologie für Ärzte und Weltweise*, Bd. 1)、ないしは一七九〇年に出たその新版である『医者と哲学者のための新人間学――とくに心理学・病理学・道徳哲学・美学を顧慮して』第一巻(*Neue Anthropologie für Ärzte und Weltweise. Mit besonderer Rücksicht auf Psychologie, Pathologie, Moralphilosophie und Ästhetik*, Bd. 1)を指すものと思われるが、これは(カントが講義していた「実用的見地における人間学」とはちがって)生理学的な見地を中心とする人間学の書であった。

(4) 共通感覚中枢 der gemeinsame Empfindungsplatz　ラテン語の sensorium commune は「共通感覚器官」と訳され

ることも多い。この「魂の器官について」のためのカントの準備草稿の中にはデカルトの名前とsensorium communeという言葉とが並んで出てくる箇所(XIII, 408)があり、それゆえ、ここでの「共通感覚中枢」ないし「共通感覚器官」は(V版の注も示唆しているように)デカルトの「松果腺」説を念頭において書かれていると思われる。なお、前批判期の『視霊者の夢』では、「魂の感覚器官」(Sensorium der Seele)は「その運動が、思考する魂のさまざまな形象や表象に伴うのを常としている」脳の一部分と定義されていた(II, 339 Anm. 本全集3巻二六三頁)。

(5)　質料的観念 materielle Ideen　「魂の器官について」の準備草稿ではカントは、「質料的観念」を、「思考において魂の意のままに用いられることができ魂に付き従う諸々の観念印象」(XIII, 400)、ないしは、「符号として、また、注意や記憶再生のための手段として、思考に役立つ印象」と言い換えている(XIII, 406)。また、前批判期の『視霊者の夢』では、すべての構想力の表象には「質料的観念」が伴うとされ、それは「脳の神経繊維と神経精気の一定の運動」である、と規定されていた(II, 345. 本全集3巻二七〇頁)。なお、本全集3巻四五一頁の訳注(7)も参照していただきたい。

(6)　オイラー Leonhard Euler, 1707-83　一八世紀を代表する数学者。スイス出身。一七二七年にはやくもロシア・ペテルブルクの科学アカデミーに招聘され、一七四一年にはフリードリヒ二世によりベルリン科学アカデミーに招聘され、一七四四年からは同アカデミー数学部会の部会長となった。晩年は再びロシアで、盲目となりながらも盛んな研究活動を続けた。その業績は純粋数学の分野のみにとどまらず、物理学や天文学の数学的定式化という応用数学の分野でも大きな足跡を残し、とくに、流体力学の基礎をつくったことはよく知られている。

(7)　熱素 Wärmestoff　英語ではcaloric. 熱素説とは、熱の本性を一種の物質的実体だと考える説である。イギリスのジョセフ・ブラック(一七二八—九九)らによって比熱・潜熱の現象などから熱と温度との区別がはっきり主張され熱量保存という考え方が広がるにつれて熱素説は有力となり、一八世紀後半から一九世紀前半にかけて大きな影響力を持った。カント自身も一七五五年の学位論文『火について』では、「熱の物質」(materia caloris)(「火の物質」(ignis materia)とも呼ばれている)の存在を想定することによって、液体・固体の性質や沸騰・燃焼といった現象などを説明しようと試みており、一種の熱素説の立場に立っていたといえる。そしてまた、一七七七年に「酸素」を発見して燃焼の問題に関してはフロギストン(燃素)説を打破したラヴォアジェ(一七四三—九四)も、熱の問題に関してはその後も熱素説を支持していたといわれる。

(8) ハラー Albrecht von Haller, 1708-77　スイス出身の医者・自然科学者・詩人。一七三六年からゲッティンゲン大学の医学・植物学の教授をつとめたが、一七五三年にスイスのベルンにもどった。医学の領域ではとくに、解剖学的・生理学的な見地から人間の感受性・被刺激性の機構を研究した。また、詩人としても、ドイツ語長編詩『アルプス』(*Die Alpen*)などで知られている。

なお、A版の注によれば、ゼンメリングは『魂の器官について』第五九節において、ハラーの『人体生理学概説』(*Elementa physiologiae corporis humanae*)第四巻(一七六二年)三九五頁以下の次の文章を引用しているという。「われわれの所見によれば一般に、すべての神経がそこで結び合わされているような神経始源よりも狭い魂の座(animae sedes)を設定してはならないし、また、いかなる微小部分といえども、それへと全神経が収斂されえないかぎり、それを魂の座であるなどと称してはならないのである。というのも、次のことは容易に理解されるからである。すなわち、生体のどんな微小部分のいかなる感覚も共通感覚中枢(sensorium commune)を離れてはありえないし、また、体のおのおのの微小部分から外的対象の印象を受け取るどの神経も共通感覚中枢に関与しないことはありえない、ということである。なぜなら、共通感覚中枢に関与しない神経の感覚作用は、たとえあったとしても、魂には表象されることはないからである。神経の運動についても、同様である。つまり、もしすべての神経が共通感覚中枢を始源とするのでなければならないとすれば、神経の運動の原因もまた共通感覚中枢に由来するとみなすことができるであろう」(XIII, 413f.)。

(9) テレンティウス Publius Terentius, 185?-159 BC　古代ローマの喜劇作家。ここでカントが引用しているのは『宦官』(*Eunuchus*)第一幕第一場からの言葉である。なお、カントはこの句の一部を、一七九二年夏のベロゼルスキー(ロシアの外交官)宛の手紙の中でも引用している(XI, 345)。

校訂注

二三一7　分離　A版・C版に従って Entbindung をそう訳した。V版では「結合」(Verbindung)となっている。

(谷田信一)

哲学における永遠平和条約の締結が間近いことの告示

訳注

(1) 本論文は一七九六年の『ベルリン月報』一二月号に掲載されているが、実際にその号が発行されたのは翌一七九七年七月のことである。この雑誌は本号をもって廃刊となった。

(2) クリュシッポス Chrysippos, B.C. 281/78–208/05　若い頃、アテネに出て、クレアンテスに学び、後にストア派の学説を完全な体系に組織した。非常な多作家であったらしいが、今日では断片が残るのみである。

(3) 理性的動物 ein vernünftiges Thier　スコラ哲学の人間の定義「アニマル・ラチオナーレ」(animal rationale) のドイツ語訳。

(4) 性癖 der Hang　性質上に見られるかたより。カントは『たんなる理性の限界内の宗教』で次のように定義している。「性癖とは、傾向性(習慣的欲望)が人間にとって偶然であるかぎり、傾向性を可能にする主観的根拠のことである」(本全集10巻三七頁参照)。

(5) ポセイドニオス Poseidonios, B.C. 135–51　シリアのアパメイアの出身。アテネで学び、諸国をひろく旅したストア派の哲学者。キケロによって伝えられているこの逸話は、ポンペイウスがロドス島の彼を訪れたときのものである。

(6) 仮象 der Schein　日常的な意味では「見かけ」のことであるが、カント哲学では、真理のように思われて実際には誤謬であるものを意味する。仮象は主観的なものが、客観的なものと混同されることによって生じる。

(7) 穏健論 der Moderarism　穏健論は徹底性を欠いたどっちつかずの思考法のこと。カントは、『純粋理性批判』の最終段落で、穏健論には言及しないで、懐疑論と独断論とをともに排除して「批判の道のみがなお開かれている」とした。ここでも同様に、すぐ後に「批判哲学」の論述が続いている。

(8) ケストナー Abraham Gotthelf Kästner, 1719–1800　ドイツの数学者。風刺詩作者。ここに引用されている詩は「永遠平和について」という題のエピグラム(箴言詩)である。

(9) シュロッサー Johann Georg Schlosser, 1739–99　フランクフルト・アム・マインに生まれ、法務官の最高位にまで昇進したが、一七九四年に辞任し、哲学的著述にたずさわった。若き日のゲーテの友人であり、またゲーテの妹コルネリアと結婚していた。「感情哲学」の立場に立って、「批判哲学」を受け入れなかった。

(10) 批判哲学を研究しようとした若者　この若者に関するシュロッサーの論文名は以下の通りである。「批判哲学を研究することを望んだ若者への書簡」。J. G. Schlosser, Schreiben an einen jungen Mann, der die kritische Philosophie studieren wollte. Lübeck und Leipzig. 1797. この論文は序言の日付が「一七九六年八月一日」となっており、実際には発行年(一七九七年)より以前に書かれ発表されていた。

(11) これは定言命法の一表現である。

(12)「偽りの父」は、『ヨハネによる福音書』第八章四四節にある言葉。「悪がこの世にやってきた」も、「罪がこの世にやってきた」という形で、『ローマ人への手紙』第五章一二節に見出される。

校訂注

二三四1　本訳の底本であるA版のみ Tractats、V版、C版、W版は Traktats と表記。

二三八3　活動性　A版は Thätigkeit と表記。V版、C版、W版は Tätigkeit。カントの時代は Thätigkeit が使われたが、現代の正書法(Rechtschreibung)では発音通り Tätigkeit と綴られる。以下同様にA版以外は、V版、C版、W版ともthがtに変更されている。

二三八11　哲学する　A版は philosophiren、V版、C版、W版は philosophieren。以下ラテン語出自の単語 disputiren, studiren 等は、A版以外は disputieren, studieren のようにiがieとなっている。

二五〇13　W版のみ、この後に「ケーニヒスベルク」、「I・カント」の署名がある。A版、V版、C版にはない。

(遠山義孝)

人間愛からの嘘

訳　注

(1) バンジャマン・コンスタン Henri Benjamin Constant de Rebecque, 1767–1830　主としてフランスで活躍した政治家・作家。スイスで生まれ各地を転々とするが、一七九五年にスタール夫人とともにパリへ出てからはイギリス的な立憲王政を主張するリベラル派として政治活動を行う。その後、一七九九年のブリュメール一八日のクーデターによってナポレオンが統領政治を行っていくときに統領のひとりとなるが、しかし、ナポレオンの独裁化が進んだため、一八〇二年から十二年間フランスを離れた。ワイマール、ゲッティンゲンなど各地を転々とするが、その間、一八〇六年に自伝的要素をつよく含む小説『アドルフ』を執筆(出版は一八一六年)。そして、一八一五年のナポレオンの復活(百日天下)の際には、新しい憲法草案の作成に協力。さらに、その後のブルボン復古王朝の時代にも、反動化を阻止するための執筆活動をさかんに行った。一八三〇年には七月革命の成功に大きな役割を果たし、その余波がさめやらぬ中で死去したが、その国葬はきわめて盛大なものであったと伝えられている。

(2) 「政治的反動について」という論文　コンスタンのこの論文のもともとの題名はDe réactions politiquesであり、ドイツ語訳の題名はVon den politischen Gegenwirkungenであった。コンスタンの論文は一七九六年五月に発表されたが、一七九七年にドイツ語で出版された『一七九七年のフランス——パリにいるドイツ人たちの手紙から』(*Frankreich im Jahr 1797. Aus den Briefen deutscher Männer in Paris*)第二巻の第五、六、七、八分冊に分載された。

(3) J・D・ミヒャエリス Johann David Michaelis, 1717–91　ドイツの聖書学者。ハレ大学で学び、ゲッティンゲン大学で教授となった。とくにヘブライ語に堪能で、一七七三年からは注釈付きドイツ語訳聖書の公刊も継続的に行っていった。また、エルネスティ(J. A. Ernesti)、ゼムラー(J. S. Semler)、シュパルディング(J. J. Spalding)らとともに、新しい文献学的・聖書批判的研究をふまえつつ啓示宗教としてのキリスト教の教義を理性的道徳に帰着するものと解釈するいわゆる「ネオローグ」(Neolog)と称される人々の代表格のひとりでもあった。一七八三年にメンデルスゾーン(M. Mendelssohn)が『イェルザレム』において、イギリス国教会で牧師が三九の信仰箇条を誓わせられるのは良心と衝突するものだと非難したのに対して、ミヒャエリスがメンデルスゾーンに異議を唱えた論争も、当時は話題となった。さらに、ミヒャエリスの死後に彼の原稿を弟子のシュトイトリン(C. Fr. Stäudlin)が編集して一七九二年に出版した『道徳学』(*Moral*)では、ミヒャエリスは、「最大の幸福を促進するように努めよ」を「道徳の原則」として掲げた(第三節)うえでさまざまな具体的な義務についても論じており、とくに第七一節「真実を語る義務について」において嘘の問題を扱っている。

(4)　K・Fr・クラーマー 1752-1807　一七七五—九四年にはキール大学教授(ギリシア語、オリエント語、説教学)をつとめたが、フランス革命を公然と支持したため免職となり、晩年はパリで書籍商として暮らした。『一七九七年のフランス』の編者であったと推定される。

(5)　アカデミー版の注(H. Maier)によれば、しかし、実際にはカントのそれまでの著作の中でそのようなことを言っている箇所は見当たらないという。

校訂注

二五八15　無条件的な義務　A版に従ってunbedingte Pflichtをそう訳した。V版では「無条件的に義務」(unbedingt Pflicht)となっている。

二五八16　経験的諸規定　V版に従ってErfahrungsbestimmungenをそう訳した。A版では「経験的諸条件」(Erfahrungs-bedingungen)となっている。

(谷田信一)

出版稼業について

訳　注

（1）メーザー Justus Möser, 1720-94　ドイツ北西部の都市オスナブリュック在住の歴史家・著述家で、当地の政治にもかかわった。雑誌『オスナブリュック報知紙』(*Osnabrückische Intelligenzblätter*)を主宰。いまだ小邦分立的で統一国家的な意識に欠けていた一八世紀後半のドイツにあって、すぐれた政治感覚と文筆力で大きな影響力を持った。基本的には私的所有権に基づき自由な市民・農民を基盤とする政治体制をめざしたが、「歴史にとっては道徳ではなく政治が先生だ」という現実主義的柔軟性も持ち、とくに世襲身分の問題などについては伝統的制度の利点を擁護する主張を述べた。

（2）メーザーの断片的な論考　*Vermischte Schriften von Justus Möser.* Hrsg. von Fr. Nicolai, 2 Teile, Berlin 1797-98. 当該の論考はその第二部、八六頁以下に収められている。

（3）『人倫の形而上学』VI, 328-329. ただし、もともとのメーザーの批判はカントの『理論と実践』VIII, 297(本全集14巻一九八頁)でのカントの主張に対して向けられていた。

（4）エレウテロノミア Eleutheronomie　『人倫の形而上学』徳論の序文(VI, 378)でもカントは、「エレウテロノミア」すなわち「内的立法の自由の原理」を、「エウダイモニア」(Eudämonie)すなわち「幸福の原理」と対比して掲げている。

（5）ホラティウス(Quintus Horatius Flaccus, 65-8BC)の『詩学』(*Ars poetica*)V, 3f. カントは『人間学』VI, 247 Anm. や、一七九五年一〇月一五日付のキーゼヴェター宛の手紙(XII, 45)でも、この詩句を引用している。

（6）ソクラテスの言葉。ディオゲネス・ラエルティオス『ギリシア哲学者列伝』第二巻第五章第三三節(岩波文庫版、上巻一四四頁)を参照。

（7）ゼンプロニウス・グンディベルトと仲間たちの芝居　ニコライの著作『ゼンプロニウス・グンディベルトの生涯と意見』(*Leben und Meinungen Sempronius Gundibert's, eines deutschen Philosophen. Nebst zwei Urkunden der neuesten deutschen Philosophie*, 1798)をさす。

（8）　前からの認識　　ニコライの『ゼンプロニウス・グンディベルトの生涯と意見』では、a priori は von vorn（前からの）、a posteriori は von hinten（後ろからの）と一貫して言い換えられている。

（9）　『旧約聖書・創世記』第三〇章三一節および第四一章三節を参照。なお、「パロ」とはエジプト王のことである。

校訂注

二六三15　これに対してあとの六つの事例では、人々は亡くなった官職者の息子を後継ぎに選びます　A版の dagegen man sie in den sechs letzteren wählt を採用してこう訳した。V版では、「これに対して人々はいまやあとの六つの事例を選びます」（dagegen man nun die sechs letzteren wählt）となっている。

二六七2　敬意を表わす　　カントの原文ではこの言葉は欠けているが、A版注（H. Meier）の示唆に従って VIII, 435（L. 33）の Kinde のあとに zu huldigen を補って訳した。

（谷田信一）

R・B・ヤッハマン著『カントの宗教哲学の検討』への序文

訳　注

（1）　R・B・ヤッハマンのこの著作の正式な表題は、*Prüfung der Kantischen Religionsphilosophie in Hinsicht auf die ihr beygelegte Ähnlichkeit mit dem reinen Mystizism. Mit einer Einleitung von Immanuel Kant.* Königsberg bei Fr. Nicolovius, 1800. すなわち、『純粋な神秘主義との類似性があるといわれる点に関しての、カントの宗教哲学の検討――イマヌエル・カントの序文つき』ケーニヒスベルクのニコロヴィウス書店刊、一八〇〇年。

（谷田信一）

Ch・G・ミールケ編『リトアニア語=ドイツ語辞典』へのあとがき

訳注

(1) 先の叙述　カントの旧友でもあったハイルスベルク(Christian Friedrich Heilsberg, 1726–1807)がこの辞典に書いた序文のことを指している。

(2) ビュッシング Anton Friedrich Büsching, 1724–93　ドイツの地理学者。ゲッティンゲン大学教授やギムナジウムの校長などをつとめた。統計的資料に基づいた正確な国家叙述で定評のある『新地理学』(*Neue Erdbeschreibung*)ヨーロッパ編、全一〇巻(一七五四―九二年)などを書いた。また、ビュッシングは『週刊通信』(*Wöchentliche Nachrichten*)を継続的に発行していたが、その中で(とくに一七七九年、一七八五年に)トゥーンマンのことについて記している。

(3) トゥーンマン Hans Erich Thunmann, 1746–72　ハレ大学で雄弁術と哲学の教授をつとめた。主著は『東欧の諸民族の歴史についての研究、第一部』ライプツィヒ、一七七四年。

校訂注

二七九9　ある近隣の国民……の高慢さ　A版・V版に従って Hochmut einer gewissen benachbarten Nation をそう翻訳した。もともとカントの原文は Hochmut oder einer gewissen benachbarten Nation となっていたのだが、この中の oder は意味的にみて不要なので、A版・V版では削除されている。なお、C版ではこの箇所は Hochmut der einer gewissen benachbarten Nation となっており、oder を定冠詞 der に代えている。

（谷田信一）

形而上学の進歩にかんする懸賞論文

訳注

(1) 「総合判断から……可能であるのか」　第二の歩みと第三の歩みの相違については次のようになろう。第一の歩みは、判断一般をアプリオリな分析判断とアポステリオリな総合判断に截然と区別するものであり、この区別そのものは、ライプニッツ、ヴォルフの時代にもなされてはいたが、しかしながら、彼らにあっては、すべての判断を、したがって総合判断でさえも、最終的には分析判断に還元してしまう傾向が見られた。第二の歩みは、純粋自然科学や純粋数学に見られるような類の判断が、そもそもどのような性格の判断なのかという問題に関わる。それは、第一の歩みにおけるような判断の二種類の分類によって説明がつくことなのか、それとも、たんに判断を二種類に区別することのみならず、さらにそれ以上のことが必要なことなのか、という問題である。周知のように、ヒュームは、因果性の原理に関しては、経験論の立場からそれを習慣に基づかせるのであるが、カントは、必然的で普遍妥当性をもつと一般的には見なされていた因果性の原理さえをも懐疑にかけるヒュームの哲学的徹底性によって、「独断論のまどろみ」から覚醒させられる。そこでカントは、純粋自然科学と純粋数学のうちに、アプリオリな総合判断の「実例」を改めて確認することを通して、自覚的にその可能性の根拠を権利問題として問おうとしたのが第三の歩みであろう。なおこの点についてはさらに次を参照。H. Vaihinger, *Commentar zu Kants Kritik der reinen Vernunft*, II, 1892, S. 284.

(2) なお、私がさらに……ということである　この箇所の内容については、後述の三〇七―三〇八頁でさらに詳しく展開されている。また、『純粋理性批判』第二版一五三頁(本全集4巻二二一頁)以下での、内的感官のパラドックスや内的触発に関する議論も参照せよ。さらに、この『懸賞論文』の執筆と同時期の断片G6(A版第一八巻六二三―六二九頁)では次のように言われている。「私は、自分自身の主観を、感官の客観と同時に理性の客観として、二つの異なった仕方で存在するものとして考えざるをえない。すなわち、一、感官の対象として、二、まったく感官の対象ではないかぎりでの存在者として」(A版六二五頁)。

(3) 見かけ　「見かけ」(Apparenz)という言葉については、A版第一五巻七〇一頁および七〇二頁の脚注を参照。そこではStarke の『人間学』でのこの言葉の用例が挙げられている。すなわち、「われわれは対象を、仮象において(見かけにおいて)表象することができるとともに実在性においても表象できる。すなわち、対象が感官において現象するがままに見かけにおいて、および対象がそれ自身において現象するがままに実在性において」。

(4) しかしこのことによって……物件なのである　この箇所の解釈のためには、次の論文を参照。H. Heimsoeth, Persönlichkeitsbewußtsein und Ding an sich in der Kantischen Philosophie (1924), in *Studien zur Philosophie Immanuel Kants*, Köln, 1956, S. 246.

(5) このことは一つの超出であって……必要である　この箇所のためには、『判断力批判』「序論」のII、III、IX(本全集8巻一八頁以下)および『判断力批判』のいわゆる「第一序論」のXI(本全集9巻二四八頁以下)を参照。

(6) 思い違いをしている形而上学者、形而上学者自身、昔気質のこの形而上学者　この形而上学者としてカントはエーベルハルトを念頭に置いている。エーベルハルトに対するカントの論駁については、本巻所収の『純粋理性批判の無用論』を参照。またそれと関連して『エーベルハルトに対する著作の準備草稿』A版二〇巻三五九頁以下を参照。

(7) 図式論……概念の象徴化　図式論と象徴化のそれぞれの内容については本論文の末尾(本巻三九六頁)を参照。さらに、より詳細には、例えば『判断力批判』の第五九節「人倫性の象徴としての美について」(本全集8巻二五八頁)を参照。

(8) 上記を見よ　上記とは、本巻三一一―三一二頁における形而上学の進歩の三つの段階を区別している箇所。

(9) 不可識別者同一の原理(principium identitatis indiscernibilium)　本著作の執筆と同時期の形而上学に関するレフレクシオーン六三二八番(A版第一八巻六四九―六五〇頁)を参照。

(10) まったく別の領域に踏み迷うこと　因みに、形而上学の超出という問題に関して、カント晩年の『オプス・ポストムム』においては本論文とは反対の方向に向かっているという点が特徴的である。つまり、最初に問われているのは、超感性的なものに向かっての自然の形而上学の超出ではなく、逆に、自然の形而上学から物理学(Physik)への超出である。A版第二一巻六三〇頁を参照。

(11) 理念の観点　この理念の観点は、後には、超越論哲学の最上で最高の観点として、「全世界体系のすべての秘密を解き明かす鍵」(A版第二一巻三八頁)だと記されている。

(12) 第二の論証は……からである　この段落の内容に関してはレフレクシオーン六三二五番(A版第一八巻六四八頁)を参照。

(13) この節の全体の内容については、レフレクシオーン六三一七番(A版第一八巻六二三頁以下)および同六三一七a番(同巻六二九頁以下)を参照。

(14) 心理学は……人間学以上のものではない　カントによれば、われわれは精神としての霊魂の本性を、したがってまた不死性を認識することはできない。なぜならば霊魂を身体的影響から解放することはできないからである。レフレクシオーン六三一八番(A版第一八巻六三二頁)を参照。

(15) 形而上学とは……進歩する学問である　形而上学についての定義は本書二九二頁にも見られる。

(16) 測りがたい深淵　前出の訳注(5)と(10)を参照。

(17) ある著述家　この「ある著述家」とはカント自身のことであり、彼は前批判期の論文『神の現存在の論証のための唯一可能な証明根拠』において、あらゆる可能性の実在根拠である或る必然的存在者という概念を展開している。

(18) この段落の後半部分の内容に関しては、神の現存在の宇宙論的証明について書き残しているレフレクシオーン六三二三番(A版第一八巻六四〇―六四四頁)を参照。

校訂註

二九四5　「いかなる諸原理をも……ではない」は keine Prinzipien であるが、これはC版とV版に従う。A版とW版は seine Prinzipien であるが、文脈上、C版とV版が妥当である。

三一四9　空間ないし時間　Raum oder Zeit の前に、V版は in を挿入することを提案しているが、それは不要である。

三二七16　「運動力が生起するかもしれず　eine bewegende Kraft ... stattfinden kann は、C版に従う。A版では einer bewegenden Kraft となっており、かつ stattfinden kann が欠如している。V版とW版でもこの欠如を補う提案がなされている。

三四四2　自然目的論的教説 die physisch-teleologischen Lehren　A版とC版では同じであるが、V版とW版では die physisch-theologischen Lehren（自然神学的教説）となっている。

三五九13　事物の性質としてではなく、たんに事物の表象と認識能力との結合だけによって客観との関係を含む　nicht als Dinges ... durch Verknüpfung ... auf das Objekt ... はA版に従っているが、C版では、nicht eine Dinges ... die Verknüpfung ... auf das Subjekt であり、V版では、nicht als Dinges ... die Verknüpfung ... auf das Subjekt ... であり、W版では、nicht als Dinges ... die Verknüpfung ... auf das Objekt ... となっている。

三六二1　神学 Theologie　A版とV版に従う。C版とW版では、Teleologie（目的論）になっている。

三七四16　深淵 Kluft　A版、C版、V版に従うが、W版では、一八〇四年の Rink による編集のままに Kraft となっている。

［訳注の作成にあたっては、A版第二〇巻末尾の「付録」の「説明」(Erläuterungen) を参照した。］

（円谷裕二）

解説

谷田信一
北尾宏之
福谷茂
円谷裕二
田山令史
遠山義孝

批判期のカントとその主要な論敵たち

この第一三巻に収められているのは、カントが一七八一年に『純粋理性批判』第一版を出版してから晩年に至るまでの約二十年間に書かれ発表された諸々の著述である（ただし、『形而上学の進歩にかんする懸賞論文』はカントの死後に公刊）。とはいえ、その時期の著作のうちでも、三批判書や『人倫の形而上学の基礎づけ』『自然科学の形而上学的原理』『たんなる理性の限界内の宗教』『人倫の形而上学』といったいわゆる主要著作はこの第一三巻には含まれず、また、『世界市民的見地における普遍史の理念』『啓蒙とは何か』『理論と実践』『永遠平和のために』などの歴史哲学関係の諸論考は第一四巻にまとめて収められているので、それらも除かれている。要するに、批判期にカントが書いて発表した諸々の著述から、右にあげたような諸著作を除外して残りの作品を集めて収録したのが、この第一三巻なのである。したがって、本巻の特徴は収録された著述の数の多さとその内容の多様性だといえるが、それだけに、本巻は円熟期の人間カントとその哲学の多彩な色模様を覗き見せてくれる万華鏡にもたとえることができるだろう。そしてまた、それらが公表された形態からいっても、『ケーニヒスベルク学術政治新聞』などに掲載された公告や声明の類、『ベルリン月報』などの雑誌に発表された論文、小冊子として出版されたもの、他の人の著書に序文・後記・付論といった形で収録された小文、アカデミーの懸賞論文に応募するつもりで書いた原稿が他人の手で編集・出版されたもの、などと実に種々さまざまなのである。

そのようなわけであるから、この第一三巻の全体を総括的に概観するような解説を書くことは困難であり、また、各著述の成立事情や内容の要点についてはそれぞれの著述の解説に委ねるほかはない。しかしながら、本巻に収録されたカントの著述の多くは、自らの哲学への誤解や非難に反論する意図を持って書かれたもの、ないしは、なんらかの論争に関与する目的で書かれたもの、だということが、ひとつの特徴といえる。それゆえ、一七八一年に『純粋理性批判』第一版が出版されてから晩年に至るまでのいわゆる「批判期」のカントに対する論難や論争のあらましについてここで概観しておくことは、本巻に収められている諸著述の理解にとってもあながち無駄ではないと思われる。

批判期のカントに対して論難を行ったり論争を挑んできたりした主たる人たちは、大まかに分類するなら、次の五つのグループに分けられるであろう。すなわち、(一)イギリスの経験論や道徳哲学の影響を強く受けたいわゆる「通俗哲学者たち」(Popularphilosophen)、(二)ライプニッツ－ヴォルフ哲学を根強く信奉する人たち、(三)広い意味でいわゆる「信仰哲学」(Glaubensphilosophie)ないしは「感情哲学」(Gefühlsphilosophie)に属する人たち、(四)カントの超越論的観念論を発展させて修正していこうとする人たち、(五)現実の政治的実務への関心という面からの発言者たち、である。概してカントは自らの哲学体系を補充・完成させようとするのに忙しく、そうした論争に関与するのにあまり積極的ではなかったが、しかし、どうしても放置しておけない誤解や論難に対しては、時として毅然たる態度で発言を行ったのである。以下では、上記の五つのグループについて、それぞれの主要な論者をあげて、カントとの関係をざっと見ていこう。(以下でカントの著述名に＊を付すのは、この第一三巻に収録されている著述である。)

第一のグループは、ロック、ヒュームやスコットランド常識学派などのイギリス哲学の影響を強く受けた人々で、一八世紀後半のドイツのいわゆる「通俗哲学者たち」の多くがこれに属する。これらの人々はまず『純粋理性批判』に対して、そして、のちにはまた、カントの実践哲学に対しても疑念を表明したり攻撃を行った。

その先駆けとなったのは、一七八二年一月の『ゲッティンゲン学報』に掲載されたいわゆる「ガルヴェ－フェーダー批評」であった。この批評は、ガルヴェ(Chr. Garve, 1742–98)が執筆した原稿をゲッティンゲン大学教授のフェーダー(J. G. H. Feder, 1740–1821)が短縮・加工してできあがったもので、カント哲学をバークリ的観念論と同類扱いしようとするものであって、この無理解がカントに『プロレゴーメナ』を書く決意を促進させた。ガルヴェは、一七八三年七月のカント宛の手紙で自ら弁明・謝罪を行い、カントと友好的関係を持つようになったが、その後も、とくにカントの実践哲学に対して疑念と批判を表明した。たとえば、一七九二年の『道徳と文学と社会生活から得られるさまざまな対象についての試論』の中でガルヴェは、幸福への配慮を義務の規定からさしあたり排除しようとするカントの道徳哲学を批判したが、それはカントに『理論と実践』を書かせる大きな動機のひとつとなった。また、フェーダーは、一七八七年に『空間と因果性について』を刊行し、さらに、一七八八年から九一年まで『哲学文庫』(*Philosophische Bibliothek*)という年刊雑誌をゲッティンゲン大学の同僚マイナース(Chr. Meiners, 1747–1810)と共同で発行して、カント批判を続けた。

この第一のグループに属する人としては、そのほかに、カントのいくつかの著作についての書評を匿名で『一般ドイツ文庫』誌に発表したピストリウス(H. A. Pistorius, 1730–98)、一七八五年に「形而上学の本性について――カント教授の諸原則の吟味のために」という論文を発表したティーデマン(D. Tiedemann, 1748–1803)、一七八六年に『カント氏の道徳改造について』という著作を発表したティッテル(G. A. Tittel, 1739–1816)、医者でベルリン・アカデミーの会員でもあったゼレ(Chr. G. Selle, 1748–1800)、秘密結社「啓明結社」(Illuminaten)を創設したことでも知られるヴァイスハウプト(A. Weishaupt, 1748–1830)などがあげられるであろうが、しかし、この第一三巻とのつながりで最も大きな役割を果たしているのは、なんといっても、フリードリヒ・ニコライ(Chr. Fr. Nicolai, 1733–1811)であろう。ニコライは、多分野にわたる書評を中心とした一八世紀後半のドイツ啓蒙主義の基幹雑誌ともいえる『一般ドイツ文庫』(*Allgemeine Deutsche Bibliothek*)を一七六五年から一八〇六年まで編集・発行した、いわば通俗的ドイツ啓蒙主義の巨人ともいえる人物であった。なるほど、『一般ドイツ文庫』は、ビースター(J. E. Biester, 1794–1816)らの編集による『ベルリン月報』(*Berlinische Monatsschrift*)(一七八三年創刊)や、イェーナ大学のシュッツ(Chr. G. Schütz, 1747–1832)らの編集による『一般文芸新聞』(*Allgemeine Literatur Zeitung*)(一七八五年創刊)の登場によって徐々にその影響力を低下させていくものの、ニコライの毒舌はその後もますます激しさを増し、カントも攻撃の対象とされるようになり、その結果、カントが皮肉をもたっぷり込めながら反撃に転じたのが『出版稼業について』*だったのである。

次に、批判期のカントの論争相手の第二のグループの代表的人物としては、メンデルスゾーン(M. Mendelssohn, 1729–86)とエーベルハルト(J. A. Eberhard, 1739–1809)があげられるであろう。彼らは、『一般ドイツ文庫』あるいは『ベルリン月報』といった啓蒙主義の雑誌への寄稿者でもあり、その意味では「通俗哲学者たち」のうちに数え入れることも可能ではあるが、このふたりは基本的な思想的基盤としてライプニッツ－ヴォルフ哲学から離れなかったという点で、第一のグループとは別のグループとして扱うことにした。

すでに一七六〇年代前半に形而上学の諸原則の判明性についてのアカデミーの懸賞論文でカントをおさえて受賞し、また一七六六年からはカントと文通関係にもあったメンデルスゾーンは、一七六七年には『フェードン』において魂の不死性の論証を試み、一七八三年の『イェルザレム』では宗教と国家の関係を中心に義務論や歴史論を展開し、さらに、一七八五年の『暁』(朝の講義)では神の存在についての論証を試みるとともに、「すべてを粉砕するカント」に危惧を表明した。これらに対してカントは、『純粋理性批判』第二版の中の「魂の常住不変性に関するメンデルスゾーンの証明に対する反駁」、*『ヤーコプ論評』、*『思考の方向を定めるとはどういうことか』、『理論と実践』第Ⅲ章、などにおいて、検討・批判を加えている。他方、ハレ大学教授のエーベルハルトは、一七八八―九二年に『哲学雑誌』(*Philosophisches Magazin*)、一七九二―九五年に『哲学紀要』(*Philosophisches Archiv*)を刊行して、カント哲学の批判を展開したのであり、それによれば、ライプニッツの哲学はすでに理性批判を含んでおり、カントの新しい哲学は無用だ、というのであった。これに対するカントの直接的な反論の書が*『純粋理性批判の無用論』であるが、そのほか、*『弁神論の哲学的試みの失敗』や*『形而上学の進歩にかんする懸賞論文』も、エーベルハルトなどをかなり意識して執筆されたと思われるのである。

さて、カントに対する批判者・論争相手の第三のグループとしてあげたのは、広い意味での「信仰哲学」ないし「感情哲学」に属する人々であって、これらの人々は、カント哲学における感性的なものと理性的なものとの二元性を嫌い、「信仰」や「感情」や「言語」といったものの中にそうした二元性を超えた直接的統一を感得できると主張するのである。このグループの代表的人物は、ハーマン(J. G. Hamann, 1730–88)、ヘルダー(J. G. Herder, 1744–1803)、ヤコービ(F. H. Jacobi, 1743–1819)、シュロッサー(J. G. Schlosser, 1739–99)であろう。

ハーマンは、カントと同じくケーニヒスベルクに住み「北方の賢者」とも呼ばれた人であるが、『純粋理性批判』の出版後まもなく『純粋理性の純粋主義についてのメタ批判』を執筆した(ただし、その原稿は一八〇〇年まで公にされなかった)。ヘルダーはもともとカントの教え子でもあったが、彼が一七八四年に出版した『人類史の哲学考』第一部に対して、カントが「想像力旺盛な天賦の才能に何らかの強制を課す」(VIII, 55. 本全集14巻五一頁)べきことなどを要求した批評を公にしたのを発端として、翌年に(ラインホルトも巻き込んで)激しい応酬が行われた。ヘルダーは、その後も怒りがおさまらず、一七九九年には『純粋理性批判のメタ批判』を出版し、さらに、一八〇〇年の『カリゴーネ』ではカントの『判断力批判』をきびしく論難している。

ヤコービについては、カントとの関係でとくに問題となるのは、なんといっても、一七八五年に始まったいわゆる「汎神論論争」(Pantheismusstreit)であろう。もともとレッシングがスピノザ主義者であったかどうかという点についてのヤコービとメンデルスゾーンとの応酬に端を発したこの論争に関して、カントはM・ヘルツやビースターらによって再三発言を求められ、その結果執筆されたのが『思考の方向を定めるとはどういうことか』*であった。なお、ヤコービはさらに、一七八七年の著書『信仰に関するデヴィッド・ヒューム』の付録「超越論的観念論について」において、カント哲学について、物自体という前提なしには「その体系の中に入ることはできず、しかしまた、その前提を持っていてはその中にとどまることはできない」という有名な言葉を述べたが、この言葉は、その後のドイツ観念論の展開を暗示するものともいえよう。最後に、シュロッサーについて述べると、ゲーテの義兄弟でもあったこの信仰(感情)哲学の信奉者は、一七九五年に出版された『シラクサの国家改革に関するプラトンの書簡』のドイツ語訳の注釈で、直接的・神秘的な直観を哲学の核心だと主張してカント哲学を批判したが、これに対するカントの反論が『*哲学における最近の高慢な口調』であり、そして、それに対してさらにシュロッサーが執拗にカントを攻撃して一七九六年に書いた『批判哲学を研究することを望んだ若者への書簡』にカントが応答して執筆したのが『*哲学における永遠平和条約の締結が間近いことの告示』であった。

次の第四のグループは、カントの超越論的観念論の精神を徹底しようとしてカント哲学を補完・修正する試みを行おうとした人々であり、このグループには、ラインホルト(K. L. Reinhold, 1757–1823)、マイモン(S. Maimon, 1753頃–1800)、ベック(J. S. Beck, 1761–1840)、フィヒテ(J. G. Fichte, 1762–1814)らが属するが、概してカントはそれらの試みに対してあまり好意を示さなかったといえるであろう。

ラインホルトは、もともと一七八六—八七年に『ドイツ・メルクーア』(*Deutscher Merkur*)誌に「カント哲学についての書簡」を発表し、カント哲学の普及に大きな役割を果たした人である。しかしその後、一七八九年になると、カント哲学における感性・悟性の二元性を表象能力の根源性によって統一的に説明しようとする「基礎哲学」(Elementarphilosophie)を掲げる『人間の表象能力の新理論』を発表し、カントにも送ったが、カントは論文全体に関する判断を保留し、一種の困惑を示している(たとえば九一年九月二七日付のベック宛の手紙を参照)。マイモンが『超越論哲学に関する試論』(一七八九年執筆、九〇年出版)をはじめ、その後もいくつかの自分の著作について熱心にカントの評価を請うたときにもカントは冷淡であったし、また、ベックが『カント教授の勧めによる同教授の批判書からの解説的摘要』全三巻(一七九四—九六年)の中で、しだいに「根源的付加」という自説を展開しはじめたときも、カントは当惑をかくしきれなかった。

さらに、フィヒテについては、もっと極端な形でその反応が表されることになる。本巻に収められた『*七つの公開声明』のうちで「第二の声明」と「第六の声明」はフィヒテに関係するものである。このうち、「第二の声明」（一七九二年）は、『すべての啓示に対する批判の試み』の著者をフィヒテだと言明することでフィヒテが一躍有名になるきっかけを与えた声明である。しかし、一七九四年にフィヒテが『全知識学の基礎』を出版して超越論哲学に独自の基礎づけと方向を与えようとして以来、カントは強く違和感を感じ、ついに、一七九九年の「第六の声明」において、フィヒテの純粋知識学は単なる論理学にすぎないと厳しく断定し、それはカント自身の批判哲学とは無縁のものだということをはっきりと宣言しているのである。

批判期のカントの論争相手として先にあげた五つのグループのうちの最後は、政治的な政策や実務に関係・関心の深い人々である。このグループに属する主たる人物としては、ゲンツ(Fr. Gentz, 1764-1832)、レーベルク(A. W. Rehberg, 1757-1836)、メーザー(J. Möser, 1720-94)、コンスタン(H. B. Constant, 1767-1830)らがあげられるであろう。

カントは批判期に入ると、一七八四年の『世界市民的見地における普遍史の理念』や『啓蒙とは何か』をはじめ、政治にも関わりを持ついくつかの論文を発表してきたが、とくに一七九三年に発表された『理論と実践』には革命権の否定や世襲貴族制の否定といった主張が含まれていたので、ゲンツやレーベルクといった現実的政治に関心の深い人々から、政治に関して発言する場合にはカントはもっと経験や伝統を考慮すべきだ、という趣旨の批判を受けた。これに対してカントは、とくに、『永遠平和のために』の付録Ｉ「永遠平和を目指す視点より見た道徳と政治の不一致について」において、そうした批判を意識しながらも、敢然と、政治は根本的に道徳に基づかねばならないことを強調したのである。一七九四年に死亡したメーザーの場合には、その遺稿の中でとくに世襲貴族制の問題を中心にカントの『理論と実践』への批判を書き残していたのであって、一七九八年にニコライがそれを編集・加工して出版したのだが、カントは『出版稼業について』*の前半部(第一の手紙)において皮肉を込めてそれに対する反論を提示している。そして最後に、コンスタンについていえば、スイス生まれで主としてフランスで活躍したこの穏健派的政治家は、一七九六年に書いた『政治的反動について』という論文の中で、純粋な道徳的原則をそのまま現実の政治に適用しようとすることから生じる弊害の例証としてカントを引き合いに出したのであるが、これに対してカントが断固として強く反論するために執筆したのが『人間愛からの嘘』*なのであった。

なお、このほかにも、いま見てきた五つのグループの中には算入しなかった、幾多のカントに対する批判者(ないしカントの論争相手)が存在していた。この第一三巻の中に収められたカントの著述に関係のある相手に限っても、たとえば、『シュルツ論評』*のいわゆる「辮髪の」シュルツ(J. H. Schultz, 1739–1823)、『七つの公開声明』*のうちの「第五の声明」に関係するシュレットヴァイン(J. A. Schlettwein, 1731–1802)、『誤解から生じた数学論争の解消』*の自然科学者ライマールス(J. A. H. Reimarus, 1729–1814)、『ヤッハマンへの序文』*に関係するヴィルマンス(C. A. Wilmans, 1772–1848)、などである。

このように、批判期においてカントは、種々な立場の人たちから疑念や論難を受けた。ときにはカントは、信頼できる自分の支持者、たとえば、ハレ大学のヤーコプ(L. H. Jakob, 1759–1827)や、ケーニヒスベルク大学の同僚であるシュルツ(J. Schultz, 1739–1805)や、愛弟子のヤッハマン(R. B. Jachmann, 1767–1843)など、に反論を任せることもあったが、やむをえないと思われる場合には、あえて自らペンをとって、誤解や非難に対して自分の立場を明らかにしようと努めたのである。これらの論争的発言は、いわば偶然的な機縁や要因による部分も大きく、したがって、そこにカントの用意周到な体系的言明を見いだすことはできない場合が多いが、しかし、逆に言えば、そうした論争的・断片的な発言の中に、まとまった著作の中には見いだされがたいカントのさまざまな側面を読み取ることもしばしば可能なのである。そして同時にまた、そのようなさまざまな多様な内容を含むカントの論争的発言の行間から、カントの一定の願いと方向性も読み取ることができるのではないかと思われる。すなわちそれは、哲学(ひいては世界)における永遠平和をめざすことであり、そのためにこそ、理論的知識の限界を見据えて自覚する誠実性と謙虚さの基礎となる批判哲学の精神と成果とが堅持されねばならない、という信念なのである。

なお、この解説を書くにあたっては主として、

K. Rosenkranz (hrsg. v. S. Dietsch), *Geschichte der Kant'schen Philosophie*, Akademie-Verlag, 1987.

B. Sassen (ed.), *Kant's Early Critics—The Empiricist Critique of the Theoretical Philosophy*, Cambridge Univ. Press, 2000.

D. Henrich (hrsg.), *Kant·Genz·Rehberg—Über Theorie und Praxis*, Suhrkamp Verlag, 1967.

K. Vorländer, *Immanuel Kant—Der Mann und das Werk*, 2. erweiterte Auflage, Felix Meiner Verlag, 1977.

W. Ritzel, *Immanuel Kant—Eine Biographie*, W. de Gruyter, 1985.

O. Höffe, *Immanuel Kant*, C. H. Beck'sche Verlagsbuchhandlung, 1983.〔邦訳『イマヌエル・カント』藪木栄夫訳、法政大学出版局〕

A. Gulyga, *Immanuel Kant*, Insel Verlag, 1981.〔邦訳『カント——その生涯と思想』西牟田久雄・浜田義文訳、法政大学出版局〕

などを参照したが、カントの主要な論敵を五つのグループへ分類した点など、最終的には筆者自身の判断に基づいて執筆した。

(谷田信一)

ランベルト往復書簡集の公告

この「ランベルト往復書簡集の公告」は、一七八二年二月四日付の『ケーニヒスベルク学術政治新聞』に掲載されたものであり、同年二月二二日付のベルヌーイ宛のカントの手紙(A版全集第一〇巻、二八〇頁以下。以下X, 280f. というように略記)でカントはこの公告文のことに言及している。その後、この公告文の存在は長らく忘れ去られていたが、ヴァルダ(A. Warda)が一九〇九年六月六日付のケーニヒスベルクの『ハルトゥング新聞』にそれを掲載したことによって再び知られるようになった。

さて、カントは言うに及ばず、その他にもヴォルフ、バゼドウ、メンデルスゾーンというように、ドイツでは啓蒙期には貧しい家庭の出身者が数多く学問・思想の世界で名を成して活躍するが、スイス生まれでヨーロッパ各地を旅したのち一七六四年以後は主としてベルリンで活動したヨハン・ハインリヒ・ランベルト(一七二八―七七)もそういう典型のひとりであった。貧しい仕立屋の息子として生まれたランベルトは、製鉄所の帳簿係、法学者J・R・イーゼリンの秘書、ザリス伯爵家の家庭教師などといったさまざまな仕事をしながら、大部分は独学で数学・物理学・天文学・哲学など多くの学問を身につけていき、そのほとんどすべての分野で当時の世界の最高水準に達するという驚異的な人生を生きた。そして、カントともいくつかの学問分野で研究内容が近接しており、手紙を通じて交流も持ち、互いを強く意識し合っていたのであった。ここでは、そうしたカントとランベルトとの関係について、簡単に概観しておくことにする。

ランベルトが初めてカントに送付した手紙は、一七六五年一一月一三日付のものである。ランベルトがその手紙を書いた理由は、彼がその約一年前にカントの『神の存在の唯一可能な証明根拠』を読んでその内容が自分の『新オルガノン』に似ている点が多いことに驚きを感じていたので、こんど『建築術の構想』を出版しようとするにあたってあらかじめ形而上学の方法について自分とカントの考えの異同を確かめておきたいと思ったからであった。同時にまた、この手紙の中でランベルトは、カントが『神の存在の唯一可能な証明根拠』のまえがきで略述している宇宙生成論とランベルト自身の『宇宙論的書簡』(一七六一年)での見解との異同についても言及している。

このランベルトからの初めての手紙に対してカントは一七六五年一二月三一日付で返事を書いている。その中でカントはランベルトを「ドイツ第一の天才」と讃えたうえで、「哲学者と自称する人々の破壊的不一致」を生ぜしめる原因を取り除くために必要な「形而上学の方法」について語り、「長らく待望されていた諸学問の偉大な革命」への展望を表明しているのである。

ランベルトはこのカントの返信に対して翌六六年二月三日付で返事を書き、かなり詳細に形而上学の方法についての自らの考えを記している。しかしカントは、一七七〇年になって『可感界と可想界の形式と原理』をランベルトに送付するときまで、それに対する返事を書かなかった。そして、その一七七〇年九月二日付のランベルト宛の手紙ではカントは、返事がずっと遅れてしまったのはまさにランベルトのあの手紙の「提案の重要性」のゆえにこそであったと弁明したうえで、『可感界と可想界』についていくらかの補足的説明をしたのち、その論文に対するランベルトの批評を請うているのである。

カントのこの手紙に対しても、ランベルトはすぐに返事を書いた。すなわち、同年一〇月一三日付でランベルトはカントにかなり長文の手紙を送り、「変化が実在的だとすれば、時間は実在的である」はずだから、「時間は、そしてまた空間も、たんに人間の表象のための補助手段にすぎないとは、私は今のところまだ言うことはできません」と述べて、『可感界と可想界』でのカントの考え方に疑念を呈しているのである。だが、この手紙に対しても、カントはなかなか返事を書かなかった。ただ、ベルリンに住む弟子のマルクス・ヘルツに、ランベルトやメンデルスゾーンからの手紙が自分を「一連の長い研究に巻き込んで」しまっていることが返事が遅れている理由だとよろしく伝えてくれるよう依頼したりしていた(一七七一年六月七日付)。けっきょく、ランベルトのその疑念へのカントの答えは、一七八一年の『純粋理性批判』A三六―三八でようやく示されることになるのである。けれども、その『純粋理性批判』の出版を待つことなく、ランベルトは一七七七年に四九歳で早世してしまったのであり、ランベルトにその著作を献呈しようとしていた当初のカントの計画も泡と消えてしまったのである。

さて、『純粋理性批判』が出版されたのと同じ一七八一年に、カントはケーニヒスベルク大学の神学教授であったG・Ch・レッカールトを介してヨハン・ベルヌーイからランベルトとの間の手紙のやりとりについての問い合わせを受ける。そして、それに対してカントは同年六月七日付のレッカールト宛の手紙で、「ランベルトの書簡集の出版はきっと非常に有益でしょうし、また、その中に私宛に書かれたいくつかの手紙があるのは私にとって光栄なことです」と述べつつも、自分からのランベルト宛の手紙については、「それの本来的内容をなすべきものはいつも先延ばしにされていたので」それらはできれば書簡集から除いてほしい、という希望を表明してもいる。その後さらに同年一一月一六日付のベルヌーイ宛の手紙では、カントは、ランベルトとの間の書簡(または写し)の保存の有無についての問い合わせに答えると同時に、「この非凡な天才の予期せぬ死」を惜しんでこう嘆いている。すなわち、ランベルトこそは「私の『純粋理性批判』において述べられることになる諸命題をそれらの全連関において見渡して、私が犯している誤りがあればそれを発見すること……」によって自分に協力してくれる最適の人物であったのに、と。カントがランベルトに対して抱いていた高い評価と期待は、このようなカントの言葉のなかにも彷彿としているといえるであろう。

こうして、冒頭に述べたように、カントは翌一七八二年二月四日付の『ケーニヒスベルク学術政治新聞』に自分が書いた「ランベルト往復書簡集の公告」という一文を掲載させたのであり、同二月二二日のベルヌーイ宛の手紙では、「その中で私が(短期旅行記集成の前払い予告の公告のほかに)ランベルト書簡集の興味深い点について示すように努めた短い宣伝文」の掲載をベルヌーイに報告しているのである。

なおもうひとつ、カントとランベルトとの関係に関しては、一七八一年にJ・Fr・ゴルトベックという人物が『プロイセン文献報告』(*Literarische Nachrichten von Preußen*)の中でカントの宇宙生成論とランベルトの『宇宙論的書簡』との関係についてのかつての世評に言及したことに関連して、カントがベルリン在住のビースターに自分の見解の公表を依頼するという一種のトラブルも起こった(一七八二年六月八日付のビースター宛書簡)。そしてその後、一七九一年にJ・Fr・ゲンジヘンによる「カントの『天界の一般自然史と理論』の抜粋」がウィリアム・ハーシェルの『天界の構造について』のドイツ語訳への付録として公刊されることになった際のゲンジヘン宛の手紙(同年四月一九日付)でも、カントは、ランベルトの宇宙理論と比較して自分の宇宙生成論の独自な点をいくつか明示している。しかし、その場合でもカントの主張はあくまで「各人に、天文学的知識の歴史に関してその人に帰属するものを与える」こと、すなわち公平性を求めることであり、ランベルト個人への敬意は決して失われてはいなかったのである。

〈付記〉　本巻において私が邦訳を担当した諸編、とりわけこの「ランベルト往復書簡集の公告」および次の「医師たちへの告示」の邦訳にあたっては、大阪産業大学の同僚であるM・リングホーファー教授からいくつもの貴重な助言を得た。この場を借りて、謝意を表したい。

(谷田信一)

医師たちへの告示

この「医師たちへの告示」は、一七八二年春にケーニヒスベルクで流行したインフルエンザに関してカントが書いたものであり、カントの若い友人・同僚であったクラウスがドイツ語訳したフォザーギルの報告を添えて、一七八二年四月一八日付の『ケーニヒスベルク学術政治新聞』の付録として世に出た。この「告示」は、しかし、長らく忘れ去られていたが、一八六〇年にライケ(R. Reicke)の紹介によって再び知られるようになったのである。

さて、この「告示」は医学や病気に関するカントの関心の強さをよく示すものであるが、カントの医学や病気への関心はいくつかの側面を持っていた。

まず第一には、健康法・養生法としての医学への関心である。カントがもともと体が強壮なほうではなく、絶えず食事などに気を使い規則正しい生活を送っていたことは、よく知られているところである。『諸学部の争い』第三部では、「平らで狭い胸」のせいで生じる息苦しさがとりわけ若い頃にはひどかったと述べている(VII, 104)。そんなカントであるから健康法・養生法への関心は終始大きなものであったのは当然であり、たとえば、愛弟子でベルリン在住の医者でもあったマルクス・ヘルツへの手紙などでは、しばしば自分の体調や薬についての相談もしているのである。また、カントは、とくに「心の力」による健康法・養生法については一家言を持っていたのであって、それは、薬を用いて身体に働きかける医者の仕事とは区別された「哲学者の身体医学」だと考えられていたのであった。そうした哲学的養生法の重要性については、一七八六年(あるいは一七八八年)に行われたカントの学長としての講演「哲学者の身体医学について」(De Medicina corporis quae Philosophorum est)(XV(2. Teil), 939–953)でもすでに明確に主張されているのであるが、さらにその十年ほど後に、『諸学部の争い』第三部「たんなる意図によって自分の病的感情の支配者となる心の力について」となって世に現われるのである。

つぎに第二には、「魂の座」の問題を中核とするいわゆる心身問題にかかわるような形而上学的関心をあげることができる。これはカントの若い頃の著作である『自然モナド論』や『視霊者の夢』などにおいてすでにさかんに論じられ、批判哲学の成立にも大きな影響を与えたと思われるが、この問題については「魂の器官について」の解説で触れるので、そちらを参照していただきたい。

さらに第三には、自然地理学や人間学との関わりでの病気や医学への関心があげられるであろう。カントは自然地理学の講義を一七五六年夏学期から、人間学の講義を一七七二年冬学期から始めたようであるが、このうち、自然地理学の内容のうちには風土病や疫病などについての知見も含まれる(たとえばIX, 280, 283f. などを参照)。そして、実際、「医師たちへの告示」においても、「もっぱら自然地理学者の観点から眺める者」としてその流行病への関心を表明しているのである。また、人間学との関係でも、医学は大きな位置を占めていた。すでに一七六〇年代前半の『美と崇高の感情にかんする観察』や『脳病試論』においても、のちの『実用的見地における人間学』において見られるような気質・性格の分類や精神的疾患の一覧的叙述などが見られる。そして、カントが人間学の講義を始めたのと同じ一七七二年にはプラートナーの『医者と哲学者のための人間学』第一巻(E. Platner, *Anthropologie für Ärzte und Weltweise*, Bd. 1)が、さらに一七七五年にはロシウスの『真理の身体的諸原因』(J. Chr. Losius, *Physische Ursachen der Wahrheit*)が出版されたことからもわかるように、当時の人間学の主流はいわゆる生理学的・医学的人間学だったのである。もちろんカント自身は実用的人間学という立場で別の方向の人間学をめざしていたにしても、当時の主流であった生理学的人間学の動向には当然注意を向けていたはずなのである。

さて、カントと医学とのかかわりの第四の方向としては、倫理学的な関心をあげることができると思われる。医学・医療の分野の事柄についてのカントのこの倫理学的関心は、おそらく安楽死や動物実験のような問題に関してはずっと持続的に存在していたと思われるが、それがとくにはげしく表面に噴出してきたのは、カントの晩年の一七九〇年代後半になって種痘の是非が問題となってからであるように思われる。すなわち、一七九六年にイギリスのジェンナーが牛痘接種による種痘の人体実験に成功して以来、ヨーロッパじゅうで種痘についての賛否両論が巻き起こったが、カントもこの種痘の是非の問題を「自己自身に対する義務」にかかわる倫理学的・決疑論的観点からさかんに考究したのである。そして、その結論は種痘に対してかなり否定的なものであった(たとえば『人倫の形而上学』徳論、VI, 424を参照)。だが、その結論はともかくとしても、カントが今日でいえばいわゆる「生命倫理」(バイオエシックス)が扱うような問題に強い関心を抱いて取り組んだという事実は、十分に心に留めておかれるべきであろう。

最後に、一八世紀という啓蒙主義の時代における医学の傾向についてすこし触れておくことにしよう。——一八世紀は医学における「理論家および体系家の世紀」であるといわれる(L. W. Beck et al., *Kant's Latin Writings* (Second, Revised Edition), 1992, pp. 185-192のM. J. Gregorの解説を参照)。たとえば、燃焼に関するフロギストン説でも有名なハレ大学のシュタール(Georg Ernst Stahl, 1660-1734)は、人間の身体そのものは生動なき単なる死せる機械にすぎないとみなして、魂(anima)こそが生命の原理であり、すべての病気は魂の変調に起因すると主張した。それに対して、同じくハレ大学のホフマン(Friedrich Hoffmann, 1660-1742)は、身体は(精神は別として)それ自体としても微細な液体を用いる水圧機械のようなものであり、この液体の過不足がすべての病気の原因となると主張した。そして、ドイツではこの両派の対立が長く続いたのである。さらに、一八世紀の後半になってもなお、イギリスのジョン・ブラウンの『医学概説』(J. Brown, *Elementa medicinae*, 1780)のように「興奮性」(excitability)や「興奮させる力」(exciting powers)といった単純な基礎原理に基づいてすべての病気の体系的分類を行う観念的医学が登場して、ドイツでも流行し、カントもそれに大いに注目していたようであった(『人倫の形而上学』VI, 207; XV (2. Teil), 961ff. を参照)。しかし、そのような中でも他方では、事実的な臨床的知識の地道な集積を重視する実証的な医学の流れも次第に力強いものとなりつつあったのであり、フォザーギルはそのような啓蒙主義時代の新しい医学の流れを推し進めた人物のひとりだったのである。そして、ルソーが『エミール』で赤ん坊を布でぐるぐる巻きにして動けなくしておく従来の育児法を激しく批判したり、『魂の器官について』を書いた医師ゼンメリングが女性のコルセットに医学上の理由から強く反対したりしたことに代表されるように、根拠のない迷信的な慣習を打破して合理的な人間らしい生活を実現していこうとする啓蒙主義の運動の中で、医学や健康法の分野もひとつの重要な一翼を担っていたのである。

(谷田信一)

七つの公開声明

これらの声明は、一七九〇年から一八〇一年にかけて、『一般文芸新聞』(*Allgemeine Literatur Zeitung*)の広告欄に掲載されたものである。その内容は、自分の著作が無断で編集発行された(および編集発行されそうになっている)ことに対する異議申し立て(声明一、三、七)、自分の手による著作ではないのにそのように言われていることに対する異議申し立て(声明二、四)、そして、自分に対して公に示された(および示されることになりそうな)要求に対する回答(声明五、六)である。ここでは、声明四と六について、アカデミー版の注釈およびアルセニイ・グリガ『カント　その生涯と思想』(西牟田久雄・浜田義文訳、法政大学出版局、一九八三年)などをもとに、その成立事情と波紋とを若干補足説明しておく。

カントが声明四を出すきっかけとなったのは、一七九六年七月五日付の『一般文芸広告新聞』二号におけるヒッペルの訃報である。そこでは、いくつかの匿名著作について、それが彼の作によるものであるのかどうかという問題が論じられていた。それに対する一つの答えとなるのではないかとの期待を抱かせたのが、ハンブルク中立通信員による報告(同年七月二七日付の付録)であった。その報告にはセンセーションを巻き起こすことになる「発見」が記されていた。『結婚について』、『上り調子の人生行路』、『女性をよき市民にするために』(*Über die bürgerliche* "*Verbesserung der Weiber*," Berlin, 1792)など、いくつかの著作はカントの手によるものだとされていたのである。この広告には、ゲッティンゲン発六月三〇日として、フレミング(Georg August Flemming, 1768-1813)の署名がつけられている。これに対して、同年九月二日付の『一般文芸広告新聞』一九号は、遅ればせながらの追悼の辞を出して、そこでフレミングの申し立てのまちがいを正すべく、それらの著作物はヒッペルひとりの手によるものであると述べている。同年一〇月三日付の『上部ドイツ一般文芸新聞』(*Oberdeutsche Allgemeine Literaturzeitung*)においても、ヴェーデキント(Karl Ignatz Wedekind)が、フレミングの「発見」に対する疑念を主張している。この「発見」に対する賛否は、さらに一〇月一一日付の『一般文芸広告新聞』三〇号でも、ベルク(Johann Adam Bergk, 1773-1834)によって論じられ、さらに一一月一一日付の同新聞三九号では、その著者はカントの講義の聴講者ではないかと推測する「追記」も出された。一二月二八日付の『ゴータ学術新聞』(*Gothaische gelehrte Zeitungen*)が出した結論は、ヒッペルが著者であるというものだった。さらに翌年一月にカントのこの声明が公にされた(訳注(11)参照)のにつづいて、二月六日付の『最新文芸批評新聞』(*Kritischer Anzeiger der neuesten Literatur*)、および『ベルリン時代流行論叢』(*Berlinisches Archiv der Zeit und ihres Geschmacks*)三月号においても、「フォン・ヒッペルが著作者であることについて」というボロウスキー(Ludwig Ernst Borowski, 1740-1831)の論文が出された。これは、ヒッペルが一七五七年以来、最初はカントの講義の聴講者として、のちにはカントの友人として、カントの思想に取り組んでいたことを明らかにしようとするものであった。カントとヒッペル二人の立場が一致していることについては、シュタルケ(F. Ch. Starke)が、『イマヌエル・カントの主要小品および論文集』(*Immanuel Kants vorzügliche kleine Schriften und Aufsätze*, Quedlinburg und Leibzig 1838, S. 295-302)で示している。

声明六のきっかけとなったのは、本文にもあるように、『エルランゲン文芸新聞』に出たブーレの『超越論哲学の構想』の書評である。そこでは、評者は次のように述べている。「超越論哲学を最初に教えたのはカントであり、その批判理論をみごとに普及させたのがラインホルトである。しかし、最初の超越論哲学者そのものはフィヒテであるといってまちがいない。フィヒテは、『批判』において企てられた構想を実現し、カントが概略を示した超越論的観念論を体系的に展開した。それゆえ、批判の創始者が、自分の最も尊敬すべき弟子の企てについて、そして超越論哲学の創始者について公に声明を出してほしいと読者が望むのは、まったくもって自然なことである。」さらに、評者はブーレを非難して次のようにも述べている。ブーレは「認識の超越論的原理は、何ものをも含有しない容器(形式)であり、もしもその原理が実在性をもつとするなら、その容器は外から与えられる素材を通じてはじめて満たされるのでなければならないと考えている」。そして評者は、これに続けて、ブーレの著作の七〇節から次の引用をしている。「認識の超越論的原理は、心そのもののうちにそして心そのものとともに現前している。しかし、それにもかかわらず、心が経験の対象と結びつくことが必要なのであって、このことがあってはじめてこの原理を意識することが可能になる。それというのも、この原理は、それ自身としては、心の一定の機能への素質だけを表しているのであり、その機能はそれ自体としては空虚であり、われわれが、意識において、その機能をそれが含有する素材と区別することを通じてはじめて表象可能となるのだから。」この言説に対して、評者は次のように述べる。「超越論的観念論という学説を信奉している人物が、……こんなに独断的に哲学するなどと信じられようか。――最後に、すべてのカント主義者と同様に文言のうえで物自体に対して反対表明している人物が、活動性(Thätigkeit)すなわち哲学の根源的原理としての行為(Handeln)を承認せず、それでいて、心のうちにそして心とともに在るもの、それゆえ基体(Substrat)、それゆえ事実上は物自体から出発するなどと信じられようか。」そして、評者は、この揺れの理由がカントの著述のうちにあると見ている。「カント自身、超越論的なものと経験的なものとのあいだで揺れており、批判的な見解から離れて独断的な見解に陥っていることがきわめてしばしばある。」したがって、誤謬は、次の点、すなわち「この著作を神聖なる文言だと評価し、暗唱し、読者に対してうんざりするほど字句どおりにくりかえすこと」にある。「読者や学生は、もうじゅうぶん長い間、カントの著作の解釈に悪戦苦闘させられている。そして、カント主義者たちは、もうじゅうぶん長い間、批判の補習教師を演じており、カントの字句がアリストテレスの字句と同様に精神を殺してしまうことをじゅうぶんに証明した。いまやついに、とりわけフィヒテとラインホルトによって呼び覚まされた自立的思惟の創造的精神に忠誠を誓い、形式的哲学の足枷を断ち切り、自由な精神を実在的な思惟へと導くべきときなのである。」これらの記述を見れば、カントがこの声明を出さずにはいられなかったことは、容易に理解できるであろう。他方、これに対してフィヒテは、カントの攻撃がこれほどまでに厳しかったにもかかわらず、そしてまたシェリングが容赦のない応答をするよう求めたにもかかわらず、一七九九年九月二八日付の『一般文芸新聞』一二二号の広告欄掲載の「カントの声明に対する反論」では、きわめて抑制の利いた応答をしている。しかしその一方で、同年九月二〇日付のシェリング宛書簡では、

「私は、カントの哲学は……全くの無意味だとすっかり確信している。……カントは、自分自身の哲学を特によく知っていたわけではなかったし、現在ももはや知ってはいないし、理解してもいない」と述べていたのである。

(北尾宏之)

シュルツ著『宗教の区別なき万人のための人倫論試論』についての論評

本論は一七八三年ケーニヒスベルクで発行されていた『説明つき書籍目録』(*Räsonnirendes Bücherverzeichnis*)誌第七号に掲載された。書評の対象となった書物は当初匿名で出版された。著者のヨハン・ハインリヒ・シュルツが牧師であったことが理由と見られ、シュルツは後に保守派の文部大臣ヴェルナーによって職を追われている。カントが取り上げたのは第一巻であるが、同じ一七八三年に第二巻が刊行され、第三巻、第四巻は遅れて一七九〇年になって出版された。第二巻以後に関してカントのコメントを伝える資料はない。

シュルツの論点はカントの論述を通して知る限りでは、存在の大連鎖、唯心論、連続律などの点において平板化されたライプニッツ－ヴォルフ哲学に基づく啓蒙主義に属することは明らかである。特に興味を引くのは、死刑反対論と教育刑主義がライプニッツ－ヴォルフ哲学の形而上学的背景と連関に有機的に組み込まれ「自由は存在しない」ことを論拠として主張されていることであろう。またカント解釈上の興味は一七八三年という『人倫の形而上学の基礎付け』(一七八五年)および『実践理性批判』(一七八九年)に先立つ時点において、カントの実践哲学上の見解を知ることができることであろう。義務概念を説明しうるかどうかという点に実践哲学の急所を見ること、および自由の実践的概念は思弁的概念とは没交渉であることの強調、本論最終段落に現れているこの二点はカントの実践哲学が構想されるための原点が何であるかを、またそれが何との対決のもとにあるのかをわれわれに教えるものであり、本編の意義もここに認められるのである。

（福谷　茂）

偽版の違法性について

書籍の偽版の違法性という本論文のテーマは、当時多くの人によってさまざまに議論されていた問題であるが、カントの『シュルツ論評』にその名が挙がっているエーラース（Martin Ehlers, 1732-1800. キール大学哲学教授）の著書『偽版の許し難いことについて』（一七八四年）が、おそらくやこの論文執筆の一つの動機であろう。本論文は一七八四年一二月三一日に『月の火山について』（一七八五年）と一緒に、『ベルリン月報』の編集者ビースターに送られ、翌年の同月報五月号に掲載された。ビースターは同年六月五日のカント宛書簡の中で「優れた論文」に心からの謝意を表している（A版第一〇巻四〇四頁）。

偽版の出版はその当時は広く流布しており、カント自身のほとんどすべての著作も彼の知らないうちに彼の意志に反して偽版されていたために、彼も頭を悩ましていた。ドイツ国内には一七九四年のプロシア国法の制定以前には、著者や出版者のための保護規定がまったくない状態であった。カントは本論文では、三段論法による演繹を通して、まず、偽版者に対して出版者の権利を証明し、次に、偽版者が出版者に対して申し立てる権利を論駁しようとしている。さらに最後に、「一般的注意」において彼は、今日のわれわれの理解からすれば奇異に思われるような興味深いことを述べている。すなわち、彼によれば、技術作品(芸術作品)は原作者の許可なくしてそれを模倣したり模造したりしてその複製を公然と商うことができるが、書物の偽版は許されない。というのも、技術作品は物件であり、それをどのように扱うかはそれの所有者の権利であるのに対して、書物は「ある人格の言葉」ないし「働き」として「譲渡できない権利」だからである。ところが、書物に関してそれの「改作」は、以前の著者とは別の著者によるものと認められるから偽版ではなく、また「翻訳」も、思想は同じでも元の著者と同一の言葉を使うわけではないので偽版ではないとされている。

因みに、カントはこの論文の後にも、書物の偽版の問題に関しては、例えば、一七九三年六月に『書籍商諸氏へ』という公告(本巻一八頁、A版第一二巻三六〇頁)において、自分の書物についての二人の偽版者に鋭い抗議をしたり、『人倫の形而上学』「法論の形而上学的原理」「私法」の「物件的債権」の箇所では、本論文の本質的な内容を簡潔に述べており(A版第六巻二八九頁以下)、さらに一八〇一年五月には、彼の『自然地理学』の講義ノートの不法な出版を非難している(本巻二六頁、A版第一二巻三七二頁)。

(円谷裕二)

G・フーフェラント著『自然法の原則にかんする試論』についての論評

カント哲学の熱狂的な支持者であるイェーナ大学教授シュッツ(Christian Gottfried Schütz, 1747-1832)は、同じイェーナの頭脳明晰な学士フーフェラントが近著で賞賛を込めてカントの諸原則を引用している旨をカントに書き送り(一七八五年九月二〇日付カント宛書簡)、また『イェーナ一般文芸新聞』の編集者でもある彼は、再三カントにそれについての書評を願い出ている(一七八五年一一月一三日および一七八六年二月付カント宛書簡)。他方、フーフェラントは、一七八五年一〇月一一日に彼の処女作『自然法の原則にかんする試論』をカントに贈り、その書簡の中で人倫性全体を初めて基礎づけたカントの『人倫の形而上学の基礎づけ』の功績に言及するとともに、またそれが人類に対して思弁から実践的活動への道を示していることを讃えている。カント自身もフーフェラントの著書を高く評価し、一七八六年初頭に彼に書簡を送っている(この書簡は現在では断片しか残っていず、A版には載っていない。V版の『書簡集I』四〇七を参照)。このような経緯のもとに、本論評が、一七八六年四月一八日の『イェーナ一般文芸新聞』第九二号に掲載された。

この論評の中でカントは、フーフェラントが自然法の根拠を自己における「先行的な自然的責務」に求め、それゆえ他者の責務を自己の責務に基づかせようとしていることに、賛意を表している。またカントは、フーフェラントが、責務の導出には客観的目的を度外視する自由意志の形式では不十分であり、質料的な完全性の促進こそが最高の実践的原則だと見なしていることを特に指摘している。ただ、フーフェラントのこのような質料的な完全性の原理とカント倫理学との差異をカント自身がどのように評価しているのか、また、法と道徳との関係に対してカントとフーフェラントの間にどのような関連があるのか、という問題については、この論評からだけでは十分な理解が難しい。またこれらの問題に関連して、カント自身が法哲学と批判期の実践哲学との差異や法と道徳の異同についてどのように考えているのかという問題のためには、批判期の『人倫の形而上学の基礎づけ』や『実践理性批判』のみならず、晩年の『人倫の形而上学』をも視野に入れた考察が必要になろう。

（円谷裕二）

L・H・ヤーコプの『メンデルスゾーンの「暁」の検討』に対する二、三の覚え書き

カントは、『イェーナ一般文芸新聞』の編集者シュッツ宛の一七八五年一一月末の書簡（A版第一〇巻四二八頁以下）の中で、メンデルスゾーンの『暁』についての彼の見解を披瀝していた。シュッツは、同紙上に自分が書いたこの『暁』の書評（一七八六年一月刊）とともにカントのこの書簡をも印刷に付した。しかしながらカントは『純粋理性批判』第二版の出版のための準備や当時就いていた大学総長の職務のために多忙を極めていたので、これ以上『暁』について関わり合うつもりはなかった。ところが、一七八六年一月二五日の『ゴータ学術新聞』紙上に、『暁』に対するカントの論駁文が期待されるとの記事が掲載された。そのためにハレの学士ヤーコプ（訳注（1）参照）は、その記事の真偽のほどを同年三月二六日付のカント宛書簡（A版第一〇巻四三五頁以下）において問い合わせるとともに、もしカントにそのつもりがないのならば、彼自身がカント哲学の立場から『暁』と対決するであろうと語っている。カントは同年五月二六日のヤーコプ宛書簡（A版第一〇巻四五〇頁以下）において、「メンデルスゾーンの『暁』を論駁するという、いわゆる約束に関して、それは誤りであり、誤解から『ゴータ学術新聞』に載ってしまったものであります。今でも私にはそのための時間などはありません」と答えるとともに、ヤーコプが

『暁』批判の労を執ってくれることに期待し、また、ヤーコプによって以前にも注意を喚起させられていた『暁』の一一六頁について、カントが自ら所見を述べるつもりであることをもヤーコプに約束した。同年七月一七日にヤーコプは、自分の著作が出来上がっていることを伝え、同時に、カントに、かねてからの約束を懇請した(A版第一〇巻四五八頁以下)。カントは八月に『覚え書き』を送った(この論文には同年八月四日の日付が付いている)。ヤーコプの著書は同年一〇月に出版され、カントの『覚え書き』はヤーコプの著書の序論の後に置かれて印刷された。ヤーコプはそれに次のような脚注を添えている。「私がカント教授にメンデルスゾーンの『暁』の吟味を出版する決心を伝え、書簡の中でなかんずく『暁』の一一六頁の箇所に言及したとき、カント教授は、すぐさま親切にも、私の本のためにこの『暁』の一一六頁の箇所の訂正を私に約束してくれたが、その訂正を後にこの〔カントの〕論文として私に送ってくれた。この論文にはさらにより以上のことも含まれている。この論文に対して、私はここで公然と、カント教授に極めて深甚なる感謝を述べる。」

なお、カントのこの『覚え書き』の出版についての以上の経緯については、主としてA版第八巻四八五―四八六頁を参照した。

(円谷裕二)

思考の方向を定めるとはどういうことか

カントがこの論文を執筆しようとした機縁は、レッシングがスピノザ主義者であったかどうかという問題をめぐって、レッシングの三十年来の友人メンデルスゾーンとヤコービの間に繰り広げられていたいわゆる「汎神論論争」ないし「無神論論争」にあった。この論争の起こりは、レッシングの死の半年ほど前の一七八〇年七月になされたレッシングとヤコービとの対話に基づいて、ヤコービが晩年のレッシングをスピノザ主義者だと推断したことに始まる。初めのうち、この論争は、エリーゼ・ライマールスを介しながらのヤコービとメンデルスゾーンの間の往復書簡の形で展開されていたが、メンデルスゾーンがレッシングの弁護のために『暁』を公刊し（一七八五年秋）、他方その直後に、ヤコービが、彼とエリーゼ・ライマールスとメンデルスゾーンとの往復書簡を載せた『スピノザの教説』を出版するに及んで、当時の哲学界全体を巻き込む論争へと発展した。

メンデルスゾーンは、「すべてを粉砕する」としてカントの批判哲学に異を唱えながらも、他方では「物自体」やその他の思想においてカント哲学の自分への影響を認めてもいた。彼は、『暁』をカントに献呈した際に、一七八五年一〇月一六日付のカント宛書簡の中で、「私たちは原則においては意見の一致を見ない」ことを告白しながらも、ヤコービの『スピノザの教説』が彼（メンデルスゾーン）の年来の友人レッシングをスピノザ主義者に祭り上げて世の嘲笑に晒していること、および彼らの間に交わされた私信を彼（メンデルスゾーン）の許可なくして公表したことに対して、カントにヤコービへの憤りを吐露している。他方、ヤコービは彼のスピノザ解釈において、しばしばカントを引き合いに出している（例えばA版第一〇巻四三〇—四三三頁および四五三—四五八頁を参照）。このような状況の中で、『ベルリン月報』の編集者の一人であるビースターは、何度もこの論争に関してカントに発言を求めてきた（一七八五年一一月八日、一七八六年三月六日、一七八六年六月一一日付のカント宛書簡）。カント自身も、ヤコービの気まぐれや彼がカントをスピノザに結びつける解釈をしていることに対して、何かを『ベルリン月報』に書こうと長い間計画していた(一七八六年四月七日ヘルツ宛書簡)ので、『思考の方向』をビースターの月報に寄稿することによって、ようやく彼の願いに応じた。この論文は一七八六年一〇月に出版されたが、それ以前の八月八日にビースターは「ヤコービとメンデルスゾーンの論争についての適切な論文」を送ってくれたことに対してカントに感謝している(A版第一〇巻四三九頁と四六二―四六三頁)。

ところで、この論文の表題にある「思考の方向を定める」とはどのような意味であろうか。「思考一般において方向を定めるとは、理性の客観的原理が及ばない場合に、理性の主観的原理に従う信憑において規定されることを意味する」(本巻七三頁原注)。つまり、経験のあらゆる限界を超えた事柄、例えば、神の現存、意志の自由、魂の不死性などに関して、われわれはどのような能力に従って自分の位置や方向を定めるべきなのかという問題が、この論文の主題をなしている。

経験の限界を超えた事柄に関しては、経験の可能性の条件である空間・時間や純粋悟性概念などの、「経験の対象」についての「認識の客観的根拠に従うことは不可能」である。それでは、経験の限界を超えた事柄に対しては、判断を控えて無関心を装うべきだという、経験主義に基づく懐疑論の立場に立たなければならないのかと言えば、もちろんそうではない。たしかに、超感性的なものに対してとる一つの態度として、懐疑論は分を弁えたものではあろうが、しかしながら、形而上学に対して学的無知に徹する消極的態度だけではことは済まない。というのも、『純粋理性批判』でも言われているように、われわれには形而上学に対する自然的素質が必然的に備わっているからである。こうして、超感性的なものに関して「思考の方向を定める」とはどういうことなのかという問題が、差し迫った重大な問題として浮上してくることになる。レッシングがスピノザ主義者かどうかというヤコービとメンデルスゾーンの間の汎神論論争もこの問題に深く関わっており、それゆえこの論争に言及することは同時にこの問題に対するカントの立場を表明することになる。

　論争の二人の当事者に対して、いわば裁判官のような立場からカントがどのような裁定を下したのかは、カント自身がこの問題に対してどのように考えていたのかを見届けることによって答えることができるであろう。

　カントは、さしあたり、超感性的なものに関しては「もっぱら自分自身の判断能力の規定における主観的区別根拠に従うことによって、自分の判断をある一定の格率の下にもたらすことができるだけだ」と答えているが、それでは、「主観的区別根拠」に基づいて方向を定めるとは、内容的にはどのようなことなのであろうか。

「方向を定める」とは、カントによれば、もともとは方角（特に方向を定める sich orientieren という言葉における Orient つまり東方）を客観的根拠に基づいて定めることができない場合に、「自分自身の主観における区別の感情、つまり左手と右手の区別の感情」に基づいて、自分の位置や方向を見定めることであるが、この意味での「方向を定める」ことを、単なる地理的な位置関係での自己の身体の左右の区別や、そこからの東西南北の方角の決定の場合だけではなく、さらには、経験の限界を超え、したがって客観的な認識根拠をもたない超感性的なものに対して、われわれがどのように対処したらよいのか、という問題に対しても適用しようと意図して、カントはその基準を「主観的区別根拠」、さらには「理性に固有な、必要の感情」と呼んでいるのである。

　カント曰く、「単なる概念によっては、この対象〔超感性的なもの〕の現存およびこの対象と世界（可能的経験のあらゆる対象の総括）との現実的な結びつきについてはいまだ何も成し遂げられていない。ところが今や理性の必要の権利が登場してくる。この権利とは、客観的根拠によっては理性がどうしても知ることが許されないようなものを前提し、かつ想定するという主観的根拠の権利であり、したがって計りがたくわれわれには深い夜に閉ざされた超感性的なものの空間の中で、ただ理性自身の必要から思考において方向を定める主観的根拠の権利である」(本巻七四頁)。

ところで、この「理性の必要」は、「理論的必要」と「実践的必要」に区別されるが、前者の「理論的必要」は制約されたものにすぎないのに対して、「実践的使用における理性の必要はははるかに重要である。なぜならばそれは無制約的なものであり、神の現存を前提するように強要されるのは、われわれが単に判断しようとする場合だけではなく、判断しなければならないからである。というのも、理性の純粋な実践的使用の核心は道徳的諸法則の指令にあるからである。道徳的諸法則はすべて、自由によってのみ可能である限りでの、世界の内で可能な最高善という理念に、すなわち人倫性に〔必然的に〕通じている」(本巻七七頁)からである。かくしてカントは、実践的な理性の必要の感情をまた「理性信仰」とも呼び、この「理性信仰」においてこそ、超感性的なものに関して「方向を定める」ことができると結論する。

それでは次に、以上のようなカントの「方向の定め」方を踏まえながら、カントがヤコービとメンデルスゾーンに対してどのような判断を下しているのかを見てみることにしよう。

メンデルスゾーンの『暁』は、「健全な人間悟性(共通感覚)」の立場からスピノザ主義や懐疑論、さらには『純粋理性批判』(第一版)での観念論に対して異議を唱えている書ではあるが、しかしながら神の現存を思弁的理性によって証明できるとする彼の立場は、カントによれば、超感性的なものに対して、理性の必要という主観的根拠ではなく「理性の洞察」という客観的基準に基づこうとするものであり、それゆえにそれは「哲学的狂信」に通じてしまう一本道である。しかしながらメンデルスゾーンは、この害悪を防ぐのがただ「理性能力の批判」だけであることに気づいてはいなかった。ただし、「次のことだけは彼の功績として残っている。すなわち理性が自分の諸命題の選択に際して、〔理性の〕洞察によって導かれようが、あるいは単なる必要や理性自身の有用性の格率によって導かれようが、判断が許される場合の究極の試金石を、ここでの場合であれどの場合であれ、彼が理性のうちにだけ求めようと固執したことである」(本巻七八頁)。

他方、ヤコービは、神の存在について思弁的理性による証明を不可能だとする点ではカントと同様であり、また、彼自身もこの点においてはカントと同意見であることを認めている。ヤコービが最終的に依拠する基準は、根拠を自分自身のうちにもち、それゆえ証明が不要であるような「直接的な確実性」としての「感情」という「信仰」である。彼によれば、この非理性的な「感情信仰」に基づいてこそ、例えば、われわれが身体を有することやさらには外的物体および他の思惟的存在者が存在することを知りうるのである。ところが、カントは、直接知に基づくヤコービのこのような「感情信仰」に対して、それを「理性の霊感」にすぎないとして批判するのである。

かくして、カントは、超感性的なものに関して「思考の方向を定める」とは、メンデルスゾーンのように独断的な合理的形而上学における「理性の洞察」によるのではなく、かといって、ヤコービのように直接的な「感情信仰」によるのでもなく、もっぱら、理性に基づく信仰、すなわち「理性信仰」に依拠することをこの論文では主張しながら、次のように結論づけている。「それゆえ純粋な理性信仰は、思弁的思索家が超感性的対象の分野を歩む理性の遍歴の途上で、方向を定めるための道標であり羅針盤であるとともに、それは、普通の、しかし(道徳的に)健全な理性をもった人間が理論的見地と実践的見地において、自分の使命の全目的に完全に適合しながら自分の道を予描できるための道標であり羅針盤である。こうして理性信仰はまた、ほかのすべての信仰の根底に、いやそれどころかあらゆる啓示さえもの根底におかれなければならないものなのである」(本巻八〇頁)。

(円谷裕二)

純粋理性批判の無用論

この著作の正式なタイトルは『純粋理性のすべての新しい批判は、古い批判によって無用とされるべきであるという発見について』であり、一七九〇年復活祭のころ『判断力批判』と同時にケーニヒスベルクのフリートリヒ・ニコロヴィウスによって出版された。

本書はカントが公にした書物のなかで唯一論争を主目的としている点でわれわれの興味を特に引くものである。ここで論争と言うのは、通俗哲学者ないし啓蒙主義者に分類されるヨハン・アウグスト・エーベルハルト(一七三九―一八〇九)が一七八八年から翌年にかけて主宰する『哲学雑誌』第一巻(全三分冊)に掲載したカント批判の諸論文に対するカントの反論がこの著作の内容をなすからである。「発見」とは、エーベルハルトが『純粋理性批判』の内容の正しい部分はすでにライプニッツ哲学に含まれていると主張した点を捉えたカントの揶揄にほかならない。『哲学雑誌』はカント批判のために創刊されたと言っても過言ではない性格を持っていた。

一　背　景

まず論敵エーベルハルトについて解説をしておこう。ハレ大学に学んでヴォルフおよびバウムガルテンの流れを汲んだ彼はシャルロッテンブルクで牧師をつとめたあと、ニコライやモーゼス・メンデルスゾーン、さらにはレッシングとの交遊に恵まれたベルリン滞在期を経て一七七八年にはフリードリヒ二世によってハレ大学の哲学教授に任命され、生涯そこにとどまった。この間一七八六年、つまりカントと同年に、ベルリン・アカデミーの会員に選ばれ、一八〇五年には宮中顧問官の称号を授与された。一七八七年にはシュライエルマッハーがハレで彼の講義を聴講したことが知られている。特に著書『ソクラテスの新弁明』(一七七二年)においてキリスト教の教義の一部に関して反道徳的であるという批判を行い、体制的キリスト教とは敵対的な関係にあった点は明らかにヴォルフの系譜を引く啓蒙主義者としての面目だと言えよう。啓示と救済とは無関係だというその中心論点は、ヴォルフの教授就任講義『中国人の実践哲学について』を継承している。その他に一般哲学史、認識論、美学、倫理学、自然神学など幅広い領域にわたって著書があり、哲学史ではライプニッツおよびヴォルフをイギリス経験論と折衷しようとしたと評されている。カントに対してはすでに早く一七七〇年の就職論文『可感界と可想界の形式と原理』の時点からその時間・空間論に関して批判を加えていたことが近年発見された史料で明らかにされている。『哲学雑誌』は一七九二年に終刊するが、直ちに『哲学文庫』を創刊して一七九五年まで刊行した。(なお、現在では『哲学雑誌』『哲学文庫』ともに Aetas kantiana 叢書に復刻が収められている。) これらの雑誌にはマース、シュヴァープといった哲学者の他、数学者ケストナーも寄稿しているが、中心的な執筆者はエーベルハルト自身であり、客観的にも、またカントから見ても、批判哲学に対立する陣営の機関誌とも映る役割を果たしていたことは間違いない。最初にカントに対してエーベルハルトの批判への注意を喚起したラインホールトのカント宛書簡(一七八九年四月九日付）、またそれに対して同年五月一二日付および一九日付でカントが出したアカデミー版全集で一五ページに及ぶ長文の返翰はこのような情勢判断をよく語っている。実際にはこの二通の書簡の内容は本書のプロトタイプとも見ることができるのである。

『純粋理性批判』に対する反響はラインホールト、フィヒテ、シェリングのような若い世代からのもののほかに、カントの同世代からのものといわば過去の世代からのものが区別されねばならない。このうち同世代からのものはカントがおそらく最も期待していたものであるが、実はランベルトの死去（一七七七年）とメンデルスゾーンの沈黙にあってはかばかしいものが得られなかった。したがってカントは同じ地盤に立ち同じ空気を呼吸していると信じていた哲学者たちの批評および彼らとの対等の討議には恵まれず、いわば過去からの声と未来からの声に対して警戒心を緩めることができない形で対応せざるをえなかったのである。ここでヴォルフの系譜に立つエーベルハルトの批判こそは（エーベルハルト自身はカントより若かったにせよ）、代表的な過去からの声だった。そして『純粋理性批判』の成立自体が過去からの声との格闘を辛うじて制することではじめて可能であった以上、カントはことさらに強硬な態度でこの論争に臨まざるをえなかったのである。

難解で抽象的な『純粋理性批判』の構造と趣旨とをよりよく、またドラマティックに理解するための捷径は、この書を「ライプニッツ‐ヴォルフ哲学」とカント自身が呼ぶ特定の学説との緊張感に満ちた対話として、否むしろ息詰まる攻防戦として読むことである。われわれが眼の前に見る『純粋理性批判』の形態と構成はこの対戦に臨むためにカントが周到に練り上げた戦略の実行にほかならない。しかもただ戦略とのみ見るのではまだ十分ではない。それでは、カントが行っていることは精々シャドウ・ボクシングとしかわれわれ読者には映らないからである。そうではなく、現実の相手とのやり取りとして、実戦として捉えねばならない。見えない相手と彼が繰り出す手数を行文のうちに読み込んでゆくことを通じてわれわれの読みは一段と深まるのである。相手の陣立てはどのようなものか。もちろんそれを捉えるための手がかりは『純粋理性批判』そのもののうちに十分に与えられている。しかし、それらはいわば埋もれており、再読再々読のあとはじめて姿をあらわす。これに反して、本書『純粋理性批判の無用論』はカントの対戦相手と両者の攻防の焦点がいかなるものであったのかを如実に教えるテクストである点で貴重なのである。近年、次々と新しい外国語訳が登場してきている事実に徴してもカント著作群での本書の評価が従来の周辺的な位置から脱して向上していることが明らかであるが、その理由はやはりこの点に認められるようである。『純粋理性批判』の攻防の焦点が物自体概念であることを本書ははっきりと示しているのである。

しかし、それだけではなく、この書とその出版の背景には今一つ、本書に対する関心が近年高まってきている所以をなす事象がある。それはドイツ啓蒙主義におけるジャーナリズムの役割、またそれを通じての公衆の形成への注目がこの論争において現れており、公共性をめぐる近年の哲学的関心によく対応していることである。カントに先立つ一七世紀の哲学者たちの場合はデカルトであれスピノザであれライプニッツであれ意見交換の手段として書簡が非常に大きな役割を果たしていた。書簡はデカルトの場合のメルセンヌ神父のような仲介者の手を介して宛先以外にも回覧されることを前提としており、内容的にも論文に準じたものとして控えが取られるのを常とし、このような仕方での必要な関係者のみの間でのコミュニケーションが当時の学界を形成していたと言えよう。この関係者はむろん国境を越えた一体感を有しており、使用言語も国際語であるラテン語ないしフランス語が用いられた。いわばメンバーのすべてが単なるスペクテイターではなく、同時にアクターでもあるような全欧のスーパーエリートたちの共同体こそが一七世紀における哲学の場であった。

これに対して一八世紀中葉以降のドイツ啓蒙主義はドイツ語の新聞・雑誌を媒体として活用することを特徴としている。むしろ啓蒙という思想的な目的のためにこそ、『ベルリン月報』をはじめとする多くの新聞と雑誌が創刊された。特に哲学雑誌においてはドイツは先進国であるとさえ言える。この場合、一七世紀のように限定されたサークル内の回覧ではなく、不特定多数の、しかし〈理性〉的な、またそれだけに資格を凝縮された点でいわば抽象的な読者が新しい対象として想定されざるをえない。ユダヤ人を重要な構成要素とする一九世紀ドイツにおける一般教養人層の成立はこのようにして準備されたと見られる。したがってこの場においてこそカントは彼の哲学のテーマの一つでもある〈公衆 Publikum〉に面しているのであり、この種のメディアに対するカント晩年の非常に積極的なかかわりはそれ自体がいわばカント哲学の実践という性格を持つものとして捉えられるのである。

二　論争の内容

本書は畳み掛けるような異常な緊張感をもって、論材について読者に十分な予備知識を与える暇もなく開始されている。全体として意あまって言葉たらずという印象を最後まで禁じえない。カントの焦燥ともどかしさを読者も共有せざるをえず、読み終わってもそれは満たされることがないままである。カントが他人の著書・学説に取り組む場合、根本問題にまで煮詰めて徹底的に食い下がるというのが流儀であって、枝葉末節に到るまで丁寧に理解を行き届かせるというやり方は採られないのが一般である。本論ではカントはエーベルハルト説の急所を探り当ててはいないように見えるのが爽やかとは言えない読後感の由来であろう。さらに、エーベルハルトのライプニッツから真のライプニッツを救出したいという動機と、しかし『純粋理性批判』そのものは「ライプニッツ－ヴォルフ哲学」との対決抜きにはありえないという事情など入り組んだ背景の作用も考えられるのである。

論争そのものはカントによる章節の区分が示すように、充足根拠律、「単純なもの」(＝モナド)、感性から非感性的なものへの連続的上昇の可能性、アプリオリな総合判断の可能性という四点をめぐって行われている。同時にこれらはライプニッツ哲学の根本概念にほかならない。はじめの三点に関してはカントの立場からはすべてエーベルハルトが祖述すると称する形ではライプニッツの主張を斥け、最後のアプリオリな総合判断に関してはエーベルハルトの批判、すなわちアプリオリな総合判断は存在しないという批判から自己の学説を守るのがカントの戦略である。換言すると、アプリオリな総合判断が可能であるという第四の論点が成立するためには、はじめの三点を斥けることで超越論的観念論の立場が確立されていなければならないという関係にある。そして大雑把に言えば、はじめの三点は結局三番目の感性的なものから非感性的なものないし超感性的なものへの連続的な移行が可能であるという説に還元される。したがってそれを否定する、感性が悟性とは別の認識能力であるという点、およびそれに伴った現象と物自体という区分がカント哲学において持つ重要度は、まさにそれがライプニッツ哲学の本拠を衝くものであったからだということが改めて納得されよう。

感性的なものから非感性的なものへの連続的移行を認めることは、実在的なものと論理的なものとの区別が消失し、実在的なものの根源として論理的なものが浮上してくることにほかならない。実在的なものは感性と対応し、その本質は混濁した悟性であって、判明化されることで感性から本来の悟性へと移行する。それがそのまま感性に与えられ現れた実在的なものが、その真相としての論理的なものへと浄化されることである。感性的なものの存在の仕方は全体が部分に優越し、部分が全体の限定としてのみあることである。これが感性によって混濁して表象された世界の姿である。これに対して、判明化された世界の真相は、独立自存的な「単純な」実体が相互に関係を取り結ぶことで二次的に全体性が構成される、いわば離散的なあり方をしている。混濁して全体のうちへと融解していた本来の存在者がその独立自存的な真の姿を判明に現すのが、感性から悟性への移行であり、また実在的なものから論理的なものへの移行である。このようにして明らかになった、論理に対応した真実在の世界から感性的に混濁した現実の世界を捉える際の武器が充足根拠律である。つまり本来は純論理的な原理であるのに、論理の世界が実在の根底であるという関係に支えられて実在の世界にも妥当すると見なされたのが充足根拠律なのである。カントはこのような充足根拠律の存在論化を感性と悟性の峻別によって遮断した。こうしてカントにおいては論理の世界から実在の世界への移行はふさがれており、部分を持たぬという意味で論理的に「単純なもの」のステータスはあくまでも論理の世界にとどまるべきものであって、それだけではなんら実在の世界のメンバーたるの資格を持たないのである。

右に素描された状況においては、アプリオリな総合判断の余地はない。カントにおいてアプリオリが果たしている役割は、ここではすべて混濁した感性から判明な悟性への連続的移行によって担われているのであり、必然性を付与する感性の形式の必要も存立の余地もない。エーベルハルトの抽象的時間ないし空間と具体的時間ないし空間についての説はこの状況をよく示している。カント的な感性の中で成立する必然性はエーベルハルトではまったく必要がなく、問題はただ感性の混濁を判明化することで悟性において必然性が単に論理的にある事実として（超越論的に証明されるのではなく）いわば顕現するのである。

このように見るとき、エーベルハルトによって祖述されたライプニッツ－ヴォルフ説にもまた一種の説得力があることは明らかであり、なおさらカントが批判の必要を感じたことが理解できるのである。本書は批判哲学ないし超越論哲学がどのような論理的骨組みを持っているのか、何が超越論的観念論にとってヴァイタルな論点であるのかを改めてわれわれが透視することを可能にする点で、行論のかなりの難渋にもかかわらず、与えるものは多いといえるだろう。

翻訳にあたっては、門脇卓爾氏の邦訳（一九六六年）のほか、アリソン（一九七三年）の英訳、ドゥラマール（一九八五年、プレイアード版カント著作集所収）およびブノア（一九九九年）の仏訳、デ・フラヴィイス（一九九一年）およびラロッカ（一九九四年）の伊訳を参照し、それぞれに付された解説ならびに注とともに、教えられた。注に関してはA版全集がベースとなっていることは言うまでもない。

（福谷　茂）

弁神論の哲学的試みの失敗

本論はドイツ啓蒙主義の機関誌としてあまりにも有名な『ベルリン月報』の一七九一年九月号に発表された。「弁神論」(théodicée)はライプニッツによって造語された語であり、「神義論」という訳語も行われている。ライプニッツの『弁神論』（一七一〇年）の副題が「神の善意、人間の自由、悪の起源」とされていることからも明らかなように、これら三者の間にややもすれば指摘されがちな軋轢矛盾を調和させることがその使命である。ライプニッツ自身では全知全能で善の根源でもある神の創造した世界に悪が存在するのはなぜか、ということに答えて神を弁護する試みであり、悪の起源であるとともに人間の本質でもある自由を神の全知といかに和解させるかということが大きな問題となっていた。

カントはお馴染みの法廷表象という枠組みを設定した上で、ライプニッツ以来俗流化されていた弁神論の論点を次々と否定し、自己の見地から許容しうる弁神論の可能性について非常に独創的な主張を行っている。

カントの解決は弁神論に教義的弁神論と認証的弁神論を区別することであり、通常の弁神論は教義的弁神論に分類される。教義的弁神論は、立法者である神の意志をいわばテクストを読むように表現を解釈して取り出すことである。すなわち神の作品である世界から神の最終目的を解釈し読み取ることにほかならないが、この目的のためには世界は「常に閉じられた書物」である。ところが認証的弁神論は、解釈者ではなく立法者が自ら立法者の意志を確認し認証することである。つまりカントによれば、神はわれわれの実践理性を通じて創造によって告知された自己の意志の解釈者となるというのである。カントは旧約聖書のヨブ記の例を引いてこの点を説明している。ヨブ記において不条理な悲境に陥ったヨブに対して、神の正義からそれを解釈し受け入れることを促している友人たちが教義的弁神論を代表し、ヨブ自身が認証的弁神論の立場を象徴する。ヨブは道徳性を信仰に基づけたのではなく、信仰を道徳性に基づけたという点で神の判決において優位を認められた。つまり道徳的であるということにおいて、言い換えると実践的局面においてはじめて神への信仰が成り立つのであり、認証的弁神論がここに成就する。実践を媒介にして信仰が成り立つということが認証的弁神論にほかならないのである。このように見るとき、認証的弁神論とはカントの実践哲学および宗教論そのものに根差していることが明らかであろう。カントにおいては弁神論は特殊なテーマとしてあるのではなく、彼の実践哲学および宗教論そのもののうちにおのずから内包されているのである。

（福谷　茂）

哲学における最近の高慢な口調

本論は『ベルリン月報』一七九六年五月号に掲載された。主たる機縁は一七九五年にケーニヒスベルクで出版されたシュロッサーの著書『シラクサの国家革命に関するプラトンの書簡』であり、とりわけシュロッサーがその書の内容であるプラトンの第七書簡の翻訳に付した注釈に対する反発がカントが筆をとった理由である。シュロッサーは本論に答え、それを受けてカントはさらに翌九七年七月『ベルリン月報』終刊号に掲載された『哲学における永遠平和』においてもまたシュロッサー批判を繰り広げている。なおフランクフルト生まれのシュロッサー(Johann Georg Schlosser, 1739–99)はゲーテの妹コルネリア(1750–77)と結婚したあと、カールスルーエ公国の高級官僚となったが、一七九四年にすでに引退していた。

カントの論述はストレートに批判を加えるというよりは皮肉や当てこすり、意図的な脱線などの技巧を豊富に交えた文筆家的なスタイルを採っているが、要するところ、彼の眼前に台頭してきた新しいタイプの哲学に対する攻撃である。この種の哲学は少数の帰依者だけが共感によって共有し、必要な労苦なくして直観的にしかも超感性的なものへと達しうることを標榜しており、この点でカントの哲学観および学問理念と完全に背馳している。カントはこの種の哲学を、哲学が人生についての学的な知という原初的な意味を失ったあと、秘密の開示という意味を与えられ天才気取りの人々の玩弄物となったことに発する堕落形態と見ている。カントから見ると、これらの人々は人間の分際を忘れて知的直観を持つと信じ込んでいるのであり、また同時に高次の感情によって哲学することができるとも思い込んでいるのである。〈感情万歳、理屈よさらば〉というような端的な言い回しでカントはこれらの哲学の特徴を表現している。天才肌のロマン派に危惧を感じ、アカデミックで見かけ上は無味乾燥かつ迂遠な作業こそが哲学の本質だといういかにもカントらしい主張が歴史的背景のもとに鮮明に説かれている点に本論の読みどころを認めることができよう。

以上の二編に関して参照したのは、理想社版カント全集第一二巻所収の門脇卓爾氏訳とプレイアード叢書の仏訳カント選集第二巻および第三巻所収のアラン・ルノーの訳業である。

（福谷　茂）

誤解から生じた数学論争の解消

この小論は、一七九六年の『ベルリン月報』一〇月号に掲載された。カントがこの雑誌の五月号に『哲学における最近の高慢な口調』を書き、そこで「直角三角形の三辺の有理比は数3、4、5の比だけしか可能でない」と言ったことに対して、ライマールスが、もっとあると反論した。反論への答えがこれである。

『哲学における最近の高慢な口調』は、ピュタゴラスやプラトンが数学について哲学していると批判する。ピュタゴラスは数に、プラトンは幾何学的形態に驚嘆すべきものを見るが、実はここに神秘的なものは何もない（A版第八巻三九二―三九三頁。本巻二〇二―二〇四頁）。この議論に直角三角形の三辺の有理比が例として使われる。

さて、ライマールスとカントの論争のもとを見てみれば、自然数の無限の集まりのなかで、ライマールスは任意に選ばれる数の組み合わせを考えているのに対して、カントは互いに隣り合った数の列だけを考えている。ライマールスから言えば、5、12、13や、8、15、17の組など、いくらでも直角三角形の三辺の有理比になるものがある。ただ、カントの言う枠のもとでは3、4、5の列だけになる。論争は見かけに過ぎないのである。カントがこのような枠で考えたのは、問題の性質を満たすものとして、無限数列のなかで、3、4、5の列がただ一つということを利用するためである。

小論の割には、長い準備草稿がある（A版第二三巻一九七―二〇五頁）。ここに、数そのものの性質に神秘を見ることの例として使うのに、この唯一性が役立つことが言われている（二〇三頁）。ただ一つであることは容易に示せる。カント自身、準備草稿で次の二次方程式の解としてこの列を定めている。

$$x^2+(x+1)^2=(x+2)^2$$ （二〇一頁）

これを満たす解は、3と−1であり、ここから3:4:5だけが出てくる。カントはここに何の神秘も見ないのである。

（田山令史）

魂の器官について

一七九五年夏、すぐれた解剖学者であったザムエル・トーマス・ゼンメリングは、おそらく、『魂の器官について』(*Über das Organ der Seele*)というこれから公刊しようとする自分の書物の原稿をカントに送り、カントの批評を請うたと推測される。それに応えて、カントが一七九五年八月一〇日付でゼンメリングに、「この貴兄の信頼への心からの感謝を込めて、私は、〔人間の可視的側面と不可視的側面の分析という〕二つの見地の一致と不一致とに関しての原稿をこの手紙に同封します。なお、その原稿については、貴兄のよろしいように、ご自由に、場合によっては公表も含めて、使用していただいてよいということを言明いたします」と述べた手紙とともに送付したのが、このカントの「魂の器官について」という論考なのである。そして、このカントの論考を受け取ったゼンメリングは、さっそく同年八月二二日付でカントに返信を送って、カントの好意に感謝しつつ、その論考をそのまま自分の著作に掲載したい旨を述べ、実際に、翌年出版された自著に、訳注(2)に示した言葉を付してカントの論考を掲載したのであった。

この論考をまとめるにあたってカントは、三種類の準備草稿を書いている(XIII, 398-412)。しかも、そのうちの二つは、最終的な完成原稿よりも長いものである。そして、その準備草稿の中でカントは、動物の発生過程を配偶子のあいだの愛と憎とによって説明しようとする説を発表してヴォルテールに嘲笑されたモーペルテュイの例をあげたりもしている。これらのことは、カントが自然学的な問題についての仮説を提示することにかなりためらいを感じて慎重に準備を行ったことを示しているといえようし、また、それにもかかわらずあえてそうした仮説を公表する許可をゼンメリングに与えたことにカントのこの論考への愛着が感じられもするのである。

さて、ゼンメリングの『魂の器官について』という書物の核心は、《脳水こそが魂の器官である》という主張にあったといえるようであるが、これに対するカントの論考は大きく分けて三つの観点からなされていると言うことができるだろう。すなわち、第一には、脳水が「魂の器官」(共通感覚中枢)という役割を果たすことができるかについての医学的・生理学的な問題、第二には、いわゆる「魂の座」をめぐる心身問題という形而上学的難題、そして第三には、哲学部と医学部との争いもその一つとして含まれるいわゆる「諸学部の争い」の問題、という三つの観点である。これらについて、順次、簡単に見ていこう。

まず第一に、共通感覚中枢をめぐる医学的・生理学的な問題である。A版第一二巻三二頁の原注(本全集二二九頁)でカントが念入りに注意しているように、ここではあくまで「与えられた表象を複合して経験的統覚の統一をつくりだす能力」としての「心」が問題となっているのであり、純粋な精神(悟性)の働きとしての「超越論的統覚」をも視野に入れたいわゆる心身問題はひとまず考慮外とされているのである。さて、「共通感覚中枢」ないし「共通感覚器官」(der gemeinsame Empfindungsplatz/sensorium commune)とはさまざまな種類の感覚を統合して精神的活動との結びつきを可能にする身体的部分といえようが、たとえ経験的統覚の統一という面だけを考えるにしても、いかにしてさまざまな別々の感覚を同一の心に属するものとして統合させることができるのか、そして、そのような働きをなすためにはその身体的部分はどのような物質でなければならないか、ということが大きな問題となる。よく知られているようにデカルトは松果腺という脳のほぼ中央の小部分がその役割を果たすと考えたのであり、この松果腺は神経を流れる動物精気の働きによって機械的に統合的知覚像を生ぜしめるものと説明されたのであった(デカルトの、とくに『人間論』『情念論』を参照)。他方、ゼンメリングは彼の『魂の器官について』において、脳室に含まれる水(脳水)こそが、すべての神経束から来るさまざまな感覚表象に統一的共同性を与えることができる条件を満たす物質、したがって共通感覚中枢、だと主張するのである。けれども、このゼンメリングの考えも、基本的にはデカルトと同じく、あくまで物質の物理的・機械的な性質や作用に基づいて諸感覚の経験的統合を説明しようとする試みであった。だが、それに対してカントは、ゼンメリングの脳水説を高く評価しつつも、たんに物理的・機械的な性質や作用だけでなく、水(脳水)の化学的な分解・結合という観点をも導入することによって、脳水説を補強しようと試みているのである。現代の脳生理学においては、脳内でさまざまな化学的変化が大きな役割を果たしているのはすでに常識となっているが、カントのここでの考えは、脳の働きを理解する際に化学的変化を重視するという点ではひとつの炯眼であったといえるだろう。

つぎに、カントのこの論考が含む第二の観点として、「魂の座」をめぐる形而上学的問題(いわゆる心身問題)がある。しかし、この論考でのカントは、精神と身体(物体)との関係をめぐるこの形而上学的問題そのものの設定に関して、終始、否定的な態度を見せている。すなわち、魂という非物質的なものの空間的場所を定めようとすることは、カントによって「それ自体として矛盾した」課題だとみなされているのである。そもそもデカルトが精神と物体とをまったく異種的な別個の実体とみなして以来、精神の自立性は擁護されやすくなった反面、精神と物体(身体を含む)とのあいだの相互の関係や作用をどう説明するかは大きな困難をかかえることとなった。その後、マールブランシュ、スピノザ、ライプニッツらはそれぞれの仕方でその困難を乗り越えようとしたが、カントが若い時代に自ら試みたのは、ライプニッツの流れを引くヴォルフ派のモナド(単子)論を補強して、物体の空間性をそれ自体は大きさを持たない自然モナド(物理的単子)の力による作用圏として説明する『自然モナド論』(一七五六年)の考え方であった。すなわち、形而上学は空間の無限分割可能性を強く否定するのに対して幾何学はそれを確固として主張するという対立を調停しようとして書かれたのが『自然モナド論』であったが、こうした空間論の試みの背後には、おそらく魂の非物質性・非空間性をも間接的に擁護しようという意図が潜んでもいたと思われる。しかし、一七六〇年代に入ると、『自然神学と道徳の原則の判明性』で言われているように、『自然モナド論』の考え方が認められるとしても、「魂が物質でないだけではなく、物体の要素でありうるような単純実体でもないということ」、すなわち魂は「物体を構成する要素(自然モナド)のように、侵入不可能性によって空間の中にあるのではないこと、そして、他の思考する存在者と一緒になって、延長するものや塊《かたまり》を形成することもできないこと」はなんら証明されていない、という点が強く意識されるようになっていった(II, 293. 本全集3巻一九九頁)。とくに、「いかなる物も、ある所に、かつ、ある時に、存在するのでなければならない」というクルージウスの命題は絶対的空間・時間の遍在性を明確に主張するものであり、それまでのカント自身の説明を容認しない力強さを感じさせたであろう。こうして、一七六〇年代中頃の『視霊者の夢』になると、カントは精神と空間との関係を考えることにまつわる困難を長々とあげつらい、「それゆえ人は論駁される恐れなしに非物質的な存在者の可能性を想定することができるが、しかし同様に、その可能性を理性的な根拠によって論証することができるという希望もない」(II, 323. 本全集3巻二三九頁)という一種の懐疑的言明を行うに至るのである。のちの『純粋理性批判』における現象と物自体との区別も、パラロギスムスや第二のアンチノミー(二律背反)といった超越論的弁証論での議論も、魂の問題についての独断的な形而上学的主張を揶揄した『視霊者の夢』におけるカントの基本的方向転換の延長線上にあるものといえるであろう。そして、「魂の器官について」の論考が「魂の座」の問題の形而上学的解決に強く否定的な発言を行っているのは、そうしたカントの長年の思索の再確認ともいえるのである。

最後に、このカントの論考の第三のポイントとして「諸学部の争い」の問題をあげることができるであろう。著作として『諸学部の争い』が出版されるのは一七九八年であるが、それより三年も前に書かれたこの「魂の器官について」の論考での論述はこのテーマについてのカントの問題意識をすでにはっきりと示している。すなわち、一七九四年一二月四日付のシュトイトリン宛の手紙からわかるように、神学部と哲学部との争いを扱った論稿は早くも一七九四年後半にはできあがっていたようであるが、それだけでなく、三つの上級学部のそれぞれと哲学部との争いという著作『諸学部の争い』全体の構想を、一七九五年にはすでにカントがある程度抱いていたことがはっきりする。しかもそれをカントはここで、「すべてを経験的な諸原理に基づかせようとする学部」と「最上のアプリオリな諸基礎を求めようとする学部」との争いとして明確に規定しているのである。そして、『諸学部の争い』の実際の著作の第三部では、フーフェラントの医学的健康法に対抗して一種の精神的健康法が主題とされることになったが、医学部と哲学部の争いというテーマはこの「魂の器官について」の論考におけるような「魂の座」の問題などさまざまな内容を含みうる可能性を持っていたことがうかがわれもするのである。

カントより三〇歳以上も若いゼンメリングは、すでに一七九〇年一〇月一四日付のJ・B・ヤッハマンのカント宛書簡でも、カントへの挨拶の意思が伝えられており、長くカントに敬意を抱いていたようである。そして、ゼンメリングは、一七九六年二月二七日付のカント宛の手紙の中で『永遠平和のために』のフランス語版への期待を表明したりもしている。また、ゼンメリングに対するカントの応対も終始、真摯なものであった。ただ、カントの最晩年に近くなった一八〇〇年ごろには、カントがゼンメリングの著作を「馬鹿げたものだから、出版すべきではなかった」とみなしていたという噂が立ったことがあったようであるが、カントはそれを気にして、できればその噂を公に否定したいと書いてもいるのである(XII, Nr. 871)。いずれにせよ、ゼンメリングとの交流は、晩年のカントの医学への関心の高まりの機縁のひとつをなしていたとみなすことができるであろう。

(谷田信一)

哲学における永遠平和条約の締結が間近いことの告示

『哲学における永遠平和条約の締結が間近いことの告示』は、一七九六年『ベルリン月報』一二月号に掲載された論文であり、先に発表された『哲学における最近の高慢な口調について』(一七九六年『ベルリン月報』五月号)の続編ともいうべきものである。カントは、『最近の高慢な口調』論文で、感情哲学の信奉者で批判哲学に反対のJ・G・シュロッサーを念頭において、ひとまず彼の名を明示することなく彼の反批判主義の立場を批判したのであった。これに対して、シュロッサーは『批判哲学を研究することを望んだ若者への書簡』を発表して反論した。カントの本論文『哲学における永遠平和条約の締結が間近いことの告示』は、このシュロッサーの『若者への書簡』に対処したもので、タイトルから想像されるように前年(一七九五年)公刊の『永遠平和のために』とは直接の関係はない。しかし大局的な見地からすれば、つまりカントの歴史哲学が彼の倫理学を前提としていることを考えるならば、大いに関係があるのである。

本論文は、シュロッサーの名を明示してはいるが、それはごく後半においてであり、感情哲学(Gefühlsphilosophie)ということばも出てこない。カントの目的は感情哲学の攻撃にあったのではなく、批判哲学の正当性を主張することであった。シュロッサーはいわば刺身のつまにされた感がある。批判哲学も感情の有する意義を否定はしないが、それはあくまでも理性の哲学であり、理念の哲学である。

批判哲学は、現象と物自体を取り違える哲学に対抗するため、「つねに〔理論〕武装した状態にあり、まさにそのことによって、絶えず理性の活動にも目を配るのであるが、一面においては反対者の側の理論的証明の無力を通して、他面においては批判哲学の諸原理を採用する実践的根拠の力強さを通して、哲学者たちの間に永遠平和への展望を開いてみせる」(二四二頁)のである。それゆえ、批判哲学と永遠平和は不即不離の関係にある。

したがって、カントはシュロッサーのカント攻撃が、「単なる知識の欠如、おそらくはまた嫌がらせへの悪しき性癖のようなもの」から生じたのであろうと皮肉まじりのユーモアで論評し、「それにもかかわらず、この攻撃は哲学における永遠平和の告示を取り壊すことはできない」(二四九頁)と論を展開する。なぜなら真実の知識に基づき医薬として作用しうる哲学は、独断論でも懐疑論でも穏健論でもなく、批判哲学だけだからである。シュロッサーはこのカントの論評に対抗して、さらに一七九八年に『批判哲学を研究することを望んだ若者への第二の書簡』を発表したが、カントはもはやこれには応じなかった。シュロッサーは、翌一七九九年に他界している。

（遠山義孝）

人間愛からの嘘

「人間愛から嘘をつく権利と称されるものについて」(以下では、「嘘」論文と略記する)は、一七八三年から刊行されてきた啓蒙主義的雑誌『ベルリン月報』(*Berlinische Monatsschrift*)が廃刊となってから同じくビースターの編集で一七九七—九八年に刊行された『ベルリン雑誌』(*Berlinische Blätter*)の九七年九月六日号に掲載された。本文からもわかるように、この論文は、当時フランス在住の政治思想家バンジャマン・コンスタンの「政治的反動について」のドイツ語訳の中でカントへの言及があったことをきっかけにして、カントが執筆した論文である。短い論文ではあるが、カントがきわめて具体的な事例に即して義務について論じた文章の典型の一つとして、しかもまた、殺人狂から友人を守るためにつく嘘も罪であるというそこでのカントの非常識とも思える主張のセンセーショナルさもあって、その発表直後から現代にいたるまでたびたび話題にされてきた論文なのである。

この「嘘」論文については、すでにカント研究会編『現代カント研究2——批判的形而上学とはなにか』(晃洋書房)所収の拙論「カントの実質的義務論の枠組と〝嘘〟の問題」などでかなり詳細に論じてあるが、この《解説》では、政治の問題を中心とするカントの社会哲学全体の中での「嘘」論文の役割といった点を補足しつつ、手短かに、「嘘」(Lüge/mendacium)についてのカントの議論の足跡を見ていきたい。

真実性の義務(嘘の禁止)の問題については、早くも一七六〇年代中頃に書かれた「『美と崇高』覚え書き」以来、カントは、たんに「恩恵的義務」(officium beneplaciti)ではない「当然的義務」(officium debeti)の代表としてその義務を引き合いに出していた(XX, 160, 173)。その際カントが批判の対象として念頭に置いていたのは、主として、嘘の問題についてのヴォルフ派の主張であったと思われる。すなわち、ヴォルフは『ドイツ語の形而上学』第九八一節において、「嘘」を「他人の害になるような不真実の言辞」と定義したうえで、カントの「嘘」論文で登場するのとよく似た仮想例をもあげて、「自分にも他人にも害を与えず、むしろそれが最もよいことであるような場合には、われわれには不真実を言う義務があるときもあるのだ」と主張していたのである。カントはそれに対して、早くから、嘘をつくこと(すなわち、他者に対して故意に真実でない言明を行うこと)はそれが有害であろうとなかろうとそれ自体として醜い行為だとして、上記のような二種の義務の区別(「完全義務」「不完全義務」の区別にほぼ近い)を掲げながら、嘘の禁止を強い厳格な義務として取り扱ってきたのである。

けれども、カントも、他人を害する嘘とそうでない(むしろ善意や緊急的必要性から出る)嘘との区別を考えていなかったわけではない。じっさい、とくにいわゆる「窮余の嘘」(Notlüge)の問題については、《一七八〇年代前半の倫理学的諸講義》などではかなり緻密に考察されている。すなわち、カントは、たとえば強盗が「答えないと殺すぞ」と私を脅して「金を持っているか」と尋ねるような場合のことを考察して、「私が私に加えられるであろう暴力によって白状することを強要され、また、私の言うことが不正に利用されようとしており、しかも、私が沈黙によってその場を切り抜けることができないとすれば、そのようなかぎりでは、嘘は対抗手段である」と述べて、そのような場合の「窮余の嘘」を容認しているのである(XXVII, 1564)。つまり、ここではカントは嘘を、「法的意味での嘘」すなわち「他人を害する虚言」(falsiloquium in praejudicium alterius)と「倫理的意味での嘘」すなわち「人間性の害になるような虚言」(falsiloquium in praejudicium humanitatis)とに分けて論じ、両方とも嘘であり善くないことであるとしても、両者の区別をもはっきりと主張し、後者の意味での嘘は上記の事例におけるように許される場合もありうるということを認めていたのであった。

そしてさらに、このあと「嘘」論文へと至るまでのあいだに、『人倫の形而上学の基礎づけ』(一七八五年)や『人倫の形而上学』徳論(一七九七年)などにおける「嘘」の問題への論及があって、真実性(嘘の禁止)の義務は、前者では「他人に対する完全義務」として、後者では「自己自身に対する完全義務」として論じられている。しかし、真実性の義務についてのこの二つの異なる取り扱い方は、必ずしも矛盾するものではないであろう。なぜなら、「他人に対する完全義務」としての真実性の義務とは他人の正当な権利を侵害するような嘘を言うなということであるが、それに対して、『人倫の形而上学』徳論における「自己自身に対する完全義務」としての真実性の義務への違反とは、「人間が自らを、……他人の目に……ないし自分自身の目に、軽蔑の対象とすることであり、自己自身の人格における人間性の尊厳を傷つけることである」から、他人に与える損害も自己自身に招く損害も含めて「損害は……ここでは考慮のうちに入らない」のだからである(VI, 429)。つまり、同じく真実性の義務に関するとは言っても、前者は他人への権利(権益)侵害にかかわる法義務の問題、後者は自己自身の道徳性(尊厳)にかかわる徳義務の問題としてはっきり区別されているのである。そして、この点では、上記の《一七八〇年代前半の倫理学的諸講義》における区別と同様の枠組が示されているといえるであろう。

ところが、この解説が直接の対象としている「嘘」論文においては、真実性の義務について、いま述べた枠組をはみ出す取り扱い方が行われているように思われる。すなわち、人殺しに対する「嘘」が(相手個人の権利ではないが)人間性一般に対する権利侵害として法義務に違反する行為だとみなされているのである。「嘘」論文におけるカントの主張の重要なポイントは、まず、この論文では倫理学におけるような「自己自身に対する義務」に関する問題として真実性の義務を論ずるのではなく、「私がこの論考で問題にしているのはひとつの法義務［としての真実性］についてだ」とはっきり明言していることである(VIII, 426 Anm. 本巻二五五頁)。つまり、ここでは自分の道徳性にもっぱらかかわる倫理的義務としての真実性の問題についてではなく、あくまで、他人の権利との関係にかかわる法義務の問題として真実性の義務が取り扱われているのである。けれども、同時にまた他方、カントはそれとすぐ近い箇所で、次のようにも述べるのである。「なるほど私は、私を不当に言表へと強要する者に対しては、たとえ虚偽の言表を行っても、不正をすることにはならないけれども、とはいえしかし、私は、(法律家の意味においてではないにしても)嘘と呼ばれうるそのような虚偽の言表によって、本質的な点で義務一般に対して不正を行うことになるのである。すなわち、私は、自分に責任のあるかぎりにおいて、言表(言明)一般の信用をなくさせ、したがってまた、契約に基づくすべての権利を無にし、その力を失わせるのである。それは、人間性一般に対して加えられる不正なのである」(VIII, 426. 本巻二五四―二五五頁)と。そして、それを主たる根拠として、この論文においてカントは、「(ここではそれだけが問題になっている)真実性の義務は、この義務を果たさねばならない相手とこの義務を守らなくてもよい相手とを区別したりはしないのであり、むしろ、それはどんな状況においても妥当する無条件的な義務である」(VIII, 429. 本巻二五八頁)という結論を引き出しているとみなしてよいであろう。

なるほどカントは、そのほかにも、殺人者の問いに正直に答えたほうがかえって結果的によい場合もありうるし、とにかく嘘をついた場合はその結果の責任を負わねばならないが、正直に答えてさえいればたとえどんな結果になろうと裁判で責任を追及される心配はない、というような議論をも掲げている(VIII, 427. 本巻二五五―二五六頁)。

この議論は、J・D・ミヒャエリスの『道徳学』第七一節での議論の影響を受けたものであることがうかがわれるものである。すなわち、ミヒャエリスは、嘘がばれたときの「恥ずかしさ」や会話のための「暗黙の契約」としての真実性という考えなどに言及しながら、嘘は「完全義務」(officium perfectum)に反するとみなしており、バウムガルテン(A. G. Baumgarten)らヴォルフ派において主張されていたような意味での有害な「嘘」(mendacium)と無害な「虚言」(falsiloquium)との区別を否定している。そして、その際のミヒャエリスの主張の最大の根拠は、「あれこれの不真実が隣人に非常に害にならないかどうかを私は決して確信することはできない」ということであり、実際この節のなかでミヒャエリスは、カントの「嘘」論文とほとんど同じ仮想例をあげながら、「彼〔人殺し〕はそれを嘘と思うであろう」から真実を言うほうがむしろよい結果をもたらす見込みが大きいのだ、と論じているのである。カントがこのミヒャエリスの『道徳学』を読んだことは『たんなる理性の限界内の宗教』でカントが何度か『道徳学』に言及していることから明らかであり、嘘についてのミヒャエリスのこの議論はじっさい「嘘」論文の議論に少なくとも部分的には影響を与えたのではないかと思われる。しかし、ミヒャエリスの議論の核心は何といっても幸福主義にあり、カントの「嘘」論文での議論の重点とは大きく異なっている。これに対して、カントの「嘘」論文では、その核心はあくまで真実性の義務が「人間性一般」にかかわる法義務だという点にあるのだ。

要するに、「嘘」論文における核心的主張とは、殺人を防ぐために言うような場合の嘘は、「法律家の意味における嘘」(つまり、相手個人の正当な権利を侵害するような嘘)ではないにしても、「人間性一般に対して加えられる不正」として法義務に反するものだ、と厳しくとらえられたことにある。すなわち、それは言い方を変えれば、法義務の範囲が拡張されたということでもある。だが、それでは、なぜカントは新たにこのような観点をあえて導入しようとしたのであろうか。

その理由とは、おそらく、とくに一七九〇年代においてカントが、自らの宗教関係の論文の出版をめぐってのトラブルやフランス革命の展開から生じた暴力・戦乱などを機縁としつつ、政治を中心とする社会哲学上の諸問題とより多く取り組むようになって、暴力や嘘の禁止といった「完全義務」を厳守することの社会的必要性をますますつよく痛感するようになり、嘘の問題をたんに個々人の倫理的問題としてではなく、むしろ、国家や人類全体の安否にかかわる重大な鍵をにぎるキーワードとしてとらえるようになったことにあったのではないかと思われる。たとえば、『理論と実践』(一七九三年)の第二章では、カントは、国民が国家主権者に対して起こすあらゆる扇動や暴動の禁止を「無条件的」な義務として、「条件付き」の義務の根源である幸福の原理より優越すべきことをつよく主張し、いわゆる革命権(暴力的反抗権)を否定する議論を展開している。そして、『永遠平和のために』(一七九五年)においてはカントは、「理性は道徳的に立法する最高権力の座から、訴訟手続としての戦争を断固として弾劾し、これに対して平和状態を直接の義務とする」(VIII, 356. 本全集14巻二七一頁)と述べるとともに、「正直はあらゆる政治にまさる」という理論的命題は「あらゆる異議をまったくよせつけないで、実に政治の不可欠な条件となっている」(VIII, 370. 本全集14巻二九二頁)と明言してさえもいるのである。

さて、社会哲学上の問題における無条件的義務の優越の特徴は、たとえ直接の相手に対しては不当でなくとも、社会全体に対する不法だという点にある。たとえば、『理論と実践』においては、革命権に関して、「領主がこのような反乱によって何ら不当な目にあわなかったということがたとえ認められるとしても――それでも、このようなやり方で権利を追求することによって臣民がこれ以上ない不法行為をなしたということは明らかである」(VIII,

301. 本全集14巻二〇四頁)と言われている。先ほど指摘したように、「嘘」論文で、人殺しに対する嘘に関して述べられている主張は、それと同じような論点を掲げていた。ここから考えると、「嘘」論文においてカントは、個人に対してでなく社会(ないし人間性一般)に対しての権利侵害という意味での法義務の存在を改めて明示しようという意図を持っているのだと思われるのである。

いま述べたことと関連して、「政治的な道徳家」への批判という意図が「嘘」論文にはあったと考えられる。上で見たように『永遠平和のために』では政治における正直さの重要性が強調されていたが、それはとくに、政治において道徳よりも経験的原理を優先しようとする「政治的な道徳家たち」(politische Moralisten)に対して向けられていたのであった(VIII, 372. 本全集14巻二九四頁)。その際カントがとくに念頭に置いているのは、おそらくガルヴェ(Chr. Garve)、ゲンツ(Fr. Gentz)、レーベルク(A. W. Rehberg)などであったと思われる。こうした人々は概して、世襲的特権階級の廃止や革命権の否認といったカントの主張や国際連合についてのカントの構想などに関して現実無視の空論だと批判して、より現実的・経験的条件を重視して、世襲的特権階級の存続、イギリスふうの立憲君主制、大国間の勢力均衡を基盤とする国際政治などを提唱していたのである(この点についてはKant, Rehberg, Gentz, *Über Theorie und Praxis*, Suhrkamp 1967 のヘンリッヒ(D. Henrich)による緒論などを参照)。カントは『永遠平和のために』の出版以後も、ゲンツをはじめとする人々によるそうした批判にさらされていた(たとえば一七九五年一一月五日付のキーゼヴェターからカント宛の手紙(XII, 47)を参照)。そして、そのような事情を背景として見るとき、「嘘」論文が批判の対象としていた「政治的反動について」という論文を書いたバンジャマン・コンスタンがガルヴェやゲンツに近い折衷主義的な政治思想の持ち主であり、カントが嫌うイギリス的な立憲君主制の支持者であったことは、「嘘」論文の執筆意図を理解するうえで軽視できないであろう。とくに、「嘘」論文の最後の四つの段落ではっきりと政治の問題に論及されていることは、「嘘」論文の核心的意図がじつは政治哲学の問題にあったのだということを如実に物語っているのではないかと思われるのである。つまり、「嘘」論文は、嘘の禁止という義務の問題を論じるという形を借りながら、折衷主義的な「政治的道徳家たち」の政治哲学への痛烈な批判を行っていると解することができるのである。

さて、カントの「嘘」論文は、短い論文ながら、その発表当時から現在に至るまでかなり多くの論者によって論評されてきた。それは大きく見て三つの時期(ないしタイプ)に分けて考えることができるであろう。

第一は、「嘘」論文の発表直後の反響であり、人殺しに対する嘘も罪だというカントの主張に賛同する声がつよく起こった時期である。たとえば、ティーフトルンク(J. H. Tieftrunk)、メリン(G. S. A. Mellin)、ベルク(J. A. Bergk)といったカント哲学の信奉者たちはカントの議論を支持したし、フィヒテ(J. G. Fichte)も『人倫論の体系』(一七九八年)において嘘の禁止を厳格に主張する議論を展開した。もちろん他方では、たとえば当時ワイマール近郊にいたフランスの政治家ムーニエ(J. J. Mounier)のように、カントの「嘘」論文をつよく批判する人々もいたが、しかし、そうした声は、メンデルスゾーンやガルヴェらの折衷主義的な通俗哲学の倫理観を振り払って新しい理想主義的なカント哲学を称揚しようとする人々の熱気に圧倒されがちであったといえよう(G. Geismann & H. Oberer (hrsg.), *Kant und das Problem der Lüge*, 1986 の H. Oberer による Einleitung、および、V版カント全集の K. Vorländer による Einleitung などを参照)。

その後、しばらくカントの「嘘」論文についての論評は少なくなるが、二〇世紀に入ってパウルゼン(F. Paulsen)などを皮切りとして再び「嘘」論文への論評が増えてくる。ただし、こんどは、第一の時期とは異なって、人殺しに対する嘘も罪だというカントの主張は少なくとも文字どおりには到底受け入れられないものであることを認めたうえで、しかしなんとかカントの議論を擁護ないし釈明する解釈を見いだそうとする意図で書かれたものが多い。代表的なものとしては、ペイトン(H. J. Paton)、シュヴァルツ(W. Schwarz)、ホーフマイスター(H. E. M. Hofmeister)、ギリスピー(N. Gillespie)、ヴァーグナー(H. Wagner)、ヴイユマン(J. Vuillemin)などの論文があげられる(これらの大半は前記のG. Geismann & H. Oberer の編書に収められている)。これらの論文(第二のタイプ)は、総じて、あくまで「嘘」論文の主張を嘘の禁止という義務の具体的事例への適用の問題として取り扱っているのが特徴である。

これに対して、とくに最近においては、「嘘」論文についてのもうひとつの新たな解釈傾向(第三のタイプ)が台頭してきた。すなわちそれは、「嘘」論文の主要意図を、嘘の禁止の義務の具体的適用の問題にではなく、政治哲学的な主張にあるとみなす解釈傾向である。たとえばセジウィックの論文(S. Sedgwick, On Lying and the Role of Content in Kant's Ethics, in *KANT-STUDIEN* 82, 1991)や、ザッセンバッハの著書(U. Sassenbach, *Der Begriff des Politischen bei Immanuel Kant*, 1992)などは、その好例であろう。そして、この私の「解説」も主としてそのような視点から「嘘」論文を理解しようという姿勢を基調とするものであった。

いずれにせよ、このカントの「嘘」論文は、われわれが具体的に義務の問題を考える際に振り返って問題意識を新たにするための活力源として、今後もしばしば人々の注目と論議の的となっていくであろう。

(谷田信一)

出版稼業について

ベルリンの著述家・出版者であるフリードリヒ・ニコライに対するこの二通の「手紙」は、ニコライのカントへの批判に反撃するためにカントが書いたものであり、一七九八年にケーニヒスベルクのニコロヴィウス書店から小冊子の形で出版された。

ドイツの啓蒙時代(Aufklärungszeit)を大きく三つの時代に区分して考えるというのは、マックス・ヴントの『啓蒙の時代におけるドイツの学校哲学』(M. Wundt, *Die Deutsche Schulphilosophie in der Zeitalter der Aufklärung*, 1945)以来、ほぼ定説化している考え方だと言ってよいであろう。すなわち、第一期は一六九〇―一七二〇年ごろのトマジウスを中心とする時代、第二期は一七二〇―五〇年ごろのヴォルフを中心とする時代であり、そして、これに続く第三期とされるのがおよそ一七五〇―八〇年ごろの時代であるが、この第三期はいわゆる「通俗哲学」(Popularphilosophie)隆盛の時代であった。この一八世紀後半の時代のドイツ文化における顕著な特徴の一つは、雑誌が啓蒙主義的思想・文化の普及・発展にきわめて大きな役割を果したことにあるが、とりわけそうした雑誌の編集・出版にかかわってこの時代に大きな役割と影響力を持った人物がほかならぬフリードリヒ・ニコライ(Friedrich Nicolai, 1733–1811)であった。

フリードリヒ・ニコライは、やはりベルリンの出版業者であった父の死後その仕事を受け継ぎ、二〇歳代ですでに雑誌の編集・出版を始めた。一七五〇年代中頃にレッシングやメンデルスゾーンと知り合ったニコライは、一七五七年に彼らの協力を得て文芸批評誌『美的諸学問・諸芸術文庫』(*Bibliothek der schönen Wissenschaften und der freyen Künste*)を創刊したのを手始めに、一七五九―六五年には、やはりレッシングやメンデルスゾーンと共同で、『最新の文献に関する通信』(*Briefe, die neueste Literatur betreffend*)を編集・出版するなどした。その後、一七六五年からは雑誌『一般ドイツ文庫』(*Allgemeine Deutsche Bibliothek*)を編集・出版して、最新文献の紹介・書評を数多く掲載して、長期間にわたってドイツの精神文化の動向にきわめて大きな影響を与えたのである。（なお、日本でもようやく最近、ニコライについての本格的研究書が登場した。戸叶勝也『ドイツ啓蒙主義の巨人――フリードリヒ・ニコライ』朝文社、二〇〇一年、がそれである。）

『一般ドイツ文庫』には一七六五年から一八〇五年のあいだの四〇年間にじつに八万冊以上の本の紹介・書評が載せられ、寄稿者の数も合計すると四〇〇人を超えるといわれており、文字通り、一八世紀後半のドイツにおける学問・文化の情報交換センターであり啓蒙主義の最大の牙城でもあったといえるだろう。とりわけ初期の『一般ドイツ文庫』には宗教の問題に関しての書評が多く見られたのであり、一七六七年の第四巻第二冊の序文ではニコライ自身が、自分たちの立場はどの特定の宗派にも組せず神学の中に啓蒙を持ち込んで啓示と宗教との和解をめざすいわゆる「ネオロギー」(Neologie)の立場であると言明してもいる。この一例にも示されているように、『一般ドイツ文庫』は一八世紀後半のドイツ啓蒙主義のいわゆる「通俗哲学」をリードした最有力の雑誌であったと言ってよい。その後、一七八三年になると、同じくベルリンでビースターが中心となって編集を行った『ベルリン月報』(*Berlinische Monatsschrift*)がやはり啓蒙主義者たちを中心的メンバーとして刊行されるようになり『一般ドイツ文庫』以上の影響力を持つようになるが、しかし、そのころ（つまり一七八〇年代）にはすでにいわゆる「通俗哲学」の全盛期は過ぎており、思想界の趨勢は批判哲学やロマン主義へと向かって疾走しはじめていたのである。

ところで、メンデルスゾーン、ガルヴェ、ニコライらを代表者とするドイツ一八世紀後半のいわゆる「通俗哲学」は、概して、学問的厳密さよりも常識や人間学的知見を重視し、また、表現上の平明さや美しさを心掛けたのであり、思想傾向としては幸福主義的・折衷主義的な傾向をつよく帯びていたのであった。しかし、一七七〇年代ごろからはしだいにそうした「通俗哲学」の指向と相反する思想潮流が現れてくるようになり、それらに対してとくにニコライはしばしば、得意の皮肉・風刺をたっぷりとまじえた攻撃的内容の著作を書いて啓蒙主義擁護の戦いを展開していったのであった。そのニコライの論敵とされたのは、ゲーテ、ヘルダー、ヤコービらであったが、一七九〇年代になるとその矛先はカントやフィヒテにも向けられるようになっていくのである。

一七七〇年代にカントからニコライに宛てた二通の手紙がA版のカント全集に載っている(X, 141f., 223f.)が、それらを見ても、そのころのカントとニコライとの関係は、とくに好意的でもないが、べつに悪い関係でもなかったとみなしてよいであろう。おそらく、V版の解説(Vorländer による)も指摘するように、ニコライがカントに対して悪い感情を持ちはじめるきっかけとなったのは、レッシングが自ら汎神論者であると認めたことをヤコービが公表したことに対してメンデルスゾーンが憤慨・抗議して始まった一七八五―八六年のいわゆる「汎神論論争」に際して、カントが『思想の方向を定めるとはどういうことか』においてヤコービのみを非難するのではなく両陣営をともに批判する論評を行ったことであるかもしれない。いずれにせよ、一七九〇年代に入るとニコライは、まず『ある太った男の話』(*Geschichte eines dicken Mannes*, 1794)において批判哲学を風刺した後、一七九八年には『ゼンプロニウス・グンディベルトの生涯と意見』を出版してさらに激しくカント哲学への嘲弄を行ったのである。

さて、この『ゼンプロニウス』にかかわるのはカントの『出版稼業について』の後半（第二の手紙）であって、『出版稼業について』の前半（第一の手紙）は、ニコライがJ・メーザーの遺稿を編集して一七九七—九八年に出版した『ユストゥス・メーザーの種々の著作』に対するカントの応答である。というのも、メーザーはドイツ北西部のオスナブリュックで実際の政治にも関与していた著述家であったが、寓話的な物語づくりが得意であり、その遺稿の中で、そうした物語を用いながら、カントが『理論と実践』で述べていた伝統的身分制度（とくに世襲貴族制）撤廃の主張に対する批判を行っていたからである。だが、これに対してカントは、この「第一の手紙」の中で、メーザーの物語を再検討することによって、メーザー（およびニコライ）の主張を再批判しているのである。そしてその際、とくに注目されることは、このカントの叙述においてカントの政治的展望の一端が垣間見られることである。たとえば、「啓蒙」（教育）の進展によって国民も世襲貴族自身もしだいに世襲的特権制度の不利益に気づくようになっていく、というような形で、カントは共和制へと向かっての政治の歩みを示唆しているのであり、その点で、『人倫の形而上学』法論・付録（VI, 367 ff.）などとともに貴重な文章といえよう。

そして次に、「第二の手紙」では、カントはいよいよニコライ自身の『ゼンプロニウス』を論評の対象にするわけであるが、ここでのカントの筆致はニコライの文体に呼応するかのように皮肉と風刺をたっぷりと含んだ文体で書かれている。しかし、その批判の核心は明確に述べられているのであって、それはすなわち、アプリオリな認識とアポステリオリな認識とを区別することの重要性をニコライがまったく理解していないという点にある。けれども、なるほどカントはこのように著者・哲学者としてのニコライに関してはきわめて低い評価しか与えていないのであるが、しかし、出版者としてのニコライに対しては相当に高い評価を与えている点も注目されてよいであろう。

すなわち、カントは、ニコライが出版するような一時的な反響だけをねらったような本でも、学芸的出版全体を活気づけ学問に人々の関心をひきつける効果があると考えて、それを評価しているのである。くだらない本だから出版するなというような専制的言論統制ではなく、あくまで多元主義的に自由活発な言論・出版の意義を高く評価する点が、『啓蒙とは何か』において理性の「公共的使用」の自由を「啓蒙」の必須条件とみなしたカントの面目を躍如としているといえるであろう。

（谷田信一）

R・B・ヤッハマン著『カントの宗教哲学の検討』への序文

カントが一八〇〇年という最晩年近い時期に愛弟子R・B・ヤッハマンの『カントの宗教哲学の検討』という著作のために書いた小文である。この書物の著者ラインホルト・ベルンハルト・ヤッハマン（Reinhold Bernhard Jachmann, 1767–1843）はケーニヒスベルク生まれで一七八四年にケーニヒスベルク大学に入学しており、カントの助手をつとめたのちケーニヒスベルクで開業医となった兄ヨハン・ベンヤミン・ヤッハマン（Johann Benjamin Jachmann, 1765–1832）とともに、カントの愛弟子であった。一七九四年からマリーエンブルクの校長・説教師をつとめ、一八〇一年からはダンツィヒ近くのイェンカウのコンラート師範学校の校長となったが、そのようにケーニヒスベルクを離れて暮らすようになってからもときどきケーニヒスベルクに帰省して老境のカントを訪れた。そして、このR・B・ヤッハマンが書いたカント伝記（日本語訳は木場深定訳『カントの生涯』理想社、一九七八年）

は、ボロウスキー、ヴァジアンスキーによるカント伝記と合わせて一冊の書物とされて、一八〇四年にケーニヒスベルクのニコロヴィウス書店から刊行され、カントの人となりを知る貴重な資料となっているのである。

さて、ヤッハマンの『カントの宗教哲学の検討』は、訳注に示した詳しい表題にあるように、カントの宗教哲学と「純粋な神秘主義との類似性」に関しての検討を主たる内容としている著作である。そのきっかけは、哲学にも強い関心を持つ若手の医者であったヴィルマンス(Carl Arnold Wilmans, 1772-1848)が一七九七年に書いた「純粋な神秘主義とカントの宗教哲学とのあいだの類似性について」(De similitudine inter Mysticismum purum et Kantianam religionis doctrinam)という学位論文である。すでにカント自身も一七九八年の『諸学部の争い』の中にこの論文の要旨を述べた一七九七年九月のヴィルマンスの書簡をそのまま掲載しているが(VII, 69-75)、ヴィルマンスはそこにおいて、儀式的な神礼拝を重視せず聖書よりも自らの心のうちに内在するキリスト教を重んじるなどの点でカントの宗教的教説と神秘主義とは非常によく似ていると主張しているのである。『諸学部の争い』の中の注でカントは「私の考え方と彼の考え方との類似性を無条件的に認めるつもりはない」(VII, 69 Anm.)と述べてはいるが、それ以上に反論してはいない。そこで、カントに代わってヴィルマンスに対する反論を試みたのがヤッハマンの『カントの宗教哲学の検討』だったのである。

このヤッハマンの著作に付されたカントの序文は、短いながらよく整理された文章になっており(XXIII, 465-468にその準備草稿が収録されている)、カント哲学の根本的姿勢を改めて明確に表明したものとみなすことができる。すなわち、まず、「条件付きの価値」しか持たない「学問の教説」としての哲学に対して、「無条件的な価値」を持つものとしての「知恵の教説」としての哲学の優位をはっきりと主張する。これは明らかに『純粋理性批判』における哲学の「学校概念」と哲学の「世界概念」との区別に対応するものといえるであろう。そして次に、この「知恵の教説」にいたる手段の問題に関して、受動的な超感性的経験によってでは決してなく、「下から上へと自らの実践理性の内的な力によってよじ登って獲得される」のでなければならない、と強調して、カント自身の実践哲学と「神秘説」(神秘主義)との違いを際立たせているのである。とりわけ、カントの宗教哲学とピエティスムス(敬虔主義)との類似点と相違点を考える場合に、このカントの「序文」はきわめて簡潔にその要点を明示しているといえるであろう。

(谷田信一)

Ch・G・ミールケ編『リトアニア語＝ドイツ語辞典』へのあとがき

「Ch・G・ミールケ編『リトアニア語＝ドイツ語辞典』へのあとがき」が掲載された辞典の表題は、正確には次のとおりである。『ヴァルターケーメンのルーイッヒ牧師によってかつて編集された辞典がなるほど基礎に置かれてはいるが、ピルカレンの教会合唱隊長であるクリスティアン・ゴットリープ・ミールケによって非常に多くの単語・慣用句・諺が半分ほども増補され改良された、リトアニア語－ドイツ語およびドイツ語－リトアニア語の辞典。著者、ベルリンの説教師イェーニッシュ氏、戦争および領地顧問官ハイルスベルク氏の序文のほか、カント教授のあとがき付き』ケーニヒスベルク、一八〇〇年。ハルトゥング宮廷印刷所の印刷・刊行。

この「ミールケへのあとがき」は、「R・B・ヤッハマン著『カントの宗教哲学の検討』への序文」とともに、一八〇〇年に書かれたカント最晩年の文章のひとつである。右の正確な表題を見ればわかるように、この辞典はもともとルーイッヒという牧師がつくった辞典にリトアニアのピルカレンという町の教会合唱隊長ミールケ(Christian Gottlieb Mielcke)が増補・改良を施したものである。カントがこの辞典のために書いた「あとがき」は、公正な誇り高さとでもいうべきリトアニア人の性格特性に関するカントの好意的評価を示すとともに、言語とそうした性格形成とのつながりの深さを強調して民族固有の言語の教育の必要性を主張しているのである。カントが若い頃に家庭教師をしていたアンダーシュ家のあったユッチェン村での体験などを通して、カントはリトアニア人の性格特性について多くの知見を持っていたのであろう(K. Vorländer, *Kant—Der Mann und das Werk*, 2. erweiterte Auflage, 1977, IV Kap., S. 65–68 を参照)。

それだけではない。一四世紀以来ポーランドはリトアニアと合体して王制をしいてきたが、一七世紀にはロシア、スウェーデンに国土の一部を奪われ、そして、一八世紀後半の三度にわたるいわゆる「ポーランド分割」(一七七二、九三、九五年)によってロシア、プロシア、オーストリアの三国によってすべての国土を奪いつくされて、ついにポーランド国家は消滅してしまったのである。『永遠平和のために』の第二の「予備条項」において「独立して存続しているいかなる国家も……ほかの国家の所有にされるべきではない」(VIII, 344. 本全集14巻二五三頁)と述べられていることからもわかるように、カントは、独立国家は「道徳的人格」であるとしてその存続権を主張しているのである。また、『人倫の形而上学』法論の第六〇節でもカントは、独立国家の分割・消滅をもたらすような政治的策動を、「一つの共同体へと結合するという根源的権利を決して失うことのありえない民族に対する不正」(VI, 349)だとして、つよく非難しているのである。そして、このような思想を背景としつつ、この「あとがき」でカントは、自らの国家を失ってしまったプロシアのポーランド人について、純粋な民族言語の教育の重要性を強調しているのである。

このようなカントの主張は、永遠平和の問題について、カントが究極的にめざしていたのは果たして世界共和国かそれとも諸国家の国際連合か、という問題を考えるときにも大いに考慮されるべきであろう。『永遠平和のために』の中でも、カントは、「言語や民族の相違」をむしろ積極的に引き合いに出して、「非常に活発な競争による力の均衡によってもたらされ、そして保証される」平和こそがめざされるべきだと述べている(VIII, 367. 本全集14巻二八八頁)。これらを考え合わせるならば、カントが理想とする永遠平和とは、あくまで、各民族の独立の権利と伝統の多元性による活力とを保持したうえでの国際的協調としての平和であって、カントが世界政治を理性主義的に一元化しようとしたとみなす解釈はカントの真意から離れているのではないかと思われるのである。

いずれにせよ、この「あとがき」は、短い文章ながら、カントの政治哲学や平和思想を考えるうえでたいへん重要な示唆を含むものといえるであろう。

(谷田信一)

形而上学の進歩にかんする懸賞論文

本『懸賞論文』は、ベルリン王立科学アカデミーの懸賞論文の公募に応じるために執筆されたが、未完のままで残されていた草稿である。これがカントの死の直後の一八〇四年に、リンクの編集によって公刊された。「ドイツにおいてライプニッツとヴォルフの時代以来、形而上学が遂げた真の進歩とは何であるか」というアカデミーの懸賞課題は、一七八八年一月に告知されていたが、当初設定された締め切りが一七九二年一月一日まで延期された。それにもかかわらず、この期限までの応募は、熱心なヴォルフ学徒にしてエーベルハルトの協力者であるヨハン・クリストフ・シュヴァーブの論文一編のみであった。そのために締め切りを再度一七九五年六月一日までに延期し、また課題の重要性と困難さのゆえに賞金も二倍にされた。カントがこの懸賞課題に応じようとしてこの課題の解決に従事したのは、書簡などから推察すると一七九三年と思われる。ところが、当時カントは検閲問題で悩まされ、また老齢のゆえもあり、原稿執筆の中断を余儀なくされた。最終的には、三〇編以上の応募があり、受賞者は、リンクの序文にあるように、シュヴァーブ、ラインホルト、ヨハン・ハインリヒ・アビヒトの三名であった。

ライプニッツとヴォルフ以来の形而上学の進歩に関する課題に対して、カントは先ず、形而上学というものを次のように規定している。すなわち、「形而上学とは、理性によって、感性的なものの認識から超感性的なものの認識へと進歩してゆく学問である」。

このような意味での形而上学についてカントは、ライプニッツおよびヴォルフ以来のその歩みを歴史的に回顧して、三段階に区別している。すなわち、理論的独断的前進としての第一段階（いわゆる独断論の段階）、懐疑的静止状態としての第二段階（懐疑論の段階）、そしてカント自身の立場である「実践的独断的」完成の第三段階、つまり形而上学の究極目的としての超感性的なものへの到達としての第三段階である。

第一段階は、形而上学を、いかなる実践的教説をも含まない純粋な理論哲学の体系と見なすライプニッツ－ヴォルフ学派の立場である。つまり、数学を範としながら、それからの類推として、本来は経験の対象にしか妥当しえない諸概念を経験の領域を超えて、形而上学が目的とする超感性的なものについての理論的独断的認識へと適用することによって、魂の不死や自由や神についての合理的な理論的認識が可能だと見なす立場である。本『懸賞論文』では、このような第一段階を、それが基づく諸原理や諸原則に即して、すなわち、不可識別者同一の原理、充足理由律、予定調和論、モナド論、および合理的物体論および合理的霊魂論などの原理や原則に即しながら展開している。

形而上学の第二段階の歩みは、経験主義の観点から、超感性的なものについての理論的認識を断念することによって、形而上学についての学的判断を中止する懐疑論の歩みであるが、この段階において、形而上学の進歩は停止することになる。

しかしながら、この第二段階は、カントの考える本来の形而上学を、つまり超感性的なものについての学問を断念してしまうものである。ことここに至って、そもそも、本来の形而上学がいかにして可能であるのかという問いが、有意味な問いとして改めて提示されなければならない必然性が生じてくる。この問いの解決こそが形而上学の進歩の第三段階であるとともに、アカデミーの課題に真に答えることにもなる。この段階においてこそ、カント自身の「実践的独断的教説」の内実が積極的に展開されるはずであるが、しかしまた、カントによれば、そのためには、その「予備学」ないし「前庭」として、「純粋理性の批判」が不可欠となってくる。この予備学を、カントは、「存在論」ないし「超越論哲学」と呼んでいる。

すなわち、「存在論とは、あらゆる悟性概念と原則が、感官に与えられ、それゆえ経験によって確証されうる対象に関わるかぎりでのみ、それらの悟性概念や原則の体系をなすような(形而上学の一部としての)学である。存在論は、形而上学の究極目的である超感性的なものに触れることはなく、それゆえ予備学としてのみ、または本来の形而上学の玄関ないし前庭としてのみ形而上学に属しており、そして存在論は、それがあらゆるわれわれの認識の条件と第一の要因をアプリオリに含んでいるがゆえに、超越論哲学と呼ばれる」(本巻二九三頁)。この予備学を遂行することこそが、超感性的なものについての理論的独断論に陥ることなく、また、形而上学を断念する懐疑論の慎重な態度に道を失うことなく、本来の形而上学へと正しく歩みを進めるための不可欠な作業である。純粋理性の批判を遂行すれば、ライプニッツ－ヴォルフ以後のドイツにおける形而上学の問題が、したがってまた、アカデミーの課題が、解決されることになる。かくして、「哲学が形而上学のために通過しなければならなかったのは三段階である。第一は独断論の段階であり、第二は懐疑論の段階であり、第三は純粋理性の批判主義の段階である」。

以上のような形而上学の歴史を踏まえながら、カントは、アカデミーの課題の解決を、本『懸賞論文』においては、さらに二つの部門に分けて論じようとしている。

第一部門は、理性の手続きの「形式的なもの」に関わり、第二部門は、「実質的なもの」すなわち形而上学の究極目的に関わっている。つまり、第一部門は、超越論哲学の最近の状態を記述し、第二部門は、超感性的なものについて積極的に関わる本来の形而上学の状態を含んでいる。

「形式的なもの」に関わるところの超越論哲学の歴史は三つの歩みに分けられるが、第一の歩みとは、分析判断と総合判断の区別という歩みであり、第二の歩みは、アプリオリな総合判断が可能であるのか、という問題を純粋理性批判の根本問題として投げかける歩みであるが、これはヒュームの功績に帰せられている。第三の歩みは、この根本問題に答える歩みであり、アプリオリな直観とアプリオリな概念の客観的実在性を証明することによって、経験の可能性の条件を明らかにし、アプリオリな総合判断の可能性を理解させる歩みである。

第一部門におけるこれら三つの歩みを踏まえることによって、本来の形而上学、つまり超感性的なものへの実践的独断的超出が可能になるのである。

「以上のことが、形而上学の本来の究極目的をなしている超感性的なものへの形而上学の超出の三つの段階である。思弁や理論的認識の途上でこのような超出を達成することは、形而上学が昔から自らに課してきた無駄な努力であり、こうしてこの学は際限のない無駄骨になった。道徳法則が、人間における超感性的なものを、すなわち、その可能性をいかなる理性も説明できないがしかしその実在性を実践的独断的教説において証明できるような自由を、露わにした後ではじめて、理性は、超感性的なものの認識を正当にも要求できたのである。ただしその要求は、理性の使用を実践的独断的見地に制限してのことにすぎない」(本巻三六七頁)。

なお、『懸賞論文』には三種類の原稿が残されているが、それぞれの内容およびそれらの編集方針についてはリンクの序文を参照されたい。本巻での翻訳は、リンクの序文にある「付録」までであり、アカデミー版に収録されている「断片」(A版第二〇巻三三三―三五一頁)および「補遺」(A版第二三巻四六九―四七五頁)は訳出していない。

(円谷裕二)

■岩波オンデマンドブックス■

カント全集 13　批判期論集

2002年3月28日　第1刷発行
2017年8月9日　オンデマンド版発行

訳　者　谷田《たにだ》信一《しんいち》　北尾《きたお》宏之《ひろゆき》　福谷《ふくたに》　茂《しげる》
円谷《つぶらや》裕二《ゆうじ》　田山《たやま》令史《れいし》　遠山《とおやま》義孝《よしたか》

発行者　岡本　厚

発行所　株式会社　岩波書店
〒101-8002　東京都千代田区一ツ橋2-5-5
電話案内　03-5210-4000
http://www.iwanami.co.jp/

印刷／製本・法令印刷

ISBN 978-4-00-730643-3　Printed in Japan

索　引

あ

『暁』*Morgenstunden*　60, 62, 69, 76
アッヘンヴァル Achenwall　53
アビヒト Abicht　289
アプリオリ a priori　71, 83, 100, 107, 109, 112, 126, 134, 135, 139, 141-153, 158-166, 170, 171, 201-203, 207, 215, 217, 229, 241, 245, 247, 249, 259, 265, 270, 301-311, 313-317, 320, 321, 325-329, 332, 333, 339, 343, 345, 347, 349, 354, 355, 357, 358, 360, 364, 366, 369, 372-375, 377-380, 382-385, 398
アポロニウス Apollonius　97, 98
アリストテレス Aristoteles　24, 204, 206, 220, 293, 296, 374, 384
アルキメデス Archimedes　123, 216, 358

い

イェッシェ Jäsche　26
医学部 medizinische Fakultät　227
因果性 Kausalität　340, 344, 389
インフルエンザ Influenza　7, 8

う

ヴェッリ Verri　181
ヴォルフ Wolff　53, 131, 148, 293, 296, 326, 331, 346, 354, 366, 371, 374
――哲学　92
嘘 Lüge　192, 194, 250, 253, 255
――をつく　191, 192, 250, 253, 255, 256
宇宙論 Kosmologie　96, 325, 344
応用――　325
超越論的――　333
――的証明　359
ウルリヒ Ulrich　53

え

エウクレイデス Euklides　103
エウダイモニアの原理 Prinzip der Eudämonie　265
エピクロス Epikur　343
――学派　239
エーベルハルト Eberhard　53, 92-94, 96-99, 100, 102, 105-107, 109, 111-114, 116-127, 129-137, 140, 141, 144-146, 149-152, 154-156, 158, 160-164, 166, 167
エーラース Ehlers　32
エレウテロノミアの原理 eleutheronomisches Prinzip　265

お

オイラー Euler　230
穏健論 Moderatism(us)　240, 241

か

外延量 extensive Größe　335
懐疑論 Skeptizism(us)　142, 240, 298, 388, 391
懐疑論者 Skeptiker　297, 348, 383
害する schaden　258, 259
外的感官 äußerer Sinn　231, 232, 331, 365
概念 Begriff　69, 73-76, 82, 83, 206, 249, 280, 302, 347, 355, 357-360, 362-364, 369, 372-379, 381, 382, 385, 386, 391, 393-398
カイル Keill　111
確信 Überzeugung　348
獲得 Erwerbung/acquisitio　136, 137

格率 Maxime　62, 63, 69, 70, 72, 73, 77, 78, 85-87, 142, 207, 245, 248, 249, 264
仮象 Schein　240, 306
可想的原因 causa noumenon　340, 391
可想的世界 mundus noumenon　364
価値 Wert　245
　条件付きの―― bedingter W.　275
　無条件的な―― unbedingter W.　275
神 Gott　65, 66, 76, 77, 80-82, 175, 176, 178-181, 184-189, 242, 244, 245, 342, 345-347, 349-353, 356, 359-362, 384, 396
ガルヴェ Garve　53
感覚 Empfindung　317, 365, 390, 391
関心 Interesse　297
　実践的――　297
完全性 Vollkommenheit　357, 362
　世界の――　363
カント Kant　24, 134, 149
観念性 Idealität　305

き

機会原因 Gelegenheitsursache　329
キケロ Cicero　133, 238, 239
技術 Kunst　176
技術的(=)実践的 technisch-praktisch　243, 244, 350
帰責 Zurechnung　56
義務 Pflicht　32-34, 86, 178, 191, 208, 215, 216, 244, 245, 250, 253-256, 258-260, 344, 348
　自己自身に対する――　255
　条件付きの――　259
　無条件的な――　258
究極目的 Endzweck　244, 245, 249, 275, 292, 342, 344-346, 348-350, 352-354, 360-364, 367, 391
狂信 Schwärmerei　70, 74, 82, 83, 85, 87
共通感覚 Gemeinsinn　69
共通感覚中枢 gemeinsamer Empfindungsplatz/sensorium commune　227-229, 231
業務 Geschäft/opera　46, 49, 86, 350
虚言 falsiloquium　255

く

クインティリアーヌス Quintilian　95
空間 Raum　64, 72, 74, 202, 203, 229, 230, 232, 304, 333-337, 339, 369, 387, 398
クラプロート Claproth　53
クラーマー Cramer　253
クリュシッポス Chrysippus　237
クルージウス Crusius　166
グロティウス Grotius　53
グンドリング Gundling　53

け

経験 Erfahrung　66, 69, 72, 73, 79, 81, 184, 241, 270, 317, 343, 358, 366, 367, 372-379, 384, 398
　外的――　317
　可能的――　69, 73, 74, 94, 97, 128, 202, 241, 292, 333, 336, 338, 339, 372-379, 391
　内的――　366
　――判断　382
経験的意識 empirisches Bewußtsein　302
経験論 Empirismus　315, 391
傾向性 Neigung　30, 34, 215, 216, 240
形而上学 Metaphysik　23, 66, 100, 142, 151, 155, 164, 227, 229, 231, 232, 247, 292-299, 301, 331-334, 341, 342, 344, 346, 347, 352, 354-356, 358, 362, 365-369, 371-380, 383, 384, 389, 391, 392
　自然の――　342
　人倫の――　248, 342
　法の――　258
　立法的――　391

啓蒙 Aufklärung　87, 265, 266
ケストナー Kästner　243
ケーラー Köhler　53
言語 Sprache　279, 280
現象 Erscheinung　65, 82, 206, 207, 242, 305, 339, 340, 353, 363, 365, 369, 373, 378, 387, 390
現象的原因 causa phaenomenon　340, 390
現象的世界 mundus phaenomenon　391
現前 Gegenwart　229
　潜勢的—— virtuelle G.　228
　動力学的—— dynamische G.　232
　場所的—— lokale G.　228, 231
権利(＝法) Recht/jus　40, 43-45, 49, 55, 253-255, 258
　必要の——　74
権利問題 quaestio juris　315

こ

合成 Zusammensetzung　309, 398
構成される konstruiert　385
幸福 Glückseligkeit　77, 207, 245, 344
　——原理　267
合目的性 Zweckmäßigkeit　75, 177, 203, 343, 344, 362
　自然的—— physische Z.　353
　自然の—— Z. der Natur　343
　道徳的—— moralische Z.　353
合理的自然学 rationale Physik　332
合理的心理学 rationale Psychologie　332
心 Gemüt　228, 229
悟性 Verstand　66, 69, 229, 231, 372, 375, 383, 385
　直観的——　129
　普通の——　25
　——判断　265
根拠律 Satz des Grundes　⇨充足根拠律
コンスタン Constant　253, 257
　「政治的反動について」 Von den politischen Gegenwirkungen　253

さ

最高善 höchstes Gut　74, 77, 87, 185, 244, 245, 344, 345, 348-354, 360, 362-364, 367
作品 Werk/opus　46, 49
　技術——　48

し

時間 Zeit　108, 202, 203, 304, 333-339, 369, 387, 390, 398
死刑 Todesstrafe　31
私見 Meinen　79, 348, 349
自己愛 Selbstliebe　30, 31, 183
自己意識 Selbstbewußtsein　238, 307
事実問題 quaestio facti　315
自然原因 Naturursache　390
自然状態 Naturzustand　56
『自然地理学』 *physische Geographie*　26
自然必然性 Naturnotwendigkeit　63, 337, 340, 389
実在性 Realität/realitas　65, 66, 75, 207, 241, 242, 245, 353, 355-360, 367, 369, 374, 375, 377, 380, 383, 393, 394, 396, 397
　客観的——　245, 302, 345, 347, 351, 363, 367, 376, 386, 398
　現象における——　65
実在的可能性 reale Möglichkeit　73, 386
実践 Praxis　263-265, 269
実践的独断的 praktisch-dogmatisch　312, 342, 345-348, 353, 360, 361, 363, 364, 366, 367, 369
実践理性 praktische Vernunft　239, 275, 349, 361, 363, 364
　純粋——　349, 350, 363, 367
実用的原理 pragmatisches Prinzip　248, 264
質料的観念 materielle Idee　228

自発性 Spontaneität　308
自分で考える Selbstdenken　87
自由 Freiheit　63, 77, 86, 87, 187, 241, 243-245, 248, 337, 341, 342, 344-347, 351, 353, 354, 362, 364, 367, 369, 389, 398
　思考の――　84-86
　――意志　30
シュヴァーブ Schwab　289
充足根拠(理由)律 Satz des zureichenden Grundes　94, 99, 100, 102, 103, 134, 147, 168, 327, 328, 331
術策 Praktiken　270
出版稼業 Buchmacherei　268
シュマウス Schmaus　53
受容性 Rezeptivität　308
シュルツ Schultz　22, 28
シュレットヴァイン Schlettwein　21, 22, 53
シュロッサー Schlosser　247, 248
純粋悟性概念 reiner Verstandesbegriff　69, 73, 83, 309
純粋哲学 reine Philosophie　24
『純粋理性批判』*Kritik der reinen Vernunft*　19, 24, 83, 99, 100, 102, 110, 113-115, 117-124, 126, 127, 129, 131-133, 135-138, 141-144, 146, 148, 149, 151, 153, 155, 156, 159-162, 164, 167, 171, 172, 270
使用 Gebrauch　77, 78, 85-87, 248, 379
　経験的――　76
　実践的――　76, 77
　理性――　76, 80, 243, 380, 391
　理論的――　76, 80, 313
　理論的独断的――　313
象徴 Symbol　322
象徴化 Symbolisierung　322
衝動 Drang　238
所有権 Eigentum　44, 206, 249
自律 Autonomie　345
神学 Theologie　70, 325, 342, 354, 359-362, 368, 394
　自然――　185
信仰 Glaube　79, 80, 82, 349-351
真実性 Wahrhaftigkeit　250, 254, 256-260　⇨誠実性
神聖性 Heiligkeit　177, 178
神知学 Theosophie　361, 368
神秘説 Mystik　275
信憑 Fürwahrhalten　73, 76, 79, 80, 82, 208, 348-351, 353
新プラトン派 Neoplatoniker　212
人倫性 Sittlichkeit　77, 208

す

数学論争 mathematischer Streit　223
スキオッピウス Scioppius　133
スコラ／スコラ哲学の Schule/scholastisch　24, 109, 131, 216, 218
図式 Schema　314, 398
図式論 Schematismus　322, 398
ストア的 stoisch　237
スピノザ Spinoza　61, 70, 71, 140
スピノザ主義 Spinozism(us)　83, 356
ズルツァー Sulzer　53

せ

正義 Gerechtigkeit　177, 178, 181, 183, 187
誠実性 Wahrhaftigkeit　191　⇨真実性
「政治的反動について」⇨コンスタン
政治の原則 Grundsatz der Politik　258, 259
世界 Welt　7, 74, 75, 77, 79, 140, 177, 184, 232, 331, 333, 335-339, 342, 345, 350, 351, 353, 354, 356, 359, 360, 362, 363, 389, 390, 392
　――審判者　181, 192
　――創造者　175-177, 179, 186, 188, 345, 367
　――存在者　245, 246, 304, 338, 344, 345, 356, 361, 362, 367

世襲貴族 Erbadel　263
窃取的推理の誤謬 Fehler der Subreption　228
ゼレ Selle　53
善性 Gütigkeit　177, 178, 181
ゼンプロニウス・グンディベルト Sempronius Gundibert　269
『1797 年のフランス』*Frankreich im Jahr 1797*　253
ゼンメリング Sömmerring　227
　『魂の器官について』*Über das Organ der Seele*　227

そ

総合判断 synthetisches Urteil　143, 144, 146, 148, 151, 153, 157, 160, 161, 163-165, 301, 381, 382, 390
　アプリオリな――　141, 146, 156, 162, 163, 301, 381, 382
総合命題 synthetischer Satz　149, 155, 383
　アプリオリな――　145, 147, 152, 153, 161, 202, 382, 383
総体 omnitudo　248, 355, 373
存在者 Wesen/ens　74, 81, 83, 244, 245, 355-361, 365, 381, 384-386, 394, 395, 398
　感覚的――　345
　悟性的――　360
　根源的――　74, 328, 355, 393, 394
　最高――　75, 78, 80, 82, 355, 361, 394
　自然――　362
　世界――　245, 246, 304, 338, 344, 345, 356, 361, 362, 367, 368
　知性的――　345
　道徳的――　360
　必然的――　338, 340, 357, 358, 360, 386, 395-397
　最も実在的な――　75, 355, 357-359, 394-396
存在論 Ontologie　96, 140, 148, 293, 360, 372

た

魂 Seele/anima　227, 229, 231, 232, 238, 243, 347, 353, 365, 366
　――の座　227, 228, 231, 232
『魂の器官について』 ⇨ゼンメリング
単純なもの einfaches Wesen/das Einfache　107, 109, 110, 112, 116, 119, 120

ち

知恵 Weisheit　176, 178, 184, 188, 244-246, 249, 250, 354
知識 Kenntnis/Wissen　79, 80, 82, 87, 210, 248, 249, 348, 349, 353, 378
中間的原則 mittlerer Grundsatz　257, 260
超越的神学 transzendente Theologie　355
超越的なもの das Transzendente　275
超越論哲学 Transzendentalphilosophie　23, 24, 143, 147, 162, 299, 374
超感性的 übersinnlich　244, 245, 340, 344, 348, 353, 354, 361, 363, 369, 374, 390
　――基体　118, 121
　――経験　275
　――対象　82, 83, 249, 347, 352
　――なもの　73, 74, 76, 115, 121, 130, 152, 199, 208, 209, 218, 244-246, 248, 250, 292, 341, 342, 345, 346, 350-352, 354, 358, 360, 361, 364, 366, 367, 369, 373, 374, 376-379, 384
直接的感覚器官 unmittelbares Sinnenwerkzeug　227, 230
直観 Anschauung　69, 70, 72, 73, 81, 82, 203, 206, 302, 333, 347, 365, 385, 386
　可能的――　390
　感性的――　69, 137, 202, 304, 353, 373

経験的――　160, 303, 343, 385
自己――　229
純粋――　160, 165, 202, 218, 302
知的――　199
――形式　304
直観的 intuitiv　385
――悟性　129
チンギス・ハーン Dschingiskhan　181

つ

ツェルナー Zöllner　53

て

定言命法 kategorischer Imperativ　209, 244, 245
デカルト Descartes　76, 228
哲学 Philosophie　69, 199, 200, 204, 205, 207, 217, 220, 240-244, 246, 248, 249, 250, 265, 275, 329, 354, 362, 365, 392
学問の教説としての――　275
感情の――　207
講壇――　205, 216
知恵の教説という文字どおりの意味での――　275
――の法廷　184
哲学すること Philosophieren　205
哲学部 philosophische Fakultät　227
デモクリトス Demokrit　327
テレンティウス Terentius　232
天才 Genie　84, 85
――的　200

と

統覚 Apperzeption　229, 308
洞察 Einsicht　61, 75-78, 80, 82, 185, 207, 217, 352, 364, 391
理性の――　79
『道徳学』*Moral*　26
道徳感情 moralisches Gefühl　217, 219
道徳的悪 moralisches Böse　177-179
道徳的原理 moralisches Prinzip　248, 264, 361
道徳的(=)実践的 moralisch-praktisch　25, 218, 242, 243, 245, 246, 248, 344, 350, 360, 363
道徳法則 moralisches Gesetz　77, 78, 86, 244, 345, 351, 367
トゥーンマン Thunmann　279
独断論 Dogmatism(us)　83, 142, 240, 298
独断論者 Dogmatiker　298
トマジウス Thomasius　53
ド・リュック de Luc　194
トロイアー Treuer　53

な

内在的 immanent　275
内的感官 innerer Sinn　65, 228, 232, 304, 364, 365
内包量 intensive Größe　336
納得 Überredung　348

に

ニコライ Nicolai　263, 267-269
「理論と実践について」Über Theorie und Praxis　263
ニュートン Newton　115
二律背反 Antinomie　336, 339, 340, 369, 388
力学的――　341
人間学 Anthropologie　20, 364
人間性一般 Menschheit überhaupt　255
人間理性の法廷　⇨理性の法廷

ぬ

ヌーメノン Noumenon　118-119, 121, 139, 140, 154, 155, 342, 365, 390

ね

熱素 Warmestoff　230

は

バイアー Beyer　53
バウムガルテン Baumgarten　104, 105, 148, 155, 156
把捉 Auffassung/apprehensio　308
ハーマン Hamann　53
ハラー Haller　231
判断中止 suspensio judicii　348

ひ

ヒスマン Hißmann　137
被造物 Geschöpf　29, 181, 187
批判主義 Kritizism(us)　24, 142, 298
批判哲学 kritische Philosophie　21, 25, 241, 242, 247, 248
ピュタゴラス Pythagoras　202, 203, 204
ピュタゴラス派の数神秘家 Pythagorischer Zahlenmystiker　223, 224
ビュッシング Büsching　279
ヒューム Hume　63, 301
描出 exhibitio　385, 386
賓位語 Prädikament　310

ふ

フィヒテ Fichte　17, 23, 24
フェーダー Feder　53
フォザーギル Fothergill　8, 12
フォス Voß　206
フォルマー Vollmer　26
フォン・コクツェーイ(ザムエル) von Cocceji (Samuel)　53
フォン・コクツェーイ(ハインリヒ) von Cocceji (Heinrich)　53
フォントネル Fontenelle　220
フォン・ヒッペル von Hippel　19
不可欠的条件 conditio sine qua non　398
不可識別者同一の原理 principium identitatis indiscernibilium　326, 331
不死性 Unsterblichkeit　244-246, 342, 346, 351, 353, 366
不正を犯す Unrecht tun　258, 259
フーフェラント Hufeland　52, 53
プーフェンドルフ Pufendorf　53
フラット Flatt　53
プラートナー Platner　53
プラトン Platon　133, 201-204, 206, 210, 212, 214, 217, 220, 296, 374, 383
プリーストリ Priestley　32
ブーレ Buhle　23
分析的方法 analytische Methode　98
分析判断 analytisches Urteil　143, 144, 146, 148, 149, 160, 163-165, 301, 381, 382
分析命題 analytischer Satz　145, 149, 155, 383

へ

ベック Beck　24
ヘプナー Höpfner　53
ベルヌーイ Bernoulli (Johann)　3, 4
　『短編旅行記およびその他の地誌や人間知の拡張に役立つ諸報告の集成，銅版画付き』*Sammlung kurzer Reisebeschreibungen und anderer zur Erweiterung der Länder- und Menschenkenntnis dienenden Nachrichten, mit Kupfern*　4
ベルヌーイ Bernoulli (Jakob)　162
『ベルリン月報』*Berlinische Monatsschrift*　18, 223
弁神論 Theodizee　175, 184, 186, 187, 190
　教義的—— doktrinale T.　186
　認証的—— authentische T.　186, 190

ほ

方向を定める sich orientieren　69-74, 78, 80, 354
法の原理 Rechtsprinzip　264

『法論の形而上学的定礎』*Metaphysische Anfangsgründe der Rechtslehre*　263, 264
ポセイドニオス Poseidonios　239
ホッブズ Hobbes　53, 55
ホメロス Homer　204
ボレッリ Borelli　97, 98

み

ミヒャエリス Michaelis　253
ミールケ Mielcke　278
『リトアニア語-ドイツ語およびドイツ語-リトアニア語辞典』*Littauisch-deutsches und deutsch-littauisches Wörterbuch*　278
民族 Volk　279, 280

む

無根拠性 Ungrund　357
矛盾律 Satz des Widerspruchs　99-102, 103, 146, 160, 168, 169, 249, 382, 385
無条件的なもの Unbedingtes　338
無信仰 Unglaube　86
無神論的思想 Freigeisterei　86

め

メーザー Möser　263, 267, 269
「理論と実践について」 ⇨ニコライ
メンデルスゾーン Mendelssohn　53, 60-64, 69, 70, 71, 76-79, 82

も

モナド Monade　121, 124, 134, 169, 320, 330
モナド論 Monadologie　168, 331
物一般 Ding überhaupt　106, 107, 128
物自体 Ding an sich　65, 66, 110, 118-120, 122, 127, 129, 152, 159, 202, 207, 214, 242, 339, 340
モラリスト Moralist　191, 208
モンテュクラ Montucla　204

や

ヤコービ Jacobi　70, 71, 82
ヤーコプ Jakob　60
ヤッハマン Jachmann　274
『カントの宗教哲学の検討』*Prüfung der Kantischen Religionsphilosophie*　274

ゆ

有機化 Organisation　231
機械的な—— mechanische O.　230
動力学的な—— dynamische O.　230

よ

要請 Postulat　80, 245, 259
予定調和 vorherbestimmte Harmonie　170, 171
——説　168
——の体系　328, 329, 331
ヨブ Hiob　187-191

ら

ライプニッツ Leibniz　93, 95, 102, 112, 122, 131-133, 135, 137, 160, 168-172, 296, 320, 321, 323, 324, 326, 328, 330, 331, 346, 354, 355, 366, 371, 374
——哲学　92, 122, 131, 133, 141
ライプニッツ-ヴォルフ哲学 Leibniz-Wolfische Philosophie　318, 319, 364
ライマールス Reimarus　223, 224
ラインホルト Reinhold　289
ラッセル Russel　7
ランベルト Lambert　3, 4
『哲学的および論理学的論文集』*Philosophische und philologische Abhandlungen*　3
『ランベルトの往復書簡集』*Lambert'scher Briefwechsel*　3

り

理性 Vernunft　25, 69, 70, 72-87, 179, 183-186, 207, 217, 241-243, 245-249, 264, 333, 339, 341, 343-345, 348, 352, 353, 355, 360-364, 367, 368, 372, 373, 376, 378, 382, 383, 387-393
　健全な――　69, 70, 79, 80
　人間――　86, 346, 354, 377, 378, 380
　――概念　322
　――課題　203
　――使用　76, 80, 243, 380, 391
　――信仰　79, 80, 82, 86
　――の洞察　78
　――の法廷　175
　――の霊感　79
　――判断　265, 270
　――批判　92
　――命令　256
　――理念　351
リッペルト Lippert　49
リトアニア人 Littauer　279
理念 Idee　77, 83, 241, 244, 245, 322, 351-353, 360, 361, 364, 367, 368, 375, 377-380, 383, 398
　超越的――　345
　力学的――　341
　理性――　351
流行病 Epidemie　7, 8, 10, 12
良心／良心性 Gewissen/-haftigkeit　191, 193
　形式的――　191
　実質的――　191
理論的独断的 theoretisch-dogmatisch　312, 325, 342, 344, 347, 353, 354, 361, 363, 366, 369
リンク Rink　26, 283, 365

る

類推 Analogie　322
ルクレティウス Lukretius　218
ルソー Rousseau　206

れ

怜悧 Klugheit　350
連続律 Gesetz der Stätigkeit　29, 116, 138

ろ

ロイシュ Reusch　166
ロック Locke　122, 164, 166, 170
論弁的 diskursiv　385
論理学 Logik　20, 23, 99, 301, 340, 368, 389, 390
　一般――　69
『論理学』*Logik*　26
論理的可能性 logische Möglichkeit　386

わ

私 Ich
　感性的な――　308
　知性的な――　308
　論理的な――　308